KB024906

인도 & 아세안 6개국,

주식투자 가이드북

인도 & 아세안 6개국, '해외 주식투자 지침서!'

인도 & 베트남,
태국, 말레이시아, 싱가포르,
인도네시아, 필리핀
주식투자 가이드북

지은이 김성준
펴낸이 이종록 펴낸곳 스마트비즈니스
등록번호 제 313-2005-00129호 등록일 2005년 6월 18일
주소 경기도 고양시 일산동구 정발산로 24, 웨스턴돔타워 T4-414호
전화 031-907-7093 팩스 031-907-7094
이메일 smartbiz@sbpub.net
ISBN 979-11-85021-92-8 03320

초판 1쇄 발행 2018년 2월 5일

☞ 본 책자의 내용은 삼성자산운용과 관련이 없습니다.

인도 & 아세안 6개국, '해외 주식투자 지침서!'

인도 & 베트남, 태국, 말레이시아, 싱가포르, 인도네시아, 필리핀

주식투자 가이드북

| 김성준 지음 |

Sb
smart business

인도 & 아세안의 '역사, 문화, 정치, 경제' 이슈로 해외 주식투자 '성공 방정식'을 찾다!

필자는 인도, 중국, 아세안, 베트남 등 여러 아시아 이머징펀드의 운용을 담당하면서 아시아 여러 지역을 답사했다. 이 지역의 투자 컨퍼런스, 기업 탐방, 투자자 미팅에서 유일한 한국인으로 참석해 때로는 한국을 대표해 질문하고, 때로는 한국 상황을 이들에게 전달하기도 했다.

안타까운 점은 우리가 알고 있는 아시아에 대한 지식은 중국, 일본을 포함한 동북아시아에 머물러 있다는 사실이다. 동북아시아는 아시아의 일부분에 지나지 않는다. 이제는 전형적인 홈 바이어스Home Bias, 국내 편향성를 벗어나 거대한 또 하나의 체스판, 인도·아세안을 주목할 때가 되었다.

사실 국내외적으로 인도·아세안 지역에 대한 정보는 부족하다. 인도 하면 카스트제도, 아세안 하면 휴가철에 방문하는 동남아시아 휴양지 정도를 떠올리는 편협된 인식에 매몰되어서는 현재 이 지역의 거대한 투자 기회를 놓칠 수밖에 없다.

인도와 아세안의 정치·경제적 특징과 문화적 차별성을 이해해야, 인도·아세안에서 성공 방정식을 찾을 수 있다. 이런 배경 지식을 통해 넥스트 차이나 제조업 기지로 성장할 인도의 성공 가능성과 AEC ASEAN Economic Community로 대변되는 아세안 신경제 블록의 성립 그리고 이에 따르는 거대한 신시장의 성장에 대해 알리고자 이 책을 집필하게 되었다.

인도·아세안을 함께 묶어서 분석하는 이유는 두 지역이 기원전부터 현재에 이르기까지 인적, 물적 교역을 통해 종교, 문화, 정치, 경제 여러 분야에서 왕성한 교류를 하고 있기 때문이다. 아세안은 광의의 인도 문화권에 속한다. 그래서 인도를 이해하면 아세안을 이해하는 데 큰 도움을 얻을 수 있다.

향후 아시아의 미래를 이끌어갈 신흥 경제권인 인도·아세안이 동일한 문화와 종교를 공유한다는 점은 무척 흥미로운 특징이다. 두 지역을 동시에 이해해야, 인도와 아세안의 정치·경제 발전과 향후 국가별 성장 전략에 대한 큰 그림을 그릴 수 있다.

인도·아세안은 총 11개 국가에 이르나 인구, 경제 규모, 성장 가능성, 한국과의 관계 등을 고려하여 총 7개국 인도, 베트남, 태국, 말레이시아, 싱가포르, 인도네시아, 필리핀을 선정하여 서술했다.

필자는 수많은 해외 시장 중에서도 한국인들에 적합한 투자 지역은 인도·아세안이라고 확신한다. 그 첫 번째 이유는 인도·아세안이 한국의 과거에 살고 있기 때문이다. 미래를 예측하는 것은 어렵지만, 과거를 보는 것은 쉽다. 한국의 70~80년대의 소득 규모, 경제 구조를 가지고 있는 인도·아세안에서 내일의 승자를 찾고 또 위험을 피해가는 것은 한국인들에게는 어려운 일이 아니다. 한국이 과거 고도 성장기에 어떤 산업이 번창하고 쇠락했는지를 공부하는 것만으로도 인도·아세안 투자에 대한 예습의 효과가 발생한다.

두 번째, 인도·아세안은 지리적으로 한국과 가깝다. 지리적 근접성은 금융투자의 난제 중 하나인 투자의 실체가 없다는 단점을 커버해준다. 미국, 유럽, 남미에 투자하면서 실제로 그 지역을 찾아가서 기회와 리스크를 확인하기에는 지리적으로 너무 멀다.

인도·아세안은 비행기로 4~6시간이면 도착할 수 있는 근거리 지역으로 이 지역의 펀드, 주식, 채권에 투자했을 때에 실제로 내가 투자한 국가, 기업을 찾아가고 경제 성장을 눈으로 확인할 수 있다.

세 번째, 인도·아세안 투자는 이 지역의 한국인 네트워크를 활용할 수 있다. 외교부 공식 통계에 따르면 필리핀 9만 명, 베트남 9만 명, 인도네시아 4만 명, 싱가포르와 태국 각 2만 명 등 인도·아세안 각지에 약 30만 명의 교민이 있다. 공식 통계에 잡히지 않는 유학생, 단기 체류자를 더하면 50만 명이 넘는 한국인들이 이 지역에 거주하고 있다.

주변을 둘러보라. 지인 중 누군가는 이 지역에서 사업을 하고 있거나, 이민을 준비 중이라는 얘기를 듣게 될 것이다. 이들을 활용하는 것도 좋은 방법이다.

이 책의 주제는 '인도·아세안의 정치, 경제, 문화에 대한 이해를 통한

투자 방법론'이다. 각 나라의 정치, 경제 환경에 대한 톱다운 Top-down **분석과 대표 기업에 대한 바텀업**Bottom-up **분석법을 동시에 활용해, 국가별 발전 단계와 미래 경제의 흐름을 종합적으로 이해할 수 있다.**

국가의 정부가 머리라면 대표 기업들은 팔과 다리와 같다. 국가의 주식시장 구조를 이해하면, 그 나라의 발전 방향을 예측할 수 있다.

이 책은 단순히 각 국가의 주가지수나 개별 기업을 추천하는 것이 아닌 인문학적 접근법을 통한 국가별 심층 이해를 목표로 한다. 왜냐하면 어떤 투자이든 각 국가의 정치, 경제, 문화에 대한 이해가 선행되어야 하기 때문이다. 정치적으로 불안한 국가 또는 경상수지 적자, 재정수지 적자가 심각한 국가의 주가가 지속적으로 상승하는 경우는 거의 없다.

투자는 정보력의 싸움이다. 해외 주식투자에 있어서 정보력은 각 국가의 역사와 문화, 그 나라의 역사를 결정지었던 주요 지도자, 그 지도자들이 펼치는 정책, 각 나라를 둘러싼 정치·경제 환경에 대한 이해에서 출발한다.

그래서 각 국가의 간략한 근대사와 역사적 인물들에 대한 소개, 독특한 문화와 제도, 정치·경제 이슈, 주식시장의 특징, 현지 대기업에 대한 소개까지 가능한 많은 정보를 알기 쉽게 담으려고 노력했다.

또한 인도·아세안의 현재 모습을 보면서 장점만 부각하지 않고, 각 국가별 과거와 현재의 다차원적 분석을 통해 기회와 위기 요인을 동시에 담았다. 따라서 투자 목적이 아니더라도 인도·아세안 지역에 관심 있는 누구라도 재미있게 읽을 수 있는 주제들을 골고루 배치했다.

이제 인도·아세안 지역을 방문하게 되면 경제가 살아 숨쉬는 각 국가들의 수도 및 주요 도시를 방문하고, 각 지역의 교민들이 어떻게 살고 있는지에 관심을 갖고, 떠오르는 산업이 무엇인지 관찰하자. 현지 대형 쇼핑몰 및 할인점을 방문하여 어떤 상품이 잘 팔리고, 환율과 물가가 어떠한지 관찰하는 것도 좋은 방법이다.

인도·아세안 기업들이 어떻게 성장하고 있는지 관심을 기울이는 것이 중요하다. 내일의 삼성전자, 현대자동차, 농심 등이 지금도 인도·아세안에서 꾸준히 탄생하고 있다.

이 책은 그런 장기적인 투자 방정식을 찾아가는 첫걸음이 될 것이다. 그러는 가운데 해외 주식투자에 대한 안목은 높아지고, 투자수익률은 높아질 것이며, 은퇴에 대한 걱정은 줄어들게 될 것이다.

가깝고도 알려지지 않은 인도·아세안 시장, 그 미지의 세계에 대한 국내의 관심이 커지길 기대하며, 이 책이 작은 디딤돌이 되기를 바라는 마음이 간절하다.

이 책은 아래와 같은 총 8개 Chapter로 나뉜다.

Chapter 1에서 이 지역 최대 경제 대국이자 인구 대국인 인도를 집중적으로 분석한 뒤, Chapter 2에서는 아세안 지역에 대한 개괄적인 설명을 통해 아세안의 잠재력과 성장 가능성을 알아본다.

Chapter 3부터는 아세안 10개 회원국 중 경제 규모가 앞서고 주식시장을 주도하는 6개국베트남, 태국, 말레이시아, 싱가포르, 인도네시아, 필리핀을 순서대로 분석한다. 배치 순서를 정할 때는 인구, 경제 규모, 시가총액 등 다양한 방법이 있을 수 있다. 그러나 필자는 개별 국가의 역사, 문화, 경제에 대한 이해는 지리적 근접성이 매우 중요하다고 생각한다. 이런 이유로 아세안 지역의 국가를 순서대로 반시계 방향으로 배치했다.

한국과 경제적으로 가장 밀접한 국가인 베트남Chapter 3을 시작으로 같은 인도차이나 반도의 국가인 태국Chapter 4, 다음으로 말레이 반도로 내려와 말레이시아Chapter 5, 싱가포르Chapter 6, 서태평양의 섬나라인 인도네시아Chapter 7, 필리핀Chapter 8 순서로 읽을 수 있게 배열했다.

특별히 관심이 있는 국가가 있으면 순서를 바꿔서 읽어도 전혀 문제가 없을 정도로, 각 챕터는 독립적이면서도 서로 연결되어 있다.

집필에 큰 도움을 주신 삼성자산운용 구성훈 대표이사님, 배재규 부사장님, 김유상 전무님, 진기천 본부장님, 이종훈 팀장님, 장현준 VP, 박용식 Associate 등 가족 같은 회사 임직원분들의 따뜻한 격려와 배려가 없었다면 이 책은 탄생하지 못했을 것이다.

또한 지난 5년간 인도·아세안 지역을 분석하는 데, 많은 조언을 해주신 삼성자산운용 홍콩 현지법인의 홍의석 법인장님 이하 펀드 매니저 및 애널리스트 분들께도 많은 도움을 받았다. 그리고 이 책의 집필에는 아시아 유수의 금융기관 이코노미스트, 애널리스트 및 기업들의 IR 담당자들의 조언이 큰 도움이 되었다. 이 책의 집필에 도움주신 분들의 이름은 책 마지막 부분에 따로 표기했다.

또한 집필에 여러 전문가의 저서, 보고서, 기사를 참조했으며 관련 내용 역시 별도로 표기했다. 책에 나오는 수많은 차트와 본문상의 숫자를 여러 번 확인했으나, 오기가 있을 경우는 전적으로 저자의 책임이다.

필자는 이 책의 집필을 마치고 지금은 뉴욕에서 일하고 있다. 필자는 지난 5년 반의 기간 동안 아시아에서 가장 성공한 이머징 국가인 한국에서 인도·아세안의 경제 성장과 기업들의 동향을 관찰했다. 지금부터는 세계 금융의 수도인 뉴욕에서 인도·아세안을 포함한 이머징 국가들의 성공 방정식을 찾아볼 것이다. 향후에도 인도·아세안 경제와 투자 주제에 대한 업데이트 및 새로운 투자 주제 공유를 약속드리며, 독자 분들의 건강과 행복을 기원한다.

이 책이 집필되는 동안 말없이 참고 기다려준 부모님과 사랑하는 아내 서림, 아들 도형, 딸 시연이에게도 감사한 마음과 사랑을 전한다. 끝으로 어린 시절 많은 추억을 남겨주셨고 따뜻한 사랑을 베풀어주셨던, 먼저 하늘나라로 가신 외할머니께 이 책을 바친다.

| 차 례 |

Chapter 3 아세안의 작은 한국, '베트남'

Chapter 4 인도차이나의 맹주, '태국'

Chapter 5 아세안의 문화 용광로, '말레이시아'

Chapter 6 세계 1위 부국을 목표로, '싱가포르'

Chapter 7 아세안을 주도하는 지도 국가, '인도네시아'

Chapter 8 아시아의 진주로 거듭난다, '필리핀'

Chapter 1

인구 대국에서 경제 대국으로, '인도'

: 넥스트 차이나의 물결, 왜 인도가 대세인가? :

인도와 필자의 인연은 어찌 보면 필연이 아닐까 싶을 정도로 지난 20년간 계속되어 왔다. 처음 인도를 갔던 시점이 1998년 겨울, 그러니까 대학교 2학년 겨울 방학이었다. 당시 배낭여행에 빠져 있을 때라 방학마다 여러 나라를 여행했었는데 미지의 세계, 인도에 첫발을 들여놓은 것이다.

필자가 존경해 마지않는 스티브 잡스도 젊은 시절 인도를 유랑했고, 비틀즈도 인도 여행에서 많은 영감을 얻었다고 한다. 농담으로 배낭여행의 종착역은 인도라고들 하는데, 과연 인도에서 2달간의 여행은 필자에게 잊지 못할 경험과 추억으로 남아 있다.

상상할 수 있는 거의 모든 종류의 운송수단인력거, 자전거 릭샤, 오토 릭샤, 전차, 자동차, 기차을 이용해봤고 미국, 캐나다, 독일, 이스라엘 등에서 온 청년들이 정신적 방황을 끝내기 위해 인도의 구루정신적 스승를 만나 수행하는 모습도 많이 볼 수 있었다. 갠지스 강 옆 바나라시 노천 화장터에는 시체를 태운 재가 눈처럼 쏟아지는 광경이 눈앞에서 펼쳐졌다.

인도 서부 타르 사막에서 2박 3일간 낙타를 타고 오아시스를 찾아다니는 투어에 참여하기도 했다. 당시 인도 남부의 첸나이에서 35도에 육박하는 더위 속에 흔들리는 인도 종단 기차를 타고 2박 3일을 쉬지 않고 달려, 인도 북부 캘커타에 도착해 기차에서 내렸을 때는 눈이 내리고 있었다. 인도가 얼마나 거대한 대륙인지 다시 한 번 체감할 수 있었다. 당시 인도는 물질문명에 지친 사람들에게 남아 있는 마지막 영혼의 안식처, 그런 곳이었다.

그리고 20년의 세월이 흘렀다. 이제 인도는 영혼의 안식처라기보다는 지구에 남은 마지막 기회의 땅으로 보인다. 델리, 뭄바이 곳곳에 보이던 소떼들도 외곽으로 옮겨졌고 도심 도처에서 빌딩들은 나날이 하늘을 향해 솟구치고 있다. 주요 도시의 중심지는 놀랄 정도로 깨끗해졌고 서울, 베이징 등 여느 아시아 도시 못지않는 쇼핑 시설과 주택 시설을 구축해가고 있다. 이제 인도는 중국에 이어 21세기형 제조업과 IT산업의 허브가 될 수 있는 기회의 땅으로 변하고 있는 것이다.

사실 인도와 한반도의 인연은 2천 년의 역사를 자랑한다. 고대 가야국 시조인 김수로왕의 왕비가 인도 아유타국에서 온 허황후라는 사실이 삼국유사에 기록되어 있다. 또한 인도에서 한국으로 전래된 불교는 신라와 고려의 국교였으며, 지난 1천 6백여 년의 세월 동안 한국인들의 풍속과 정신에 큰 영향을 미쳐왔다. 그러나 이제는 미래 인도의 모습을 그려볼 때가 되었다.

인도는 1947년 영국으로부터 독립한 민주주의 연방공화국이다. 13억 명의 인구가 29개 주에 분포하고 있다. 인도의 전체 면적은 한국의 33배, 인구는 26배에 이른다. 인도의 총 GDP는 2조 달러가 넘어 한국의 1.6배에 달한다. 1인당GDP는 1,709달러로 여전히 낮은 편이나, 연평균 경제성장률이 7%에 달해 세계 최고 수준의 경제성장률을 기록하고 있다. 인도의 경제성장률이 매우 빠른 만큼 한국과 1인당GDP의 격차는 점차 좁혀질 것이다. 주식시장의 경우에도 한국보다 크며 상장종목 수도 인도 내셔널 스탁 익스체인지National Stock Exchange, NSE 기준으로 1,800개가 넘는다.

인도는 과연 중국에 이어 아시아의 산업벨트 자리를 넘겨받을 것인가? 인도가 다시 한 번 부흥의 전기를 마련하여 아시아 경제의 용광로가 될 것인가?

여기에 넥스트 차이나의 문제의식이 있다. 중국은 시진핑 정부가 2013년 들어선 이후에 과거 수출, 투자 중심의 경제에서 내수산업 육성 및 일대일로一帶一路로 대변되는 해외 인프라 육성으로 산업발전 모델의 전환을 꾀하고 있다. 제조업의 경우에도 기존의 저부가가치 단순조립 가공업이 아닌, 2025년에는 일본 수준의 제조업 기술과 제품을 만들겠다는 청사진을 제시하고 있다. 이것이 바로 '중국 제조 2025'로 대

1-1 | 인도와 한국의 비교

구분	인도	한국	한국 대비
면적(㎢)	3,287,263	99,720	33배
인구(만 명)	131,105	5,062	25.9배
GDP(억 달러)	22,635	14,112	160.4%
1인당GDP	1,709	27,539	6.2%
10년물 국채 금리(%)	6.63	2.21	4.42%
시가총액(억 달러)	15,613	12,822	121.8%
상장종목 수	1,831	2,059	88.9%

출처 : World Bank 2016년 기준, 주식시장 WFE 2016년 말 기준

변되는 중국 제조업의 혁신이다.

그러나 중국이 이러한 내수산업 육성 및 제조업 업그레이드를 외치는 것은 반대로 얘기하면 치솟는 인건비로 인해 철강, 조선, 단순 조립 가공업 등은 경쟁력을 상실해간다는 얘기다. 인건비가 1/3, 1/4 수준인 인도와 동남아시아 지역에 기존 제조업을 넘겨준다는 의미다.

또한 2000년대 이후, 연평균 10% 이상의 고도 성장을 유지하며 마침내 세계 2위 경제 대국으로 성장한 중국을 이어나갈 차세대 제조업의 강자를 찾는다는 의미도 있다. 이것이 바로 '넥스트 차이나' 이슈다.

필자는 인도가 넥스트 차이나의 대세가 될 것으로 판단한다. 인도는 이미 2015년을 기점으로 중국의 경제성장률을 뛰어넘었다. 1999년 이후 16년 만의 추월이다. 연평균 7% 전후의 고속 성장으로 세계 최고 수

1-2 | 인도와 중국의 경제성장률

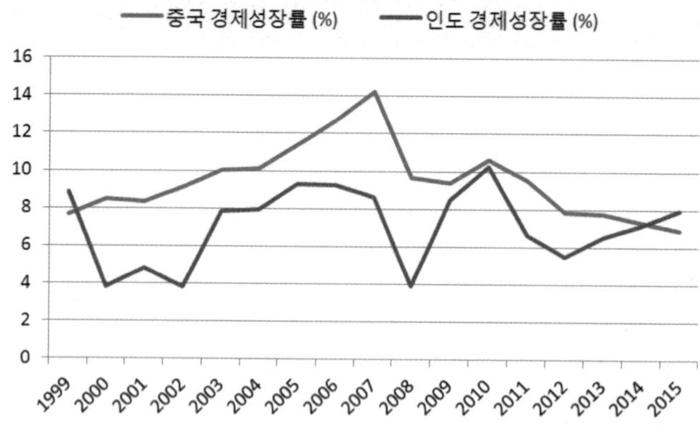

출처 : World Bank(1999~2016)

준의 경제성장률을 달성하고 있다.

2014년 나렌드라 모디 총리 집권 이후의 모디노믹스로 대변되는 제도개혁 및 인프라투자, 인도 IT 서비스산업의 발전으로 인한 차세대 제조업의 혁신, 화폐개혁과 전 국민 고유인증 번호 도입아다르 프로젝트, AADHAAR 및 부가세개혁으로 인한 세수 확보와 경제성장률 제고로 인한 경제 구조의 대전환이 이 모든 것을 대변한다.

인도는 2조 달러가 넘는 경제 규모와 13억의 거대한 인구를 보유하고 있다. 〈1-2〉에서 보는 것처럼 연간 7%가 넘는 세계 최고의 경제성장률로 달리는 코끼리, 명실공히 넥스트 차이나를 얘기한다면 아시아의 차기 리더 국가로 인도를 떠올려야 할 것이다.

인도의 매력은 세계 최고의 경제성장률을 유지함과 동시에, 〈1-3〉처

1-3 | 인도의 중산층 및 노동인구는 향후 20년간 지속적으로 증가

구분	0~14	15~24	25~54	55~64	65세 이상
인도	28.9%	18.2%	**40.4%**	**6.9%**	**5.7%**
브라질	24.2%	16.7%	43.6%	8.2%	7.3%
중국	17.2%	15.4%	46.7%	11.3%	9.4%
러시아	16%	11.5%	45.9%	13.5%	13.1%
한국	14.6%	13.6%	47.8%	11.7%	12.3%
영국	17.3%	12.8%	41.1%	11.5%	17.3%
미국	20%	13.7%	40.2%	12.3%	13.9%

중산층 기준 : 연수입 20만 루피(한화 360만 원)에서 1백만 루피(한화 1천 8백만 원)

출처 : RCAM, MacKinsey Gloibal Institute

럼 노동인구가 지속적으로 늘어나는 인구 구조에 있다. 제조업이 발전하고 FDIForeign Direct Investment, 그러니까 해외 자본을 유치하기 위해서는 노동인구가 늘어나는 구조여야 한다.

인도는 13억 명의 인구 중 5억 2천만 명이 25~54세에 속해, 젊은 노동인구가 거의 무한정 많다고 봐도 무방할 것이다. 또한 주요 경쟁국인 중국, 브라질, 러시아와 대비해서 24세 이하 인구가 총인구 대비 47.1%에 달해 인도는 압도적으로 젊은 나라라는 점을 알 수 있다. 이처럼 인구 보너스 효과로 인해 노동인구가 지속적으로 증가하면서 경제 성장

을 이끌게 된다.

2025년까지 중산층이 전체 인구의 41%로 증가하면서 내수시장 또한 폭발적으로 성장하게 될 것이다. 여기에 더해 도시화율이 40%가 되지 않아 전 세계에서 가장 낮은 나라 중에 하나다. 향후 20년간 농촌 인구가 지속적으로 도시로 유입되면서, 내수 성장 및 제조업 성장에 큰 역할을 하게 될 것이다. 이런 기본적인 매력에 더해 2014년부터 나타난 대규모 정치, 경제 구조의 변혁이 인도를 다시 부각시키고 있다.

: 봄베이 또는 뭄바이? 인도 지명의 기막힌 혼란스러움 :

인도는 뉴델리, 뭄바이, 콜카타, 첸나이, 벵갈루루 등 주요 도시와 29개 주로 이루어져 있다. 서쪽으로는 파키스탄과 국경을 접하며 북쪽으로는 중국, 네팔, 부탄, 동쪽으로는 방글라데시 및 미얀마와 국경을 접하고 있는 거대한 국가다. 일찍이 해상 실크로드 및 동서 교역의 중심축으로 1498년 바스코 다가마가 인도 무역 항로를 발견한 이래, 서구 세력의 아시아 교역에 있어 일순위로 거론되어 왔던 전략적 요충지다.

영국 식민지 시기에는 파키스탄, 방글라데시와 함께 대영제국의 일부였으며, 이 지역의 인구를 모두 더하면 17억 명에 달해 명실공히 전 세계 1위의 인구를 차지하는 지역이다.

한국에서 인도를 가게 되면 대부분 델리와 뭄바이 공항을 통해 입출국이 진행된다. 델리는 과거 무굴제국의 수도였던 올드 델리 지역과 영

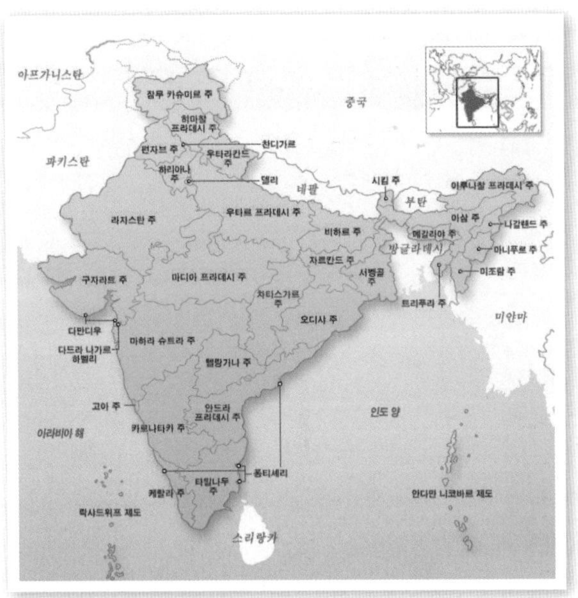

▌ 인도 지도
•출처 : doopedia

국 식민지시대에 새로 개발한 뉴델리로 나뉜다. 하지만 지리적으로 매우 근접하여 있기 때문에 사실상 델리 지역으로 묶어서 본다. 델리는 명실공히 인도의 정치, 행정의 수도로서 총리 공관 이하 주요 부서 및 관공서가 모두 모여 있고 인도 북부의 중심지다.

반면 인도의 산업벨트는 인도 서부의 구자라트, 마하라슈트라 지역으로 뭄바이와 아메다바드가 이 지역의 중심 도시다. 특히 뭄바이는 인도의 상업, 금융의 중심지이며 많은 금융회사의 본사가 이 지역에 위치한다. 뭄바이는 영화산업도 매우 발달하여 과거 지명인 봄베이Bombay와 할리우드Hollywood의 합성어인 '볼리우드Bollywood 영화'라는 신조어도 유

1-4 | 인도의 10대 도시 리스트

Rank	Metro Area	Metro Population
1	뉴델리	46,000,000
2	뭄바이	20,800,000
3	콜카타	14,700,000
4	벵갈루루	10,600,000
5	푸네	10,100,000
6	하이데라바드	9,700,000
7	첸나이	7,000,000
8	아마다바드	6,400,000
9	비사카파트남	5,300,000
10	수라트	4,600,000

출처 : world atlas

명하다.

이 외에 동부 지역의 중심지이자 과거 대영제국의 수도였던 콜카타, 남부 지역의 중심 도시이자 IT밸리로 불리는 벵갈루루, 자동차산업의 허브 첸나이 등이 있으며 가장 큰 10개 도시는 〈1-4〉와 같다.

인도의 도시명과 주명은 인도가 독립한 이후로 지속적으로 변경되어 왔다. 인도의 주요 도시만 하더라도 수도인 뉴델리를 제외하고는 대부분 변경되었다고 보면 된다. 도시명을 변경하는 이유는 식민지시대 영국식 도시명을 힌두식 이름으로 개칭 또는 힌두식 이름을 각 지역의 언어에 맞춰 다시 변경한 경우가 많다.

예를 들어 봄베이를 뭄바이로, 캘커타를 콜카타로, 마드라스를 첸나이

1-5 | 인도의 주요 도시명 변경

구분	신 도시명		구 도시명	
	영문	한국명	영문	한국명
1	Chennai	첸나이	Madras	마드라스
2	Kolkata	콜카타	Calcutta	캘커타
3	Mumbai	뭄바이	Bombay	봄베이
4	Vadodara	바도다라	Baroda	바로다
5	Bengaluru	벵갈루루	Bengalore	벵갈로르
6	Kochi	코치	Cochin	코친
7	Varanasi	바라나시	Benares	베나레스

로 변경한 식이다. 이에 따라 과거 대도시명은 현재는 더 이상 공식 명칭이 아니다. 이런 변경은 현지에서도 많은 혼란을 야기하고 있으며, 그래서 칵테일 베이스로 많이 활용되는 '봄베이 사파이어'라는 술은 있으되 봄베이는 인도 현지에 없는 것이다. 주요 변경 리스트는 〈1-5〉와 같다.

인도의 29개 주정부는 미국과 마찬가지로 주별 자치 수준이 매우 높고 외교, 군사를 제외한 정치, 행정, 입법에 있어 고도의 자치 권한을 행사한다.

이중 가장 인구가 많고 정치·경제적으로 중요한 주는 〈1-6〉과 같다. 인구가 많은 주들은 인도 현지의 상원선거에서도 가장 중요한 위치를 차지하고 있다. 그래서 인구가 1억 명이 넘는 우타르프라데시, 마하라슈트라, 비하르 주의 선거 결과는 항상 주목을 받는다.

한국 인구가 5천만 명인데, 인도로 치면 10위권 주에도 들지 못할 정

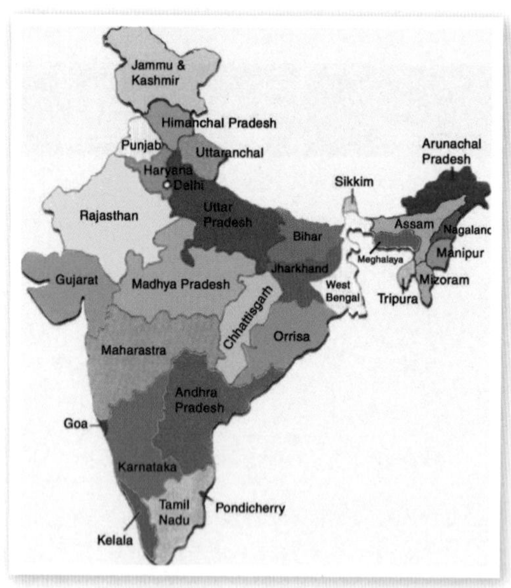

▌ 인도의 29개 주 지도
• 출처 : toptourguide

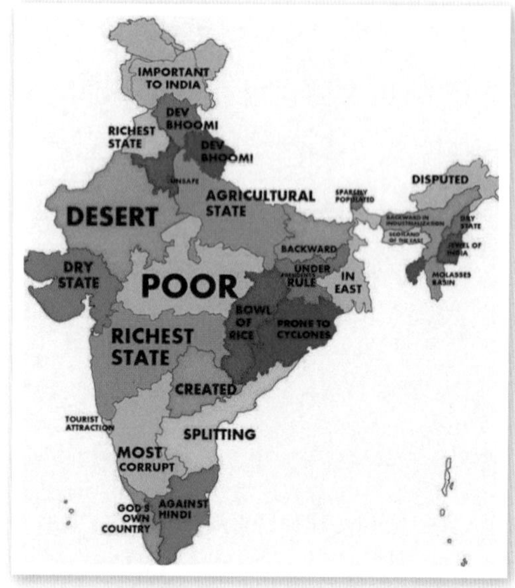

▌ 인도인들의 각 주에 대한 인식
• 출처 : Pinterest

1-6 | 인도의 29개 주 인구 순위 Top 10

순위	주명	인구	비슷한 인구 규모
1	우타르프라데시	199,812,341	브라질
2	마하라슈트라	112,374,333	멕시코
3	비하르	104,099,452	필리핀
4	웨스트 벵갈	91,276,115	베트남
5	안드라프라데시	84,580,777	이집트
6	마디아프라데시	72,626,809	터키
7	타밀나두	72,147,030	터키
8	라자스탄	68,548,437	콩고
9	카르나타카	61,095,297	이탈리아
10	구자라트	60,439,692	이탈리아

출처 : statistics times

도다. 그래서 인도는 그대로 하나의 거대한 세계로 볼 수 있다.

이중 각 주에 대한 인도 현지인들의 인식은 어떠할까?

이와 관련한 재미있는 지도가 있다. 인도 29개 주 위치와 각 주에 대한 인도인들의 인식을 비교한, 두 개의 그림을 주목해주기 바란다.

요컨대 인구가 많은 주 중에 북부에 위치한 우타르프라데시와 비하르, 마디아프라데시 3개 주는 농업 위주의 산업 구조를 갖고 있고 일반적으로 소득 수준이 낮다는 것을 알 수 있다.

인구가 많은 주 중에 마하라슈트라는 뭄바이라는 상업도시가 있을 뿐만 아니라, 상공업의 중심지로서 인도에서 가장 부유한 지역임을 알 수 있다.

마하라슈트라 바로 위 구자라트 주는 'Dry State'라고 되어 있는데 인도 최대 공업 중심지 중 하나이나, 바로 위 라자스탄의 영향을 받아 비가 많이 오지 않음을 알 수 있다.

이외에 고대 실크로드가 발단한 라자스탄 지역은 사막 지역으로 표시되어 있다.

수도 델리 바로 근처의 우타르칸트주명이 우타란찰에서 2007년 우타르칸트로 개명, 히마찰프라데시 주는 '데브 부미Dev Bhoomi'라고 표기되어 있는데 이는 힌디어로 '신들의 땅'이라는 뜻이다. 이 두 주는 갠지스 강의 발원지이며 힌두교 7대 성지로 유명한 하르드와르, 요가 수행으로 유명한 리시케시 등이 있어 힌두교의 성지로 유명한 지역이다.

또한 타밀어를 사용하여 힌두어 공용화 정책에 가장 반대가 심한 타밀나두 주는 힌두어 사용 정책에 가장 반대한다고 나와 있다.

이외에 영토 분쟁 중인 잠무 & 카쉬미르 및 아루나찰프라데시 관련 논쟁에 대해서도 나와 있다.

: 카스트제도는 아직 영향력이 있을까? :

인도에는 지금도 카스트제도가 있을까? 절반은 맞고 절반은 틀린 얘기다. 카스트제도는 1947년 인도 독립과 함께 공식적으로 철폐되었으나 여전히 실생활에 영향을 미치고 있기 때문이다.

일반적으로 카스트제도는 BC 1,500년경에 지금의 페르시아 인근의 유목민족이었던 아리안인들의 인도 침입과 함께 시작되었다고 본다. 아리안인들에 의해 인도 대륙에 살던 원주민인 드라비다인은 인도 남부로 후퇴하였고 지금도 인도 북부의 아리안인과 인도 남부의 드라비다인은 언어, 인종에서 큰 차이를 보인다.

인도 북부를 차지한 아리안인들은 정복민과 피정복민을 나누고 카스트제도를 도입하여 종교의식을 관장하는 브라만, 군인 집단인 크샤트리아, 농상업을 담당하는 바이샤, 그 외 천민 계층인 수드라로 크게 〈1-7〉과 같이 4개로 주민들을 분류했다. 이외에 불가촉천민Untouchable, 인도 최하층의 신분인 달리트도 있으며 세탁, 오물 청소, 소의 시체를 치우는 등 힌두교에서 가장 터부시하는 일들을 담당하고 있다.

상위 4개 카스트는 다시 혈통과 지역, 직업에 따라 3천 개의 자티로 분류되고 이는 다시 2만 5천여 개의 하위 계급으로 나누어진다.

1-7 | 카스트제도 분류

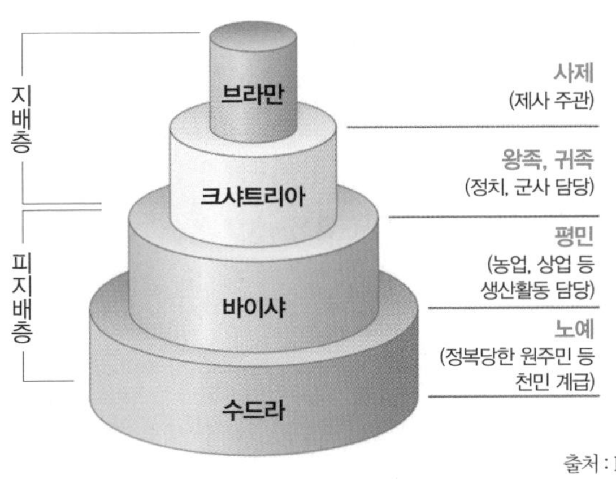

출처 : Kurapa.com

카스트제도의 맹점은 피부색과 언어가 전혀 다른 지배 계층이 피지배 계층을 억압하는 제도가 지금껏 전래되어 인도의 발전을 막고 있다는 사실이다. 아리안인들은 브라만, 크샤트리아 등 지배 계층을 담당하며 윤회, 업, 다신교 사상 등을 전파하면서 지배 계층을 차지했다. 나머지 피지배 계층인 원주민은 수드라 또는 달리트로 분류되어 하인과 같은 삶을 살게 된다.

이후 인도 역사는 알렉산더 대왕의 침입, 마우리아 왕조 등 불교 국가 전성기, 무굴 제국 등 이슬람 국가의 성립, 영국 식민지화 등 큰 변화를 겪지만 힌두교와 카스트제도만은 수천 년간 전승되어 오고 있다.

1947년 제헌 헌법을 통해 카스트제도는 공식적으로 철폐되었다. 하지만 인도인들의 이름을 모두 바꾸지 않는 한 카스트제도의 완전한 소멸에는 오랜 시간이 걸릴 것이다. 인도인들에게는 가문의 성이 바로 카스트 계급이며 또한 출신 지역을 바로 보여주기 때문이다. 이러한 카스트제도로 인해 계승되는 빈곤 및 차별을 피하기 위해 최하층 계층인 지정 카스트SC, Scheduled Caste 15%, 지정 부족민ST, Scheduled Tribe 7.5% 등 최하위 카스트 계층에게 공직자 선발, 공립학교 입학 등 특혜를 제공하고 있다.

또한 기타 하위 계층인 기타 후진 계급OBC, Other Backward Classes에게 특별 고용기회를 보장하고 있다. 이것은 그동안의 카스트 차별에 대한 해소이자 동시에 투표를 의식한 포퓰리즘 성격의 제도다. 요즘에는 하층 카스트 우대 정책에 반발한 역차별 시위도 있어 문제가 한층 복잡해졌다. 특혜를 전혀 받지 못하는 일부 바이샤 계층이 카스트 계급을 오히려 낮춰서 특별 혜택을 받게 해달라는 폭력 시위를 가끔 일으킨다.

예를 들어 2016년 하리아나 주에서 자트Jat 계급의 카스트 계급 인하 촉구 폭력 시위로 20여 명이 사망했고, 2015년에는 구자라트 주에서 파티다르Patidar 계급이 역시 카스트 분류를 하위 등급으로 낮춰달라는 이유로 강경 시위를 일으켜 9명이 사망했다.

현재는 급속한 자본주의의 도입으로 대도시에서는 더 이상 카스트제도가 아닌 학력, 자산 규모 등 보편적인 지표가 가장 중요하고 인도인들의 의식도 빠른 속도로 바뀌고 있다.

실제로 필자가 만난 인도 현지의 증권사, 자산운용사 직원들 가운데 카스트 관련 이슈로 협업에 지장을 초래한 경우는 보지 못했다. 인도 현지의 분위기는 실생활에서 더 이상 개인의 카스트에 따른 직업을 선택하는 경우는 거의 없고, 실제로 카스트제도보다는 어느 주 출신인지가 더 중요하다고 한다. 우리나라와 같이 연고지에 대한 중요도가 점차 증가하고 있는 것이다. 배경보다는 실력, 외모보다는 내면이 중요한 것처럼 더 이상 카스트제도가 인도 경제 발전에 장애가 되는 경우가 사라지길 기도해본다.

: 파키스탄, 방글라데시의 분리 독립과 영토 분쟁 :

대영제국 시절, 영국의 지배를 같이 받았던 파키스탄과 방글라데시는 어떻게 인도에서 분리된 것일까?

힌두교와 이슬람교라는 종교상의 문제로 인하여 1947년 영국으로부터 인도의 독립 당시, 동·서 파키스탄은 이슬람교 지역으로 분리 독립했다.

그러나 지금의 파키스탄인 서파키스탄과 지금의 방글라데시인 동파키스탄은 지리적으로 멀리 떨어져 있고, 우루두어를 쓰는 서파키스탄과 벵갈어를 쓰는 동파키스탄의 문화도 이질적이어서, 독립 직후부터 갈등은 시작되었다.

이후 서파키스탄은 벵골만 지역의 동파키스탄을 노골적으로 차별하는 정책을 취했다. 이에 반발한 동파키스탄은 1970년 독립운동을 주장한 '아와미 동맹'이 총선에 압승하면서 1971년 방글라데시의 독립을 선언했다. 이미 독립 직후부터 카슈미르 분쟁을 통해 인도와 서파키스탄의 분쟁은 지속되었는데, 동파키스탄의 독립을 서파키스탄 약화의 좋은 기회로 여긴 인도는 동파키스탄 분리 전쟁을 지원했다. 결국 서파키스탄군이 패하면서 1971년 방글라데시는 독립했다.

인도의 가장 유명한 영토 분쟁은 잠무 & 카슈미르를 둘러싼 파키스탄과의 영토 분쟁이다. 1차 인도-파키스탄 전쟁은 1947년 두 국가의 독립 직후에 벌어졌는데, 이슬람교도가 다수인 잠무 & 카슈미르를 통치하던 힌두교 토후왕이 파키스탄의 점령에 대항하여 인도에 지원을 요청하면서 촉발되었다. 이후 잠무 & 카슈미르는 북서부의 파키스탄 관할 영토와 남동부의 인도 관할 영토로 분리된다.

이후 1965년 카슈미르를 둘러싸고 2차 인도-파키스탄 전쟁이 벌어졌으나, 구소련의 중재하여 타슈켄트 협정을 체결함으로써 대규모 분쟁으로 이어지지는 않았다.

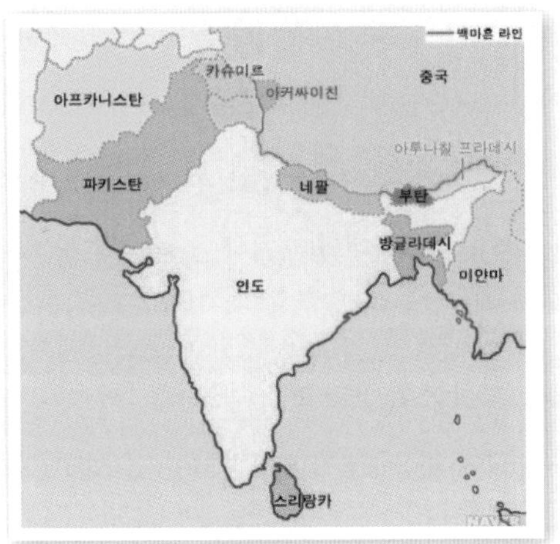

인도, 파키스탄, 중국의 영토 분쟁
•출처 : 시사상식 사전

3차 인도-파키스탄 전쟁은 1971년 방글라데시의 독립 전쟁에 대한 인도군의 지원으로 시작하여 카슈미르 지역에서도 전투가 있었으며, 2주 만에 서파키스탄의 항복과 방글라데시의 독립으로 막을 내리게 된다.

이후 1999년의 카르길 전투 등 잠무 & 카슈미르를 둘러싼 두 국가 간의 전투는 지속되고 있으며, 지금도 소규모 전투가 벌어지고 있다. 하지만 너무 자주 있는 일이라 외신에는 거의 보도가 되지 않는 실정이다. 불행 중 다행이라고 볼 수 있는 것은 시간이 흐르면서 두 국가 모두 핵무기 보유국이 되어, 전면전은 공멸로 간다는 인식을 공유한다는 점이다.

여기에 더해 영국 식민지 시절에 작성된 맥마흔 라인McMahon line, 영국, 중국, 티베트의 대표에 의해 히말라야에 획정된 국경선에 기초해 인도가 주장하는 악사

이친중국이 실효 지배 지역 분쟁과 아루나찰프라데시인도가 실효 지배를 둘러싸고 인도와 중국은 1962년 전쟁을 치른바 있다. 2017년에도 중국, 인도, 부탄의 접경 지역인 도카라중국명 동랑, 부탄명 도클람 지역의 도로 건설을 둘러싸고 인도 군대와 중국 군대가 대치하는 등 국경 분쟁 이슈는 인도와 중국 간의 해묵은 갈등 요소다.

이처럼 인도는 국경을 맞대는 파키스탄, 중국과 영토 분쟁을 수차례 치른 바 있으며 '적의 적은 친구'라는 말처럼 인도를 공동의 적으로 여긴 파키스탄과 중국은 정치, 경제, 군사적인 협력관계를 지속적으로 강화하고 있다.

유명한 파키스탄과 중국과의 국경 분쟁 외에 인도 서부에는 또 다른 영토 분쟁의 지점인 고아, 코친이라는 포르투갈 식민지가 있었다. 지금은 인도 최고의 휴양지로 꼽히며 아름다운 해변으로 유명한 곳이 고아다. 이곳은 포르투갈의 대항해사, 바스코 다가마가 아프리카 희망봉을 돌아 인도에 상륙하고 불과 십여 년 만에 포르투갈 식민지가 된 서구 열강의 가장 오래된 식민지다.

포르투갈은 1510년부터 고아를 식민지로 삼아 무려 450년간 지배했으며, 1961년 인도와의 전쟁에 패해 인도로 반환되었다. 인도가 대영제국 식민지였던 시절에도 고아는 포르투갈의 식민지로 남아 있었던 셈이다. 지금은 이베리아 반도의 작은 소국으로 전락한 포르투갈이지만, 15세기부터 19세기까지 대항해시대와 서구 열강의 식민지 개척시대에 활약했던 포르투갈 함대의 위세를 느낄 수 있다.

아프리카 모잠비크, 인도 고아, 인도네시아 동티모르, 중국의 마카오까지 전 세계 바다에 거점 항구이자 식민지를 개척한 포르투갈은 현재 중국이 주장하는 '일대일로一帶一路'의 해양 실크로드의 원형을 이미 보여준 셈이다.

: 인도에는 상상할 수 있는 모든 종교가 다 있다 :

인도의 종교라면 대부분 힌두교를 떠올릴 것이다. 힌두교는 전체 인구의 80%를 차지하며 이슬람 14%, 기독교 3%, 기타 4%로 구성되어 있다. 그러나 이것이 전부가 아니고 불교, 자이나교, 시크교, 조로아스터교 등 전 세계 거의 모든 종교가 존재한다고 생각하면 된다.

인도의 종교는 사실 한국에도 매우 익숙하다. 인도 마우리아 왕조는 소승 불교를 육성하여 동남아시아로 전파했다. 이후 쿠샨 왕조에 대승 불교가 발전하여 이것이 중국, 한국, 일본 등 동북아시아로 전해졌기 때문이다. 국사 교과서에서 배운 대로 신라, 고려시대 1천 년간 한반도는 불교 왕국이었다.

인도 여행은 사실 종교 유적 투어와도 같다. 시바 신의 도시이자 갠지스 강의 성지 바라나시, 부처가 태어나고 깨달음을 얻었던 곳 보드가야, 티베트 임시정부가 있으며 달라이 라마가 기거하고 있는 다람살라, 카마수트라와 야한 조각상으로 유명한 카주라호, 갠지스 강 발원지이자 요가의 본산 리시케시, 12세기 델리 이슬람 왕국의 승전탑인 꾸뜹 미나르 등 셀 수 없이 많은 종교 유적이 남아 있다. 필자도 개인적으로

▌힌두교의 주요 신(왼쪽부터 브라흐마, 비슈누, 시바)
•출처 : Detechter

인도 여행 중 가장 강렬했던 기억은 바라나시의 노천 화장 의식, 콜카타 칼리 신전의 염소 참수 의식이었다.

인도 종교와 문화의 기원은 힌두교다. 힌두교라는 어원은 인더스 강에서 유래한다. 주변의 무슬림들이 인도인들을 힌두라고 지칭하며 '힌두인들의 종교'라는 뜻에서 힌두교라는 이름이 성립되었다. 한국인들의 종교를 한국교라고 부르는 것과 같은 출발이다.

힌두교는 단순한 종교일 뿐만 아니라 인도의 문화, 생활 방식, 사고를 지배하는 인도를 이해하는 첫걸음이다. 힌두교는 단지 인도인들만의 종교가 아니고 동남아시아에 전파되어 말레이시아, 인도네시아, 캄보디아, 베트남 남부 등에도 힌두교 왕국이 건설되었다. 바로 이런 이유로 인도네시아, 태국, 베트남, 캄보디아 등 동남아시아 곳곳에 힌두교 유적이 많이 남아 있다. 인도네시아의 발리는 지금도 힌두교가 주요 신앙이자 전통으로 남아 있기도 하다.

힌두교는 다신교다. 고대 브라만교에 인도 민간신앙이 합쳐져서 현재의 힌두교로 성립되었다. 힌두교에는 수많은 신들이 존재하나 가장 주요한 세 신이 있다.

브라흐마는 창조의 신으로, 비슈누의 연꽃에서 태어났다고 전해진다. 네 방위를 향하는 4개의 머리, 4개의 팔, 수염을 가진 모습으로 묘사된다. 또한 지혜의 상징인 함사Hamsa라고 불리는 백조를 탄 모습으로도 묘사된다.

비슈누는 질서를 유지하는 신으로, 지상의 혼란을 바로잡는 역할을 한다. 검푸른 얼굴에 4개의 팔을 가진 모습으로 묘사되며 힘을 상징하는 곤봉과 원반, 주술의 힘과 깨끗함을 상징하는 나팔 및 연꽃을 들고 있다.

시바는 파괴의 신으로, 수미산에 살며 이미 중앙에는 제3의 눈이 있다. 손에는 삼지창을 들고 있으며, 난디라는 황소를 타고 다닌다.

세 신 중 이미 창조의 역할이 끝난 브라흐마의 인기는 퇴색되었고, 비슈누와 시바에 대한 숭배가 절대적이다. 비슈누는 10명의 화신이 있어 그중 9번째 화신이 부처다. 이처럼 불교는 힌두교의 일부로 흡수되었으며 불교가 인도에서 영향력을 발휘하지 못하는 이유 중 하나가 되었다.

이외에도 브라흐만의 부인 사라스와띠, 비슈누의 부인 락슈미, 시바의 부인 두르가, 원숭이 신이자 손오공의 원형인 하누만, 코끼리 형상의 가네샤, 갠지스 강의 여신인 강가 등 수많은 신들이 존재한다. 인도의 인구만큼 신이 있다는 농담도 있을 정도다.

이처럼 힌두교에는 수많은 신들이 있어 지역, 계층, 직업별로 선호하는 신이 다르므로 개인적인 선호도를 존중하는 문화 다원주의로 발전했다.

또한 힌두교에는 도덕적·윤리적 의무인 다르마Dhama, 경제적 실리인 아르타Artha, 쾌락인 카마Kama, 최상의 진리 또는 해탈인 목샤Moksa의 4개의 덕목이 있다. 이것이 차크라수레바퀴로 불리는 윤회 사상과 결합되었다.

따라서 현생의 행복과 불행은 모두 전생의 업보와 연관이 있다고 판단하며, 이면에 잠재되어 있는 원인에 대해 끝없이 의문을 제기하고 대안을 생각하는 문화로 발전했다.

힌두교 신자들은 뿌자Puja라고 불리는 종교 의식에 참여한다. 매일 집에서 하는 뿌자부터 1년에 한 번 사원을 방문해 하는 뿌자까지, 크고 다양한 뿌자에 참가한다. 힌두교는 일상생활 속에 뿌리박혀 있어 거리를 걷다보면 크고 작은 힌두교 사당이 거리 곳곳에 있고, 매일 아침마다 기도하는 사람들을 흔하게 만날 수 있다. 결혼, 주택 구매, 자동차 구입 같은 경조사가 있을 경우에는 우리나라의 고사와 같은 대규모 뿌자 의식이 개최된다.

시크교는 15세기에 교조 나나크에 의해 처음 설파되었으며 힌두교와 이슬람교의 영향을 모두 받았다. 사트카르타르Satkartar라는 유일 창조자를 숭배하며 윤회와 업을 믿는다. 형식적인 의례와 우상 숭배를 부정하며 힌두교의 카스트제도 또한 부정한다. 시크교는 터번을 쓰고 다니며 인도 북부, 특히 펀자브 지방에서 흔히 볼 수 있다.

2014년까지 10년간 재임했던 맘모한 싱 총리도 항상 착용하던 터번에서 알 수 있듯이 시크교도였다. 전체 교인은 2천 3백만 명으로 소수 종교이나 펀자브 지방을 중심으로 조금씩 교세를 확장해가고 있다. 힌두교, 이슬람으로부터 수세기 동안 박해를 받았던 탓에 내부 결속력이 강하고 전통적으로 군복무를 많이 한다. 1984년 인디라 간디 총리의 암살은 시크교도 분리주의자들이 점거한 시크교 성지이자, 독립운동의 본산인 암리차르의 황금사원을 인도 정부가 파괴하면서 총리의 시크교도 경호원이 총리를 암살한 사건이었다.

시크교는 인도인들의 성이 해당 카스트 계급 및 출신을 알려주는 차별의 시작이라 하여 모든 시크교 남자는 싱Singh, 여자는 카우르Kaur를 성으로 쓰도록 하고 있다. 인도에서는 여자가 결혼하게 되면 남편의 성을 따르게 되어 있으나, 시크교 여성들은 카우르 성을 그대로 쓴다.

그래서 인도에서 터번을 쓴 남자를 보게 되거나 남자 이름이 싱, 여자

▌ 아자이 싱 방가 마스터카드 CEO(좌)와 맘모한 싱 인도 전 총리(우)
•출처 : WorldAtlas, One World News

이름이 카우르로 끝나면 대부분 시크교도다. 다만 일부 힌두교도도 싱을 이름이나 성으로 쓰기 때문에 주의해야 한다. 시크교 남자들의 전형적인 외모는 아자이 싱 방가 CEO나 맘모한 싱 인도 전 총리의 사진과 같이 터번을 착용하고 수염을 기르는 것으로 쉽게 구별된다.

자이나교는 불교와 유사한 교리를 지닌 종교로 기원전 6세기경 고타마 싯타르타부처와 동시대 사람인 마하비라위대한 영웅에 의해 처음 설파되었다. 자이나교를 믿는 인도인들은 이름이 자인Jain으로 끝나는 경우가 많아서 쉽게 구별할 수 있다.

인간은 본래 순수한 존재이지만 업에 속박되어 있어 고행을 통해 깨끗한 영혼을 찾는다는 것이 중심 교리다. 이에 따라 불살생, 불간음, 무소유, 금욕, 고행을 강조하며 불교보다 훨씬 철저한 삶의 원칙을 강조한다. 이에 따라 가장 중요한 교리로 살생의 금지를 주장하며 오늘날 보편화된 채식주의, 단식 등의 교리를 처음 만들었다고 평가받는다.

극단적인 고행 및 불살생을 강조하기 때문에 근본주의자들은 식물의 열매 및 뿌리 식물도 먹지 않으며 오직 풀잎만을 먹는다. 물을 마실 때도 거름망을 이용하여 순수한 물만을 섭취하며, 걸을 때도 혹시 발 아래 벌레를 밟지 않도록 조심한다. 공기를 의복으로 하기에 나체 수행으로 유명한 공의파空衣派, Digambara와 흰옷만은 허용하는 백의파白衣派, Svetmbara로 나뉘며 불교와 마찬가지로 윤회설을 믿는다. 극도의 금욕주의적 교리로 전파가 어렵고 외부로 나갈 경우, 혹시 벌레를 밟게 될까 봐 먼 길을 나서지 않기 때문에 포교에도 적극적이지 않아 인도 내의 소수 종교로 남게 되었다.

▍ 수행 중인 자이나교 승려들
•출처 : UPI

인도에 기독교가 있다는 것을 상상하기 어려울 것이다. 그러나 그 역사는 2천 년에 달한다. 예수 그리스도의 12제자 중 한 명인 도마가 복음을 전하기 위해 인도 남부의 첸나이로 가서 25년간 선교에 힘쓰다가 그곳에서 사망하였기 때문이다. 전체 인구의 3%만이 기독교라고 하면 적은 수라고 생각하기 쉽다. 하지만 12억 명이 넘는 인구를 가진 인도이기에 기독교 신자만 3천만 명이 넘는다.

기원후 1세기 당시에는 로마, 중동, 인도, 남중국으로 이어지는 육상과 해상 실크로드의 전성기였다. 그때 당시에 이미 유대인 커뮤니티가 인도 남부에 있었을 정도로 무역이 활발했고, 이 경로를 따라 도마도 인도 남부로 왔을 것이다. 특히 예수의 12제자 중 무덤이 남아 있는 것은 전 세계에 3개밖에 없으며 스페인의 산티아고 델 콤포스텔라야곱, 이태리의 성베드로성당베드로과 함께 인도 첸나이의 성도마성당이 바로 그곳이다.

마지막으로 인도의 조로아스터교에 대해 논하고자 한다. 조로아스터교는 예언자 조로아스터Zoroaster의 종교적, 철학적 가르침에 귀의하는 종교로 유일신 아후라 마즈다Ahura Mazda를 믿는 고대 페르시아의 종교다. 불을 숭앙하기에 한자로는 배화교拜火敎라고 한다.

다신교가 득세하던 기원전 세계에 처음으로 등장한 유일신 사상이자 선악을 인간 사회의 근본 원리로 설정했다. 이후 유대교, 기독교, 이슬람 등 유일 신앙의 성립에 큰 영향을 미쳤다고 전해진다. 조로아스터교는 독특한 장례 문화로 유명하며 높은 돌 위에 시신을 올려놓고 독수리들이 쪼아 먹는 조장을 시행한다.

조로아스터는 그리스어 발음이며 독일어 발음은 짜라투스트라Zarathustra다. 독일 철학자 니체가 쓴 《짜라투스트라는 이렇게 말했다》의 바로 그 인물이다.

조로아스터교는 기원후 7세기 사산조 페르시아의 멸망과 이슬람교의 등장으로 중동, 이란 지역에서 급속히 쇠퇴하여 소수 종교로 현재까지 남아 있다. 근대 조로아스터교 신자들은 '페르시아 사람'이라는 뜻으로 '파르시Parsi'라고 불리며, 주로 상업에 종사하여 상당한 부를 축적했다.

고대 페르시아 종교와 인도의 관계는 무엇일까?

7세기 사산조 페르시아의 멸망과 함께 종교 박해를 피해 파르시들은 인도 서부의 구자라트 주로 이주했다. 이후에 1천 년이 넘는 세월 동안 주로 상업에 종사하며, 다른 민족과의 통혼을 금지하고 자신들만의 공동체를 유지하면서 조용히 살아갔다.

기회가 찾아온 것은 영국이 인도를 지배하면서 인도에 뿌리가 없어,

친서구적이며 상업에 천부적인 재능이 있던 파르시족을 선호하게 되었기 때문이다. 특히 이들은 인도 서부의 수라트 및 뭄바이에 집중적으로 거주하고 있었기 때문에, 식민지시대에 무역항으로 발전한 뭄바이의 지정학적인 이점을 누렸다.

현재 전 세계 조로아스터교 신자 10만 명 중 대부분인 7만 명이 인도 뭄바이에 거주하고 있는 것으로 추산된다.

파르시들의 대표 기업이 바로 타타 그룹이다. 인도 최대 기업 집단인 타타 그룹은 1868년 파르시 가문 출신인 잠세트지 타타에 의해 뭄바이에 설립되었다. IT 서비스, 자동차, 철강, 화학 등 거의 모든 사업 분야에 진출해있는 인도의 대표 기업이다.

이 기업은 창업 이후, 140여 년간 오직 조로아스터교 신자만 회장으로 취임해왔고 대주주로 그룹을 관리해온 것으로 유명하다. 전전 회장인 라탄 타타, 전 회장인 사이러스 미스트리 등 지금까지 6대 회장이 모두 파르시였다. 쉽게 얘기하면 인도의 파르시 7만 명 중 한 명이 회장으로 취임하는 셈이다.

2016년의 타타 그룹의 경영권 분쟁 이후, 찬드라세카란이 조로아스터교가 아닌 사람으로는 처음으로 7대 회장으로 취임했다. 이외에 유명인으로 록밴드 퀸의 리드 보컬이었던 프레디 머큐리도 어린 시절을 인도에서 보낸 파르시이며 조로아스터교 신자였다. 아시아 3대 지휘자 중 한 명인 주빈 메타도 인도의 파르시 출신 조로아스터교 신자다.

인도 근대 정치사의 유명한 인물로는 비폭력운동을 지도했던 마하트마 간디, 독립 이후 초대 총리를 지낸 자와할랄 네루가 있다.

마하트마 간디는 1869년 인도에서 태어나, 영국에서 공부한 후에 변호사가 된다. 이후 남아프리카로 건너가 변호사로 활동하던 중에 인종차별을 경험하고, 그곳에서 인도인들 위한 인권운동을 시작한다. 이후 1915년 인도로 돌아와 정치 지도자이자 종교 지도자로 활동하며, 비폭력 평화 시위를 주도한다. 1947년 인도의 독립에 커다란 기여를 했으나, 1년 뒤인 1948년 과격 힌두교인의 총격을 받고 사망하게 된다.

마하트마 간디는 모든 인도인들이 사랑하는 정신적인 영도자의 역할을 하고 있다. 인도에는 곳곳에 간디 동상이 있고 인도의 모든 지폐에는 간디 초상이 그려져 있을 정도로 간디에 대한 애정은 대단하다.

다음으로 자와할랄 네루를 언급하기 전에 인도의 정당 구조부터 설명하고자 한다. 인도의 정당 체제는 크게 보면 양당제의 성격을 지니고 있다. 자와할랄 네루부터 현재의 소냐 간디, 라울 간디 등 네루-간디 패밀리가 주도하는 인도국민회의INC, India National Congress와 현 총리인 나렌드라 모디가 이끄는 BJPBharatiya Janata Party가 그것이다. 물론 이 2개 정당이 전부는 아니고 인도는 29개 주가 고도의 자치권을 행사하는 연방제 국가여서, 각 주별로 수많은 정당들이 있다. 하지만 전국 정당은 인도국민회의와 BJP 단 두 개뿐이다.

인도는 의원내각제로서 하원선거는 5년에 한 번, 상원선거는 6년 임

▌ 마하트마 간디(우)와 담소 중인 자와할랄 네루(좌)
•출처 : The Voice of Nation

기로 주별로 개별적으로 진행된다. 하원선거에서 다수 득표를 얻은 정당이 총리를 배출한다. 하지만 상원선거는 이와 별개로 진행되기 때문에, 상원과 하원의 다수당이 다른 경우가 흔하다. 현재 총리인 나렌드라 모디도 2014년 5월 하원선거에서 BJP당의 단독 과반을 기반으로 총리가 되었으나, 상원에서 BJP당은 여전히 30% 수준의 의석을 가지고 있어서 기타 정당과의 협치가 필수적인 상황이다.

인도 정치사에서 인도국민회의 또는 BJP당 중 하나가 하원이나 상원에서 단독 과반을 장악한 적은 매우 드물었다. 따라서 이들 각자를 중심으로 정당 연합을 형성하는 것이 인도 민주주의의 흐름이다. 이에 따라 인도국민회의가 주도하는 UPA United Progressive Alliance 연합과 BJP당이 주도하는 NDA National Democratic Alliance 연합이 매선거마다 대대적인 선거전을 벌이며 정권 창출을 위해 힘써 왔다.

일반적으로 인도국민회의는 중도 좌파적인 성향으로 건국 이후, 주요 산업의 국유화 및 소비에트 모델에 따른 사회민주주의 모델을 추종했다. 1991년의 개혁 개방 이후에는 사회복지, 친서민 정책, 탈종교적인 정책으로 전환했다. 2004년 인도국민회의 집권기에는 시크교도인 맘모한 싱을 최초의 비힌두교 총리로 선임했을 만큼 종교적인 면에서 개방적인 모습을 보이기도 했다.

한편 BJP당은 중도 우파적인 성향으로 친시장주의, 보수주의, 힌두교 민족주의를 대변한다. BJP당은 우리말로는 '인도인민당'이라는 뜻이며 1980년에 창당했다. BJP당은 민족주의적인 성향을 보이고 있으며, 파키스탄에 대해 강경 정책을 구사한다. 1990년대 집권기에는 여러 차례 핵실험을 통해 핵보유국을 선언하기도 했다.

인도의 주요 정당인 인도국민회의는 네루-간디 패밀리의 역사와 같다고 볼 수 있다. 자와할랄 네루는 그의 아버지인 모틸랄 네루와 함께 인도국민회의의 주도적인 지도자로 인도 독립에 이바지했을 뿐 아니라, 초대 인도 총리로서 근대 인도의 큰 그림을 그려낸 인물이다. 그는 간디보다 20살 늦은 1889년에 태어났다. 1905년 영국으로 유학해 해로 스쿨, 캠브리지 대학을 졸업하고 변호사가 된다.

이후 아버지를 따라 인도국민회의에 합류해 독립운동에 나서게 되며, 특히 간디나 모틸랄의 온건 노선과 달리 인도의 완전한 독립을 주장하는 급진파의 선봉에 서게 된다. 그가 반영 독립운동 와중에 영국 식민지 정부에 의해 옥고를 치르면서, 그의 딸 인디라에게 보낸 편지를 편집한 책이 그 유명한 《세계사 편력Glimpes of World History》이다.

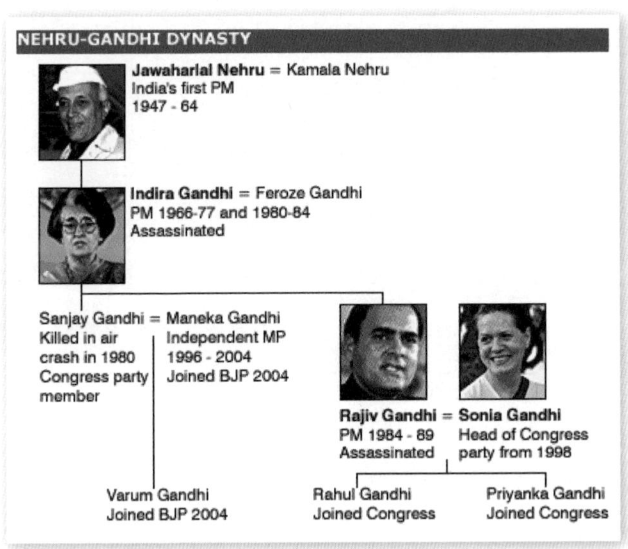

▌ 인도의 케네디 가문, 네루–간디 패밀리 계보도
•출처 : BBC

인디라의 본명은 인디라 네루이나 영국 유학 시절, 페로제 간디와 결혼하면서 남편 성을 따르는 인도 관습에 따라 인디라 간디가 된다. 인디라 간디는 네루의 외동딸로 이후에 태어난 첫째 아들 라지브 간디, 둘째 아들 산제이 간디 및 손자 라울 간디까지 모두 간디 성을 갖게 되었다. 따라서 네루–간디 패밀리는 마하트마 간디와는 전혀 상관이 없다는 점을 주의할 필요가 있다.

네루는 1947년 인도가 독립하면서 초대 총리에 취임한 후, 연이어 총선에 승리했다. 그후 17년간 총리를 역임했으며, 1964년 사망했다. 그는 미소 냉전시대에 비동맹 중립 노선을 천명하면서 서구 열강과는 독립된 길을 가고자 했다. 그는 경제적으로는 소련의 사회주의 노선을 도입하고 정치적으로는 민주주의를 도입하여, 제3의 길을 가려고 했다.

그러나 파키스탄, 중국과의 전쟁으로 국경 분쟁이 지속되어 인도의 외교적 위상이 손상되었으며 경제 개발의 실패로 오점을 남겼다.

이후 그의 딸인 인디라 간디가 16년간 총리로 재임하며 동파키스탄 독립 전쟁 지원, 계엄령 선포 등 철권통치를 했고 소련과의 관계를 강화한다. 그녀는 펀자브 주의 시크교도 분리 독립운동을 무력으로 진압하다가 자신의 시크교도 경호원에 의해 1984년 암살된다.

인디라 간디의 둘째 아들이자 정치 지도자로 촉망받던 산제이 간디가 1980년 비행기 사고로 사망하자, 그의 첫째 아들 라지브 간디가 정치 일선으로 뛰어들어 1984년부터 5년간 총리로 재임하게 된다. 그러나 임기가 끝나고 당 총재로 재임하던 1991년 타밀 반군의 폭탄 테러로 사망한다.

이처럼 네루-간디 패밀리는 인도 최고의 정치 명문가이지만, 암살 테러의 비극을 자주 겪은 슬픈 역사를 갖고 있기도 하다.

다시 시간이 흘러 인도국민회의가 집권하는 2004년부터 2014년까지 10년간 표면적으로는 맘모한 싱 총리가 취임하여 인도를 대표했으나, 사망한 라지브 간디의 아내인 소냐 간디가 당 총재로서 막강한 권한을 행사했다. 그녀가 총리가 되지 못한 것은 그녀의 이탈리아 국적을 둘러싼 논쟁 때문이었다. 따라서 이 기간도 집권 기간으로 더한다면 네루-간디 패밀리는 1947년 인도 독립 이후, 무려 48년간 인도 총리 또는 여당 당수로 인도 정치에 막강한 영향력을 행사하고 있다.

인도국민회의는 인도의 독립운동을 주도했을 뿐만 아니라, 인도 정치의 주도 세력으로 네루-간디 패밀리와 함께 해왔다. 지금도 소냐 간디와 그의 아들 라울 간디가 제1야당인 인도국민회의의 총재, 부총재로 활동하고 있다.

: 흙수저의 성공 신화, 나렌드라 모디 :

한편 현재 총리인 BJP당 출신의 나렌드라 모디는 네루-간디 패밀리와는 전혀 다른 출신 배경을 가지고 있다. 한마디로 네루-간디 패밀리가 금수저라면 나렌드라 모디는 흙수저 출신이다.

그는 1950년 구자르트 주의 바드나가르에서 태어났다. 그는 하층 카스트인 모드 간치 텔리Modh-Ghanchi-Teli 계급 출신의 부모 밑에서 6명의 자녀 중 세 번째로 태어났다. 가난한 하층 카스트 출신으로 그는 10대 시절, 기차역에서 짜이인도식 홍차를 팔던 아버지를 도와 행상 일을 했다. 나중에는 버스 터미널 근처에서 형과 직접 짜이 가게를 차리기도 했다. 십대 시절, 힌두 국수주의 단체인 RSSRashtriya Swayamsevak Sangh에 가입해서 소년 단원으로 활동하기 시작한다. RSS는 BJP당의 외부 지원단체이며 RSS에서 만난 여러 지도자들과의 인연으로, 그는 점차 정치인의 길로 들어선다.

1975년 인디라 간디 총리 시절에 단행된 계엄령은 그의 초기 정치 인생에 큰 영향을 미쳤다. 그는 정부의 강압적인 통치에 저항하는 구자라트 RSS 지부의 지도자가 되었으며, 계엄령하에서 RSS운동이 금지되자

도피생활을 한다. 그리고 36살이 되던 1985년 정규 정당인 BJP당으로 옮겨 정당활동을 시작하게 된다.

RSS에서의 오랜 조직활동을 통한 인적 네트워크와 뛰어난 선거 전략으로 모디는 구자라트 BJP 지부에서 빠른 속도로 자리를 잡게 되고, 마침내 2001년 구자라트 주총리로 당선된다. 이때부터 13년간 계속된 그의 구자라트 주총리 임기는 2002년 구자라트 폭동을 암묵적으로 지원했다는 비난과 뛰어난 경제 성장을 이룬 업적으로 명암이 교차되는 기간이었다.

2002년 구자라트 폭동은 무슬림과 힌두교도의 종교 갈등이 폭발한 대표적인 사례다. 그해 구자라트 고드라 인근에서 힌두교 순례자들을 가득 태운 기차가 불타는 사건이 발생하여 60여 명의 힌두교도가 사망했다. 이에 사건의 배후로 무슬림들의 테러 공격이라는 소문이 나고, 구자라트 주정부도 폭동을 방조한 상황에서 무슬림과 힌두교도 도합 공식적으로만 1천 명이 넘는 사람들이 살해되었다. 참혹한 보복 살인 사건인 셈이다. 당시 주총리였던 모디는 사태를 제대로 해결하지 못했다. 심지어 힌두교도들의 보복을 지원했다는 혐의를 받고 미국, 영국, EU에서 입국 금지 통보를 받았다.

한편 그의 뛰어난 경제 분야의 업적은 그가 13년의 구자라트 주총리 임기를 끝내고 2014년 인도 총리가 된 결정적인 이유가 되었다. 그는 구자라트 주총리 임기 기간 중 '역동적인 구자라트Vibrant Gujarat' 캠페인을 통해 산업공단에 대규모 공장과 부동산투자금을 유치했다.

또한 면직물이 발달한 구자라트 주의 농업 발전을 위해 대규모 댐을 건설하여 농업용수를 공급하였고, 개량형 종자를 공급했다. 인프라 개발에 나서 전력 발전량을 크게 늘렸으며, 구자라트는 전 지역에 전기가 공급되는 인도 유일의 주가 되었다. 웨스트 벵갈 주에서 공장 부지를 마련하지 못해 애를 먹던 타타자동차의 나노자동차 공장을 유치하는 등 발 벗고 뛰는 기업투자 유치 실적으로, 그의 임기 중 구자라트 주는 연평균 10%의 경제성장률을 달성해 인도 29개 주 중 1위를 차지했다.

나렌드라 모디는 경제 분야의 뛰어난 업적, 어린 시절부터 갈고 닦은 토론 실력, 연극에 대한 관심에서 표출된 탁월한 연설 능력, 뛰어난 패션 감각으로 전국적인 정치인으로 부상했다. 마침내 그는 2014년 하원 선거에서 BJP당의 총리 후보로 선거에 나서게 되었다. 2014년 하원선거는 인도 역사상 유례가 없을 정도로 나렌드라 모디라는 정치인에 대한 신임 투표의 성격을 띠게 되었다.

그는 과거 인도국민회의의 부정부패를 비판하고 본인의 구자라트 주의 업적을 인도 전역으로 확산시키겠다는 공약으로, 마침내 BJP당은 1984년 이후에 30년 만의 단독 과반이 되었다. 모디는 인도 총리로 2014년에 취임했다.

시간이 흘러 2017년은 모디 총리 취임 이후, 집권 3년차에 해당한다. 인도에는 그동안 숨 가쁘게 많은 변화가 있었다. 우선 모디 정부는 제도개혁 및 인도를 변화시키는 각종 이벤트에 모든 전력을 쏟았다. 사실 이 모든 것은 인도 내각 및 행정부를 움직이는 인도 하원을 BJP당이 단독 과반으로 장악했다는 사실과 모디 총리의 강력한 카리스마에서 나온다.

그는 인도를 세계 제조업의 허브로 만들기 위한 '메이크 인 인디아Make in India' 캠페인, 100개의 스마트 시티를 건설해 IT기업을 유치하겠다는 계획 발표, 전 국민에게 화장실을 공급한다는 '클린 인디아Clean India' 캠페인 등을 전개하고 있다. 또한 추가적인 전력, 고속도로, 철도망 구축 및 개선 프로젝트를 연이어 발표하고 있다.

제도개혁 측면으로 파산법을 개정하여 악명 높은 인도의 부실채무를 해결하고, 기업 파산을 신속하게 처리하기 위한 제도적 정비를 완료했다. 그리고 부가세개혁GST, Goods and Service Tax 법안도 10년간의 논의 끝에 마침내 상하원을 통과하여 인도 세금제도의 혁신을 가져 왔다.

또한 2016년 11월 화폐개혁을 단행하여 부정부패를 막고 세수를 확보하며 현금 거래를 대폭 줄였다. 향후 디지털 인디아로 가는 모바일 이

▌ 모디의 허그 외교
•출처 : Times of India

체, 전자 화폐시장의 성장을 꾀하는 급격한 변화를 노리고 있다. 외교적으로 그는 세일즈 외교에 직접 나서 취임 후, 1년 만에 18개국을 방문했을 정도로 해외 FDI 자금을 유치하고 국내 인프라 개발, 제조업을 혁신시키기 위해 노력하고 있다.

2017년 3월, 인구 2억 명에 달하는 인도 최대 주인 우타르프라데시 주의 상원선거는 일종의 중간 선거 성격을 띠고 있었다. 이때 함께 5개 주의 상원선거가 동시에 치러졌는데, 많은 주에서 BJP당이 과반 이상의 지지를 받았다. 특히 우타르프라데시 주에서 80%의 득표를 올렸다. 이에 따라 2019년 하원선거로 가는 길이 BJP당에 유리하게 전개되고 있다.

2019년 선거에서 BJP당이 다시 국민들의 선택을 받을 경우, 모디 총리는 2014년부터 2024년까지 총 10년간 재임하는 장기 집권으로 이어지게 될 것이다.

취임 후에 지속적인 개혁을 단행하고 있는 모디 총리 및 BJP당이 앞으로도 지속적인 지지를 받을 것인지, 급속하게 지지도가 떨어진 인도 국민회의에서 어떤 대안을 가지고 다음 선거에 임할지 귀추가 주목된다.

⋮ 왜 인도는 중국에 비해 경제 발전 수준이 낮을까? ⋮

인도에 관해 가장 미스터리한 궁금증 중의 하나는 13억 명에 달하는 거대한 인구를 바탕으로 영어에 능숙하고, 숫자 감각이 빠른 명석한 사람들로 넘치는 인도가 왜 이렇게 중국에 비해 경제 발전 속도가 더디냐하는 점이다.

2016년 세계은행 기준 1인당GDP는 인도 1,709달러, 중국 8,123달러로 큰 차이를 보인다. 인도는 1947년에 영국으로부터 독립한 반면에, 중국 공산당은 1949년 국민당을 대만으로 축출하고 중국 대륙의 통일을 완성했다. 두 국가 모두 출발은 불안했다. 인도와 중국은 독립 이후에 모두 영토 분쟁을 겪었으며, 자본주의와 공산주의 이념의 충돌과 미소 냉전시대에 비동맹주의 노선을 갈아타던 고뇌로 점철된 1960년대와 1970년대를 공유하고 있다.

인도와 중국의 첫 번째 차이는 1978년 중국이 개혁 개방을 시작한 반면 인도는 소련식 보호무역주의, 국영기업 중심의 경제 체제를 추종하다가 외환위기가 터진 1991년에야 개혁 개방을 시작했기 때문이다. 13년의 갭이 지금의 경제 규모 차이의 근원인 셈이다.

중국은 1949년 중화인민공화국의 수립 이후에 대약진운동, 문화대혁명, 러시아와의 갈등, 베트남·인도 등 주변국과의 영토 분쟁 등으로 1978년 덩샤오핑이 집권해 개혁 개방을 외칠 때까지 경제적인 면으로는 극도의 혼란을 반복해왔다.

실제로 1960년의 1인당GDP는 인도 81달러, 중국 90달러로 두 나라 모두 전 세계에서 가장 가난한 나라 중 하나였다. 1981년이 되어 인도 268달러, 중국 197달러로 인도가 중국보다 더 높은 국민소득을 보였다. 그러나 1976년 마오쩌둥 사망과 4인방의 권력 쟁투의 혼란 끝에 1978년 정권을 잡은 덩샤오핑은 일관된 개혁 개방으로 중국을 시장 경제로 이끌었다. 이후 장쩌민, 후진타오, 시진핑으로 이어지는 수출과 투자 중심의 경제 개발 계획은 중국을 현재의 경제 대국으로 발전시켰다.

반면 인도는 1947년 영국 독립 이후, 소련과 우호적인 관계를 맺고 사회주의식 경제 모델을 1991년까지 일관되게 유지했다. 수입 대체산업 중심의 보호무역주의, 산업 생산에 대한 정부의 관리 감독, 노동 및 금융시장에 대한 정부의 통제, 소련식 5개년 국가 개발 계획 등이 인도 정부의 중요 의제였다. 1950년대 이후에 철강, 광산업, 기계, 상수도, 통신, 보험 등 대부분의 주요 산업이 국유화되었다.

심지어 1973년에는 인도 의회에서 외국 기업의 현지 지분을 40% 이하로 축소시키는 외환규제법FERA, Foreign Exchange Regulation Act을 실시하였다. 그 여파로 외국계 기업들은 인도에서 철수하거나, 인도 현지 대주주를 받아들여야 하는 상황에 내몰리기도 했다.

이러한 사업 규제로 인해 대표적인 미국계 기업 코카콜라도 1976년 인도에서 철수했으며, 17년이 지난 1993년에야 비로소 다시 인도로 재진출했다. 특히 인도는 자와할랄 네루가 17년, 그의 딸인 인디라 네루가 16년을 총리로 재임하는 등 실질적으로 간디-네루 패밀리에 의한 통치가 지속되면서 폐쇄적인 보호무역주의 경제 정책을 바꿀 계기를 마련하지 못했다.

변화의 계기가 마련된 것은 1991년, 인도의 외환위기였다. 그 시작은 1990년에 시작된 걸프 전쟁이었다. 인도는 석유 소비량의 80%를 수입하는 국가로서 갑작스럽게 유가가 급등하자 경상수지와 재정수지가 극도로 악화되고, 인도 루피화는 폭락했으며, 외환보유고도 바닥나게 된다. 이때 인도 중앙은행에 보관되어 있던 금괴 67톤을 담보로 IMF로부터 6억 달러를 빌리게 되어 가까스로 위기를 극복하게 되었다. IMF의 권고로 그때부터 개혁 개방의 길로 들어서게 된다. 때마침 1991년 소련, 즉 소비에트 연방이 해체되면서 지난 44년간 유지해왔던 소련식 사회주의 경제 시스템을 유지할 명분이 사라진 것도 중요한 이유였다.

두 번째는 인도와 중국의 인구성장률 차이다. 인도의 인구는 1981년 7억 명에서 2015년 13억 명으로 84% 상승했다. 반면 중국은 1981년 10억 명에서 2015년 13.7억 명으로 38% 상승했다. 중국은 덩샤오핑이 집권한 이후, 일관되게 추진한 부분이 '1가구 1자녀' 정책이었다. 지위고하를 막론하고 소수민족을 제외한 모든 한족은 이 정책을 강제적으로 따라야 했다. 인권침해 논란에도 불구하고 남녀 평등주의, 어린 자녀를 위해 모든 희생을 다하는 소황제 문화 등 사회 현상이 정착되었다.

36년간 이 정책을 유지한 결과, 2015년 중국의 노동인구는 처음으로 감소하기 시작했다. 하지만 급격한 노령화 문제가 발생하여 마침내 1가구 2자녀 정책으로 2016년 전환했다. 반면 인도는 이런 통제가 없다 보니 인구가 지속적으로 증가하여 1인당GDP 증가율이 중국 대비 둔화되고 있는 것이다.

세 번째는 인도와 중국의 환율 차이다. 1인당GDP의 통계는 달러가 단위이며, 결국 해당 국가의 통화 대비 달러의 상대 가치에 의해 결정된다. 인도 루피화는 1981년 달러 대비 7.94루피였던 것이, 2015년 63.5루피로 8배나 절하되었다. 반면 중국 위안화는 1981년 달러 대비 1.53위안이었고 2015년 6.2위안으로 약 4배가 절하되었다. 환율 절하 속도가 2배나 차이가 나는 것이다.

1-8 | 아시아 주요 국가의 장기 환율 변화

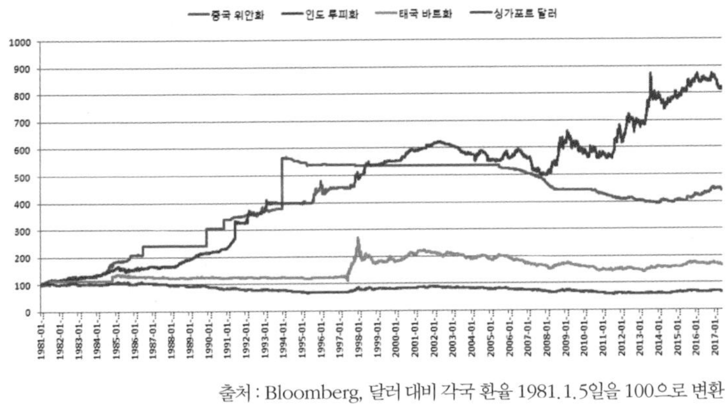

출처 : Bloomberg, 달러 대비 각국 환율 1981.1.5일을 100으로 변환

환율의 경우에 영향을 미치는 요소는 여러 가지가 있을 것이다. 경상수지, 재정수지, 금리차, 물가, 외환보유고, 통화 공급량 등이 그것이다. 그러나 필자는 대부분의 가격 정책은 수요와 공급의 균형에 의해 결정된다고 생각한다. 그래서 환율 약세 문제도 결국 해당 통화를 사고 싶은 사람보다 팔고 싶은 사람이 많을 때에 약세로 간다고 본다.

환율의 경우도 마찬가지다. 지속적으로 경상수지 적자가 발생하는 나라는 결국 환율이 약세로 갈 확률이 높다. 인도·아세안 국가들의 경우를 보더라도 지난 30년간 경상수지 적자가 자주 발생했던 인도는 환율 약세 현상이 강한 반면에, 경상수지 흑자를 유지했던 태국과 싱가포르는 환율 약세가 덜하다.

환율 약세 현상이 덜한 태국과 싱가포르의 공통된 특징은 수출, 투자 중심의 개방 경제였다. 즉 자국 기업 육성 또는 외국계 기업을 유치하여 활발하게 달러를 벌어들였다는 점이다. 따라서 향후 인도도 수출과 투자 중심으로 경제 구조를 개편하고 제조업 중심의 아시아 선진 경제모델로 전환한다면, 달러 대비 약세 현상은 둔화될 것이다.

인도의 경상수지에 관련하여 또 하나의 호재는 유가의 급락이다. 2015년까지 배럴당 100달러가 넘던 유가는 2018년 2월 50~70달러대에서 움직이고 있다. 이것이 인도의 경상수지 흑자 전환에 청신호가 된다. 인도는 일부 해상 유전의 채굴량을 제외하면 전체 원유 소비량의 80%를 수입하는 국가다.

그렇다면 한국은 원유를 100% 수입하는 나라인데, 유가 하락이 우리나라에 더 호재가 아닌가 하고 반문할 수 있다. 그러나 국가별 총 수입대금 대비 원유 수입 비중을 볼 때, 우리나라는 19%에 불과한 반면에 인도는 33%에 달한다. 그나마 우리나라의 원유 수입 비중 19%도 국내 석유화학회사들이 원유를 휘발유, 등유 등으로 가공하여 해외로 재수출하는 비중을 감안하면 실제 한국에 미치는 영향은 절반인 9% 전후에 불과하다. 그러나 인도는 거의 모든 원유 수입을 국내 소비에 소모하므로, 한국 대비 원유가 경상수지에 미치는 영향은 4배 정도 높다고 볼 수 있다.

인도는 유가가 폭락하면서 경상수지가 적자에서 흑자로 전환될 수 있는 중대한 분기점을 맞이함과 동시에, 그동안 친서민 정책으로 지급해왔던 유가 보조금을 대폭 삭감함으로써 재정적자도 줄일 수 있는 기회를 맞이했다. 이런 이유들이 인도의 경상수지 적자의 완화, 동시에 인도 루피화의 안정화에 높은 점수를 줄 수 있는 이유다.

이런 결과를 종합해보면 인도의 인구증가율이 중국 수준으로 통제되

1-9 | 인도와 중국의 1인당GDP 변화

	1981년	2016년	❶ 2016년 인도 인구가 중국과 동일하게 증가했을 경우	❶의 결과 + 2016년 인도 환율이 중국과 동일한 약세일 경우
인도	268	1,709	2,286	4,342
중국	197	8,123	8,123	8,123

출처 : World Bank, 단위 : 달러, 필자 추산

었고, 환율 약세도 중국 수준으로 4배만 약세로 갔다고 하면 인도의 현재 1인당GDP는 4,187달러로 중국과의 차이는 절반으로 줄어든다. 남은 차이는 지난 30여 년간의 인도와 중국의 경제성장률의 격차다. 향후 인도 경제성장률이 중국을 지속적으로 넘어설 가능성이 높으므로, 두 국가 간 국민소득의 차이는 점진적으로 줄어들게 될 것이다.

인도의 변화는 정치개혁, 디지털화, 규제 혁신에서 시작된다

인도의 첫 번째 변화는 2014년 5월 집권한 나렌드라 모디 총리로부터 시작된다. BJP당 당수로서 2014년까지 무려 13년간 인도 경제의 산업 벨트로 불리는 구자라트 주총리를 역임했던 그가 인도의 1인자로 등극한 것이다. 아울러 BJP당은 2014년 하원선거에서 30년 만의 단독 과반에 성공하면서 강력한 정책 추진 동력을 확보하게 된다.

2014년 나렌드라 모디 총리는 BJP당의 하원 단독 과반이라는 호재

속에 파산법 개정, 부가세개혁 법안 상하원 통과, 화폐개혁과 같은 강력한 시장개혁을 추진하고 있다.

또한 지난 3년간의 정책 추진에 대한 국민적인 지지 속에 2017년 3월에 실시된 상원선거에서 인도 최대 인구가 밀집한 우타르프라데시 선거에서 80%의 득표율을 달성했다. 이로서 2019년 하원선거에서 BJP당이 다시 승리할 확률이 높아지고 있다. 만약 BJP당이 다시 승리할 경우에 2024년까지 총 10년간 재임하면서 인도의 제조업 혁신, 인프라 개발, 부정부패 척결, 제도개혁과 같은 과제들을 수행하게 될 것이다.

모디 총리는 모디노믹스로 대변되는 제조업 육성을 기치로 걸고 IT, 자동차, 화학, 철도, 전력 등 25개 중점 분야를 중심으로 제조업 비중을 현재 15%에서 2022년 25%로 올릴 계획이다. 인도는 나렌드라 모디 총리 취임 이후, FDI 유치 및 인프라투자에 주안점을 두고 있다. 2016년에만 460억 달러의 FDI 자금을 유치했다. FDI 자금 유치를 위해서는 각종 규제를 철폐하고 인프라를 완비해야 한다. 이에 따라 항공, 국방, 제약, 유통, 금융, 건설 등 주요 산업에 대한 FDI에 대해 자동인증제를 도입했으며 법인세를 인하했다.

또한 인도와 일본은 2016년 원자력 협정을 체결하여 일본의 원자력 발전 기술을 기반으로 향후 발전소를 건설하여 전력 공급에 나서게 될 것이다. 이외에 1만km 이상의 도로 건설, 1,280억 달러의 철도투자 방안, 델리–뭄바이 간 산업벨트 건설, 저가형 주택 2천만 호 건설 등 인도 제조업 육성을 위한 방안들이 지속적으로 제시되고 있다.

두 번째는 인도의 디지털화다. 이 새로운 조류는 인도의 IT 서비스를

- 이름 : 나렌드라 모디
- 소속 : 인도국민당(BJP)
- 경력 : 구자라트 주 주총리 (2001~2014년)
- 출신 : 인도 카스트 중 하층민에 속하는 모드 간치 텔리(Modh-Ghanchi-Teli, 상인) 출신

- BJP당은 과거 정권인 인도국민회의당에 비해 친시장적이며 힌두 민족주의 성향을 보임.
- 정부 비효율성 철폐, 반부패, 인프라 구축, 외국인 투자 규제 완화 등으로 고성장을 통한 일자리 창출에 나설 전망.

▌ 인도 변화의 기수, 나렌드라 모디 총리
•출처 : www.independent.co.uk, 필자 편집

기반으로 4차산업 혁명시대에 인도에 거대한 기회를 부여하게 될 것이다. 인도의 수출산업은 동북아시아와는 매우 다른 길을 걸어왔다. 한국, 중국, 일본, 대만 등 동북아시아의 수출산업은 IT제조업, 조선, 철강 등 전통적인 제조업 모델이었다. 인도는 기존 수출산업인 IT 서비스를 기반으로 통신업의 급속한 4G시대로의 전환으로 큰 기회를 맞이하게 될 것이다.

인도의 IT 서비스업은 미국과 유럽 주요 기업의 내부 전산 관리, ERP 프로젝트, 회계 아웃소싱, 콜센터 아웃소싱 등으로 IT 서비스 용역을 제공하는 일을 담당하고 있다. 그래서 인도의 실리콘 밸리로 불리는 벵갈루루에는 거대한 IT단지가 조성되어 있다. 타타 컨설턴시 서비스TCS, Tata Consultancy Service, 종목코드 TCS, 인포시스Infosys, 종목코드 INFO, 위프로Wipro, 종

목코드 WPRO 등 주요 기업별로 10만 명 이상의 컴퓨터 프로그래머, 회계 관리자, 콜센터 전화상담원 등이 업무를 보고 있다.

인도 현지의 소프트웨어 인력은 900만 명에 달한다. 인도 IT 서비스 회사들은 IBM, 액센츄어 등 선진국 IT 서비스회사 대비 인도 현지 소프트웨어 엔지니어들을 활용한 강력한 원가 경쟁력으로 지난 20년간 시장점유율을 빠른 속도로 늘려 왔다. 인도는 이런 거대한 산업 기반에도 불구하고 통신 인프라가 매우 열악하고 은행계좌가 없는 인도인이 2억 명이 넘는 등 금융 인프라가 약해, 미국 실리콘 밸리와 같은 혁신을 이루기 힘들었다.

그러나 2016년 인도의 최고 부자로 꼽히는 무케시 암바니 회장이 이끄는 릴라이언스 지오Reliance Jio, 릴라이언스 인더스트리즈, 종목코드 RIL 통신사의 4G 서비스가 전국적으로 시행되고, 전 국민에게 파격적인 가격으로 1일 1기가 데이터 서비스를 제공하고 있다. 이는 물론 기존 통신사들에게는 고통스러운 일이겠지만 13억 인도인들이 저렴한 가격으로 스마트폰을 사용하여 새로운 서비스를 개발하게 될 것이다.

모바일산업의 발전에 필요한 지급결제 시스템인 PAYTM이 전국적으로 확산되고 플립카트, 스냅딜, 아마존과 같은 온라인 쇼핑몰이 급성장하면서 인도는 기존 제조업 성장 단계를 뛰어넘어 미국식 4차산업 혁명 시대로 전환하고 있다.

또 하나의 기회는 13억 명의 인구 중 인터넷 이용자가 아직 4억 명에 불과하다는 점이다. 인도 정부는 2019년까지 180억 달러를 투자하여 인도 전역을 초고속 인터넷으로 연결하는 이른바 '디지털 인디아' 정책

1-10 | 인도 수학 계산법 비교

한국 (동북아시아)	1,000(천) 10,000(만) 100,000,000(억) 1,000,000,000,000(조) × 10 × 10,000 × 10,000
미국	Thousand(천) Million(백만) Billion(십억) Trillion(조) 1,000 1,000,000 1,000,000,000 1,000,000,000,000 × 1,000 × 1,000 × 1,000
인도	Thousand(천) Lakh(십만) Crore(천만) Arab(십억) 1,000 1,00,000 1,00,00,000 1,00,00,00,000 × 100 × 100 × 100

을 추진하고 있다. 이를 통해 IT시장이 급속하게 커지면서 인도 경제에 큰 활력으로 작용할 것이다.

인도 IT산업 발전의 가장 큰 동력은 사람, 즉 인도인들의 잠재력이다. 십진법과 숫자 0의 원리를 찾아낸 인도 베다 수학에 대한 자부심과 전통을 기반으로 19단까지 외우는 인도식 구구단 학습법, 세계 최고 수준의 인도 공과 대학을 나온 인재들이 인도 IT산업을 뒷받침한다.

인도 공과 대학의 상징은 IITIndian Institutes of Technology다. 인도에서 이과적 소질이 있는 학생은 누구나 선망하는 대학으로, 인도 전역에 23개 캠퍼스가 있다. 인도인들은 IIT 입학시험에 떨어지면 미국 MIT에 지원한다고 농담하기도 한다. 필자도 인도 현지에서 만난 이코노미스트, 미국 유학 중 만난 인도 친구들의 빠른 계산 속도에 놀라 인도인들의 수학 암산 비법을 물어본 적이 있다. 인도에서는 학교에서 기본으로 19단을 외우고 IIT에 입학할 정도의 수재들은 60단까지 암기한다고 한다.

참고로 인도 수학은 계산 단위가 한국, 미국 등과 전혀 다르다. 천단위부터 시작해서 100단위씩 증가하며 쉼표도 100단위로 더한다. 한국식 또는 미국 숫자를 셀 때 숫자가 만단위, 천단위로 크게 증가하는 것에 비해 인도 수학의 계산 단위는 혼선을 막을 수 있는 좋은 방법으로 생각한다. 인도인들은 평소 영어로 얘기할 때도 영어식 숫자 단위 외에 Lakh라크, 십만, Crore크롤, 천만을 자주 얘기하니 암기하는 것이 좋을 것이다.

여기에 대해 인도는 영국의 지배를 200년간 받았을 뿐만 아니라, 인도 힌디어는 인도-유럽어족에 속해 영어와 동일 어족으로 영어 학습이 태생적으로 쉽다. 한국어는 우랄-알타이 어족에 속하며 같은 언어권인 일본어가 배우기 쉬운 것과 같은 이치다. 또 하나 다문화적이고 열악한 인도 현지의 환경에서 신속성, 적응력, 타협으로 살아남는 인도 경영 철학인 주가드 경영Jugaad Management, 인도에서 주변에 굴러다니는 재료를 끌어 모아 만든 엉성한 차를 주가드라고 한다. 주가드는 힌두어로 예상치 못한 위기 상황을 극복하기 위한 독창적인 아이디어나 능력을 뜻한다. 주가드 경영은 제한적인 자원으로 열악한 환경에 경영상의 문제를 즉흥적으로 해결하는 방식을 의미한다이 인도인들의 장기다.

빠른 암산, 완벽한 영어, 주가드 경영 철학의 만남이 바로 인도 출신 CEO들이 미국에서 득세하는 이유다. 명석한 한국인, 중국인, 일본인들이 미국에도 많이 있지만 기업, 학계에서 지도자의 위치로 올라간 경우는 많지 않다.

그러나 인도인들은 도처에서 확인할 수 있다. 순다르 피차이 구글 CEO, 사티아 나델라 마이크로소프트 CEO, 인드라 누이 펩시 CEO, 아자이 싱 반가 마스터카드 CEO, 니틴 노리아 하버드 비즈니스스쿨 학

▌ 2015년 모디 총리 방미 시, 포춘 500대 기업 CEO와의 미팅
•출처 : indianexpress

장 등 인도 출신의 CEO 및 학자들이 미국의 주요 기업과 학계 곳곳에 포진해있다.

나렌드라 모디 총리의 2015년 미국 방문 시 포춘 500대 기업 CEO 중 무려 42명이 모디 총리를 보기 위해 뉴욕으로 집결했다. 이들 42명 CEO들의 회사 시가총액을 모두 더하면 무려 4.5조 달러에 달한다. 미국 기업들이 인도 시장의 기회에 얼마나 관심이 많은지를 여실히 보여준다.

인도인들은 특히 IT산업에서 큰 두각을 나타내고 있다. 미국 실리콘밸리에서 최대 이민자 집단을 형성한 것도 인도인들이며, 실리콘 밸리의 신생기업의 15%가 인도계 기업이다. 유대인들이 미국 금융권에 가지고 있는 영향력을 인도인들은 미국 IT업계에서 발휘하고 있는 것이다.

트럼프 대통령 당선 이후, 미국 정부가 취업 비자인 H1B 비자 발급 횟수를 제한하려고 하자, 인도의 IT인력이 미국으로 오지 못해 미국 IT산업의 경쟁력이 약화된다는 얘기가 나올 정도다. 이런 고급 인력들이 미국에서의 성공을 기반으로 다시 인도로 돌아와 재창업을 하는 것이 현재의 트렌드다. 향후 4차산업 혁명의 진행에 따라 인도계 미국인들의 성공은 인도 산업 발전의 든든한 뒷받침이 될 것이다.

금융권에도 인도인들은 성공 가도를 달리고 있다. 시티 그룹의 전 CEO였던 비크람 판디트가 대표적이다. 사실 태국, 인도네시아, 베트남 등지의 증권사 애널리스트 중에도 인도 출신들이 자주 보인다. 유창한 영어와 뛰어난 숫자 감각은 금융권에도 필수이기에 앞으로도 인도 출신들의 활약은 더욱 커질 것이다.

세 번째는 화폐개혁과 전 국민 고유인증번호 도입아다르 프로젝트, AADHAAR 및 부가세개혁 법안 등 인도의 세수 확보와 규제 혁신이다. 인도는 거대한 인구, 중동과 아시아 태평양을 잇는 지정학적으로 유리한 위치, 평균 인구가 30세 이하인 젊은 노동력 등 수많은 잠재력에도 불구하고 정부의 실행력이 약한 약점을 보여 왔다. 이는 연방제 국가로서 주별로 선거가 따로 있고, 법률과 세제가 달라 한마디로 되는 일도 없고 안 되는 일도 없는 상황이 자주 발생했기 때문이다.

또한 넥스트 차이나의 기회, 모디노믹스의 달성을 위해서는 열악한 인프라를 개선하는 것이 전제조건이나, 정부 예산이 부족하여 고질적인 재정적자 이슈로 인프라 개발은 계획 대비 실행이 매우 느린 속도로 진행되어 왔다. 결국 정부도 일반 기업과 같이 세수, 그러니까 수입이 있어야 재정적자를 발생시키지 않고 지출과 투자를 할 수 있는 것이다. 제도 개혁과 세수 확보, 이 두 가지가 인도 정부의 당면 과제다.

▌ 사용 정지된 구권(좌)과 신규 보급된 신권(우)
•출처 : Times of India, Infotech Lead

그러나 인도는 고질적인 병폐를 벗어나 상황이 달라지고 있다. 화폐개혁, 전 국민 고유인증번호 도입, 부가세개혁 이 세 가지가 이런 현실을 보여준다.

2016년 11월 8일 저녁 8시, 나렌드라 모디 총리는 긴급 기자회견을 통해 화폐개혁Demonetization을 실시한다고 발표한다. 골자는 인도 루피화 최고액권인 1,000루피, 500루피 2개 화폐를 당일 자정을 기해 폐화 조치하고 신권 2,000루피, 500루피를 보급한다는 내용이다. 구권의 신권 교환은 은행에 구권을 입금했을 때만 가능하며 그것도 25만 루피원화 기준 약 440만 원가 넘을 경우에는 소득 증빙을 제출해야 했다. 만약 제출하지 못할 경우에는 70% 이상 과세되는 내용이었다. 인도 재무부와 인도 중앙은행RBI, Reserve Bank of India의 극소수만 공유하고 진행된 내용으로 인도인들은 물론 전 세계가 깜짝 놀란 이벤트의 시작이었다.

인도인들은 전통적으로 세금을 내지 않고 자금 출처를 밝히지 않기 위해 현금 거래를 선호한다. 그래서 지하경제의 규모는 GDP의 20%를 차지하는 것으로 알려져, 전 세계에서 가장 큰 규모 중 하나다. 특히 부동산, 자동차 매매는 현금 거래를 하는 것으로 알려져 있다. 부유층들은 금고에 1,000루피 또는 500루피를 가득 쌓아 놓고 필요할 경우에만 꺼내서 사용한다.

대부분의 중소기업들이 현금으로 급여를 지불하여 세금 추징을 피하는 관행, 인도 인구의 60%를 차지하는 농민들의 소득세 면제 이슈 등이 더해져, 소득세 추징 규모는 인도 전체 인구의 3% 전후에 불과하다. 소득세의 세수 확보가 될 수가 없는 필연적인 구조인 셈이다.

여기에 더해 적국인 파키스탄으로부터 오는 위조지폐 문제, 지하경제로 흘러 들어간 자금이 테러 자금으로 전용, 불법선거 자금 전용 등 수많은 현금 거래 관행에 철퇴를 가한 것이 바로 화폐개혁이었다.

필자는 인도가 화폐개혁을 실시한 바로 그다음 주인 2016년 11월 셋째 주에 인도 현지 컨퍼런스에 참석하기 위해 인도 뭄바이와 델리를 방문했다. 물론 그 시점에 화폐개혁을 하는지는 꿈에도 모른 채로 출장 일정을 잡은 상황이었다. 문제는 공항에서부터 시작되었다. 공항 환전소 앞에 줄이 길게 늘어섰지만 환전할 수 있는 금액은 정확히 95달러였다. 90달러도 안 되고 100달러도 안 된다. 왜냐하면 신권으로 교부된 2,000루피 3장이 95달러 가치였고 그 이상은 환전이 불가능했기 때문이다.

하지만 이 돈은 출장 기간 동안 아무런 의미가 없었다. 그때는 아직 신권 500루피가 교부되지 않은 상황이었고 쓸 수 있는 돈은 2,000루피, 100루피, 50루피, 20루피, 10루피가 전부였다. 하지만 화폐개혁으로 고액권, 저액권 할 것 없이 모든 현금 거래가 중단된 상황이었다. 한마디로 현금 증발 상태였다. 그래서 그 기간 동안 택시는 물론이고 시장 등 현금 거래만 통하는 유통시장은 개점휴업 상태나 마찬가지였다. 잠깐 출장 간 필자도 힘들었는데 일반 서민들의 고통은 어떠했을까. 이로 인해 일시적으로 일용직 노동자, 농민, 시장·백화점 등 유통시장은 단기적으로 큰 충격을 받았고 2017년 1사분기가 지나면서 겨우 점진적으로 회복 상태를 보이고 있다.

그러나 화폐개혁은 인도 국세청과 주요 은행에 축복으로 다가오게 되었다. 11월 화폐개혁 이후, 12월 말 구권 교환 마감까지 200조 원가량의 자금이 은행으로 입금되었다. 이중 소득 증빙을 하지 못하는 약 50조 원가량의 금액은 국고로 환수될 것으로 예상된다. 한마디로 정부가 가장 큰 돈벌이를 한 것이다. 이로써 지하경제의 일부분이 영원히 사라지게 되고 재정흑자 기조로 가게 될 것이다.

또한 단 1장의 구권 1,000루피, 500루피라도 있는 사람은 무조건 은행에서 자기 계좌로 입금을 시켜야 신권으로 교환이 가능하다. 인도 현지에 계좌가 없는 사람이 2억 명이 넘으므로 한 방에 13억 인도인 중 성인이라면 거의 모두가 은행계좌를 만들게 되었다.

이로써 현금 거래 관행은 많은 부분 사라지게 될 것이며 향후 은행 간 계좌 이체를 통한 거래 관행이 자리 잡혀, 인도 국세청의 자금 추적이 용이하게 될 것이다. 인도 은행들은 200조 원의 예금이 증가하는 대형 호재를 맞이했다. 또한 이런 계좌 정보를 바탕으로 인도는 디지털뱅킹과 모바일뱅킹의 시대로 빠른 속도로 이동하게 되었다.

이번 화폐개혁 이슈는 결국 단기적인 서민들의 고통과 중장기적인 현금 부자들의 고통을 제외하고는 모든 사람이 이득을 본 정책이었다. 또한 화폐개혁의 실행력과 실질적인 부자 증세 효과에 환호하는 인도 서민들의 압도적인 지지로 인해, 집권당인 BJP당은 2017년 3월에 실시한 상원선거에서 80%의 지지율을 확인하게 되었다.

다음은 인도의 전 국민 고유인증번호아다르 프로젝트, AADHAAR 도입이다. 이 제도는 한국의 주민등록번호와 유사하다. 인도도 과거 주민인증제도가 있었으나 개인의 생체 인식 정보 없이 단순히 사진만 부착되어 있었다. 그나마 전 국민에 보급되지 못해, 제각각 본인을 인증하는 후진적인 인증제도를 지니고 있었다.

그러나 아다르 프로젝트로 인해 인도 성인이면 누구나 지문과 홍채를 정부에 등록하고 고유번호를 받게 되었다. 이미 10억 명의 등록자를 돌파하여 사실상 전 인도 성인이 아다르 신분증을 받게 된 것이다. 특히 이 제도는 지문과 홍채를 동시에 등록함으로써 전 세계에서 가장 정확한 주민인증제도로 인정받고 있다.

이 제도를 도입하게 된 근본적인 목적은 인도 서민들이 받은 보조금 이슈에서 발생했다. 보조금제도는 한국에는 없지만 인도, 인도네시아 등지에서 시행하는 친서민 복지 정책이다. 인도 서민들은 유가 보조금, 식량 보조금 등을 과거 주먹구구식의 불안정한 주민인증제도를 통해 종이 쿠폰 형식으로 수령했다. 이러다 보니 부유층이 서민으로 위장해 보조금을 챙기고, 한 번 보조금을 수령한 사람이 재수령하는 등 부정부패가 만연한 인도 정부의 골칫거리였다.

이에 따라 아다르를 통해 전 국민 생체 정보를 등록하고 보조금 수령

전용계좌잔단, Jan Dhan를 서민들에게 개설토록 해, 이제는 서민들의 은행 계좌에 바로 보조금을 보내도록 하고 있다. 이미 잔단계좌는 2억 개가 개설되었으며, 유가 보조금의 대폭 인하와 맞물려 식량 보조금과 같은 복지 정책을 효율적으로 추진하게 되었다. 또한 고유인증번호를 통해 스마트폰 지문 인식이 가능해짐으로써 인도 디지털뱅킹의 발전에 큰 도움을 주게 될 것이다.

마지막으로 인도 세제 개편의 완성으로 불리는 부가세개혁 도입을 들 수 있다. 이는 우리나라 부가가치세VAT와 같은 인도판 간접세 일원화 방안이다.

인도는 연방제 국가로 과세 권한도 각 주별로 나뉘어져 있다. 과거 부가세는 중앙정부, 지방정부, 각 읍·면에서 개별적으로 부과했고 세율도 주별로 모두 달랐다. 부가세 종류만 10가지가 넘었다. 또한 세율이 주별로 다르니 마트에서 장을 볼 때도 델리, 뭄바이, 콜카타의 공산품 물건 가격이 모두 달랐다.

가장 큰 문제는 제조업과 유통업에서 발생하는데, 특정 물품을 생산해 주에서 주를 이동할 때 톨게이트에서 트럭에 실린 물품들을 전수 조사해 세금을 부과하므로 톨게이트를 통과하는 시간만 2~3시간이 넘게 걸린다. 어떤 이동 경로를 택하느냐에 따라 세율이 달라져 아예 인도 제조업체들은 인도 각 주별로 공장을 건설해 유통을 사전 방지하는 극약 처방을 내리기도 했다.

이러다 보니 온라인 쇼핑의 발전을 막게 되고, 세수 확보도 예측이 어려워지고, 세금을 착복하는 부정부패가 만연하여 모두가 손해를 보는 부가세제도를 지금까지 유지해왔다.

따라서 이 부가세개혁을 위한 논의는 10년 전부터 있어 왔다. 과거 인도국민회의 시절에는 맘모한 싱 총리가 추진했으나, 당시 여당이었던 BJP당이 반대하여 시행에 실패했다. 2014년 나렌드라 모디 총리 취임 이후, 관련 논의가 다시 부활하여 BJP 단독 과반인 하원에서 부가세개혁 법안은 바로 통과되었다. 이후 2016년 8월 격론 끝에 상원에서 관련 법안이 통과되고 헌법 개정안까지 승인되었다. 그리하여 2017년 7월 1일부터 시행되었다.

이 법안은 세율을 0%, 5%, 12%, 18%, 28% 다섯 개 구간으로 나누고 대부분의 상품은 18% 부가세 항목으로 들어가는 전국 동일 부가세 개혁 법안이다. 이번 부가세개혁으로 기존 주먹구구식 관행으로 걷히던 간접세의 전산화 및 일원화가 가능해지고, 생산자 및 소비자 모두 세금 관행이 투명해지는 호재가 나타날 것이다.

또한 공장을 주별로 분산할 필요 없이, 필요에 따라 요지에 공장을 건설하여 제조업체에도 큰 호재로 작용할 것이다. 또한 세금 신고 관련 업무량도 크게 감소할 것으로 예상된다. 따라서 본격 시행 이후에 인도 제조업 및 유통, 서비스업의 매출 상승 및 비용 감소로 향후 GDP가 추가로 1~2% 상승할 것으로 전망된다. 이에 따라 향후 인도의 경제성장률은 8% 이상으로 상승할 가능성이 높은 상황이다.

이처럼 현재의 인도는 과거 우리가 알던 인도와는 판이하게 다른 길을 가고 있다. 나렌드라 모디 총리라는 개혁 성향의 지도자 아래 인도는 제조업 발전을 위한 인프라투자에 나서고 있으며, 인도 현지의 IT 서비스 역량 및 뛰어난 인적 자원이 이를 뒷받침한다.

인도에서는 지난 몇 년간 화폐개혁, 아다르 인증제, 부가세개혁 등 지속적인 개혁이 진행되고 있다. 이는 세수 확보 및 부정부패 방지로 연결되어, 결국 재정이 탄탄해지고 인프라투자가 증가하는 선순환 단계로 가고 있다.

그래서 인도를 단순한 저부가가치 제조업의 중심이 아닌 4차산업 혁명시대의 기대주로까지 격상시킬 수 있는 요인이며, 지금의 인도보다 4~5년 뒤의 인도가 더욱 기대되는 이유다.

: 인도 주식시장 개요 :

인도 현지의 주식거래소는 지역별로 총 22개가 있다. 주요 거래는 모두 BSE Bombay Stock Exchange와 NSE National Stock Exchange에서 이루어지며, 두 거래소는 모두 뭄바이에 본사를 두고 있다. 뭄바이는 인도 중앙은행 RBI, Reserve Bank of India과 인도 양대 거래소, 주요 증권사 등이 모두 소재한 명실공히 인도의 금융 중심지다. 결국 주식시장의 성공 여부는 거래 가능한 종목별 유동성이 있느냐로 귀결되는데, 이런 점에서 주식거래소는 BSE와 NSE만 기억하면 될 것이다.

BSE는 1875년에 설립된 아시아에서 가장 오래된 주식거래소다. 인도의 간판 인덱스인 Sensex지수를 여기에서 발표하고 있다. NSE는 1993년에 설립되었다. 1991년 인도의 경제 개방과 1992년 인도 증시의 유명

1-11 | 인도 주식거래소 소개

구분	BSE (Bombay stock exchange)	NSE (National Stock Exchange)
거래소 설립	1875년	1993년
상장종목 수	5,821	1,840개
시가총액	1.56조 달러	1.53조 달러
거래일	월~금(인도 국경일 휴장)	
통화	INR(인도 루피)	
매매시간	9 : 00am ~ 3 : 30pm(현지시간)	

출처 : BSE, NSE, 2016년 기준

한 금융사기 사건인 하사드 메타Harshad Mehta, 유명한 증권 브로커였던 하샤드 메타는 부패한 은행원과 모의하여 은행 예금을 빌려 거액의 자금으로 특정 주식에 집중 투자하여, 45배에 가까운 이익을 취한 뒤에 매도하여 1992년 주식시장의 폭락을 가져옴 관련으로 거래소의 투명성과 규제 강화가 필요해지면서 추가로 설립되었다.

상장종목 수는 2016년 말 기준으로 BSE 5,821개, NSE 1,840개로 큰 차이를 보인다. 하지만 BSE의 상장종목 중 절반은 일 거래량이 없을 정도로 유동성이 부족해, 시가총액 기준으로 최상단 1천여 개의 종목은 대부분 동시 상장되어 있다. 하지만 가격 차이가 거의 없기 때문에, 사실상 어느 거래소와 거래해도 무방하다.

실제로 거래 주문은 BSE와 NSE 어디로 해도 대형주라면 모두 양호하게 거래가 체결된다. 여기서 기억해야 할 것은 BSE는 Sensex지수를 발표하고 NSE는 Nifty지수를 발표한다는 점이다. Sensex지수는 시가총액 최상위 31개 종목이고, Nifty지수는 시가총액 최상위 51개 종목이며 Sensex 31개 종목은 Nifty지수에 모두 포함되어 있다.

그렇다면 인도 주식시장의 대표 지수인 Sensex의 투자 성과는 어떠할까?

블룸버그에서 구할 수 있는 가장 긴 장기 차트로 가격 변동을 알아보자. 알기 쉽게 한국 대표 지수인 코스피와 비교하면 〈1-12〉와 같다.

1981년부터 36여 년 동안 코스피는 21.5배 상승했으나, Sensex는 182.3배 상승했다. 약 8.5배 더 높은 매우 높은 수익이 난 것이다.

그러나 현지 통화가 아닌 달러 기준으로 다시 수익률을 계산하면 〈1-13〉과 같다.

동일 기간 동안 미국 달러 기준으로 코스피는 12.8배 상승했으나,

1-12 | 인도 Sensex지수와 한국 코스피 비교(현지 통화 기준)

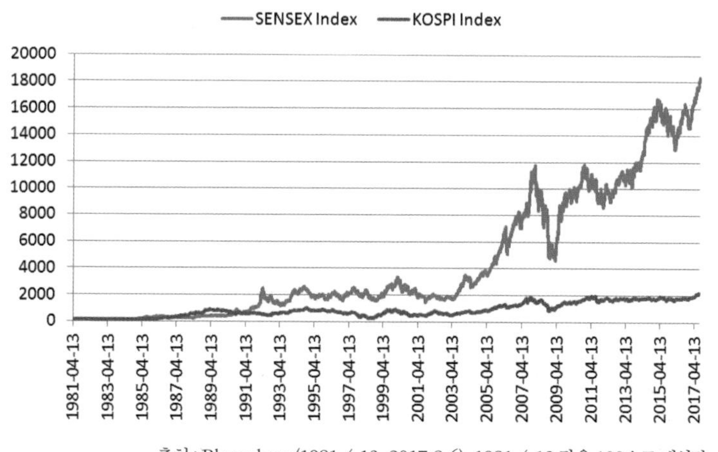

출처 : Bloomberg(1981.4.13~2017.8.6), 1981.4.13 값을 100으로 재설정

1-13 | 인도 Sensex지수와 한국 코스피 비교(USD 기준)

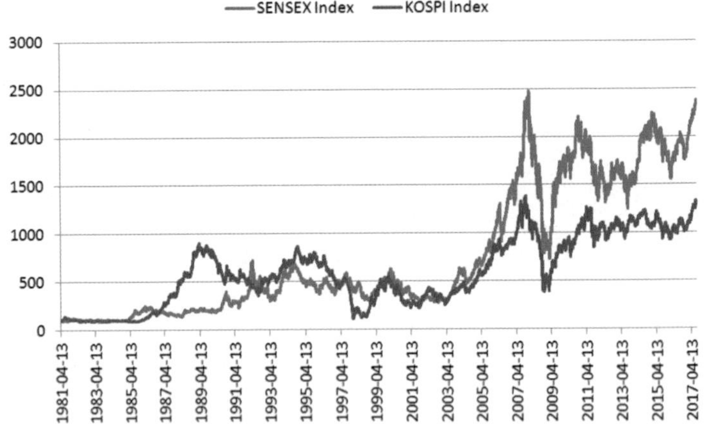

출처 : Bloomberg(1981.4.13~2017.8.6), 1981.4.13 값을 100으로 USD로 재설정

Sensex지수는 23.6배 상승했다. 즉 앞의 현지 통화 기준 대비 Sensex 지수의 상승 폭은 약 7.7배 둔화되었는데, 이것은 그만큼 루피 환율이 약세로 갔다는 의미다. 반대로 원화의 환율 절하 폭은 67%에 그쳤다. 이런 환율 절하의 큰 차이에도 불구하고 결론적으로는 Sensex지수는 코스피 대비 1.84배에 가까운 높은 수익률을 안겨주었다.

이제 Sensex지수의 2005년 이후, 주가 차트와 주가 밸류를 알 수 있는 현재 PER Price Earing Ratio, 주가수익비율 및 12개월 뒤의 Forward PER를 〈1-14〉로 살펴보자.

Sensex지수는 2005년 이후, 12년간 금융위기를 비롯한 많은 사건사고에도 불구하고 6,200선이던 지수가 2017년 현재 32,000선까지 상승

1-14 | 인도 Sensex지수와 PER 및 Forward PER

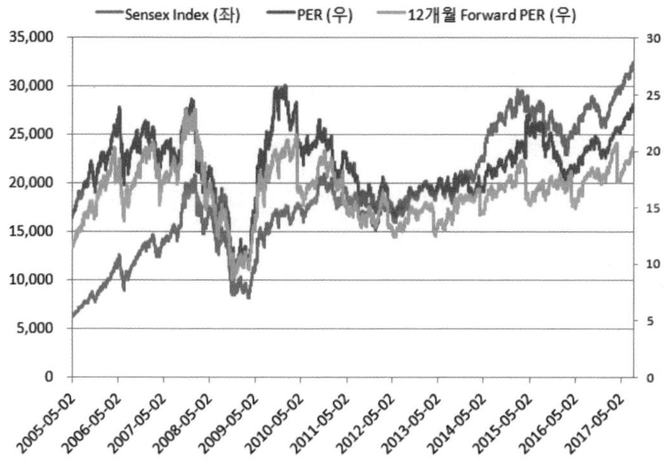

출처 : Bloomberg(2005.5.2~2017.8.6)

했다. 약 5.2배의 엄청난 상승률이다. 그렇다면 이런 주가 상승은 기업 이익에 기반한 것일까? 단순한 주식 매수 수요의 증가에 의한 주가 상승일까?

PER는 지수를 구성하는 기업들의 주당순이익 대비 주가가 어느 수준인지를 보는 것으로, ⟨1-14⟩처럼 주가와 같이 PER를 그려보면 역사적 평균이 18.7배다. 2017년 8월 6일 PER는 23.9배이므로 현재 PER는 역사적 평균 대비 상당히 고평가되어 있다. 즉 '주가가 비싸다'라는 뜻이며, 주가 상승 대비 기업 이익이 적게 나온다는 의미이기도 하다.

한편 12개월 Forward PER는 주요 증권사들의 애널리스트의 예측에 의해 12개월 뒤에 지수를 구성하는 기업들의 PER가 어떻게 될지를 합산하여 구한 값이다. 사실 현재 PER보다는 Forward PER가 주가의 방향을 예측하는 것으로 더 큰 의미를 갖는다. 역사적 평균은 16.5배이며 2017년 8월 6일의 Forward PER는 20.2배로 역시 역사적 평균보다는 상단에 위치함을 알 수 있다.

결론적으로 인도 주식시장은 역사적 평균 대비 고평가되어 있는 구간을 지나고 있다. 세계 최고의 경제성장률, 낮은 물가, 유가 하락, 모디 총리의 개혁 기대감, 인도 현지인들의 주식 매수 등의 이유로 주가가 평균적 기대 대비 상당히 빠른 속도로 상승하고 있음을 알 수 있다.

결국 PER가 역사적 평균 수준으로 내려오기 위해서는 주가가 내려오거나 기업 이익이 증가해야 한다. 이상적인 모습은 주가가 천천히 상승하는 반면에 기업 이익이 빠른 속도로 증가하여, PER가 전 고점을 뚫지 않고 안정적으로 가는 것이 중요하다.

: 인도 주식, 주요 종목 소개 :

인도 주식시장은 1.5조 달러에 달하는 거대한 시장이다. 이중 Sensex 지수에 속하는 최상위 31개 종목의 시가총액만 더해도 원화로 2017년 8월 6일 기준으로 대략 1,018.6조 원에 달하는 거대한 시장이다.

인도 주식시장의 특징은 금융, 에너지, IT, 경기소비재, 필수소비재로 잘 분산되어 있다는 점이다. Top 15 종목을 보더라도 금융주가 많이 있기는 하나 시가총액 1위인 릴라이언스 인더스트리종목코드 RIL가 에너지 섹터이며 IT, 통신, 산업재 등 다양한 섹터의 종목들로 골고루 분산되어 있다.

이러한 특징으로 인해 수출 기대감이 높은 IT 및 헬스케어 섹터, 내수 시장과 긴밀히 연결되어 있는 필수소비재, 경기소비재, 금융주, 인프라 투자와 관련 있는 에너지, 유틸리티 관련 섹터 등 다양한 섹터의 종목을 고를 수 있는 장점이 존재한다.

인도 증시에 상장된 수많은 기업들 중 섹터별로 시가총액이 가장 큰 대표 종목들을 〈1-15〉, 〈1-16〉으로 정리했다.

1-15 | 인도 Sensex 섹터별 비중

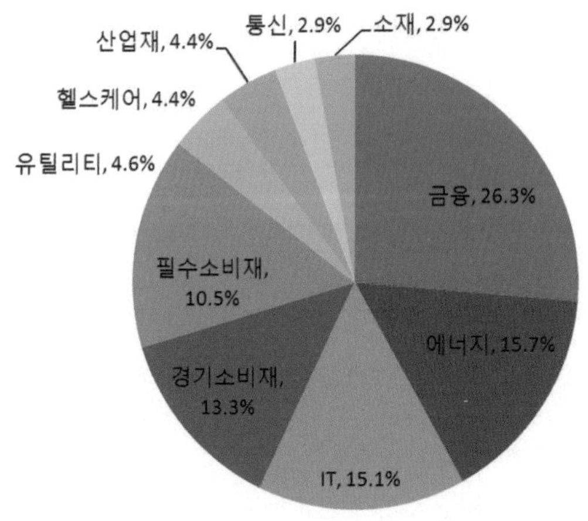

출처 : Bloomberg(2017.8.6 기준)

1-16 | 인도 Senswx Top 15 종목 소개

구분	이름	섹터	시가총액 (원화 억)	시가총액 비중	PER	1년 성과	3년 성과
1	RELIANCE INDUSTRIES	에너지	939,118	9.2%	16.0	61.1%	65.2%
2	TATA CONSULTANCY SVCS	IT	884,820	8.7%	19.1	−5.7%	2.0%
3	HDFCBANK	금융	821,065	8.1%	29.9	44.6%	118.7%
4	ITC	필수소비재	607,769	6.0%	33.0	15.4%	27.3%
5	HOUSING DEVELOPMENT FINANCE	금융	491,338	4.8%	24.8	31.4%	73.5%
6	STATE BANK OF INDIA	금융	469,325	4.6%	762.9	38.7%	32.6%
7	HINDUSTAN UNILEVER	필수소비재	459,209	4.5%	57.5	27.1%	77.8%
8	MARUTI SUZUKI INDIA	경기소비재	418,263	4.1%	31.3	59.4%	210.6%
9	INFOSYS	IT	402,866	4.0%	15.6	−4.3%	28.8%
10	OIL & NATURAL GAS CORP	에너지	380,453	3.7%	10.4	21.0%	−29.5%
11	KOTAK MAHINDRA BANK	금융	338,208	3.3%	37.1	35.3%	114.3%
12	ICICI BANK	금융	338,081	3.3%	18.6	34.3%	18.0%
13	BHARTI AIRTEL	통신	299,522	2.9%	62.2	15.7%	14.5%
14	LARSEN & TOUBRO	산업재	293,295	2.9%	27.2	21.2%	22.8%
15	COAL INDIA	에너지	275,346	2.7%	16.9	−18.2%	−16.8%

출처 : Bloomberg(2017.8.6 기준)

1) 에너지 섹터 리더 : 릴라이언스 인더스트리즈(Reliance Industries, 티커 : RIL IN Equity)

1-17 | 릴리이언스 인더스트리즈 주요 지표 요약

2017년 결산 주요 지표		기업 밸류 분석				
구분	금액	항목	2016	2017	2018F	2019F
시가총액	3,908,443	매출 성장(%)	-27.00	11.50	14.50	12.20
기업가치(EV)	5,345,883	EPS 성장(%)	30.40	-6.30	1.90	21.80
매출	3,053,820	EV/EBITDA	10.52	11.57	11.44	9.23
EBITDA	463,070	P/E	10.35	13.04	17.13	14.06

출처 : Bloomberg(단위 : 백만 루피), 인도 회계 결산 각 연도 3월 말 기준

* EV(Enterprise Value, 기업가치 : 기업의 총 가치로 자기자본과 부채를 더하고 현금성 자산을 차감하여 구함)
* EBITDA(Earnings Before Interest, Taxes, Depreciation and Amortization : 법인세, 이자, 감가상각비 차감 전 영업이익이며 기업 영업활동으로 벌어들이는 현금 창출 능력을 의미)

1-18 | 릴라이언스 인더스트리즈 주가 차트

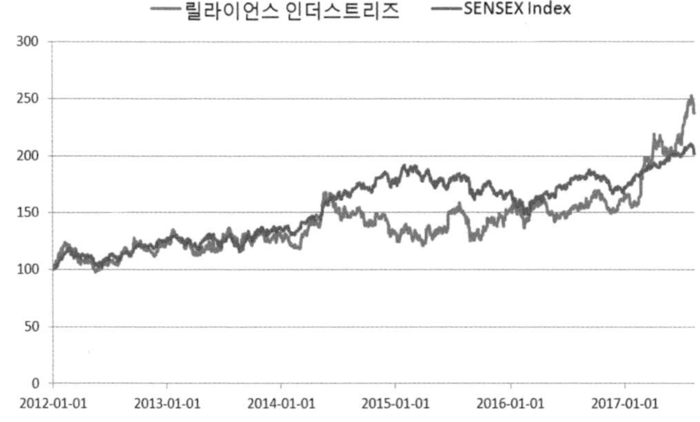

출처 : Bloomberg(2012.1.1~2017.8.4), 2012.1.1일 값을 100으로 변환

릴리이언스 인더스트리즈는 인도 뭄바이에 본사를 둔 인도 최대 에너지기업이다. 에너지, 석유화학, 섬유, 천연자원, 유통, 통신업 등 다양한 사업을 영위하고 있다. 시가총액 기준으로 인도 최대 기업 중 한 곳이다. 매출 기준으로는 인도 전체 기업 중 인도 국영회사인 인디안 오일 Indian Oil Corporation, 종목코드 IOCL 다음으로 규모가 크다.

이 회사는 인도의 전설적인 경영인인 디루바이 암바니 회장에 의해 1957년에 설립되었으며, 시초는 섬유방직업에서 시작되었다. 디루바이 암바니는 관료들과의 우호적인 관계, 주주 친화 정책, 공격적인 투자로 사세를 급격하게 확장하게 된다. 섬유방직업에서 시작한 릴라이언스는 정유 및 석유화학업에 진출하게 된다.

특히 2000년에 완공된 구자라트 주의 정유설비는 세계 최대 규모로 알려져 있다. 이후 릴라이언스 인더스트리즈Reliance Industries와 릴라이언스 페트롤륨Reliance Petroleum의 2001년 자체적인 합병 및 2002년 국영 석유화학회사인 인디안 페트로케이컬 코퍼레이션Indian Petrochemicals Corporation 인수로 인해 석유 시추부터 석유화학, 리테일 비즈니스를 모두 영위하는 종합 에너지기업으로 거듭나고 있다.

2002년 창업주 디루바이 회장 별세 이후, 2005년 디루바이 회장의 두 아들을 중심으로 그룹은 분할되었다.

첫째인 무케시 암바니 회장은 릴라이언스 인더스트리즈를 비롯한 석유 관련 계열사를 소유하는 것으로 정리되었다.

둘째인 아닐 암바니 회장은 통신, 금융, 인프라스트럭처, 전력, 국방, 엔터테인먼트 등을 가져갔다. 통칭 릴라이언스 ADAAnil Dhirubhai Ambani 그

무케시 암바니 회장과 자택 안틸라 전경
•출처 : Reliance, News 18, Pinterest

룹으로 불린다. 릴라이언스 인더스트리즈의 무케시 암바니 회장은 인도 최대 부호이며, 인도 뭄바이에 위치한 안틸라라고 불리는 세계에서 가장 비싼 집에 사는 것으로 유명하다. 집 가격만 한화로 1조 원이 넘는다고 한다.

본래 정유 및 석유화학 전문 그룹이었던 릴라이언스 인더스트리즈에 큰 변화가 생긴 것은 2010년이었다. 선대 회장이었던 디루바이 암바니 회장 별세 이후, 사업 다각화를 위해 다각도로 노력했지만 별다른 성과가 없던 무케시 회장은 통신업에 재진출하기로 결정한 것이다.

릴라이언스 그룹에는 원래 릴라이언스 커뮤니케이션즈Reliance Communications라는 통신회사가 있었지만 동생인 아닐 암바니 회장이 통신업을 가져가면서 릴라이언스 인더스트리즈에는 통신업이 없었다. 2010년 릴라이언스 인더스트리즈는 인포텔 브로드밴드 서비스Infotel Broadband Service라는 회사를 480억 루피에 인수했다.

이 회사는 인도 전역의 4G 라이선스를 받은 유일한 회사로 이후 공격적인 통신 설비 구축을 통해, 마침내 2016년 9월 릴라이언스 4G JIO 서비스를 론칭한다. 이때까지 매출은 전혀 발생하지 않았지만, 투자한 금액은 250억 달러에 달하여 전 세계 기업 역사상 유래를 찾아볼 수 없는 베팅으로 불린다.

지오 통신 서비스의 공격적인 확장 정책은 13억 명에 달하는 인구를 바탕으로 35세 이하 인구가 60%에 달하는 인도의 빠른 성장 가능성에 주목한 것이었다. 또한 통신업에 안정적으로 안착할 경우에 이를 바탕으로 엔터테인먼트, 금융, 기업 클라우드 서비스 등 추가적인 사업 확장이 가능함을 의식한 결정이었을 것이다.

2016년 9월 시작한 지오Jio 통신 서비스는 파격적인 데이터 무제한 무료 제공 마케팅으로 출시 1개월 만에 1천 6백만 명, 6개월 만에 1억 명의 가입자를 돌파하게 된다. 2017년 4월 1일부터 유료 서비스로 전환했지만 월 153루피한화 약 2,700원에 4G 무제한 데이터, 보이스, 문자 서비스를 제공하고 있다. 1,500루피한화 약 27,000원의 보증금을 내면 사실상 무료인 4G 스마트폰을 제공하고 있다.

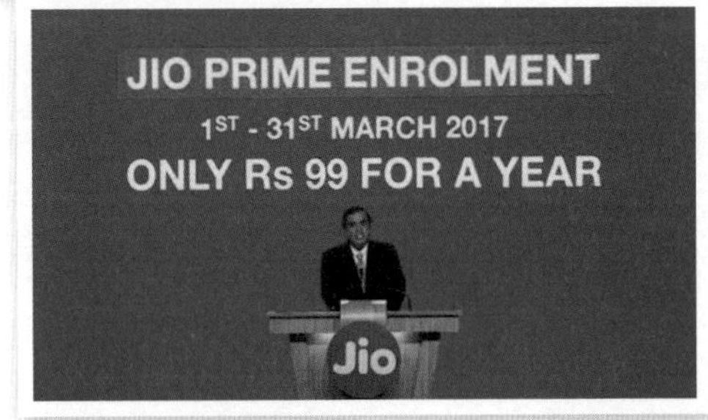

릴라이언스 지오 vs 나머지 경쟁사들과 99루피에 지오 4G 서비스 이용이 가능하다는 내용을 발표하는 무케시 암바니 회장
•출처 : Digit, Indian Express

이런 공격적인 마케팅으로 인해 기존 통신사업자들의 입지도 크게 흔들리고 있다. 1위 사업자인 바르티 에어텔Bharti Airtel은 노르웨이 통신업체의 인도 자회사인 텔레노르Telenor 지분을 인수했으며 2, 3위 사업자인 보다폰Vodaphone과 아이디어 셀룰러IDEA Cellular는 합병에 나섰다. 이보다 작은 통신사업자들도 인수합병을 하거나 시장에서 퇴출될 운명이며 아닐 암바니 회장이 경영하는 릴라이언스 커뮤니케이션즈도 예외가 아니다.

최근 릴라이언스 지오 4G 서비스가 성공적으로 론칭되고 릴라이언스 인더스트리즈 주가가 급등하면서, 무케시 회장의 자산가치는 313억 달러로 평가되어 아시아 2위의 부호로 등극했다. 지오의 등장 및 성공은 그동안 안정적이었던 릴라이언스 인더스트리즈의 정유 및 석유화학 비즈니스를 넘어서서 향후 주가를 가르는 중요한 방향타가 될 것이다.

2) IT 섹터 리더 : 타타 컨설턴시 서비스(Tata Consultancy Services, 티커 : TCS IN Equity)

1-19 | 타타 컨설턴시 서비스 주요 지표 요약

2017년 결산 주요 지표		기업 밸류 분석				
구분	금액	항목	2016	2017	2018F	2019F
시가총액	4,791,687	매출 성장(%)	14.80	8.60	4.90	10.00
기업가치(EV)	4,341,607	EPS 성장(%)	12.30	7.80	2.70	9.90
매출	1,179,660	EV/EBITDA	15.31	13.44	14.03	12.72
EBITDA	323,080	P/E	20.46	18.23	18.77	17.09

출처 : Bloomberg(단위 : 백만 루피), 인도 회계 결산 각 연도 3월 말 기준

1-20 | 타타 컨설턴시 서비스 주가 차트

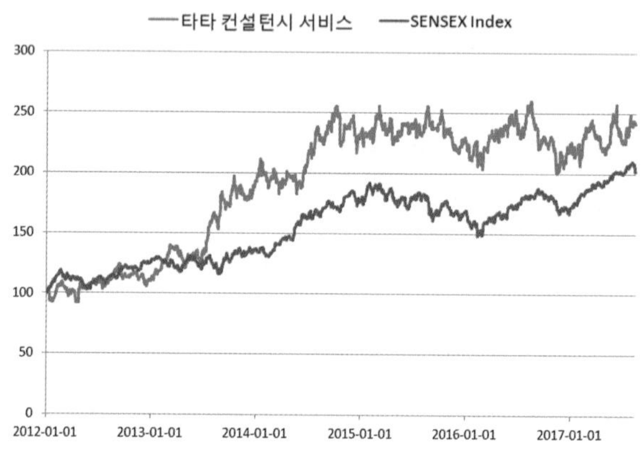

출처 : Bloomberg(2012.1.1~2017.8.4), 2012.1.1일 값을 100으로 변환

타타 컨설턴시 서비스는 인도 최대 IT 서비스기업이며 뭄바이에 본사를 두고 있다. 이 회사는 인도 최대 기업 집단의 하나인 타타 그룹의 최대 기업으로 마치 삼성 그룹의 삼성전자와 같은 위상을 지니고 있다. 이 회사는 타타 그룹의 지주회사인 Tata Sons의 전체 배당 70%를 차지할 정도로 위상이 높으며, 세계 IT 서비스업계 랭킹 중에서도 10위권에 속한다.

IT 서비스업은 컨설팅 서비스 및 IT솔루션, BPO Business Platform Outsourcing 서비스를 고객사에 제공하고 매출을 창출하는 업종이다. 한국의 삼성 SDS, LG CNS와 같은 IT 서비스업종에 속하는 회사다. 제품을 판매하는 일반적인 IT제조업과는 달리 고객사와의 긴밀한 협의 및 엔지니어들 간의 유기적인 의사소통을 통해, 장기적으로 고객사와의 동반 성장을 목표로 한다.

제품이 아닌 인력 파견 및 서비스 제공이 주목적이기 때문에, 고용 창출 효과가 막대하고 소프트웨어 개발 관련 고급 IT인력 수요가 많이 필요하다.

이런 특징으로 인해 영어를 구사하는 저렴한 임금의 엔지니어들이 많은 인도는 1960년대부터 IT 서비스업종을 지속적으로 육성해왔다. 현재도 벵갈루루, 하이데라바드 등 인도의 실리콘 밸리로 불리는 지역을 중심으로 IT아웃소싱산업이 크게 발달해있다.

특히 1990년대 이후, 인도 루피가 지속적으로 약세로 가면서 인도의 대표적인 첨단 수출산업인 IT업계는 저렴한 인건비의 매력이 더욱 커졌다. 특히 미국 기업을 중심으로 한 IT예산 축소로 인한 아웃소싱 수요를 대부분 수주하면서 빠른 속도로 성장했다.

타타 컨설턴시 서비스는 인도 최대 IT 서비스회사로 2017년 4월 기준으로 39만 명을 고용하고 있다. 대부분의 고객이 미국, 유럽에 집중되어 있다는 것이 특징이다. 인도 IT인력들은 유창한 영어 실력 및 저렴한 인건비를 바탕으로 미국, 유럽의 IT아웃소싱시장을 공격적으로 마케팅했다. 이에 따라 선진국 기업들의 수요에 기반한 다양한 서비스를 제공하고 있다.

특히 타타 컨설턴시 서비스는 은행, 통신, 보험, 제조업, 리테일, 소비재, 에너지업종 등 다양한 업종의 IT 서비스 지원을 목표로 한다. 모기업인 타타 그룹 자체가 인도 최대 기업 집단이다. 타타 스틸, 타타 자동차, 타타 파워, 인디안 호텔 체인, 타타 보험 등 다양한 업계에 진출해있기 때문에 업종별 IT아웃소싱 수요를 그룹 내에서 경험해볼 수 있다는 것도 큰 강점이 될 것이다.

다만 인도 IT 서비스업계는 최근 감원 및 업계 전반적인 구조조정 압력이 크다. 저렴한 인건비의 인도 현지 공과 대학 출신들을 중심으로 대규모 채용을 통해, 선진국 IT아웃소싱 수요를 대응하던 전통적인 사업모델이 흔들리고 있는 것이다. 데이터 마이닝 기술의 발전과 IT소프트웨어 기술의 발전으로 예전처럼 대규모 소프트웨어 엔지니어 인력을 동원할 필요성이 사라지고 있다.

이에 아웃소싱업계는 빅데이터, 클라우드, 디지털 지급결제, 사물 인터넷, 블록체인 등 새로운 분야에 대해 직원들을 다시 교육시켜야 하는 압력을 받고 있다.

또한 미국 트럼프 대통령이 취임하면서 브렉시트 등 보호무역주의 압력이 커지고 있다. 특히 미국의 워킹 비자인 H1B 비자의 발급이 제한되면서 미국 시장에서의 고객 대응이 어려워지고 있다. 타타 컨설턴시 서비스를 비롯해 인포시스, 위프로, HCL 테크놀로지, 테크 마힌드라 등 업계를 주도하는 대형 IT 서비스기업들의 향후 대응 전략이 기대된다.

3) 금융 섹터 리더 : HDFC은행(HDFC Bank, 티커 : HDFC IN Equity)

1-21 | HDFC은행 주요 지표 요약

2017년 결산 주요 지표		기업 밸류 분석				
구분	금액	항목	2016	2017	2018F	2019F
시가총액	2,386,344	순수익 성장(%)	11.30	18.60	42.00	11.50
기업가치(EV)	4,731,581	EPS 성장(%)	15.20	8.90	15.20	16.10
순수익	393,266	P/B	3.43	3.97	3.84	3.19
영업이익	126,416	P/E	17.11	21.52	21.27	18.32

출처 : Bloomberg(단위 : 백만 루피), 인도 회계 결산 각 연도 3월 말 기준

HDFC은행은 The Home Development Finance Corporation의 약자다. 이름에서부터 주택 담보대출, 그러니까 과거 한국의 주택은행이 담당하던 리테일 모기지 전문 은행으로서의 설립 목적이 분명히 드러나는 인도 최대 민영은행의 하나다.

HDFC은행은 1994년에 설립되었으며 뭄바이에 본사를 두고 있다. 2017년 6월 현재 인도 전역에 4,727개의 지점과 12,220대의 ATM기를 보유하고 있다. HDFC은행은 모기지대출에 특화되어 있지만 그 외에도

1-22 | HDFC은행 주가 차트

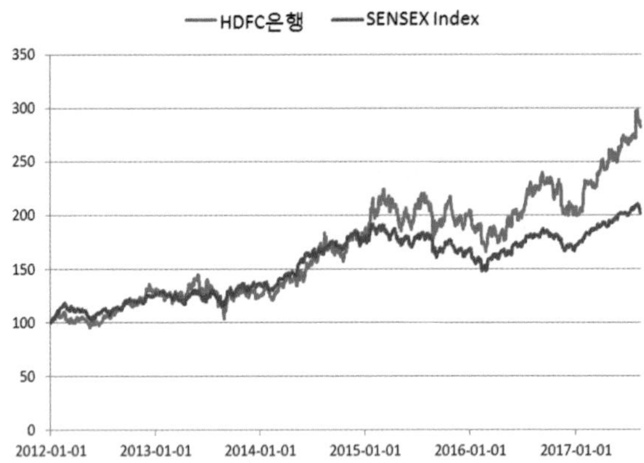

출처 : Bloomberg(2012.1.1~2017.8.4), 2012.1.1일 값을 100으로 변환

기업대출, 자동차대출, 오토바이대출, 신용카드 등 다양한 분야에 강점이 있다.

또한 인도 은행들은 고질적인 무수익여신NPL, Non-Performing Loan비율이 높은 문제를 안고 있다. 많은 은행들이 NPL비율이 5~15%에 달하는 반면에 HDFC은행은 1.24%에 불과하다. 업계에서 가장 낮은 수준으로 부실대출을 관리하고 있다. 인도 가계대출의 GDP 대비 비중은 10%대에 불과하여 전 세계에서 가장 낮은 수준이다. 내수시장의 급속한 성장에 따라 향후 빠른 속도로 증가할 소비자 금융시장의 가장 큰 수혜주는 HDFC은행이 될 것이다.

4) 필수소비재 섹터 리더 : ITC(Indian Tobacco Company, 티커 : ITC IN Equity)

1-23 | ITC 주요 지표 요약

2017년 결산 주요 지표		기업 밸류 분석				
구분	금액	항목	2016	2017	2018F	2019F
시가총액	3,404,912	매출 성장(%)	1.00	9.20	9.40	12.60
기업가치(EV)	3,276,895	EPS 성장(%)	-34.10	63.90	13.00	14.60
매출	423,600	EB/EBITDA	17.44	21.23	18.77	16.34
EBITDA	154,494	P/E	42.35	32.98	28.41	24.78

출처 : Bloomberg(단위 : 백만 루피), 인도 회계 결산 각 연도 3월 말 기준

1-24 | ITC 주가 차트

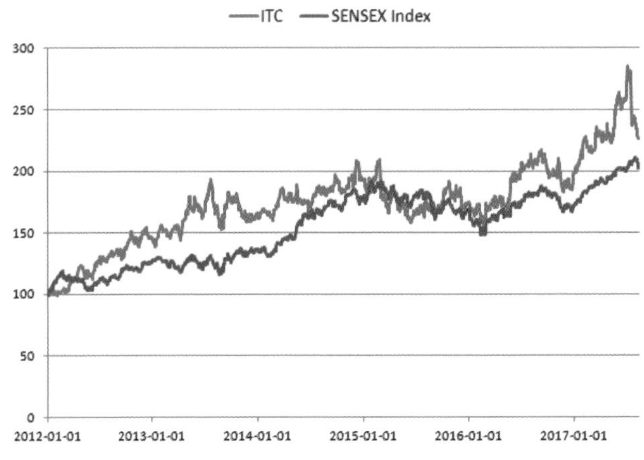

출처 : Bloomberg(2012.1.1~2017.08.04), 2012.1.1일 값을 100으로 변환

ITC의 다양한 소비재 브랜드 및 사업 분야
•출처 : ITC 홈페이지

ITC는 1910년 웨스트 벵갈 주의 콜카타에서 설립된 인도 최대의 필수 소비재기업이다. 설립 당시 이름은 임페리얼 토바코 컴퍼니The Imperial Tobacco Company of India였으나, 1970년에 인디아 토바코 컴퍼니India Tobacco Company로 변경되었다. 이후 2001년부터는 ITC로 최종 수정하여 현재에 이르고 있다.

기업명에 나와 있는 바와 같이 담배 관련 매출이 전체 매출의 절반을 차지한다. 이외에도 일용 소비재, 호텔, 제지포장, 농업, IT 서비스 등의 업종으로 다각화했다.

대표적인 담배 브랜드로 클래식Classic, 골드 플레이크Gold Flake, 네이비컷Navy cut 등이 있다. 식품 브랜드로 아쉬르바드Aashirvaad, 선피스트

Sunfeast, 빙고Bingo!, 키친오브인디아Kitchens of India, 이피Yippee! 등이 있다.

또한 인도 전역의 대도시와 관광지에 위치한 ITC 브랜드의 럭셔리 호텔은 90곳이 넘는다. 담배산업의 후방산업으로 시작한 제지 및 포장업도 이미 1920년대에 진출했다. 특수 용지, 그래픽 용지 생산 및 패키징Packaging시장을 개척하고 있다. 영국의 담배 제조회사인 BATBritish American Tobacco는 ITC의 지분 30% 보유하고 있는 최대 주주다.

5) 경기소비재 섹터 리더 : 마루티 스즈키(Maruti Suzuki India, 티커 : MSIL IN Equity)

마루티 스즈키는 인도 최대 자동차 제조회사다. 이 회사는 이름에 나와 있는 바와 같이 일본 스즈키 사의 지분이 56%이며, 최대 주주로서 자동차 생산 및 마케팅 등 모든 부분을 관할하고 있다. 뉴델리에 본사를 두고 있으며, 인도 전체 자동차시장점유율이 50%가 넘는 명실공히

1-25 | 마루티 스즈키 주요 지표 요약

2017년 결산 주요 지표		기업 밸류 분석				
구분	금액	항목	2016	2017	2018F	2019F
시가총액	1,817,223	매출 성장(%)	14.50	18.50	17.50	14.80
기업가치(EV)	1,801,112	EPS 성장(%)	39.30	27.20	37.50	17.80
매출	669,247	EB/EBITDA	12.53	17.39	19.87	16.72
EBITDA	104,213	P/E	20.43	24.20	27.27	23.14

출처 : Bloomberg(단위 : 백만 루피), 인도 회계 결산 각 연도 3월 말 기준

1-26 | 마루티 스즈키 주가 차트

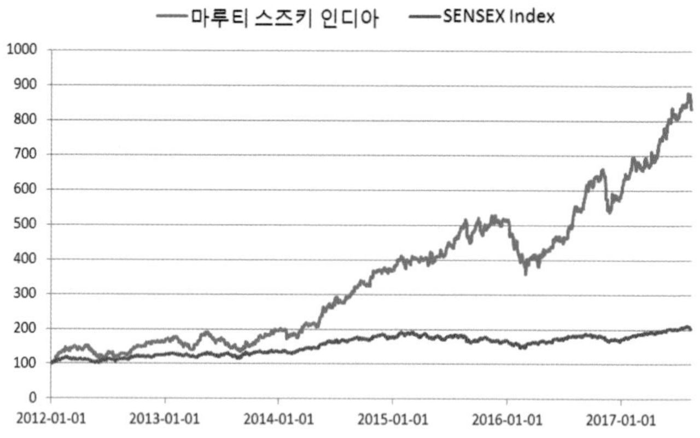

출처 : Bloomberg(2012.1.1~2017.8.4), 2012.1.1일 값을 100으로 변환

인도의 국민 자동차회사로 발돋움하고 있다.

마루티 스즈키는 1982년 하리아나 주의 구르가온에서 설립되었다. 마루티 800 모델을 생산하면서 인도 시장 진출의 발판을 삼았다. 일본의 스즈키 본사가 오토바이 및 경차 생산으로 명성을 얻고 있기 때문에, 현재 인도에서 판매 중인 마루티 스즈키 차량도 대부분 경차 위주로 생산라인을 구축하고 있다.

2016년 회계연도 기준으로 인도 10대 베스트셀러 차량 중 6대가 마루티 스즈키 차량일 정도로 인기는 확고하다. 대표적인 인기 모델로 알토Alto, 드자이어Dzire, 스위프트Swift, 웨건알WagonR, 셀레리오Celerio 등이 있다.

인도 3곳에 주요 생산 공장을 두고 있으며, 합계 생산 규모는 연간 170

▌ 베스트셀러 알토와 프리미엄 브랜드 넥사의 자동차 매장
•출처 : Suzuki Maruti, Kalyaninexa

만 대에 이른다. 임직원 수는 1만 3천 명에 이르며 인도 1,471개 도시에 자동차 딜러망 및 서비스망을 구축하고 있다.

지난 5년간의 주가 상승에서 볼 수 있는 바와 같이 매년 매출은 10% 중반, EPS는 30% 이상 성장하는 최고의 성장기를 보내고 있는 기업이다. 인도의 1인당GDP가 빠른 속도로 상승하고 13억 인구를 바탕으로 한 중산층의 성장으로 인해, 인도 자동차업계는 중장기적인 호황 국면에 진입했다.

또한 인도 럭셔리 자동차시장이 태동기임을 감안하여 넥사NEXA라고 불리는 프리미엄 자동차 브랜드를 2015년에 설립하였고 별도의 딜러망을 구축하고 있다. 마루티 스즈키는 타타 모터스종목코드 TTMT, 마힌드라 & 마힌드라종목코드 MIM와 같은 로컬 기업 대비 지난 30년간의 확인된 품질 경쟁력과 브랜드 파워가 있기 때문에 당분간 기업의 성장은 계속될 것으로 기대된다.

6) 산업재 섹터 리더 : 라르센 & 투브로(Larsen & Toubro, 티커 : LT IN Equity)

1-27 | 라르센 & 투브로 주요 지표 요약

2017년 결산 주요 지표		기업 밸류 분석				
구분	금액	항목	2016	2017	2018F	2019F
시가총액	1,469,328	매출 성장(%)	11.70	7.60	13.50	13.20
기업가치(EV)	2,251,477	EPS 성장(%)	-1.50	43.70	11.00	18.30
매출	1,076,365	EB/EBITDA	18.32	20.33	18.19	15.33
EBITDA	110,732	P/E	26.75	24.30	23.73	20.06

출처 : Bloomberg(단위 : 백만 루피), 인도 회계 결산 각 연도 3월 말 기준

1-28 | 라르센 & 투브로 주가 차트

출처 : Bloomberg(2012.1.1~2017.8.4), 2012.1.1일 값을 100으로 변환

라센 & 투브로는 연간 매출이 170억 달러에 달하는 인도 최대의 산업재 섹터 기업이다. 이 회사는 30개 나라 이상에서 비즈니스를 영위하고 있다. 주요 사업 영역은 건설, 운송 인프라, 공공 인프라 건설, 전력 배전 시설 건설, 신재생에너지, 수자원 처리, 스마트 보안 및 통신 인프라 시설, 지하 설비 개발, 철강 및 비철금속 제련 등 다양한 사회 기반 시설 관련 B2B 비즈니스다.

실로 도로·철도 건설부터 공항, 원자력 발전소, 터널 공사, 조선업, 통신 인프라, 주택단지 개발, 철강소, 자동차 공장, 항만 개발 등 인프라 개발 방면으로 안하는 것이 없는 기업이다.

최근 한화테크윈의 K9 자주포의 인도 수출 100문 계약도 인도 L & T와 하는 등 방산산업에서도 활발히 영역을 구축하고 있다. 실로 인도의 인프라스트럭처 개발의 게이트웨이로 통하는 기업으로 불릴만하다.

이 회사의 기원은 매우 특이하다. 덴마크의 화학 엔지니어였던 Mr.홀크 라르센과 Mr.소렌 크리스티앙 투브로가 1938년에 인도에 설립한 라르센 & 투브로Larsen & Toubro가 모태다.

이들은 처음에 시멘트 공장 설비 감독으로 인도에 왔다가 2차 세계대전이 발발하고 독일 엔지니어들이 영국과 독일의 전쟁으로 활동 영역이 좁아지자, 인도 현지에서 건설사업 및 중장비사업으로 영역을 확장하면서 기업을 발전시켜 나가게 된다.

현재는 각종 금융회사, 일반 투자자, 외국인 투자자, 뮤추얼펀드 등이 지분을 분산 소유하고 있는 민영회사 구조를 띠고 있다. 두 설립자 중 Mr.홀크 라르센은 인도의 산업 발전에 기여한 존경받는 사업가로 인정받고 있다. 2003년 별세한 이후, 2008년에는 인도 현지에서 고인에 대한 기념우표가 발간되기도 했다.

7) 통신 섹터 리더 : 바르티 에어텔(Bharti Airtel, 티커 : BHARTI IN Equity)

1-29 | 바르티 에어텔 주요 지표 요약

2017년 결산 주요 지표		기업 밸류 분석				
구분	금액	항목	2016	2017	2018F	2019F
시가총액	1,399,290	매출 성장(%)	4.90	-1.10	-3.60	9.40
기업가치(EV)	2,509,221	EPS 성장(%)	-19.10	-11.10	-34.20	81.30
매출	954,683	EB/EBITDA	7.05	7.10	8.32	7.31
EBITDA	353,298	P/E	23.06	36.81	62.52	34.48

출처 : Bloomberg(단위 : 백만 루피), 인도 회계 결산 각 연도 3월 말 기준

1-30 | 바르티 에어텔 주가 차트

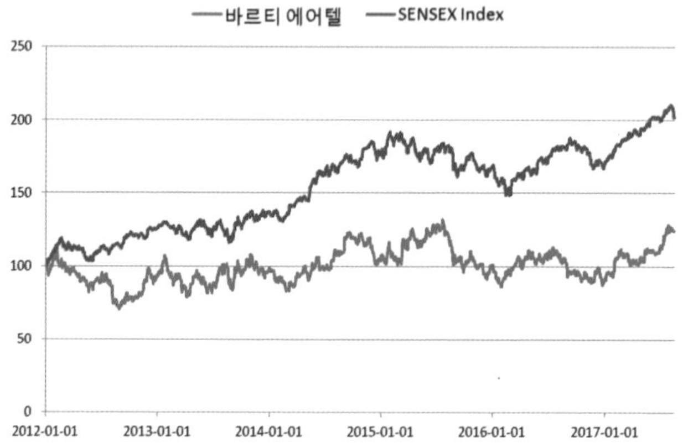

출처 : Bloomberg(2012.1.1~2017.8.4), 2012.1.1일 값을 100으로 변환

바르티 에어텔은 인도 최대 이동통신회사다. 2016년 3월 기준으로 인도 현지에 2.5억 명의 가입자를 보유하고 있다. 아프리카, 스리랑카 등지로의 공격적인 M & A를 통해 해외 이동통신 가입자도 9천 1백만 명에 달한다. 2016년 기준으로 연간 매출은 147억 달러에 달하며, 남아시아와 아프리카의 이동통신업을 선도하는 세계 3위의 통신사업자다.

바르티 에어텔은 인도의 억만장자 기업인 중 한 명인 수닐 바르티 미탈 회장에 대한 언급 없이는 이해하기 어려울 것이다. 수닐 미탈 회장은 바르티 그룹의 창업자로 통신, 보험, 부동산, 쇼핑몰, 호텔 등을 보유한 인도 최대 기업 중 하나를 일구어냈다. 그는 재산이 70억 달러에 달해 포브스 기준 인도 8위의 재력가로 랭크되었다.

그는 펀자브 출신 가문에서 태어나 18살부터 사업을 시작했다. 1980년대부터 각종 자전거 부속품, 이동식 발전기, 버튼식 전화기푸시폰 등을 팔다가 점차 팩시밀리, 무선전화기, 각종 통신 장비를 제조하는 통신 전문 제조회사로 관심을 옮기게 된다. 그러다가 결정적으로 1992년 인도의 이동통신 라이선스 옥션에서 성공적으로 주파수를 배정받으면서 바르티 에어텔을 인도 최대의 통신기업으로 발전시켰다.

1990년대까지 수차례의 인도 현지 인수합병을 통해 이동통신사업을 안정시켰다. 수닐 미탈은 2000년대 이후, 공격적인 해외 확장에 나서 스리랑카에서 이동통신사업을 시작했다. 2010년 아프리카의 자인 텔레콤Zain Telecom을 107억 달러에 인수하여, 그때까지 인도 통신회사의 인수합병 중 가장 큰 규모의 딜을 성사시켰다. 바르티 에에털은 2014년 인도 통신사업자 중 최초로 벵갈루루에서 4G 서비스를 시작했다.

바르티 에어텔의 최대 주주는 바르티 엔터프라이지즈Bharti Enterprises이지만, 싱가포르의 싱텔Singtel이 36%의 지분을 보유하고 있는 점이 특징적이다. 참고로 싱텔은 인도의 바르티 에어텔 이외에도 호주 2위 통신사업자인 옵투스Optus, 태국 1위 사업자인 AIS, 필리핀 2위 사업자인 글로벌 텔레콤Globe Telecom, 인도네시아 1위 사업자인 텔콤셀Telkomsel의 대주주 혹은 주요 주주로 참여하고 있다. 중국을 제외하면 명실공히 아시아 이동통신사업을 지배하고 있다고 해도 과언이 아니다.

바르티 에어텔의 주가는 먼저 기술한 릴라이언스 인더스트리즈의 지오 4G 비즈니스의 영역 확장에 따라, 지난 수년간 부진한 모습을 보여왔다. 하지만 업계 1위 통신사업자로서의 지위는 쉽게 흔들리지 않을 것이다. 향후 어떤 전략을 펼칠지가 주목되는 시점이다.

: 인도 주식에 투자하려면? :

인도 주식에 투자할 수 있는 방법은 ① 인도 현지 또는 미국에 상장된 개별 주식을 사는 방법, ② 미국 또는 한국에 상장된 인도 관련 ETF를 사는 방법, ③ 인도 관련 펀드를 사는 방법으로 나뉜다.

그중 인도 주식은 현지 개별 주식의 매수가 까다롭기로 유명하여 추천하지 않는다. 외국인의 인도 현지 주식투자는 결론적으로 기관 투자자, 그러니까 펀드 매니저로서 투자는 가능하지만 개인이 투자하기는 거의 불가능하다.

1-31 | 미국 증시에 상장된 인도 주식 리스트

구분	Company	Ticker	Exchange	Industry
1	Azure Power Global Limited	AZRE	NYSE	Solar Power Utility
2	Dr. Reddy's Laboratories	RDY	NYSE	Pharma. & Biotech.
3	HDFC Bank	HDB	NYSE	Banks
4	ICICI Bank	IBN	NYSE	Banks
5	Infosys	INFY	NYSE	Software & ComputerSvc
6	MakeMyTrip Limited	MMYT	NASDAQ	Travel & Leisure
7	Sify Technologies Limited	SIFY	NASDAQ	Software & ComputerSvc
8	Tata Motors	TTM	NYSE	Industrial Engineer
9	Vedanta	VEDL	NYSE	Indust. Metals & Mining
10	Videocon d2h	VDTH	NASDAQ	TV Services
11	Wipro	WIT	NYSE	Software & ComputerSvc
12	WNS Holdings	WNS	NYSE	Support Services
13	Yatra Online, Inc	YTRA	NASDAQ	Travel

출처 : 뉴욕증권거래소

외국인은 FATFFinancial Action Task Force의 회원국 중 하나에 속해야 하며, 인도 증권 규제기관인 SEBISecurities and Exchange Board of India의 승인을 받은 뒤에 PANPermanent Account Number를 받고 세무 관련 등록을 하면 비로소 증권계좌를 열고 거래를 할 수 있다.

이런 복잡한 절차에 더해 연간계좌 유지 관련 세금까지 있어, 이 모든 과정을 감당할 수 있는 투자자를 QFIQualified Foreign Investor라고 한다. 개인

1-32 | 미국 증시에 상장된 인도 ETF 리스트

티커	이름
INDA US Equity	ISHARES MSCI INDIA ETF
EPI US Equity	WISDOMTREE INDIA EARNINGS
INDY US Equity	ISHARES INDIA 50 ETF
SCIF US Equity	VANECK VECTORS INDIA SMALL-C
FNI US Equity	FIRST TRUST CHINDIA ETF
ZID CN Equity	BMO INDIA EQUITY INDEX ETF
SMIN US Equity	ISHARES MSCI INDIA SMALL-CAP
PIN US Equity	POWERSHARES INDIA PORTFOLIO
INP US Equity	IPATH MSCI INDIA INDEX ETN
INCO US Equity	COLUMBIA INDIA CONSUMER ETF
INDL US Equity	DIREXION DAILY MSCI INDIA BU
XID CN Equity	ISHARES INDIA INDEX ETF
INXX US Equity	COLUMBIA INDIA INFRASTRUCTUR
SCIN US Equity	COLUMBIA INDIA SMALL CAP ETF

출처 : Bloomberg

투자자는 QFI로 등록된 경우가 거의 없으며, 외국인의 인도 증권계좌 개설은 전 세계적으로도 신화(?)처럼 아주 가끔 발생한다.

그러니 외국인의 인도 개별 주식투자는 미국에 상장된 인도 ADR American Depositary Receipts, 미국 주식예탁증서의 약자로 미국 회계기준에 맞춰 미국 투자자들이 해외 상장종목을 살 수 있도록 만든 제도을 사는 방법이 유일하다고 본다.

1-33 | 국내 증시에 상장된 인도 ETF 리스트

TIGER 인도니프티 50레버리지(합성)	미래에셋자산운용
KOSEF 인도Nifty50(합성)	키움자산운용

출처 : 한국증권거래소

미국에 상장된 인도 ADR의 리스트는 〈1-31〉과 같다. 미국에 상장된 인도 ADR의 매수 절차는 기존 해외 주식 매수와 마찬가지로 국내 증권계좌 개설, 연계된 해외 증권계좌 개설, 환전ADR은 미국 시장이기 때문에 달러로 환전한다, 투자하려는 기업의 주식 매수의 순서대로 진행하면 된다.

다음으로 미국 및 한국에 상장된 인도 관련 ETF를 사는 방법이 있다. 미국 상장ETF는 인도 ADR 거래와 마찬가지로 국내 증권계좌 개설, 연계된 해외 증권계좌 개설, 달러 환전, 투자하려는 ETF 매수의 순서대로 진행하면 된다.

미국에는 정통 인도 대형주부터 중소형주, 소비재, 인프라스트럭처 집중 투자 등 다양한 테마의 ETF가 〈1-32〉처럼 14개가 상장되어 있다. 반면 한국에는 〈1-33〉처럼 단 2개의 인도 관련 ETF만 상장되어 있다.

다음으로 가장 간단한 방법으로 한국에 설정된 인도 관련 펀드를 매수할 수 있다. 인도 주식형, 채권형펀드는 국내 은행, 증권, 보험사에서 손쉽게 가입할 수 있다. 그렇지만 판매사별로 거래 가능한 펀드는 각 회사의 방침에 따라 별도로 정해져 있기 때문에, 독자 분들이 거래하는 금융회사에 인도와 관련하여 어떤 펀드를 판매하고 있는지 문의하는

1-34 | 국내 운용사가 출시한 인도 관련 펀드 리스트

펀드명	운용사
IBK인디아인프라	IBK자산운용
KB인디아	KB자산운용
NH-Amundi Allset인도증권	NH-Amundi자산운용
미래에셋인도중소형포커스	미래에셋자산운용
미래에셋인디아디스커버리	미래에셋자산운용
미래에셋인디아솔로몬	미래에셋자산운용
미래에셋인디아인프라섹터	미래에셋자산운용
미래에셋인도채권	미래에셋자산운용
삼성인도중소형FOCUS	삼성자산운용
삼성인디아	삼성자산운용
신한BNPP봉쥬르인디아	신한BNP파리바자산운용
이스트스프링인디아리더스	이스트스프링자산운용
프랭클린인디아	프랭클린템플턴자산운용
피델리티인디아	피델리티자산운용

출처 : 필자 편집

것이 가장 효율적이다.

인터넷으로 주로 거래하는 키움증권이나 펀드온라인코리아에는 국내에 설정된 거의 모든 펀드의 거래가 가능하다는 점을 참고할 만하다. 한국에 상장된 인도 관련 주요 펀드의 리스트는 〈1-34〉와 같다.

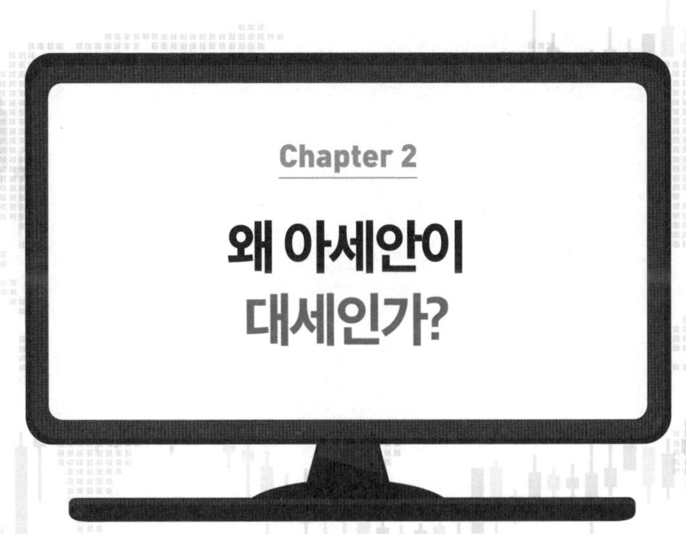

: 다인종, 다종교, 다양한 소득 수준의 모자이크 :

아세안은 우리가 흔히들 얘기하는 동남아시아 지역이다. 그러나 동남아시아라는 단어에 들어있는 개발도상국의 어감을 탈피하기 위해, 이제부터 '아세안'이라는 '동남아시아 경제공동체'를 뜻하는 단어를 사용하고자 한다.

아세안은 영문으로 ASEAN이며 Association of Southeast Asian Nations, 즉 '동남아시아 국가 연합'이라는 뜻이다. 1967년에 인도네시아, 싱가포르, 말레이시아, 태국, 필리핀 총 5개국에 의해 설립된 국제연합이다. 이외에 기타 5개국까지 총 10개 회원국으로 구성되어 있다.

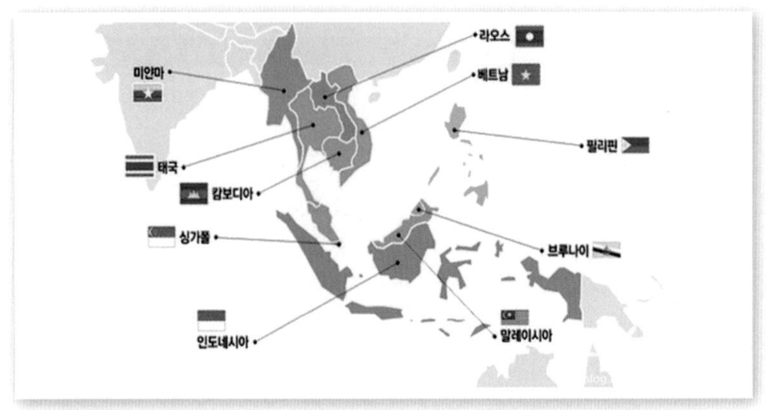

▌ 아세안 10개 회원국
•출처 : 한국-아세안 특별정상회의

이중 최초 설립 멤버인 인도네시아, 싱가포르, 말레이시아, 태국, 필리핀은 경제 규모, 인구, 1인당GDP 등 모든 면에서 아세안을 선도하는 국가들로 별도로 아세안 5로 통칭하기도 한다. 총 10개 회원국은 앞서 얘기한 아세안 5에 베트남, 캄보디아, 라오스, 미얀마, 브루나이 이렇게 5개국을 더하면 된다.

최초 아세안 창립회원국 5개국이 모인 이유는 당시 공산주의 팽창에 따라, 각 국가들의 안보 이슈 및 국경 분쟁을 해결하기 위해서였다. 이에 따라 공산화된 인도차이나 반도 국가인 베트남, 캄보디아, 라오스는 아세안 창립회원국들의 가상 적국이었다.

1975년 베트남 전쟁이 종결되었다. 하지만 곧바로 베트남과 캄보디아의 전쟁이 시작되었다. 베트남은 캄보디아를 사실상 점령했다가 1989년이 되어서야 캄보디아에서 철수했다. 이에 따라 베트남, 캄보디아, 라오스의 아세안 가입은 베트남 전쟁이 끝나고 베트남의 캄보디아 점령 이슈까지 종결되는 1990년대가 되어서야 가능했다.

이후 구소련이 몰락하고 1990년대 태국이 자유무역지대 설립을 제안하면서 다시 아세안의 가입국 확대가 시작되었다. 1984년 브루나이, 1995년 베트남, 1997년 라오스와 미얀마, 1999년 캄보디아가 추가로 가입해 현재에 이르고 있다.

아세안 지역에 대한 몇 가지 통칭이 있다. 10개 회원국 모두를 얘기할 때는 ASEAN, 이중 핵심 5개국을 얘기할 때는 ASEAN 5, 또 동북아시아 국가들과 연합해서 통칭할 때는 ASEAN + 3, 인도차이나 반도의 중심 국가 태국을 제외한 1인당GDP 2천 달러 이하의 저개발 도상국

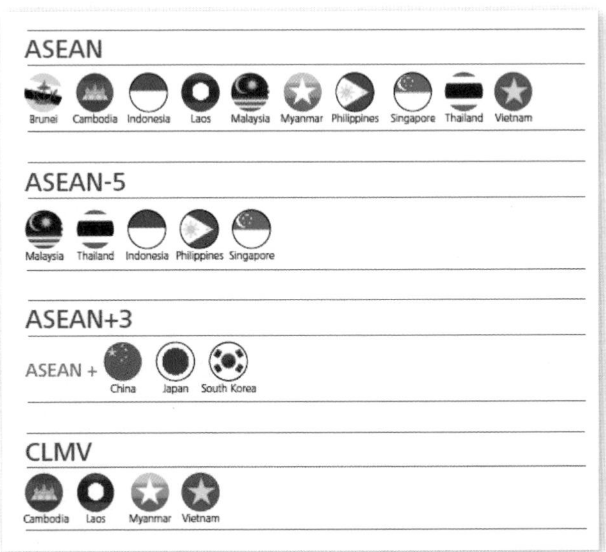

▌ 아세안 관련 다양한 분류들
•출처 : Deloitte

2-1 | 동북아시아 4개국 주요 지표

국가명	GDP(억 달러)	1인당GDP	인구(만 명)	식민 지배	주요 종교
중국	111,991	8,123	137,866	—	무교, 도교
일본	49,394	38,894	12,699	—	신도, 불교
한국	14,112	27,539	5,062	일본	기독교, 불교, 천주교
대만	5,668	24,027	2,353	일본	불교, 도교

출처 : World Bank, Wikipedia, 2016년 기준

4개를 통칭할 때는 CLMV Cambodia, Laos, Myanmar, Vietnam 로 따로 분류해서 부른다.

아세안에 대한 논의를 진행하면서 부딪치는 난관은 한국인들은 베트남에 대한 관심이 지대하다는 점이다. 그러나 수많은 호재에도 불구하고 베트남은 아세안 10개 회원국의 일부로서 보다 큰 그림에서 베트남 경제의 장단점을 고민해봐야 한다. 따라서 여기에서는 아세안 시장의 특성에 대해 먼저 이야기하고, 그다음에 베트남을 포함한 아세안 개별 국가에 대한 논의를 다루기로 한다.

먼저 아세안 지역이 우리가 사는 동북아시아 지역과 어떻게 다른가부터 알아볼 필요가 있다. 동북아시아 지역의 경제는 한국, 중국, 일본, 대만이다. 동북아시아 지역은 1인당GDP 3만 달러가 넘는 선진국인 일본, 선진국으로 도약 중인 1인당GDP 2만 달러대의 한국과 대만, 1인당GDP 1만 달러 이하의 중진국인 중국으로 명확한 도식화가 가능하다.

물론 총 GDP가 10조 달러를 넘어 미국을 넘보는 초강대국으로 발전

2-2 | 아세안 10개 회원국 구조도

1인당GDP		
3만 달러 ↑ 선진국	싱가포르, 브루나이	금융, 서비스업 발달
5천 달러 ↑ 중진국	말레이시아, 태국	고부가가치 제조업, 대기업 성장
2천 달러 ↑ 개발도상국	필리핀, 인도네시아, 베트남	거대한 내수시장, 자원 풍부
1천 달러 ↑ 저개발국	라오스, 캄보디아, 미얀마	노동 집약적 제조업

출처 : 필자 편집

한 중국이, 동북아시아 경제에서 차지하는 영향도가 나날이 증가하고 있다는 사실도 다 같이 공유하고 있다. 동북아시아는 개별 국가로 보면 GDP나 1인당GDP, 인구 등 여러 가지 면에서 아시아의 중요한 중심축으로 볼 수 있다.

그러나 동북아시아 지역은 역사 인식의 격차에서 오는 국가별 갈등과 국경 분쟁으로, 하나의 경제권으로의 역할을 하지 못하고 있다. 동북아시아 경제공동체는 고사하고 한중일 FTA도 진행되지 않는 것만 봐도, 국가 간 반목과 갈등은 빠른 시간 안에 해소되지 않을 것이다.

한편 아세안은 총 10개 국가로 GDP, 1인당GDP, 인구, 종교, 과거 식민지 지배 경험 등에서 총천연색의 화려한 다양성을 보인다.

〈2-2〉는 1인당GDP를 기준으로 아세안 10개 회원국의 주요 자료를 나타내고 있다. 아세안 지역은 역내 선진국인 싱가포르부터 중진국인

2-3 | 아세안 10개 회원국 주요 지표(GDP순)

국가명	GDP(억 달러)	1인당GDP (달러)	인구(만 명)	식민 지배	주요 종교
인도네시아	9,323	3,570	26,111	네덜란드	이슬람
태국	4,068	5,907	6,886	–	불교
말레이시아	2,963	9,503	3,119	영국	이슬람
싱가포르	2,970	52,960	561	영국	불교, 기독교
필리핀	3,049	2,951	10,332	스페인, 미국	천주교
베트남	2,026	2,186	9,270	프랑스	무교, 불교
미얀마	674	1,275	5,289	영국	불교
캄보디아	200	1,270	1,576	프랑스	불교
브루나이	114	26,938	42	영국	이슬람
라오스	159	2,353	676	프랑스	불교
ASEAN 종합	25,546	4,000	63,862	–	–

출처 : World Bank, Wikipedia, 2016년 기준, 필자 편집

말레이시아, 태국 이외에 개발도상국인 필리핀, 인도네시아, 베트남 등 다양한 국가들이 소득수준에 따라 분산된 구조임을 알 수 있다.

〈2-3〉에서는 아세안 국가들의 총 GDP를 기준으로 1인당GDP, 인구, 과거 식민 지배, 종교까지 다양한 각도에서 국가별 차이를 보여주고자 했다. 총 GDP를 보면 아세안 10개 회원국 중 인도네시아가 압도적인 경제 규모를 자랑하고 있다. 그다음 태국, 말레이시아, 싱가포르, 필리핀 순서로 경제 규모가 크다.

아세안은 GDP, 1인당GDP, 인구 수, 식민 지배의 역사, 종교 등 모든 것이 상이한 다양한 국가의 집합이다. 그래서 동남아시아 국가 지역연합으로서 다양한 경제활동이 진행되고 있다. 특히 10개 회원국의 인구 수를 모두 더하면 6억 3천만 명, GDP 2조 4천억 달러의 거대 경제권이다. 인구로는 한국의 12배, 경제 규모로는 한국의 2배에 가깝다.

대부분 이머징 국가로서 연평균 5% 전후의 빠른 경제 성장 속도를 감안하면, 향후 아세안은 거대한 내수시장 및 수출 전진기지로서의 역할이 더욱 강조될 것이다. 아세안 지역의 다양성을 국민소득, 인구, 산업 발전 수준에 따른 다양성으로 분류하면 다음과 같이 전개될 것이다.

아세안은 1인당GDP 5만 달러가 넘는 부국인 싱가포르부터 1천 달러 수준의 세계 최빈국 중 하나인 캄보디아까지, 소득 수준에서 매우 다양한 분포를 보인다. 총 GDP와 인구에 있어서도 2억 6천만 명의 인구를 보유한 경제 대국 인도네시아부터 인구 42만 명의 미니 왕국인 브루나이까지 다양한 국가들이 있다.

종교적인 면에 있어서도 기독교, 천주교, 불교, 이슬람까지 전 세계 4대 종교를 모두 포괄하는 화려한 종교적 다양성을 보여준다. 식민 지배의 경험에 있어서도 말레이시아, 싱가포르 즉 말레이 반도의 2개 국가와 미얀마, 브루나이는 영국의 지배를 받았다.

한편 인도차이나 반도 태국 동부에 위치한 캄보디아, 라오스, 베트남은 프랑스의 지배를 받았다. 인도네시아는 네덜란드의 지배를 받았으며, 필리핀은 스페인 및 미국의 지배를 받았다. 근대화 시기에 독립을 유지한 나라는 태국이 유일하다.

2-4 | 아세안 주요 국가의 인종 분포

국가명	주요 인종
인도네시아	자바인 42%, 순다계 15%, 말레이인 3.5%, 마두르인 3.4%, 바탁인 3%, 중국인 1.2.% 기타 32%
필리핀	타갈로그인 28%, 세부인 13%, 로카인 9%, 비사야인 8%, 힐리가인 7.5%, 중국인 2.5%, 기타 32.2%
말레이시아	말레이인 46%, 중국인 27%, 인도인 6.5%, 인도네시아인 5.2%, 필리핀인 1.7%, 기타 13.5%
싱가포르	중국인 74%, 말레이인 13%, 인도인 9%, 기타 4%
미얀마	바말인 68%, 샨인 9%, 카렌인 7%, 라카인인 3%, 중국인 2%, 기타 10%

출처 : Wikipedia, World Atlas, 필자 편집

15세기 대항해시대의 시작과 함께 유럽 문명의 아세안 진출이 시작되었고, 지난 수백 년간 아세안 지역은 각기 다른 유럽 국가와 경제 및 문화를 공유하는 독특한 형태를 보여 왔다. 이런 문화적 특징이 지금까지도 자리 잡고 있다. 역내 소득 수준, 경제 규모, 인구, 종교, 문화적 특징에 있어서의 다양성이 아세안을 이해하는 첫 번째 열쇠다.

동북아시아는 국가별로 일부 소수민족을 제외하고 단일 민족, 단일 언어를 쓰는 국가들로 구성되어 있으므로, 해당 지역을 방문하면 해당 언어를 사용하는 것을 당연하게 생각한다. 중국에 50개가 넘는 다민족이 있다고 하지만 실제로 이들 소수민족의 비중은 전체 인구의 8%에 불과하다. 이들도 대부분 표준어를 구사하므로 한족의 언어인 중국 보통화만다린만 배우면 생활에 전혀 문제가 없다. '한국 = 한민족, 한국어',

'중국 = 한족, 중국어'의 등식이 성립하는 것이다. 그렇다면 아세안은 어떨까?

〈2-4〉를 확인하면서 시작하자. 결론부터 말하면 아세안은 비교적 단일 민족으로 구성된 태국, 베트남 정도를 제외하고는 매우 다양한 인종 분포를 보이고 있다. 결국 이 지역은 국가별 다양성뿐만 아니라 국가 내에 있어서도 다양한 인종이 섞여 사는 지역이다.

또한 영국, 프랑스, 네덜란드 등 유럽 세력에 의한 식민 지배의 역사도 태국을 제외하면 최소 100년에서 400년에 이른다. 그런 연유로 언어적, 문화적 다양성이 주된 흐름이라는 점을 알 수 있다.

아세안 지역의 역사, 문화, 정치, 경제 현상을 관찰하다보면 한 가지 흥미로운 공통점이 있다. 바로 기원전부터 15세기까지 진행된 '인도화 Indianization'의 영향이다.

인도와 국경을 마주하고 있는 미얀마에서부터 태국, 라오스, 캄보디아, 베트남 등 인도차이나 반도의 국가들은 물론이고 말레이 반도의 말레이시아, 싱가포르, 바다 너머 인도네시아, 필리핀에 이르기까지 아세안 지역 곳곳에 천 년 이상 인도와 교류했던 역사와 문화의 흔적이 남아 있다.

동북아시아 지역을 광의의 중국 문화권으로 인식해도 큰 오해가 없는 것처럼, 아세안 지역을 인도 문화권으로 인식해도 될 정도다. 인도의 종교와 문화는 아세안 지역의 현지 문화와 어우러져 새로운 다양성을 보이면서 진화하고 있다.

역사적으로 보더라도 인도차이나 반도의 후난, 앙코르와 같이 캄보디아에 건설된 힌두 국가들 및 참파라는 베트남 남부 힌두 국가들의 유적

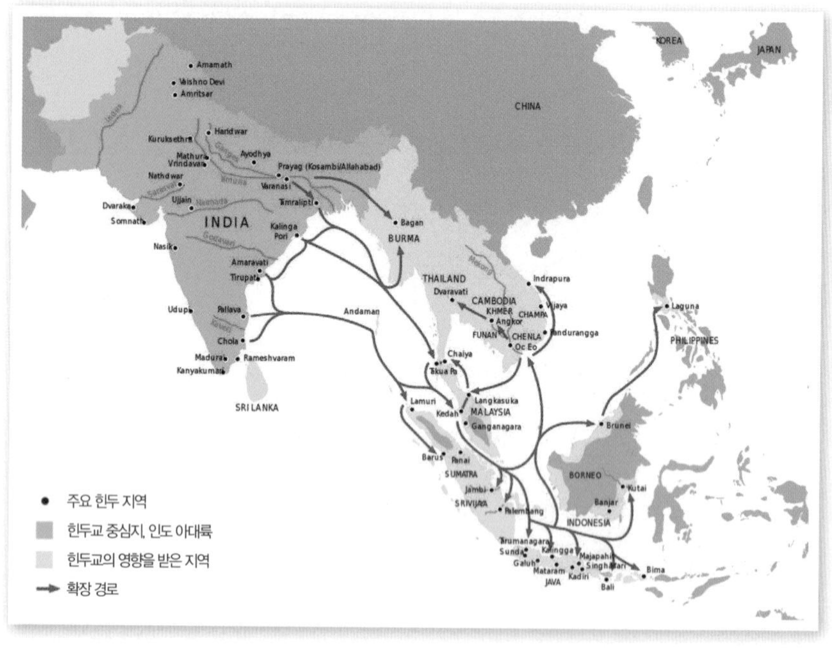

동남아시아의 인도화에 따른 영향도
•출처 : Wikiwand

이 지금도 곳곳에 교류의 역사를 남기고 있다.

또한 수코타이Sukhothai부터 시작되는 태국의 역사도 인도계 브라만들의 유입으로 상좌부 불교소승 불교의 역사를 새롭게 쓴 바 있다. 인도네시아의 스리위자야Srivijaya, 마자파히트Majapahit도 불교, 힌두교 왕국으로 인도와의 교류를 통해 성장하고 발전했다.

인도네시아의 관광지로 유명한 발리는 이슬람이 주류인 인도네시아에서 지금도 힌두교를 믿고 있는 독특한 문화를 보존하고 있다. 인도차이나 반도의 미얀마, 태국, 라오스처럼 국민 대부분이 상좌부 불교를 믿고 있는 나라들은 불교, 힌두교, 토착종교가 결합된 독특한 문화를 발전시켰다.

이처럼 아세안 곳곳에 퍼진 인도 문화와 종교는 이 지역의 언어, 습관, 사고방식에 큰 영향을 미쳤다. 지금도 아세안 지역에서 인도인들을 쉽게 찾아볼 수 있는 이유다. 이처럼 아세안 회원국들은 인도와 중국, 멀리 아라비아 반도와 일본까지 포괄하는 해양 무역의 중심에 있는 지역으로서 인도 문화를 수용하여 변화, 발전시켰다는 공통점을 지닌다. 그것이 우리가 이 책에서 인도와 아세안을 함께 이해해야 하는 이유이기도 하다.

: 아세안 경제공동체, AEC가 아세안 경제 부흥을 이끈다 :

아세안 지역은 하나의 거대 경제 권역으로 새로운 탄생을 꾀하고 있다. 개별 국가들을 보면 각자 장단점이 있는 동남아시아의 다양한 국가 집합체다.

인도차이나 반도의 미얀마, 태국, 라오스, 캄보디아, 베트남 5개국은 오랜 기간 동안 전쟁과 영토 분쟁의 어두운 역사를 지니고 있다. 싱가포르가 독립하던 1965년에는 독자 생존 우려와 주변국인 말레이시아, 인도네시아의 강제 점령 가능성 때문에 당시 리콴유 싱가포르 총리는 안보 문제 해결을 첫 번째 과제로 꼽기도 했다. 그러나 어두운 과거를 잊고 인도와 중국를 잇는 지정학적 요충지로서, 전략적 가치와 6억 명이 넘는 거대한 내수시장은 중요한 자산이 되었다.

아세안은 전 인구의 50%가 30세 이하인 젊은 인구를 발판으로 새로운 제조업 기지로 부상하고 있다. 아세안은 인도양과 태평양을 잇는 세계 무역의 중심지로서, 특히 말레이시아와 싱가포르 앞을 지나가는 말라카 해협은 전 세계 물동량의 50%가 통행하는 전 세계 1위 물류 루트이기도 하다.

아세안 지역은 특히 한국에 매우 중요하다. 트럼프 대통령의 등장 이후에 미국은 보호무역주의로 선회하고 있고, 중국은 사드 배치 이슈 등으로 한국과의 경제적 교류가 흔들리고 있다. 일본과는 위안부 관련 역사 인식 등 과거사 이슈로 관계 정상화부터 쉽지 않다. 이러한 주변국과의 갈등을 벗어나기 위해 수출이 경제 구조의 대부분을 차지하는 한국의 입장에서는 반드시 신시장을 개척해야 한다.

따라서 거대 인구와 소비시장이 있고 연평균 5%의 경제성장률을 보이는 제조업 기지로의 아세안 지역을 주목해야 한다. 아세안의 교역량에 있어 한국은 2015년 기준으로 1,225억 달러에 이른다. 중국, 일본, 미국에 이어 4위 규모의 높은 위치를 점하고 있다. 특히 무역수지는 309억 달러로 한국이 흑자이며, 중국에 이어 압도적인 무역수지 흑자를 보이는 지역이다. 한국의 아세안으로의 FDI는 2015년 기준으로 57억 달러를 기록해 일본, 미국, 중국에 이어 4위를 차지했다.

'초불확실성시대'를 맞아 수출 지역과 판매 루트를 다변화하는 것이 매우 중요해지고 있다. 따라서 중국, 미국에 이어 신개척지로서 아세안과의 교역을 어떻게 발전시켜 나가느냐에 한국의 미래가 달려 있다고 해도 과언이 아니다.

2-5 | 전 세계 인구, GDP, 무역, FDI 주도 국가 순위

순위	인구 (단위 : 백만)		GDP (단위 : 십억 달러)		무역 (단위 : 십억 달러)		FDI (단위 : 십억 달러)	
1	중국	1,375	미국	17,947	중국	4,108	미국	380
2	인도	1,293	중국	10,983	미국	4,026	홍콩	175
3	**아세안**	**629**	일본	4,123	독일	2,388	중국	136
4	미국	322	독일	3,358	**아세안**	**2,270**	**아세안**	**120**
5	인도네시아	255	영국	2,849	홍콩	1,532	아일랜드	101
6	브라질	204	**아세안**	**2,432**	일본	1,251	네덜란드	73
7	파키스탄	186	프랑스	2,422	프랑스	1,225	스위스	69
8	나이지리아	179	인도	2,091	영국	1,103	싱가포르	65
9	방글라데시	160	이탈리아	1,816	한국	964	브라질	65
10	러시아	146	브라질	1,773	네덜란드	891	버진아일랜드	52

출처 : ASEAN Secretariat and WITS, 2015년 기준

아세안의 전략적 가치는 〈2-5〉에 잘 나타나 있다. 전 세계 국가 중 인구 3위, GDP 6위, 무역 4위, FDI 4위를 차지하는 명실공히 미국과 중국에 이은 차세대 중심지로 꼽을 수 있을 것이다.

아세안 10개국을 하나의 경제공동체로 볼 수 있는 이유는 2015년 AEC ASEAN Economic Community가 공식적으로 출범했기 때문이다. 지금까지는 지리적 근접성과 문화적 유사성에 바탕을 둔 인적 교류 및 정치적 교류에 중점을 두었다면, 앞으로 경제공동체로서의 역할을 더욱 강화하겠다는 선언인 셈이다.

AEC의 4개의 대원칙과 주요 내용
•출처 : The ASEAN Secretariat

AEC 출범식에서 아세안 10개국 지도자들은 역내 단일시장 및 생산 경제권의 형성, 경쟁력 있는 지역 연합 구축, 공정한 경제 개발, 아세안과 기타 해외 지역과의 통합 등 4가지 주제로 2025년까지 아세안의 경제적 통합을 더욱 가속화하고 상호 발전 가능한 경제공동체를 만들기로 했다. 이를 기반으로 아세안의 역내 경제 통합과 상호 교류는 한층 가속화될 것이다.

AEC를 통한 단일 경제공동체의 꿈은 이미 시작되었다. ASEAN 6인도네시아, 태국, 말레이시아, 싱가포르, 필리핀, 브루나이 기준으로 99.2%의 물품에 대해 역내 관세를 이미 철폐했다. 인도차이나 반도의 개발도상국인 CLMV캄보디아, 라오스, 미얀마, 베트남는 90.86%의 역내 관세를 철폐하여, 아세안 전체로는 95.99%의 물품이 무관세로 교역되고 있다.

아세안 국가들의 역내 교역 비중은 2015년 기준으로 23.9%에 이른다. 이러한 친시장적인 조치로 역내 교역은 더욱 증가할 것으로 예상된다. 관세 철폐는 무역 자유화의 시작에 불과하다.

이에 더해 아세안 공동 원산지 표기법 도입, 무역 관련 문서 통일화 및 관세청 간 정보 통합 시스템 도입ASEAN Single Window, ASW과 같은 제도 개선 작업이 이루어지고 있다. 이를 통해 역내 무역 시 통관 절차 표준화, 문서 작업량 감소, 통관 대기시간 감소, 비용 절감 등의 혜택을 받게 되어 역내 기업들의 경쟁력 강화로 이어지게 될 것이다.

또한 아세안 역내 국가들 간의 공동 인프라 개발 및 물류 개발도 주요 의제다. 아세안 지역은 수많은 섬으로 이루어진 인도네시아, 필리핀, 내륙 국가인 라오스, 한 개 섬으로 이루어진 도시 국가 싱가포르 등 지리적으로 매우 다양한 생태를 보인다.

따라서 효율적인 물류 및 유통 시스템을 갖추는 것이 단일 경제권으로 발전하는 데 매우 중요하다. 그래서 도로, 철도, 항공을 포괄하는 새로운 인프라 계획안이 추진되고 있다.

아세안 10개 회원국을 연결하는 3만 7,400km의 아세안 하이웨이 건설과 중국 윈난성 쿤밍과 싱가포르를 연결하는 7,000km의 싱가포르-쿤밍 레일 링크SKRL, Singapore-Kunming Rail Link가 준비 중이다.

또한 아세안 전역을 하나의 항공망으로 연결하는 아세안 오픈 스카이 정책ASEAN Open Skies Policy이 진행 중이다. 이 협정에 참여하는 항공사들은 정부 간 협정 없이 해당 국가의 공항을 목적지로 운항이 가능하다. 관광업의 폭발적인 성장과 역내 인적 교류에 힘입어, 특히 역내 저가 항공사들에게 큰 기회를 제공하게 될 것이다.

이처럼 아세안은 단일 경제 권역으로 2015년 출범했다. 이러한 국가 간 인센티브의 혜택을 받는 기업들이 등장하고 있다. 싱가포르의 식품 회사인 슈퍼 그룹, 태국의 블루캐년 커피, 베트남의 G7 커피, 말레이시아의 에어아시아 등 각 섹터별로 아세안 물적 교류와 다국적 비즈니스를 중심으로 하는 대기업들이 탄생하고 있다.

한국, 일본, 미국, 중국 등 해외에서 오는 해외 직접투자FDI나 단순한 인구 대국으로서의 지위가 아니라, 아세안의 단일 경제 권역으로서의 미래를 주목해야 하는 이유가 여기에 있다.

: 아세안 주식시장 개요 :

아세안 10개 회원국 중 인구 42만 명의 작은 왕국인 브루나이를 제외하고, 총 9개 국가에 주식시장이 있다. 이 9개 국가 중 싱가포르는 시가총액이 6,495억 달러에 달해 압도적으로 큰 시장이다. 다음으로 태국, 인도네시아, 말레이시아, 필리핀, 베트남 순서로 시가총액이 크다.

하나씩 보면 시가총액이 1조 달러가 넘는 한국 코스피보다 작은 시장이지만, 9개 국가의 시가총액을 모두 더하면 2조 달러가 넘고 상장종목 수는 3천 개가 넘는다. 혹자는 그럼 9개 국가 주식시장에 분산투자하

2-6 | 아세안 9개 주식시장 주요 지표

국가명	시가총액 (억 달러)	상장종목 수	대표 지수명	거래소명	설립연도
싱가포르	6,495	757	STI	Singapore Exchange	1973
태국	4,373	656	SET	Stock Exchange of Thiland	1975
인도네시아	4,338	537	JCI	Indonesia Stock Exchange	1912
말레이시아	3,631	903	KLSI	Bursa Malaysia	1930
필리핀	2,399	265	PSEi	Philippine Stock Exchange	1927
베트남	670	320	VN	Hochiminh Stock Exchange	2000
미얀마	6.8	4	MYANPIX	Yangon Stock Exchange	2016
캄보디아	1.8	5	CSX	Cambodia Securities Exchange	2010
라오스	1.2	6	LSX	Laos Securities Exchange	2010
합계	21,916	3,453			

출처 : WFEM, 국가별 거래소 홈페이지, 2016년 연말 기준

면 되지 않느냐고 말할 수 있다.

그러나 해외 주식투자는 현지 통화로의 환전은 물론이고 거래 유동성, 수탁은행의 유무 등 다양한 제반 조건이 구비되어야 한다. 그래서 실질적으로 투자 가능한 주식시장은 싱가포르, 태국, 인도네시아, 말레이시아, 필리핀, 베트남 총 6개 국가로 축소된다. 즉 앞에서 얘기한 아세안 5 국가와 다음으로 경제 규모가 큰 베트남까지가 주된 아세안 투자 국가라고 할 것이다.

이중 베트남 주식시장은 글로벌지수 공급회사인 MSCI 기준으로 이

머징 국가가 아닌 하위의 프린티어Frontier시장에 속해 집중적인 투자를 하기에는 위험이 따른다. 실제로 아세안 지역의 주요 비교 지수인 MSCI South East Asia지수에서 베트남은 빠져 있으며, 아세안 5 국가만 포함되어 있다.

한편 시가총액이 베트남보다도 작은 미얀마, 캄보디아, 라오스는 〈2-6〉에서 보는 바와 같이 시가총액, 상장종목 수가 아세안 주요 국가 대비 현격히 작고 거래 유동성도 거의 없기 때문에 현재로서는 투자가 불가능하다.

안타까운 점은 캄보디아 주식거래소와 라오스 주식거래소는 한국증권거래소KRX, Korea Exchange가 각각 45%, 49%의 지분을 보유했으며 한국 금융의 기술과 자본이 투입되어 설립되었다는 점이다. 그러나 설립 이후 7년이 지났지만 상장종목이나 시가총액이 증가하지 않고 거래도 거의 없어서 아직 투자 시점을 잡기에는 요원하기만 하다.

오히려 2016년에 설립된 전 세계에서 가장 어린 주식시장인 미얀마 주식거래소는 향후 높은 잠재력을 지니고 있다. 이 시장은 일본증권거래소JPX, Japan Exchange Group와 일본 다이와증권과의 합작으로 설립되었다.

미얀마 증시는 매우 초기 단계의 주식시장이고 현재로서는 외국인 투자가 불가능하다. 그러나 향후 5천만 명이 넘는 인구를 바탕으로 자원 부국이자 인도와 중국을 잇는 지정학적 요충지인 미얀마의 다양한 기업들이 상장되어 활발히 거래될 것으로 예상된다. 미얀마 주식거래소는 2000년에 설립된 베트남 주식거래소와 약 16년의 격차를 두고 빠

2-7 | 아세안 국가별 지수와 한국 코스피 비교(현지 통화 기준)

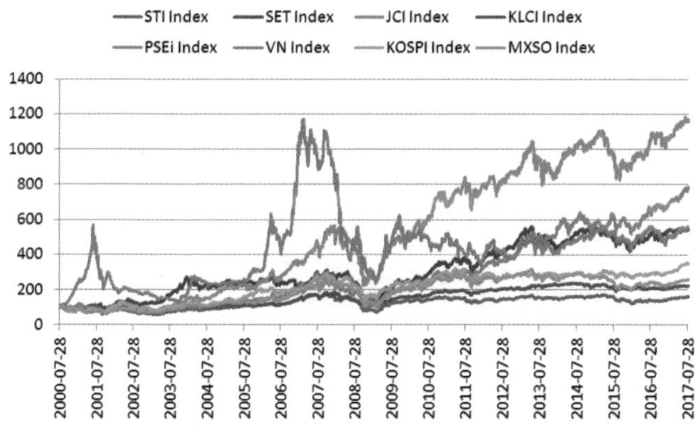

출처 : Bloomberg(2000.7.28~2017.8.6), 2000.7.28 값을 100으로 재설정

른 발전이 예상되어 지금부터 장기적인 관점을 두고 관심을 가져도 좋을 것이다.

결론적으로 아세안 주식투자는 현재로서는 싱가포르, 태국, 인도네시아, 말레이시아, 필리핀, 베트남 6개국만 가능하다.

한편 아세안 증시의 투자 성과를 비교해보도록 하자. 아세안 핵심 6개국의 주요 지수 자료를 블룸버그에서 구할 수 있는 2000년 7월 28일부터 장기 차트를 현지 통화 기준으로 비교하면 〈2-7〉과 같다.

즉 인도네시아, 베트남, 필리핀, 태국, MSCI South East Asia지수, 말레이시아, 싱가포르 순서로 수익률이 높았다. 전형적으로 1인당GDP가 낮은 저개발도상국의 수익률이 높고, 싱가포르와 같은 선진국의 수익률이 낮다. 국민소득에 따라 수익률이 역방향으로 움직인다고 이해할

2-8 | 아세안 국가별 지수와 한국 코스피 비교(USD 기준)

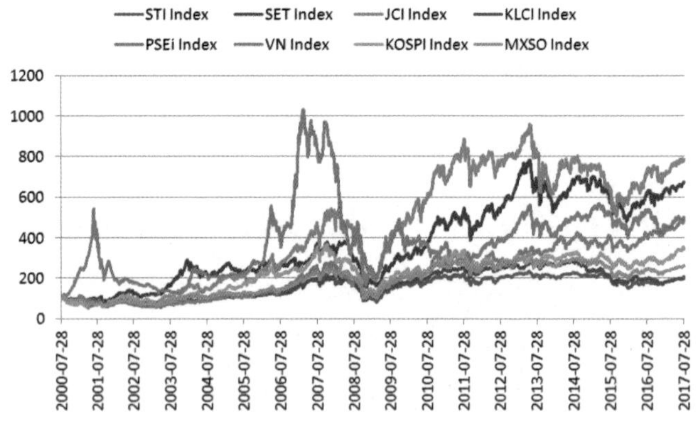

출처 : Bloomberg(2000.7.28~2017.8.6), 2000.7.28 값을 100으로 재설정

수 있다.

그러나 현지 통화가 아닌 달러 기준으로 다시 수익률을 계산하면 〈2-8〉과 같다.

USD 기준으로 다시 환산하여 아세안 6개 국가의 수익률을 보면 인도네시아, 태국, 필리핀, 베트남, MSCI South East Asia지수, 싱가포르, 말레이시아 순서로 수익률이 높았다.

여기서 보는 바와 같이 이머징 주식시장에 대한 투자는 환율이 매우 큰 영향을 미친다. 또한 수익률이 높을수록 변동성도 높다는 사실을 파악할 수 있다. 저개발도상국인 베트남과 인도네시아의 주식시장 흐름을 보면 주가가 폭등하거나 폭락하는 구간이 많아서 이런 사실을 더욱 분명하게 확인할 수 있다.

과거가 미래를 대변할 수는 없지만 과거 차트로만 놓고 보면 미국 달러 기준으로 태국과 필리핀이 상대적으로 안정적인 수익률과 낮은 변동성을 보여주고 있어 투자 대상으로 주목해야 한다. 개별 국가별 자세한 주식시장에 대한 설명은 뒤에 각 Chapter별로 다시 설명하기로 한다.

: 아세안 주식에 투자하려면? :

아세안 국가의 주식시장 중 주요 시장인 싱가포르, 태국, 인도네시아, 말레이시아, 필리핀, 베트남 총 6개 주식시장 기준으로 주식투자 방법에 대해 설명하겠다.

아세안 주식에 투자할 수 있는 방법은 ① 아세안 각 국가에 상장된 개별 주식을 사는 방법, ② 미국 또는 한국에 상장된 아세안 국가별 ETF를 사는 방법, ③ 아세안 관련 펀드를 사는 방법으로 나뉜다.

그중 아세안 국가별 개별 주식을 사는 방법은 삼성증권, 미래에셋대우, 신한금융투자, NH투자증권, 한국투자증권, KB증권, 대신증권, 하나금융투자, 키움증권, 이베스트증권 등 국내 주요 증권사를 방문하여 국내 증권계좌 개설, 연계된 해외 증권계좌 개설, 투자 대상 국가 통화로 환전, 투자하려는 기업의 주식 매수의 순서대로 진행하면 된다.

온라인HTS 거래는 아직 미국, 일본, 중국 주식 위주로 진행되며 아세안 지역은 가장 수요가 많은 인도네시아, 베트남 주식을 중심으로 이제

2-9 | 미국 증시에 상장된 아세안 관련 ETF 리스트

티커	이름
EWS US Equity	ISHARES MSCI SINGAPORE CAPPE
EWM US Equity	ISHARES MSCI MALAYSIA ETF
EIDO US Equity	ISHARES MSCI INDONESIA ETF
VNM US Equity	VANECK VECTORS VIETNAM ETF
EPHE US Equity	ISHARES MSCI PHILIPPINES ETF
IDX US Equity	VANECK VECTORS INDONESIA IND
ASEA US Equity	GLOBAL X FTSE SOUTHEAST ASIA
FXSG US Equity	CURRENCYSHARES SINGAPORE DOL

출처 : Bloomberg

증권사별로 HTS 거래가 시작되고 있다. 나머지 지역에 대한 투자는 증권사 지점을 직접 방문하거나 전화주문을 통해 가능하므로 다소 불편하다.

증권사마다 제공하는 서비스가 다르기 때문에, 반드시 거래 전에 증권사에 문의하여 정확한 주식 거래 대상 국가와 서비스 내역을 확인할

2-10 | 한국 증시에 상장된 아세안 관련 ETF 리스트

ETF명	운용사
KINDEX 베트남VN30(합성)	한국투자신탁운용
KINDEX 인도네시아MSCI(합성)	한국투자신탁운용
KINDEX 필리핀MSCI(합성)	한국투자신탁운용

출처 : 한국증권거래소

필요가 있다.

다음으로 미국 및 한국에 상장된 아세안 관련 ETF를 사는 방법이 있다. 미국 상장ETF는 아세안 주식 매수와 마찬가지로 국내 증권계좌 개설, 연계된 해외 증권계좌 개설, 달러 환전, 투자하려는 ETF 매수의 순서대로 진행하면 된다. 미국에는 〈2-9〉처럼 아세안 개별 국가 위주로 총 8개의 ETF가 상장되어 있다.

한국 거래소에는 〈2-10〉처럼 3개의 아세안 관련 ETF가 상장되어 있다.

마지막이자 가장 간단한 방법으로 한국에 설정된 아세안 관련 펀드를 매수할 수 있다. 아세안 지역의 펀드는 국내 은행, 증권, 보험사에서 손쉽게 가입할 수 있다. 하지만 판매사별로 거래 가능한 펀드는 각 회사의 방침에 따라 별도로 정해져 있기 때문에, 독자 분들이 거래하는 금융회사에 아세안과 관련하여 어떤 펀드를 판매하고 있는지 문의하는 것이 효율적이다.

한국에 상장된 아세안 관련 주요 펀드의 리스트는 〈2-11〉과 같다. 아세안 전 지역에 분산투자하는 펀드가 많으며, 특히 베트남 관련 펀드의 숫자와 규모가 매우 큰 편이다. 국내 투자자들의 베트남 시장에 대한 편애를 펀드 리스트에서도 느낄 수 있다.

지금까지 아세안 지역이 주목을 받는 이유와 최근 이 지역의 각종 이슈들, 그리고 주식시장의 전반적인 구조와 아세안 주식에 투자하는 방법을 살펴보았다. 앞으로는 개별 국가들의 이슈에 초점을 맞추어 보다 세부적인 국가별 차이점에 대해 살펴보고자 한다.

이 책에서는 아세안 10개 회원국 중 경제 및 주식시장 시가총액이 큰

2-11 | 국내 운용사가 출시한 아세안 관련 펀드 리스트

펀드명	운용사
IBK 베트남플러스아시아	IBK 자산운용
KB 베트남포커스	KB 자산운용
KB아세안	KB 자산운용
NH-Amundi Allset 파워아세안플러스	NH-Amundi 자산운용
미래에셋 AI 아세안	미래에셋자산운용
미래에셋베트남	미래에셋자산운용
미래에셋베트남 & 차이나	미래에셋자산운용
미래에셋아세안셀렉트Q	미래에셋자산운용
삼성아세안	삼성자산운용
삼성아세안플러스베트남	삼성자산운용
신한BNPP동남아시아	신한BNP파리바자산운용
유리베트남알파	유리자산운용
피델리티아세안	피델리티자산운용
한국투자베트남그로스	한국투자자산운용
한화베트남레전드	한국자산운용
한화아세안레전드	한국자산운용

출처 : 필자 편집

6개국베트남, 태국, 말레이시아, 싱가포르, 인도네시아, 필리핀의 정치, 경제, 주식시장 이슈들을 국가별로 살펴볼 것이다. 챕터별 순서는 한국과 경제적으로 가장 긴밀한 국가인 베트남부터 시작하여 지리적으로 인접한 국가들을 순서대로 하여 반시계 방향으로 배치했다.

Chapter 3

아세안의 작은 한국, '베트남'

: 베트남의 긴 국토, 전쟁의 역사 :

한때는 원수였고 한때는 잊힌 아픈 역사였다. 그러나 역사의 분기점을 돌아 다시 만난 베트남은 어느새 한국인들이 가장 선호하는 해외 투자 지역의 하나로 자리 잡았다.

베트남은 인도차이나 반도의 오른쪽에 위치한 지정학적 요충지이면서 남중국해를 바라보고 중국, 라오스, 캄보디아와 국경을 접하고 있다. 베트남 북부의 홍강 삼각주는 이모작이 가능하고, 남부의 메콩 델타 삼각주의 비옥한 옥토는 삼모작이 가능하다. 이 금싸라기 땅을 둘러싸고 지난 이천 년간의 전쟁 역사가 베트남의 역사라고 해도 과언이 아니다.

3-1 | 베트남과 한국의 비교

구분	베트남	한국	한국 대비
면적(㎢)	332,698	99,720	3.3배
인구(만 명)	9,270	5,062	1.8배
GDP(억 달러)	2,026	14,112	14.4%
1인당GDP	2,186	27,539	7.9%
10년물 국채 금리(%)	5.65	2.21	3.44
시가총액(억 달러)	739	12,822	5.1%
상장종목 수	696	2,059	33.6%

출처 : World Bank 2016년 기준, 주식시장 WFE 2016년 말 베트남 호치민, 하노이 합산

베트남 경제는 아세안 국가 중에서도 아직 미약한 편이나 저렴한 인건비와 정치적 안정을 기반으로, 해외 자본의 유입 속도가 빨라지면서 내일의 한국이 될 수 있는 매력을 뿜고 있다.

왜 한국인들은 베트남을 선호할까?

아세안 10개 회원국은 각자 장단점이 있고 특징이 분명한 매우 다양한 국가들의 집합체다. 그중에서 한국인들의 베트남에 대한 편애는 좀 지나치다고 볼 수 있을 정도다.

물론 여기에는 몇 가지 이유가 있다. 한국을 '동방예의지국'이라고 부른다면 베트남은 '남방예의지국'으로 부를 수 있을 정도로, 과거부터 유교 문화가 뿌리 깊고 정서적으로 우리와 유사한 점이 많다. 중장년층은 1975년 종전까지 한국 근대사에 큰 종적을 남긴 월남전에 대한 기억이

있다. 젊은 세대들은 베트남 여성과의 국제결혼이 나날이 증가하여 5만 명을 넘었으며, 이제 베트남은 우리의 '사돈 나라'가 되었다.

두 국가 간의 경제 교류도 급속히 증가하여 한국은 베트남에 대한 FDI 1위 투자국으로 올라섰다. 특히 베트남 현지에서 10만 명 이상의 고용을 창출하고 있는 삼성전자의 입지는 베트남에서도 압도적이다. 평균 연령 30세 이하의 젊은 노동력, 연평균 6% 성장하는 높은 성장률, 빠른 손재주 등 베트남은 제조업 기지로서의 장점이 많다.

그러나 인도네시아, 필리핀도 베트남과 경제 구조에서는 모자람이 없다. 또한 인프라 환경이나 국민들의 교육 수준, 법률·제도적인 측면에서 이들보다 우위에 있는 태국, 말레이시아와 같은 대안도 있다. 아세안의 경제성장률, 경상수지, 재정수지, 물가 등 여러 지표로 보면 베트남만이 유독 두드러지게 부각되는 상황은 아니라는 것이다.

아세안 국가들은 일본계 기업들이 과거 70년대부터 진출했으며 대부분의 국가에서 FDI 1위를 차지하고 있어서, 한국 기업들의 존재감은 전통적으로 크지 않다.

2010년대 이후에는 중국 기업들이 공격적으로 진출하고 있다. 중국 정부의 일대일로 정책과 맞물려 동남아시아 경제에서 중국의 자본투자와 영향력은 나날이 증가하고 있다.

그나마 한국 기업이나 이민자가 많은 곳은 베트남, 필리핀, 인도네시아 3개 국가다. 필리핀은 한국 이민자가 10만 명이 넘지만 대기업 진출이 적고 자영업자나 중소기업 중심으로 진출하였고, 각종 범죄 관련 뉴스 등 부정적인 뉴스가 국내에도 많이 알려져 있다. 인도네시아도 한국 기업과 이민자들이 많지만 진출 초기 목재 가공업부터 시작하여 현재 도소매업종 등이 중심이어서 제조업의 본격적인 진출이 이뤄지지 않고 있다.

반면 베트남은 3천 개가 넘는 한국 기업들이 진출하였고 이민자 수도 급증하고 있다. 특히 한국 기업들은 의류, 신발에서 시작하여 최근에는 화학, 전자, 전기 등 제조업 관련 공장들이 집중적으로 건설되어 감히 베트남을 제2의 한국으로 부를 수 있을 정도다. 이처럼 한국과 아세안 지역의 경제 교류 정도에 따라 한국인들이 집중적으로 진출한 베트남이 선호되는 것이다.

이보다도 근본적으로 한국이 베트남을 편애하는 이유는 중국 문화의 영향을 공유하기 때문인 듯하다. 베트남은 한 무제 이후, 당나라까지 천 년간 중국의 지배를 받았다. 그래서 자의반 타의반으로 한자와 유교, 대승 불교를 비롯한 중국 문화가 베트남 문화의 뿌리가 되었다.

화교가 인구의 대부분을 차지하는 싱가포르를 제외하면 사실상 동남아 유일의 중국 문화권 국가다. 베트남 리 왕조, 영종 일곱 번째 아들인 이용상은 혼란에 빠진 베트남을 탈출해 당시 고려에 귀화해서 화산 이씨의 선조가 된 역사적 사실도 두 나라의 긴 교류의 역사를 상징한다.

또한 베트남은 고대 국가 성립 이후에 북부 베트남과 남부 참파국 간의 천 년에 걸친 항쟁, 16세기 이후 쩐 왕조와 응우옌 왕조의 장기 분열시대, 2차 세계대전이 끝난 후 남북 분열까지 남과 북 간에 여러 번의 분열과 통합을 반복했다.

지금도 북베트남의 하노이와 남베트남의 호치민은 언어도 조금씩 다르고 서로 경쟁의식을 느끼는 국가다. 한반도가 지금 대한민국과 북한으로 분단되어 있는 상황과 유사한 형태임을 느낄 수 있다.

한국과 베트남은 중국이라는 압도적인 국력의 강대국과 국경을 접하고 주변 이웃 국가들과도 끝없는 분쟁에 시달려온 지난 수천 년의 경험을 공유하고 있다. 그런 이유로 약소국으로서 세상의 변화에 빨리 적응해야 살아남는 본능적인 감각을 개발해왔다.

북베트남은 독립운동 초기 미국 OSSOffice of Strategic Service, 미국 전략정보국의 지원을 받을 정도로 미국과 친밀한 관계였다. 이후 중국, 소련으로 방향을 전환했으며 월남전 이후에는 중국과의 관계가 악화되면서 친소 국가가 되었다.

한국과 베트남은 월남전에서 서로 적이 되어 싸웠던 어두운 역사에도 불구하고, 지금 한국과 베트남은 국제결혼으로 맺어진 사돈관계가 되었다. 심지어 과거 철천지원수였던 미국과의 관계 개선에도 나섰다. 2014년에는 미군 함정이 베트남 항구로 진입하고, 미국은 베트남으로의 무기 수입 금지 조치를 해제했다. 남중국해 국경 분쟁으로 중국과의 관계가 악화되자, 과거의 적인 미국과 군사 교류까지 시작한 것이다.

상호에 도움이 된다면 누구라도 손을 잡을 수 있다는 실용적인 감각, 빠른 행동, 동일한 중국 문화권이라는 이 세 가지가 한국과 베트남이 공유하는 문화적 뿌리로 볼 수 있다.

베트남은 한국의 3배가 넘는 영토와 1억 명에 가까운 인구를 보유하고 있다. 베트남 앞바다에서는 다량의 석유가 시추되며 해안선을 따라 건설된 항구에서는 전 세계와 교역할 수 있는 제조업 기지로서의 이점을 지니고 있다.

베트남은 수많은 잠재력에도 불구하고 아직은 수출 대국으로 성장하는 초기 단계다. GDP나 국민소득, 주식시장 시가총액 등은 아직은 한국과 비교하기 어려운 수준이다. 한국과 같은 유교 문화를 가진 베트남의 매력을 알아보기 위해서는 먼저 이들의 역사와 긴 국토를 가진 배경부터 알아봐야 한다.

베트남의 건국 이래 역사를 짧게 요약하자면 전반부 1천 년의 중국 지배 및 독립기, 후반부 1천 년의 주변국과의 전쟁 및 영토 확장기로 볼 수 있다.

베트남 최초의 국가는 반랑이었고, 역사는 기원전 7세기 무렵으로 거슬러 올라간다. 중국의 춘추시대 월나라, 이후 전국시대 월나라 땅을 지배했던 초나라의 백월白越족들이 진나라의 통일 과정에서 대거 남하하여 반랑을 병합한 뒤에 어우락을 세웠다. 이후 진나라시대 장수인 찌우에다가 어우락을 정벌하여 지배자가 되었고, 그가 세운 나라의 이름이 남 비엣이다.

이후 수많은 세월이 흘러 19세기 초 등장한 베트남의 마지막 왕조, 응우옌 왕조를 건국한 초대 황제 쟈롱제가 고대 왕조의 이름인 '남비엣'을 '비엣남'으로 앞뒤를 바꾸어 청나라의 승인을 받으면서, 현재 국가명인 베트남으로 전 세계에 알려졌다. 조선 왕조의 이름이 고대 왕조 고조선에서 따온 것과도 매우 유사하다.

베트남은 기원전 1세기경 한 무제의 침입을 받아 중국의 영토가 된 이래 위진남북조, 수나라, 당나라에 이르기까지 1천 년 동안 중국의 지배를 받았다. 이후 당나라가 쇠퇴기에 접어들면서 변방 이민족에 대한 통제가 약해진 틈을 타 드디어 독립을 하게 된다. 이후 송나라, 원나라, 명나라, 청나라, 중화인민공화국현재 중국 공산당 등 중국에 건국된 모든 국가와 전쟁을 치렀다.

특히 몽골은 3차례의 전쟁에 걸쳐 수십만 대군을 동원했으나 베트남 점령에 실패했다. 몽골 제국 역사에 매우 예외적인 정벌 실패일 정도로 베트남인들의 뛰어난 전략과 끈질긴 저항 의식이 돋보이는 부분이다.

또한 베트남의 몽골 전쟁 승리는 임진왜란 시기 이순신 장군과 같은 수준으로 베트남에서 존경받는 쩐흥다오 장군의 지략이 돋보이는 명승부였다. 이후 명나라 영락제 시절, 20년간 중국의 지배를 받은 뒤에 다시 독립에 성공한 이후로 다시는 중국의 지배를 받지 않았다.

베트남은 19세기 말 프랑스 식민 지배를 받으면서 베트남어 표기법을 라틴 문자로 바꾸기 전까지 한자를 사용했고 베트남어에는 지금도 한자 발음이 많이 남아 있다. 또한 1천 년의 중국 지배와 그 이후의 끊임없는 교류로 인해 동아시아 문화권과 같은 유교 문화가 있다. 그럼에도 중국에 대한 저항으로 가득 찬 과거 역사와 1979년 중월 전쟁, 현재도 심각한 남중국해 영유권 분쟁으로 인해 베트남인과 중국인의 화해는 아직도 갈 길이 먼 것으로 보인다.

현재의 베트남 지도를 보면 남북으로 길게 뻗은 형태가 매우 특징적이다. 처음부터 이런 긴 형태의 국경을 지닌 것은 아니었다. 베트남의 기원후 1천 년까지의 영토는 베트남 북부의 하노이 인근의 홍강 삼각주 지역이 전부였다. 다음 그림에도 나와 있지만 이후의 영토 확장은 참파, 라

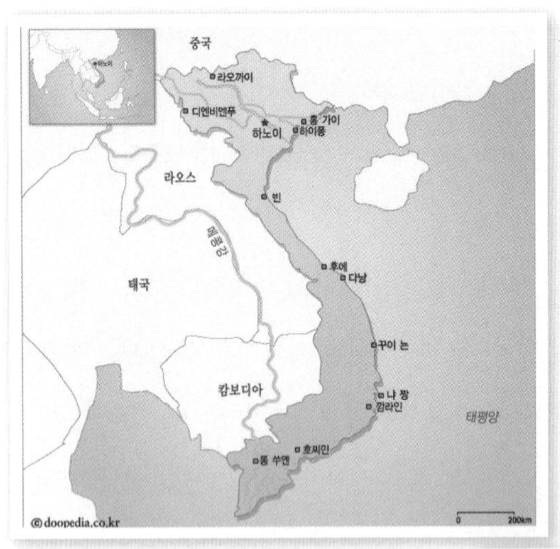

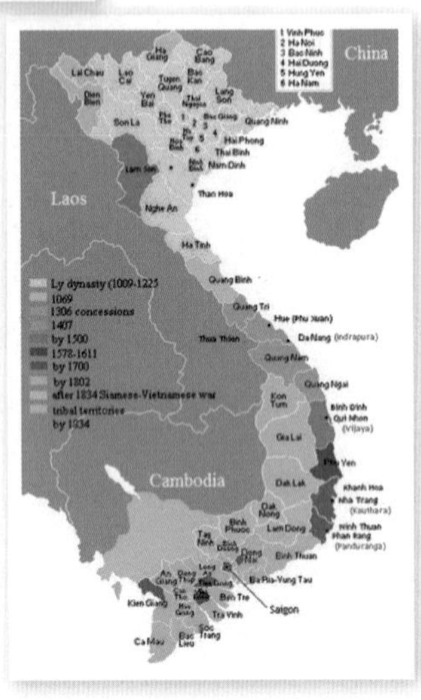

베트남 현재 영역과 영토 확장의 역사

• 출처 : Doopedia, Wikipedia

오스, 캄보디아, 태국과의 끝없는 전쟁을 통해 달성된 결과다.

베트남은 한반도와 달리 사시사철 따뜻한 기후에 홍강 삼각주의 비옥한 토지가 있고 동남아시아의 진귀한 산물들이 공급되는 지역으로 정권이 자주 교체되었다. 짧게는 10년 길게는 150년 안에 왕조가 수시로 교체되면서, 외부인들은 다 알기 어려울 정도로 베트남 역사는 복잡한 편이다. 그럼에도 14세기까지 인도차이나 반도를 주름잡던 크메르현재의 캄보디아 및 베트남 중남부의 참파 왕국과의 전쟁에 승리하면서 영토를 조금씩 남쪽으로 확장해 나갔다.

참파는 인도 및 인도네시아계 힌두교인들이 건설한 왕국으로 베트남 중남부 지역을 약 1,500년간 지배했다. 현재 베트남인들과는 인종이나 생활 양식이 전혀 다른 왕국으로 미썬, 무이네, 나짱 등 베트남 중남부에는 관련 유적들이 지금도 많이 남아 있다. 캄보디아 앙코르와트의 힌두 유적과 유사한 형태를 볼 수 있다. 다만 현재 베트남 역사와는 다른 이민족의 유적들이기 때문에 현지에서도 유적 보존이나 연구는 미흡한 실정이다.

베트남 후레 왕조의 전성기인 15세기 성종 치세에 참파 왕국은 완전히 복속되었으며, 이후에는 아주 작은 영토만이 남아 결국 소멸의 길을 걷게 되었다. 참파의 복속 이후, 그때까지 인도차이나 반도의 최강국이었던 크메르캄보디아의 내분과 크메르와 태국과의 전쟁을 기회로 삼아 베트남은 메콩 강 하류로 계속 남진해갔다.

국경을 접하지 않는 베트남과 태국이 어떻게 전쟁을 했는지 의아할 수 있다. 18세기 이후에 태국 짜끄리 왕조가 급속도로 국력이 신장되고 베트남의 남북이 통일되면서, 베트남과 태국 사이에 있는 캄보디아에 대한 종주권과 메콩 델타 지역의 패권을 놓고 전쟁을 치렀다. 결국 1천 년간 크메르 땅이었던 비옥한 메콩 델타 삼각주 지역은 18세기 말경 베트남의 영토로 편입된다.

현재 베트남 최대 도시인 호치민1976년 사이공에서 호치민으로 도시명 변경도 이때 베트남 영토로 편입되었다.

⁝ 베트남 건국의 아버지 호치민과 보응우옌잡 ⁝

사회주의 국가인 베트남 건국의 아버지는 호치민이다. 호치민을 모른다면 베트남 근대사를 이해하지 못한다고 할 정도로 그의 영향력은 확고하다. 모든 베트남 지폐에는 호치민이 묘사되어 있다. 1975년 베트남전 종결 후, 남베트남 수도였던 사이공은 호치민으로 개명되기도 했다. 베트남 사람들은 '호 아저씨Bac Ho'라고 친근하게 부른다.

그의 본명은 응우옌신꿍으로 1890년에 태어났다. 그는 평생 프랑스, 소련, 미국, 영국, 중국, 태국 등 전 세계를 떠돌아다녔다. 더 놀라운 사실은 그의 가명이 150개가 넘는다는 것이다. 호치민도 물론 가명이며 1941년부터 쓰기 시작한 이름이다. 그는 프랑스어, 영어, 중국어에 유창했고 이외에도 태국어, 러시아어 등 다양한 언어를 구사하는 언어 천재였다.

그는 22살이 되던 1911년 주방 보조로 프랑스로 취업이 되어, 베트남을 떠나 그의 장기 외유가 시작된다. 그는 프랑스, 미국, 영국을 옮겨 다니며 보조 요리사 및 항해사로 구미 각국의 선진 문물을 체험하고 외국어를 익힌다. 호치민이 미국, 영국, 프랑스 등 구미 열강에서 살아본 경험은 나중에 그가 구미 열강들과 전쟁을 하고 또한 협상을 하는 데 큰 도움을 주게 된다.

그는 1919년 베르사유회의에서 베트남 대표로 베트남 인민의 요구 사항을 발표하여 언론의 주목을 받게 된다. 그후 1920년 프랑스 공산당에 입당하고, 1923년부터는 소련으로 옮겨 공산주의 혁명사상을 익힌다. 또한 1924년에는 중국 광저우로 옮겨 청년교육협회를 조직한다.

1927년 장개석의 공산당 탄압이 심해지자 중국을 떠나 다시 소련, 프랑스, 태국 등 각지를 떠돈다. 그후 1930년 홍콩에서 여러 사회주의 정당 조직을 모아 베트남 공산당을 창당한다. 1931년 그는 홍콩의 영국 경찰들에 의해 체포된 후, 1933년 석방된다. 석방된 후에 다시 소련으로 돌아간 호치민은 1938년까지 레닌 학교에서 사회주의 이론을 공부하고 또 가르치며 시간을 보낸다.

그는 중국을 거쳐 1941년 마침내 베트남으로 돌아온다. 그 당시 베트남은 독립 열기에 고조되고 있었다. 당시 일본군들이 대동아 공영권의 일환으로 베트남으로 침략했다. 호치민은 프랑스 비씨 정권 및 일본 점령에 대항해 맞서 싸웠으며, 일본 식민 지배에 반대하던 미국 첩보기관인 OSS의 지원을 받기도 했다. 그는 1945년 9월 2일 베트남 민주공화국의 수립을 선포했으며, 이 날이 베트남 정부의 건국기념일이 되었다.

일본의 패망 후, 다시 베트남으로 돌아온 프랑스는 베트남의 독립을 인정할 생각이 없었다. 프랑스는 베트남 남부에 코친 차이나 정부를 수립했으며 이들은 지루한 협상을 벌였다. 결국 1946년 베트남과 프랑스의 전쟁이 발발했고 이것이 제1차 인도차이나 전쟁이다.

도시 거점을 확보한 프랑스와 게릴라 전술을 구사한 베트남의 8년간에 걸친 전쟁은 1954년 디엔비엔푸 전투에서 북베트남의 승리로 막을 내린다. 디엔비엔푸 전투에서 프랑스군은 2천 명이 사망하고 1만 명이 포로로 잡혔으며, 대부분의 화력을 상실하면서 이후 베트남 철수로 이어지게 되었다.

그러나 프랑스의 철군 뒤에도 1954년 제네바 회담이 결렬되어 북위 17도선을 경계로 남북 베트남이 분단되는 상황은 계속되었다. 다시 시간이 흘러 1964년 통킹만 사건이 발발하면서 러시아, 중국의 지원을 받는 북베트남과 미국의 지원을 받는 남베트남의 전쟁이 시작되었다. 이 전쟁은 베트남 전쟁, 또는 제2차 인도차이나 전쟁으로 불린다. 그러나 호치민은 북베트남의 승리를 보지 못한 채 1969년 갑작스러운 심장 발작으로 사망했다.

호치민의 생애 동안 영국, 프랑스 등 식민지 지배를 중심으로 한 유럽 열강은 쇠퇴한다. 반면 미국, 소련을 중심으로 이념에 근거한 새로운 전후 질서가 등장한 대대적인 세계 질서의 변화가 있었다. 그는 수많은 서구 열강과 아시아 국가들을 직접 눈으로 보면서 세상의 변화를 누구보다 빠르게 파악하고, 베트남의 남북통일 및 자주독립을 이룬 시대를 앞선 인물이었다.

1945년 베트남 민주 공화국을 선포한 뒤에 총리와 대통령으로 활동하면서, 베트남의 독립 및 정치·외교 분야에 천부적인 역량을 발휘했다. 호치민은 반목했던 중국과 소련 사이의 절묘한 균형 외교를 타면서 프랑스, 미국과의 전쟁에서 두 사회주의 국가의 막대한 지원을 받았다. 이것은 북베트남이 강대국들과의 전쟁에서 승리하는 결정적인

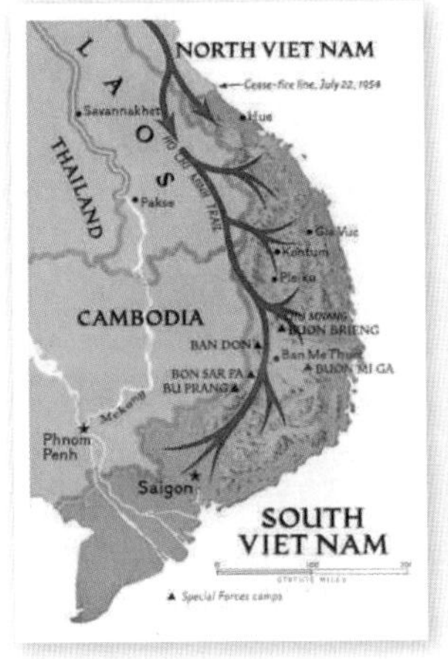

▌호치민 트레일 지도와 전쟁 당시 자전거로 물자를 옮기는 모습
•출처 : Velo Asia, Wikipedia

계기가 되었다.

또한 캄보디아, 라오스 등 주변 인도차이나 반도 국가들도 회유와 협박을 통해 베트남이 두 강대국과 전쟁을 치르는 동안 배후 통로 및 지원기지로 활용하도록 했다. 이것이 유명한 '호치민 트레일'이다. 라오스와 캄보디아를 관통하는 산악 보급로를 통해 북베트남은 남베트남 게릴라들에게 보급품과 군수용품을 제공하고 지원병력을 투입했다. 이 보급 통로의 존재로 말미암아 월남전 기간 중 캄보디아와 라오스는 수시로 미 공군의 폭격을 당했다. 특히 라오스에는 300만 톤의 미군 폭격을 당해 인구 1인당 1톤의 포탄을 맞을 정도로 피해가 심각했다.

호치민은 미국과 월남전에 대한 협상을 시작하던 1969년 갑작스러운 심장 발작으로 사망했다. 그는 돈과 시간을 낭비하지 말고 자신의 시신을 화장하여 재를 3등분하여 북부, 중부, 남부에 뿌려줄 것을 유언하였다. 하지만 그의 뜻과 달리 시신은 방부 처리되어 하노이의 거대한 묘에 전시되고 있다. 그가 남긴 유산이라고는 옷 몇 벌과 구두가 전부였으며, 하노이의 주석궁에 머물지 않고 그 옆에 작은 오두막을 지어 살 정도로 검소했다.

그의 휘하에서 군사 전략을 맡았던 보응우옌잡 장군은 프랑스1차 인도차이나 전쟁, 미국2차 인도차이나 전쟁, 중국3차 인도차이나 전쟁과의 전쟁에서 모든 승리해 전설적인 베트남의 백전백승 전쟁 승리의 신화를 만들었다. 그는 2013년 103세의 나이로 세상을 떠났으며, 전쟁의 신이라고 불리던 베트남 전쟁 영웅이다.

음악을 좋아하고 역사에 심취한 역사학도였던 보응우옌잡을 파격적으로 사령관에 임명하고 무한한 신뢰를 보낸 것도 바로 호치민이었다. 보응우옌잡 장군은 프랑스 전쟁을 종결지었던 디엔비엔푸 전투에서 지원 인력들로 하여금 야산 위로 맨몸으로 200문의 야포를 나르고, 3만 명이 자전거와 등짐으로 보급품을 이동시키는 기상천외한 전략으로 난

보응우옌잡(왼쪽)과 호치민(오른쪽), 디엔비엔푸 베트남 승리
• 출처 : Wikipedia

공불락의 프랑스 요새를 기습 공격으로 점령했다. 프랑스 전쟁의 승리 후, 그는 붉은 나폴레옹이라는 별명으로 불리게 된다.

베트남전에도 구정 일주일간은 휴전을 취하자는 담판을 깨고 기습적으로 1968년 구정 총공세를 감행하여, 남베트남 전역을 전쟁터로 만들었으며 여러 관공서를 습격했다. 결국 미국 내 반전 여론이 커지면서 미군 철수의 계기가 된 것이 구정 총공세였다.

정치·외교 분야의 호치민, 군사 전략 분야의 보응우옌잡 두 사람이 개혁 개방 이전까지 베트남의 자주독립 역사를 만들었다고 해도 과언이 아니다. 마지막으로 두 사람의 명언 몇 가지를 소개한다.

- 자유와 독립보다 소중한 것은 없다.호치민
- 너희가 우리를 10명 죽이면 우리는 너희를 1명 죽일 것이다. 그러나 결국에는 너희가 먼저 지칠 것이다.호치민
- 정치가 없는 군사 행동은 뿌리 없는 나무와 같다.호치민
- 10년 안에 수확을 얻으려면 나무를 심어라. 100년 안에 수확을 얻으려면 사람에 투자해라.호치민
- 나를 이끈 원동력은 공산주의가 아닌 애국심이었다.호치민
- 변하지 않는 하나의 원칙으로 만 가지 변화에 대응하라.호치민
- 삼불三不 전략 : 적이 원하는 시간에 싸우지 않고, 적이 좋아하는 장소에서 싸우지 않고, 적이 생각하는 방법으로 싸우지 않는다.보응우옌잡
- 이길 수 있는 전략은 반드시 있다. 최고의 전략을 찾을 수 있다는 것 자체가 전략이다.보응우옌잡

- 한국과 베트남은 공통점이 많다. 두 나라는 이민족의 침략을 받았지만 어떤 경우에도 근본을 잊지 않고 살아왔다. 이런 공통점을 살려 서로 굳게 손잡고 나가자. 영원한 원수는 없다. 현재가 중요하다. 과거에 매여 있으면 발전이 없다.보응우옌잡

: 베트남 경제 성장은 한국이 함께한다 :

베트남은 1884년 프랑스의 식민지가 된 이후에 20세기 100년 동안 프랑스, 미국, 중국, 캄보디아와 전쟁을 했다. 베트남 땅에 들어온 강대국들과 전쟁을 했을 뿐만 아니라 라오스, 캄보디아를 침입해 공산 국가로 만들었다. 또한 인도차이나에서 공산주의 종주국으로 행세했던 패권 국가이기도 했다.

캄보디아의 민족 학살로 악명 높은 크메르 루즈를 몰아낸 것이 바로 베트남 군대였다. 미군 철수 이후에 1970년대 베트남에 의해 공산화된 캄보디아, 라오스에 대규모 베트남 군대가 주둔했다. 1989년에야 캄보디아에서 베트남 군대는 철수했다.

사정이 이렇다 보니 20세기 한 세기 동안 전쟁이 없는 시기가 없을 정도였다. 그로 인해 경상수지, 재정수지, 외환보유고 등 기본적인 경제 지표가 매우 부진하고 물가 급등으로 국민들은 큰 고통을 겪었다.

1975년 월남전의 승리 이후, 미국과의 관계가 단절되고 미국의 베트남 경제 제재 조치로 인해 해외 무역도 거의 중단되었다. 또한 자본주

의 영향을 받는 남베트남의 사회 지도층, 지주 계급의 엘리트들이 대거 탈주하면서 지식인 계층이 사라져 경제 개발 자체가 쉽지 않은 상황이었다.

베트남 보트피플은 세계 전역으로 흩어졌다. 한국에도 부산 해운대구 재송동의 베트남 난민보호소에 1993년까지 베트남 난민들이 있었다. 1980년대까지 베트남은 전쟁에서는 천하무적이었지만, 경제적으로는 극도로 궁핍한 상황을 면치 못하는 이율배반적인 국가였다.

반전의 계기가 시작된 것은 1986년의 도이머이 정책부터다. 1978년 중국의 개혁 개방, 특히 1985년 러시아의 페레스트로이카라는 개혁 개방 정책의 영향을 다분히 받은 도이머이는 '쇄신'을 뜻하며 방식도 중국, 러시아와 비슷했다. 즉 집단농장 체제를 해체하고 자작농 체제로 전환했고, 대외 개방 정책을 실시했으며, 공산주의적 시장 경제 체제를 목표로 했다.

국가가 경제의 중심적인 역할을 하지만 민영기업과 개인들의 역할을 강조하는 방식의 점진적인 개혁이다. 베트남은 1988년까지 모든 기업이 국영기업이었다. 하지만 도이머이의 영향으로 1990년 회사법이 개정되어, 드디어 민영기업들이 등장하게 되었으며 매우 빠른 속도로 자본시장에 편입된다.

베트남은 이때까지만 해도 러시아의 강력한 영향력 아래 있었다. 예를 들어 베트남 사람들의 보드카 사랑은 유명하다. 베트남 휴양지에는 지금도 러시아 사람들이 많이 찾을 정도로 우호관계를 오래 유지하고 있다. 사실 필자가 분석하는 베트남 상장기업들도 보면 많은 유학파 임원들이 미국이나 영국 등 서구권이 아닌 러시아, 우크라이나 등 구소련 권에서 공부하고 온 사람들이다.

한편 서방의 제재를 받았던 가장 큰 이유인 캄보디아의 베트남 군대가 1989년 철수하고, 1991년 베트남의 사실상 종주국이었던 구소련이 붕괴된다. 이에 따라 개혁 개방 및 친자본주의 정책은 더욱 가속화되어, 1994년 미국의 베트남 경제 제재 조치가 해제되고 1995년 미국과 베트남의 관계는 정상화된다. 이런 배경하에서 베트남은 1995년 아세안에 가입하게 되고 본격적인 지역 국가들과의 협력에 나서게 된다.

그 이후, 자본주의 도입의 역사는 빛의 속도로 진행된다. 2천 년대에는 한국, 미국, 일본 등 자본주의 국가들 및 과거의 적국인 중국과의 교류가 급속히 증가하여 전체 무역의 대부분을 이들 나라 및 아세안이 차지하고 있다. 2007년에는 WTO에 가입한다. 이로써 자본주의 세계로의 편입은 완성된다.

2010년부터는 웬만한 자본주의 국가보다 더 적극적이라고 할 수 있을 정도로 다자간 무역협정, 시장 개방, FDI 유치 등 다양한 경제 정책에 나서고 있다. 2016년 미국, 일본을 포함한 환태평양 경제동반자협정 TPP, Trans Pacific Partnership의 주요 멤버였으나 트럼프 행정부 등장 이후에 출시가 좌절되었다. 따라서 아세안 FTA, 역내 포괄적 경제동반자협정 RCEP, Regional Comprehensive Economic Partnership 등에 적극적으로 나서고 있다.

베트남은 1990년대 이후, 단 한 번의 예외도 없이 경제성장률이 5% 이상 성장한 유일한 아세안 국가다. 이것은 사회주의 체제로서 안정된 지도부가 꾸준히 개혁 개방의 길을 제시한 결과이고, 공산당 특유의 목

3-2 | 베트남 및 아세안 경제성장률

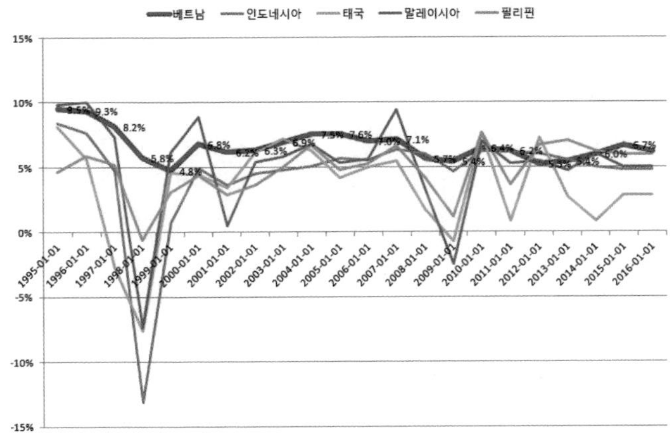

출처 : Bloomberg

표 달성주의로 인해 물가 폭등 같은 우려에도 무리하게 경제 성장을 유지했던 결과이기도 하다. 무엇보다 베트남 앞바다에서 원유가 대량 생산되어 경제성장률이 부진할 경우에, 원유 생산으로 부진을 만회할 수 있는 구조이기 때문이다.

특히 베트남은 1990년대까지 커피, 쌀, 천연 고무 등을 주로 생산하는 전통적인 농업 국가이면서 동시에 경상수지 적자 문제를 안고 대량의 공산품을 수입하는 구조여서, 외부 환경 변화에 따라 물가가 폭등과 안정을 반복했다. 주요 수출산업은 신발, 의류 등 단순 가공제조업이 전부였던 시절이었다.

2007년 글로벌 금융위기 시기인 2008년과 2011년에는 물가상승률이 연평균 20%에 달할 정도로 고질적인 물가 불안, 10%에 달하는 경

3-3 | 베트남 및 아세안 물가(CPI, %)

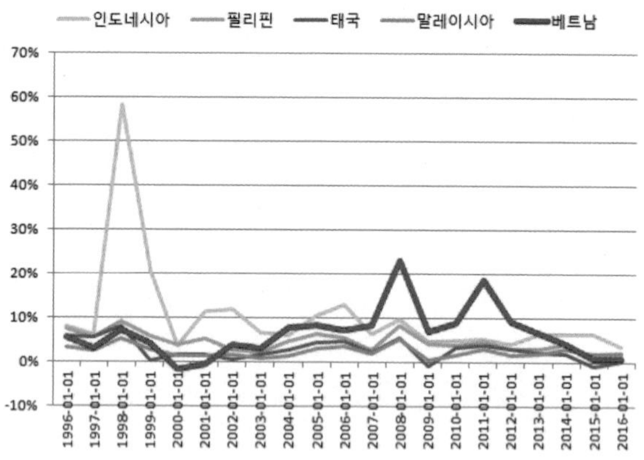

출처 : Bloomberg (1996~2016)

상수지 적자 및 이에 따른 환율 약세의 문제를 동시에 안고 있었다.

그러나 반전은 2008년부터 찾아왔다. 9천만 명의 인구 베이스, 평균 30세 이하의 젊은 인구, 10% 이하의 낮은 문맹률, 중국 대비 1/3 수준인 인건비, 아세안 기타 국가 대비 종교 분쟁의 가능성이 낮은 점, 사회주의 정권으로 정치적 안정성, 2007년 WTO 가입으로 시장 개방 등의 매력으로 FDI에 성공하기 시작했다.

그 선봉에는 한국 기업들이 있고 그 정점은 삼성전자다. 삼성전자는 2008년 베트남 북부 박닝성에 휴대폰 공장을 짓기 시작했으며, 현재는 세계 최대 스마트폰 생산기지가 되었다.

또한 베트남 남부 하이테크단지에는 가전 공장이 들어서고 있으며, 삼성전자의 총 베트남 고용 인력은 13만 명을 넘어섰다. 삼성전자와 삼성 디스플레이 두 곳의 투자 금액만 지난 9년간 190억 달러에 달한다. 2016년 기준으로 삼성전자 단 1개 회사의 수출 금액이, 베트남 전체 수출의 25%를 차지할 정도다. 베트남은 삼성 그룹의 영향력 아래 들어가고 있다.

이외에도 영원무역, 한세실업, 롯데 그룹 등 헤아릴 수 없는 한국 기업들이 베트남에 진출했다. 현재는 3천 개가 넘는 한국 기업이 진출했고, 한국인 이민자는 비공식적으로 14만 명에 이를 것으로 추산된다. 한국 대기업 중에 베트남에 진출하지 않은 회사를 찾는 것이 쉬울 정도로 국내 거의 모든 대기업들은 베트남으로 몰려들고 있다.

그러나 보니 2016년 기준으로 한국은 베트남 FDI 순위에서 일본을 밀어내고 1위를 차지했다. 오죽하면 동남아시아 어디에서나 해외 투자 1위를 차지하는 일본 기업들이 베트남을 기피하는 이유로 '한국 기업들이 많기 때문'이라고 한다. 베트남의 주요 수출품도 과거 신발 & 의류, 새우 등 수산물, 원유 등 저부가가치산업에서 현재는 스마트폰, 가전제품 등 고부가가치 제품으로 빠른 속도로 변하고 있다.

한국 기업체들을 따라 한국 금융회사들도 빠른 속도로 베트남에 진입하여 국내 은행 중 지방 은행 몇 곳을 제외한 10개 은행이 모두 베트남에 진출했다. 이러다 보니 한국 금융의 해외 진출 사례 중, 중요 성공 사례로 베트남이 첫 손으로 꼽힌다.

최근 ANZ은행 현지 지점을 인수하여 외국계 은행 중 전체 1위에 올라선 신한은행, 증권업의 신흥 강자가 된 한국투자증권, 베트남 현지 보험사 지분을 인수한 삼성화재, 미래에셋생명 등 앞으로도 한국 금융회사들의 베트남 진출은 계속될 전망이다.

3-4 | 베트남 FDI 투자 순위(2016년)

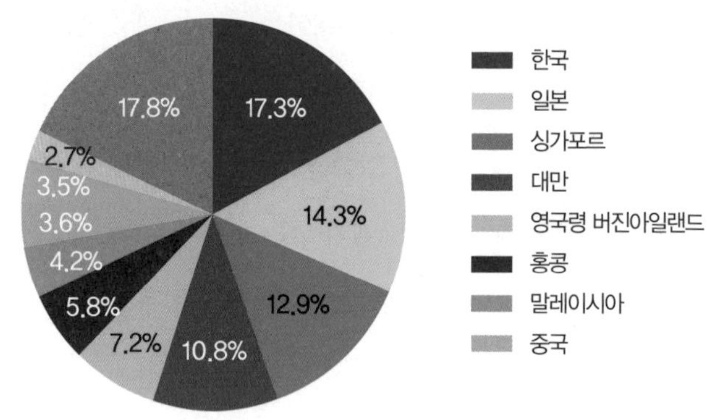

3-5 | 베트남 FDI 투자 순위(2016년)

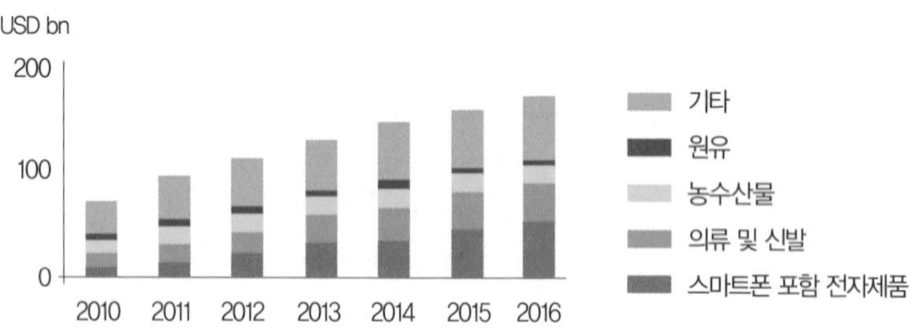

FDI 자금이 증가하고 수출이 급증하면서 환율 약세 문제는 자연스럽게 해결되는 양상이다. 경상수지 적자가 줄어들고 달러가 유입되니, 베트남 동화는 〈3-6〉에서 보듯이 최근 5년간은 아세안에서도 가장 안정적인 수준을 보이고 있다. 다만 수출 경쟁 국가인 중국 환율의 영향을

3–6 | 아시아 주요 국가 환율 동향

출처 : Bloomberg(2012~2017), 환율은 2012.1.1을 100으로 변환

계속 받을 것이고, 베트남 제조업의 경쟁력을 유지하기 위해서는 앞으로도 연간 1~2%의 소폭 약세는 감수해야 할 것이다.

현재 베트남의 경제 성장 모델은 중국보다는 이웃 나라 태국의 모델을 따라간다고 본다. 중국, 일본, 한국 등의 동북아시아 경제 성장 모델은 FDI보다는 자국 기업 중심의 수출 주도형 경제 성장 모델이었다. 반면 태국은 일본 자동차, 가전, 전기 부품회사들이 1990년대부터 집중적으로 투자하기 시작했다. 그래서 지금은 아세안의 주요 수출 기지로 자리 잡으며, 1인당GDP는 베트남의 3배에 달하는 6천 달러에 도달했다.

베트남은 현재 아킬레스건인 재정적자, 공공 부채, 은행권의 부실대출이 3가지 문제만 잘 해결한다면 단기적으로는 태국, 장기적으로는 한국과 같은 수출 주도형 경제 성장 모델을 만들어갈 수 있을 것이다.

3-7 | 베트남 VS 아시아 주요 경쟁국 인구 구조

구분	베트남	필리핀	인도네시아	미얀마	방글라데시	인도
부양비율(%)	43	57	49	48	51	52
유소년비율(%, 0~14세)	23	32	28	27	29	28

출처 : World Bank, 2016년 기준

중장기적으로는 베트남은 인구 구조의 변화에 대응해야 한다. 미국과의 월남전이 1975년 끝나고도 캄보디아 전쟁, 중월 전쟁이 1979년까지 지속되었고 캄보디아에는 최대 10만 명이 넘는 베트남 군대가 주둔했다. 실질적으로 베트남에 평화가 찾아온 것은 1989년 캄보디아 철수에서 시작된다.

그 결과 80년대부터 베이비붐세대가 폭발적으로 늘어나면서 현재의 매력적인 인구 구조를 만들었다. 즉 현재 베트남의 부양비율Dependency Ratio, 15~64세의 생산가능인구에 대한 0~14세 유소년과 65세 이상 노령층의 비율이며 비율이 낮을수록 생산가능인구가 부담해야 할 비생산인구의 부담이 낮은 것으로 계산은 43%로 아세안 및 남아시아의 주요 경쟁국 대비 가장 낮은 수준이다. 즉 지금이 노동인구의 유입이 가장 많고 제조업을 발달시킬 수 있는 최적의 시점을 지나고 있다는 뜻이다.

그러나 0~14세 인구를 보면 급격히 출산율이 떨어지면서 지금부터 15년 정도 지나면 노동인구가 감소하는 노령화시대로 진입하게 된다. 요컨대 2030년 이후 베트남의 미래는 출산율을 다시 올리고, 여성의 노동시장 참여를 유도하는 쪽으로 인구 및 노동 정책 방향을 전환해야 지속적인 성장이 가능할 것이다.

: 베트남 주식시장 개요 :

베트남 현지에는 호치민거래소와 하노이거래소 2개가 있다. 호치민거래소는 2000년에 설립된 베트남의 핵심 거래소다. 2016년 말 기준으로 시가총액 671억 달러, 상장종목 320개다. 하노이거래소는 2005년에 설립되었으며 2016년 말 기준 시가총액 68억 달러, 상장종목 376개다. 시가총액에서 볼 수 있는 바와 같이 하노이거래소는 시가총액이 호치민거래소의 1/10에 불과하며, 거래를 할 수 있는 유동성이 있는 종목도 많지 않다.

사실상 하노이 주식시장은 거래소로서의 주식 매매 중계 기능이 일부 대형주를 제외하고는 많이 부족한 편이다. 다만 하노이거래소에는 UPCoMUnlisted Public Company Marke이라는 별도의 IPO 전문 거래소가 개설되어, 최근 IPO를 진행한 국영기업들이 집중 상장되고 있다. 향후 호치민거래소와 하노이거래소로 상장하기 위한 관문 역할을 한다는 점이 주목된다. 이 시장은 시가총액이 이미 하노이거래소의 2배 규모로 급속히 확대되었으며, 미래 베트남의 신성장 동력이 될 국영기업들이 집중 상장될 것이다.

베트남은 자본주의 역사가 짧은 만큼 이 책에서 다루는 7개 국 중 시

3-8 | 베트남 주식거래소 소개

구분	HOSE (HochiMinh Stock Exchange)	HNX (Hanoi Stock Exchange)
거래소 설립	2000년	2005년
상장종목 수	320개	376개
시가총액	671억 달러	68억 달러
거래일	월~금(베트남 국경일 휴장)	
통화	VND(베트남 동)	
매매시간	9 : 00am ~ 11 : 30am, 1 : 00pm ~ 3 : 00pm(현지시간)	

출처 : HOSE, HNX, 2016년 연말 기준

가총액이 가장 작고 유동성도 부족하여 거래가 불편하다. 게다가 외국인 투자 한도FOL, Foreign Ownership Limit라는 제도가 있어 일반 종목은 시가총액의 49%까지, 은행주는 30%까지 투자할 수 있다. 이것도 개별 회사의 정관에 따라 투자 한도가 더 낮은 경우도 꽤 있다.

이를 다르게 해석하면 외국인 투자 한도가 이미 찬 종목들은 대부분 기업의 매출과 이익 성장이 검증된 블루칩이라는 얘기다. 이런 종목들은 꾸준히 관심을 갖고 지켜보는 것이 좋다.

2015년 가을부터는 외국인 투자 한도를 증권거래법상 은행주 등 일부를 제외하고 100%로 올릴 수 있게 허용했다. 이에 따라 개별 기업별 주주총회 및 이사회 의결에 따라 한도를 100%까지 올리는 기업들이 속속 등장하고 있다.

3-9 | 베트남 VN 인덱스와 한국 코스피 비교(현지 통화 기준)

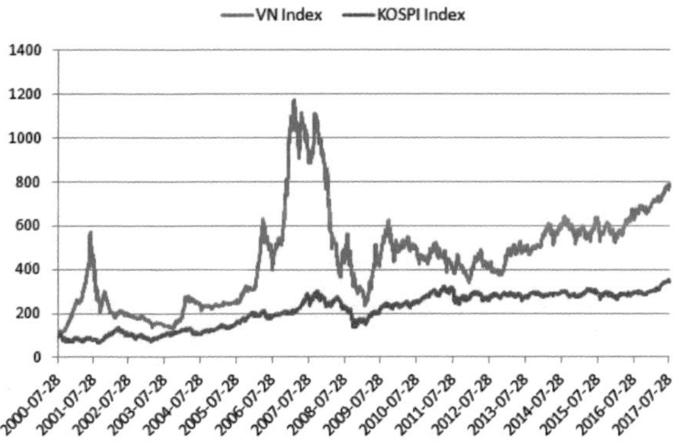

출처 : Bloomberg(2000.7.28~2017.8.6), 2000.7.28 값을 100으로 재설정

선물시장도 2017년 7월에 처음 개설되었으며, 향후 점진적으로 자본시장을 개방해 나갈 것으로 판단된다.

베트남의 주요 지수는 호치민거래소 상장 전 종목을 포괄하는 VN 인덱스와 호치민 상장종목 중 최상위 30개 종목을 의미하는 VN 30 인덱스가 있다. 그렇다면 베트남 주식시장의 대표 지수인 VN 인덱스의 투자 성과는 어떠할까?

블룸버그에서 구할 수 있는 가장 긴 장기 차트로 가격 변동을 알아보자. 알기 쉽게 한국 대표 지수인 코스피와 비교하면 〈3-9〉와 같다. 2000년부터 17여 년 동안 코스피는 3.5배 상승했으나, VN 인덱스는 7.9배 상승했다. 약 2.3배 더 높은 수익이 난 것이다.

그러나 현지 통화가 아닌 달러 기준으로 다시 수익률을 계산하면 〈3-10〉과 같다.

3-10 | 베트남 VN 인덱스와 한국 코스피 비교(USD 기준)

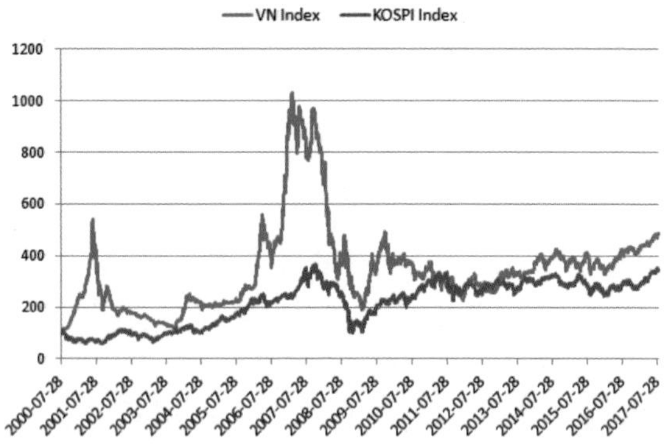

출처 : Bloomberg(2000.7.28~2017.8.6), 2000.7.28 값을 100으로 재설정

동일 기간 동안 미국 달러 기준으로 코스피는 3.4배 상승했으나, VN 인덱스는 4.9배 상승했다. 즉 앞의 현지 통화 기준 대비 VN 인덱스의 상승 폭은 크게 둔화되었다. 이것은 그만큼 베트남 동화 환율이 약세로 갔다는 의미다. 반대로 동일 기간 중 원화의 환율은 크게 변하지 않았다.

베트남 주식시장은 시가총액이 지나치게 작고 베트남 현지의 개인 투자자 거래 비중이 70%가 넘는 특징을 보인다. 특히 글로벌 경기가 호조를 보이고 외국인 투자 한도를 확대했던 2006년부터 주가가 불과 1년 반 만에 300선에서 1,100선까지 400% 가까이 폭등했다. 이후 금융위기가 발생하면서 2007년부터 2008년까지 80% 폭락하는 경험이 있는 것이 뼈아픈 기록이다.

이때를 제외하면 지난 17년간 완만한 가격 상승세를 보이고 있다. 이런 주가 변동의 형태는 중국 본토 주식시장과도 유사한 모습을 보이고

3-11 | 베트남 VN 인덱스와 PER 및 Forward PER

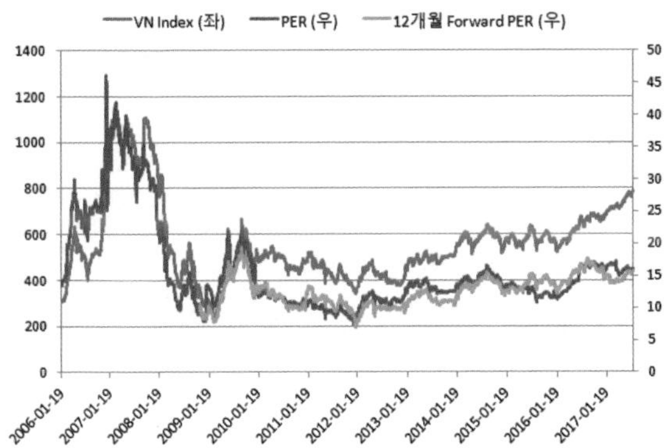

출처 : Bloomberg(2006.1.19~2017.8.6)

있다. 다만 2014년에 중국 본토 주식시장의 폭등과 2015년의 폭락 현상이 베트남에서는 아직 발생하지 않았다는 점이 차이를 보인다. 전반적인 베트남 동화의 환율 절하에도 불구하고, 결론적으로는 달러 기준으로 베트남 VN 인덱스는 동일 기간 코스피 대비 44% 높은 수익률을 안겨주었다.

이제 VN 인덱스의 2006년 이후, 주가 차트와 주가 밸류를 알 수 있는 현재 PER 및 12개월 뒤의 Forward PER를 〈3-11〉에서 살펴보자.

VN 인덱스는 2006년부터 2008년까지 폭등과 폭락을 겪었으며, 이후 꾸준한 상승세에도 불구하고 아직 전 고점을 회복하지 못하고 있다. 그러나 2010년부터 VN 인덱스는 정상화 구간에 진입하여 완만한 상승 흐름을 타고 있다.

더욱 안심되는 점은 2006년 주가 폭등 시기에 PER가 45배 달했으나,

3-12 | MSCI 프린티어 국가들의 이머징으로 업그레이드 시점 주가 변동

출처 : Bloomberg(2012. 1. 1~2017. 4. 3), 붉은 타원이 MSCI 이머징 편입 직전 구간

지금은 15배 전후로 안정된 가운데 주가가 우상향하고 있다는 점이다. 기업의 이익이 지속적으로 발생하는 가운데 Forward PER와 Current PER의 갭도 크지 않아 기업 이익 성장이 꾸준히 계속되고 있음을 말해준다.

결론적으로 베트남 주식시장은 역사적 평균 수준의 양호한 구간을 지나고 있다. 한국이 아닌 아세안의 또 다른 저개발도상국인 인도네시아, 태국, 필리핀 등과 비교하면 다소 부진한 모습을 보이고 있다. 그러나 향후 지속적인 경제 성장과 안정적인 PER의 모습으로 볼 때, 지속적인 상승 추세가 가능할 것이다.

특히 이 책에서 다루는 아시아 7개 국가 중 유일하게 프론티어시장에 속해있으며, MSCI 프론티어지수의 편입 국가 중 베트남 비중이 가장 크다는 점은 주목할 만하다.

프론티어시장이란 MSCI 기준으로 이머징지수에 포함되지 못하는 개발도상국 위주의 시장을 의미한다. 선물·파생 상품시장 개방, 외국인 보유 한도의 폐지, 환전의 편의성, 유동성 등의 선결 과제가 해결되면 베트남 증시는 향후 자연스럽게 이머징 시장으로 업그레이드될 것이다.

과거 MSCI 프론티어지수에서 MSCI 이머징지수로 업그레이드되었던 아랍 에미리트UAE, 카타르, 파키스탄 등이 이머징지수 편입 전 3년 정도의 기간 동안 주가가 2배 가까이 급등했던 것을 고려해보면 베트남의 상승 가능성은 충분하다. 향후 3년 정도 뒤에 베트남 주식시장이 MSCI 이머징 편입 가능성이 높아지고 있다는 점을 고려해보면 지금은 투자 적정 시점으로 판단한다.

: 베트남 주식, 주요 종목 소개 :

베트남 주식시장은 호치민, 하노이, UPCoM시장을 모두 더해 1,000억 달러 수준의 매우 작은 시장이다. 여기서 시가총액과 유동성의 대부분을 차지하는 호치민거래소의 모든 상장종목을 포괄하는 VN 인덱스의 구조만 보아도 베트남 종목을 이해하는 데 어려움은 없다.

베트남 주식시장의 특징은 필수소비재, 금융 섹터만 더해도 전체 주식시장의 절반에 달한다. 여기에 산업재, 부동산까지 더하면 전체 시장의 70%가 넘어갈 정도로 편중된 시장이라는 점이다. 평균 30세 전후의 젊은 인구를 기반으로 필수소비재 및 금융주가 가장 비중이 높다. 또한

3-13 | 베트남 VN 인덱스 섹터별 비중

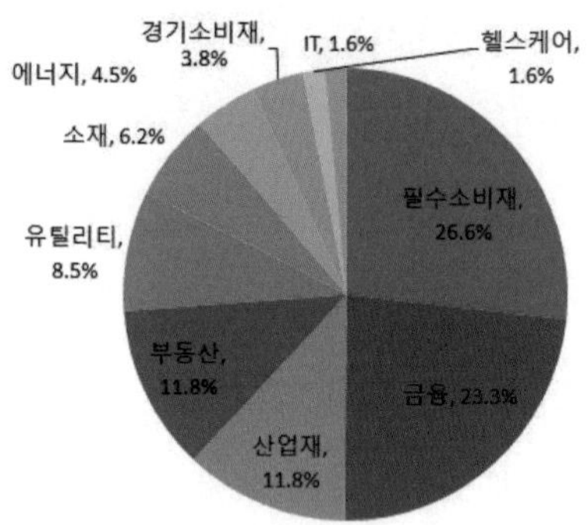

출처 : Bloomberg(2017.8.6 기준)

인프라투자를 기반으로 빠르게 부상하는 부동산, 산업재 섹터 기업들이 시장을 주도하고 있다.

그러나 현재의 섹터 비중이 내년에도 비슷하리라고는 장담할 수 없다. 왜냐하면 매년 상장종목이 30개를 넘어 계속 신규 종목이 나타나고 있으며, 최상위 30개 종목만 보더라도 최근 3년 이내 상장종목이 7개에 달할 정도로 매우 젊은 시장이기 때문이다.

향후에도 베트남 국영기업을 중심으로 대형주의 상장은 계속될 예정이며, 대형 블루칩의 순서는 언제든지 바뀔 수 있는 다이내믹한 시장이기도 하다.

베트남 증시에 상장된 수많은 기업들 중 섹터별로 시가총액이 큰 대표 종목들을 〈3-14〉로 정리했다.

3-14 | 베트남 VN 인덱스 Top 15 종목 소개

구분	이름	섹터	시가총액 (원화 억)	시가총액 비중	PER	1년 성과	3년 성과
1	VIETNAM DAIRY PRODUCTS	필수소비재	110,859	11.5%	24.3	22.6%	118.5%
2	SAIGON BEER ALCOHOL BEVERAGE	필수소비재	78,183	8.1%	35.4	-	-
3	BANK FOR FOREIGN TRADE	금융	67,900	7.0%	21.3	-1.9%	107.5%
4	PETROVIETNAM GAS	유틸리티	59,788	6.2%	15.3	12.2%	-33.1%
5	VIN GROUP	부동산	58,285	6.0%	26.0	5.8%	57.4%
6	BANK FOR INVESTMENT AND DEVE	금융	37,983	3.9%	12.4	32.8%	80.3%
7	VIETNAM JS COMMERCIAL BANK	금융	36,844	3.8%	10.1	20.1%	51.8%
8	VIETNAM NATIONAL PETROLEUM	에너지	36,555	3.8%	17.6	-	-
9	MASAN GROUP CORP	필수소비재	24,136	2.5%	20.4	5.1%	-24.4%
10	HOA PHAT GROUP	소재	24,077	2.5%	6.1	39.2%	63.9%
11	FLC FAROS CONSTRUCTION	산업재	21,936	2.3%	90.5	-	-
12	NO VA LAND INVESTMENT GROUP	부동산	20,791	2.2%	19.8	-	-
13	VIETJET AVIATION	산업재	19,972	2.1%	14.3	-	-
14	MILITARY COMMERCIAL Bank	금융	19,794	2.0%	11.7	73.7%	121.2%
15	BAO VIET HOLDINGS	금융	19,340	2.0%	27.3	1.0%	46.2%

출처 : Bloomberg(2017.8.6 기준)

1) 필수소비재 섹터 리더 : 비나밀크(Vinamilk, 티커 : VNM VN Equity)

3-15 | 비나밀크 주요 지표 요약

2016년 결산 주요 지표		기업 밸류 분석				
구분	금액	항목	2015	2016	2017F	2018F
시가총액	182,299,146	매출 성장(%)	14.30	16.80	14.40	13.60
기업가치(EV)	173,086,996	EPS 성장(%)	27.50	20.00	14.00	9.40
매출	46,794,339	EV/EBITDA	14.76	14.75	15.37	14.00
EBITDA	11,732,900	P/E	21.93	21.54	22.27	20.36

출처 : Bloomberg(단위 : 백만 동), 베트남 회계 결산 각 연도 말 기준

* EV(Enterprise Value, 기업가치 : 기업의 총 가치로 자기자본과 부채를 더하고 현금성 자산을 차감하여 구함)
* EBITDA(Earnings Before Interest, Taxes, Depreciation and Amortization : 법인세, 이자, 감가상각비 차감 전 영업이익이며 기업 영업활동으로 벌어들이는 현금 창출 능력을 의미)

3-16 | 비나밀크 주가차트

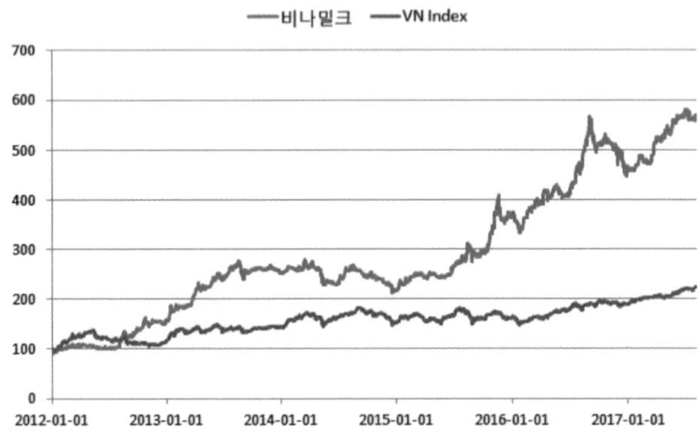

출처 : Bloomberg(2012.1.1~2017.8.4), 2012.1.1일 값을 100으로 변환

비나밀크는 베트남 최대 상장기업이며 베트남의 최대 유가공업체로 베트남 시가총액 10%가 넘는 베트남의 삼성전자로 불리는 회사다. 우유회사가 베트남 시가총액 1위라는 점이 아이러니하지만, 그 정도로 베트남 유가공산업의 성장 가능성이 높고 이 회사의 매출과 이익 성장률이 높다는 점을 반영한 결과이기도 하다.

이 회사는 1976년 국영 낙농기업으로 출발하여 농축우유, 분유, 생우유, 요구르트, 아이스크림, 치즈 등 유가공품 생산에 주력하고 있다. 사업 분야가 복잡다양한 회사보다는 비나밀크처럼 단순한 회사가 향후 매출, 이익 분석이 쉽다는 점도 이 회사 주식이 사랑받는 이유다.

출발은 국영기업이었으나 점차 정부 지분을 매각하여 현재는 민간 주주 지분이 더 많은 구조로 자리 잡았다. 베트남에 소재한 유가공회사의 매출이 원화로 2조 원이 넘으며 매출과 이익성장률이 연간 두 자릿수를 유지하고 있다는 점에서 베트남 투자 시 고려해야 할 1순위 상장회사다.

이 회사는 단순히 베트남 국내 시장에 머무르지 않고 미국 드리프트우드Driftwood를 인수하여 미국 시장에 농축우유 및 크리머를 수출하고

비나밀크 유제품 광고
• 출처 : VinaMilk

있으며, 캄보디아 등 여러 이머징 시장에 진출하는 등 세계 시장 진출에 힘쓰고 있다. 비나밀크의 혁신적인 품질 관리, 첨단 공장 건설, 해외 시장 진출 등의 전략은 여성 CEO인 Mrs.마이키에우리엔의 주도하에 진행되고 있다. 최근 베트남 증시에 사이공 비어Saigon Beer, 종목코드 SAB 등 신규 상장된 소비재 대형주가 등장하고 있으나, 최소 수년간은 베트남 주식시장의 1순위 투자 대상으로 비나밀크를 떠올려야 할 것이다.

2) 금융 섹터 리더 : 비엣콤은행(Vietcom Bank, 티커 : VCB VN Equity)

비엣콤은행은 베트남 상장금융주 중 가장 큰 비중을 차지하는 베트남 우량은행이다. 공식 명칭은 뱅크 포 포린트레이드Bank for Foreign Trade of Vietnam, 즉 베트남 외환은행이다. 하노이에 본사를 두고 있으며, 1963년에 설립되었다. 베트남 중앙은행의 외환관리국에서 출발하여 현재는 베트남 은행 중 최초이자, 최대 상장기업으로 자리 잡았다.

3-17 | 비엣콤은행 주요 지표 요약

2016년 결산 주요 지표		기업 밸류 분석				
구분	금액	항목	2015	2016	2017F	2018F
시가총액	127,540,896	순수익 성장(%)	22.50	19.80	1.70	14.90
기업가치(EV)	787,906,892	EPS 성장(%)	16.40	6.00	22.90	25.00
순수익	27,428,752	P/B	2.60	2.66	2.55	2.31
영업이익	8,476,076	P/E	22.02	22.64	19.46	15.58

출처 : Bloomberg(단위 : 백만 동), 베트남 회계 결산 각 연도 말 기준

3-18 | 비엣콤은행 주가 차트

출처 : Bloomberg(2012.1.1~2017.8.4), 2012.1.1일 값을 100으로 변환

500개가 넘는 지점에 15,000명 이상의 직원들이 일하고 있으며, 베트남 개인·기업 대출시장의 대세 성장기를 맞아 꾸준한 이익 성장이 예상된다. 2017년 리테일뱅킹 책임자로 캐나다계 외국인을 선임하고, 인터넷뱅킹 관련 편의성을 강화하는 등 리테일뱅킹시장에 공격적으로 진출하고 있다.

특히 베트남 정부의 경기 부양 의지에 따라 최근 베트남의 고시 금리가 낮아지고 있는데, 대출 확대의 호재가 여러 은행들에 예상된다. 베트남 최고 우량 은행의 하나로 비엣콤은행의 성장은 계속될 것이다.

3) 유틸리티 섹터 리더 : 페트로비엣남 가스(PetroVietnam Gas, 티커 : GAS VN Equity)

베트남은 말레이시아, 브루나이와 함께 아세안 국가 중 원유를 수출

3-19 | 페트로비엣남 가스 주요 지표 요약

2016년 결산 주요 지표		기업 밸류 분석				
구분	금액	항목	2015	2016	2017F	2018F
시가총액	115,948,893	순수익 성장(%)	−12.40	−8.10	4.10	15.50
기업가치(EV)	105,789,228	EPS 성장(%)	−37.70	−18.50	−0.40	17.40
매출	59,076,193	EV/EBITDA	3.82	8.99	8.53	7.28
EBITDA	11,768,147	P/E	8.29	17.08	17.82	15.18

출처 : Bloomberg(단위 : 백만 동), 베트남 회계 결산 각 연도 말 기준

3-20 | 페트로비엣남 가스 주가 차트

출처 : Bloomberg(2012.5.21~2017.8.4), 2012.5.21일 값을 100으로 변환

하는 몇 안 되는 나라다. 말레이시아에는 말레이인의 자존심으로 불리는 국영 오일 & 가스회사 페트로나스Petronas, 모회사 비상장가 있듯이 베트남의 국영 오일 & 가스회사인 페트로비엣남PetroVietnam은 실질적인 베트남 최대 기업이나 비상장이고, 대신 여러 자회사들이 베트남 주식거

래소에 상장되어 있다.

베트남이 위치한 남중국해 앞바다의 해상 유정의 정보는 20세기 초 프랑스 식민지 시절부터 알려져 있었으나, 본격적인 유전 개발은 미국과의 베트남 전쟁이 끝나고 페트로비엣남이 설립된 1977년 시작된다.

페트로비엣남은 수많은 자회사가 있으나, 그중 가장 규모가 큰 회사가 페트로비엣남 가스다. 이 회사는 1990년에 설립되어 박호Bach Ho 가스 시스템 등 해상 가스 개발에 앞장서 왔다.

이후 CNG, LPG 파이프라인 건설, 가스 화력발전소 및 비료 공장용 가스 생산 등 다양한 방면으로 계속 확장하고 있다. 이 종목은 원자재 가격 동향에 민감한 전형적인 유틸리티 종목으로 원유 및 가스 가격의 동향을 봐가면서 투자해야 한다.

4) 부동산 섹터 리더 : 빈 그룹(Vin Group, 티커 : VIC VN Equity)

빈 그룹은 1993년에 우크라이나에 베트남인 Mr.팜낫부옹에 의해 설립된 테크노콤Technocom을 모태로 한다. 우크라이나 식음료산업에서 크게 성공한 Mr.팜은 2000년 베트남으로 돌아와 빈 그룹을 설립한다.

빈 그룹은 부동산과 호텔, 엔터테인먼트산업을 중심으로 고급 아파트, 쇼핑몰, 호텔, 리조트, 병원, 학교, 유통 등 전방위로 사업을 확장하고 있는 베트남 부동산 1위 기업이다. 베트남 최대 주상복합 프로젝트였던 빈홈 센트럴 파크를 성공시켰으며, 최근에는 베트남 정부의 요청에 호응하여 서민용 저가 아파트단지인 빈시트 프로젝트 개발에 매진하고 있다.

3-21 | 빈 그룹 주요 지표 요약

2016년 결산 주요 지표		기업 밸류 분석				
구분	금액	항목	2015	2016	2017F	2018F
시가총액	103,186,387	매출 성장(%)	22.80	69.20	28.30	18.10
기업가치(EV)	151,002,466	EPS 성장(%)	-36.70	59.70	-3.90	67.20
매출	57,614,344	EV/EBITDA	15.65	17.59	13.61	9.02
EBITDA	8,586,612	P/E	60.25	35.65	35.70	21.35

출처 : Bloomberg(단위 : 백만 동), 베트남 회계 결산 각 연도 말 기준

3-22 | 빈 그룹 주가 차트

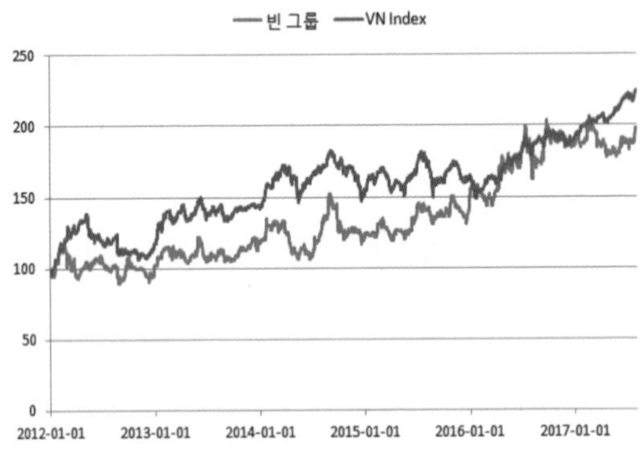

출처 : Bloomberg(2012.1.1~2017.8.4), 2012.1.1일 값을 100으로 변환

또한 2017년 자동차시장 진출을 선언하는 등 베트남 최대 민영기업으로 급속히 발전하고 있다. 다만 이 기업은 주가가 양호한 수준으로 상승하고 있으나, 매출 성장 속도 대비 기업 이익이 균일하지 못하고 PER가 높은 종목으로 투자 시 주의가 요구된다.

5) 소재 섹터 리더 : 호아팟 그룹(Hoa Phat Group, 티커 : HPG VN Equity)

3-23 | 호아팟 그룹 주요 지표 요약

2016년 결산 주요 지표		기업 밸류 분석				
구분	금액	항목	2015	2016	2017F	2018F
시가총액	36,365,338	매출 성장(%)	7.60	21.20	26.60	24.50
기업가치(EV)	37,679,237	EPS 성장(%)	4.00	80.90	12.40	7.20
매출	33,283,210	EV/EBITDA	4.20	3.95	4.95	4.18
EBITDA	9,530,344	P/E	6.46	6.02	6.85	6.39

출처 : Bloomberg(단위 : 백만 동), 베트남 회계 결산 각 연도 말 기준

3-24 | 호아팟 그룹 주가 차트

출처 : Bloomberg(2012.1.1~2017.8.4), 2012.1.1일 값을 100으로 변환

호아팟 그룹은 명실공히 베트남 최대 철강회사다. 1992년에 설립된 호아팟은 건설기계, 가구, 철강 파이프, 철강, 부동산 등 다양한 산업에

▍ 호아팟 그룹의 철강 공장 전경
• 출처 : HPG

진출했으나 주력은 역시 철강업에 집중되어 있다. 베트남 북부 하이퐁 인근인 낀몬 지역에 대규모 철강 콤플렉스를 구축했으며, 철강 생산량을 연간 120만 톤까지 확대했다.

이 회사는 베트남 중부인 둥꾸앗 지역에 사상 최대인 26억 달러가 소요되는 철강 콤플렉스 개발을 위한 승인을 받았으며, 4년 뒤에는 연간 4백만 톤에 이를 전망이다.

호아팟은 대표적인 베트남의 소재 섹터 기업으로 주가는 철강 가격에 연동되어 있으나, 베트남 경제의 인프라 개발붐을 타고 앞으로도 지속적으로 상승할 가능성이 높다. 특히 매출 및 기업 이익이 지속적인 상승 추세에 있고, PER도 매우 낮은 편이라 중장기적인 투자가 가능한 베트남의 우량 종목이다.

6) IT 섹터 리더 : FPT(FPT Corporation, 티커 : FPT VN Equity)

3-25 | FPT 주요 지표 요약

2016년 결산 주요 지표		기업 밸류 분석				
구분	금액	항목	2015	2016	2017F	2018F
시가총액	20,211,150	매출 성장(%)	16.30	4.10	12.30	4.00
기업가치(EV)	22,588,017	EPS 성장(%)	7.60	2.50	29.70	18.40
매출	39,531,469	EV/EBITDA	6.38	5.67	6.04	5.48
EBITDA	3,981,962	P/E	11.01	11.21	10.89	9.20

출처 : Bloomberg(단위 : 백만 동), 베트남 회계 결산 각 연도 말 기준

3-26 | FPT 주가 차트

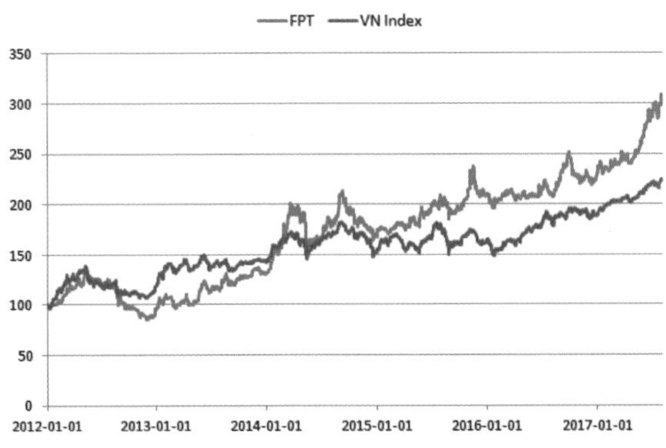

출처 : Bloomberg(2012.1.1~2017.8.4), 2012.1.1일 값을 100으로 변환

삼성전자, 삼성디스플레이 등 한국 전자회사들의 진출에 따라 베트남에 관련 호재가 예상되는 IT종목이 없느냐는 질문을 자주 받는다. 그러

나 안타깝게도 베트남 IT기업들은 한국 기업 대비 기술 수준 및 인적자원의 격차가 현격한 상황이다. 삼성 그룹의 진출에 대한 호재는 대부분 건설, 물류 등 공장 주변의 제반사업과 관련된 기업에 국한된 실정이다.

이런 상황에서 FPT는 한국 기업과 상관없이 베트남만의 독자적인 IT영역을 개척하고 있는 소수의 기업 중 하나다. FPT는 The Corporation for Financing and Promotino Technology의 약자로 베트남의 대표적인 IT 서비스 및 통신기업이다. 즉 한국과 같은 IT하드웨어가 아닌 인도에서 흔히 찾아볼 수 있는 콜센터, 맞춤형 소프트웨어 개발 등 아웃소싱산업에 종사하고 있다. 주된 사업 영역은 시스템 개발, 소프트웨어 개발, 통신, 전자제품 유통 등 다양한 산업에 진출해있다. 또한 미국, 일본, 한국, 중국 등 전 세계 21개 국가에 진출해있다.

특별한 점은 베트남 이공계 교육의 열악한 현실을 인식하고 직접 대학을 설립하여 IT전문 인력을 양성하고 있다는 점인데 FPT 대학이 바로 그곳이다. FPT에서 IT교육을 받은 인력만 1만 9천 명이 넘으며, 직원수도 2만 8천 명이 넘는다.

기업 매출 및 이익이 꾸준히 상승하는 가운데 PER가 낮은 수준으로, 중장기투자에 매우 적합한 종목이다. 다만 외국인 투자자들의 집중적인 매수세로 이미 외국인 한도가 소진되어, 외국인들이 추가로 매수하기에는 어려움이 따른다.

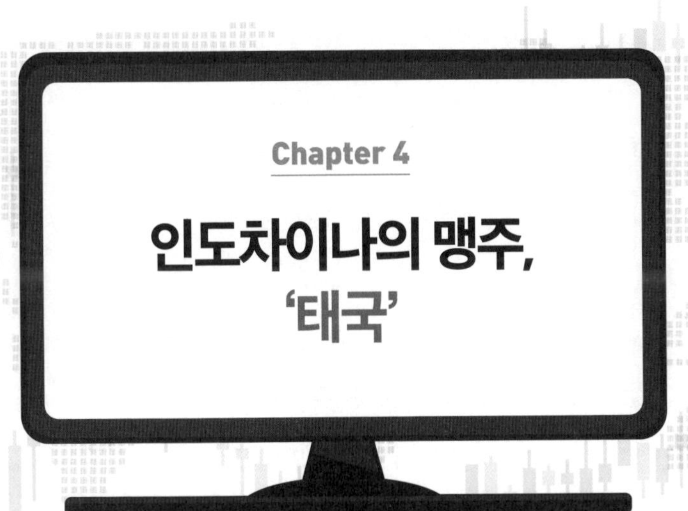

Chapter 4
인도차이나의 맹주, '태국'

: 불교 왕국이자 아세안 유일의 독립 국가, 태국 :

아시아 전체를 놓고 볼 때, 지난 수백 년간 식민지 시기를 거치지 않는 나라는 극히 드물다. 특히 아세안 지역의 근대 역사는 포르투갈, 스페인, 네덜란드, 영국, 프랑스, 미국 등 서구 열강의 식민지 침략사의 종합판이라고 해도 과언이 아닐 정도다.

400년이 넘는 기간 동안 서구 열강들은 중국과 인도를 잇는 무역 거점이자 각종 향신료, 주석, 석탄 등 자원이 풍부한 아세안 지역의 패권을 놓고 때로는 협력하고 때로는 전쟁을 벌였다.

그러나 이런 침략의 역사에도 꿋꿋하게 독립 국가로 남아 있었던 곳이 있으니 바로 태국이다. 태국은 미얀마, 라오스, 캄보디아 등과 함께 상좌부 불교Theravada Buddhism, 소승 불교라고도 함 신자가 전 인구의 95%가량을 차지하는 대표적인 불교 국가다. 또한 1782년에 설립된 짜끄리 왕조의 치세하에 2016년 새롭게 취임한 라마 10세가 재임하고 있는 입헌군주제 국가이기도 하다.

서쪽으로 미얀마, 동쪽으로 라오스와 캄보디아, 남쪽으로 말레이시아와 접하고 있는 인도차이나 반도의 중심 국가, 태국에 대해 알아보자.

태국은 인도차이나 반도에서 말레이 반도로 내려가는 길목에 위치하여 지정학적 요충지다. 총 면적은 51만㎢로 대한민국의 5배가 넘는 크기다. 1인당GDP는 5,907달러로 미얀마, 라오스, 캄보디아, 베트남 등 인도차이나 반도 이웃 국가들의 3배에 달한다. 인구도 7천만 명에 육박하여 명실공히 인도차이나 반도의 정치·경제 질서를 주도하는 강대국이다. GDP는 4천억 달러가 넘어 아세안 지역에서 인도네시아 다음으로 큰 규모를 자랑한다.

식민 지배를 받지 않고 불교 왕조가 계속 이어진 탓에 전 국토에 불교 유적들이 즐비하다. 안다만 해와 타이만을 끼고 푸켓, 끄라비, 파타야, 코사무이 등에 각종 리조트가 많아 아세안 제1의 관광지로 발전했다. 마스터카드가 발표한 통계에 따르면 태국의 수도 방콕은 2016년에 2,020만 명이 방문하여, 연간 방문객 수가 가장 많은 세계 1위 도시다. 태국은 유적지 관람과 휴양, 의료관광, 미식 투어 등이 잘 배합된 아세안의 관광 허브로 발전하고 있다.

태국은 세계 1위 쌀 수출국임과 동시에 천연 고무, 새우 등 농수산물

4-1 | 태국과 한국의 비교

구분	태국	한국	한국 대비
면적(㎢)	513,120	99,720	5.2배
인구(만 명)	6,886	5,062	1.4배
GDP(억 달러)	4,068	14,112	28.8%
1인당GDP	5,907	27,539	21.4%
10년물 국채 금리(%)	2.38	2.21	0.17%
시가총액(억 달러)	4,373	12,822	34.1%
상장종목 수	656	2,059	31.9%

출처 : World Bank 2016년 기준, 주식시장 WFE 2016년 말

의 수출 강국이다. 한편 연간 자동차 생산량이 2백만 대에 달하여 아세안 자동차 생산 1위, 글로벌 12위에 랭크되어 있다. 또한 하드디스크, 에어컨, 냉장고 등 전자제품 생산량도 세계 수위를 다투는 제조업 중심의 수출 국가이기도 하다. 한국, 대만 등 동북아시아의 수출 주도형 경제성장 모델을 차용하여 동남아시아에서 새롭게 부상하고 있는 신흥 개발도상국으로 평가된다.

태국은 1980년대 중반부터 10년간 연간 10%에 육박하는 높은 경제성장률을 보였는데, 결국 1997년 아시아 금융위기와 바트화 폭락 사태로 이어지는 어두운 역사를 지니고 있기도 하다.

태국은 국가, 불교, 국왕을 국가 정체성의 3원칙으로 삼고 있으며 국왕은 불교의 수호자로서 태국을 대표한다. 푸미폰 아둔야뎃 국왕은 짜

끄리 왕조의 라마 9세로 2차 세계대전이 끝난 1946년 즉위하여 2016년 별세할 때까지 70년간 재위했다. 재위 기간 중에 수많은 정치적 변동과 위기를 겪으면서도 태국 근대사의 중심에 있었다.

그는 태국 여러 곳을 시찰하면서 민정을 살폈고, 태국 국민들의 절대적 신임을 얻었으며, 2016년 서거 후 1년간의 애도기간을 거쳐 2017년 10월 성대한 장례식이 치러졌다. 후임으로 마하 와치랄롱꼰 국왕, 즉 라마 10세가 즉위했다. 정치적으로는 1932년 쿠데타로 인해 절대 왕정이 무너지고 입헌군주제가 도입되었으며, 이후 민주정치와 군부 쿠데타가 교대로 발생하는 혼란스러운 모습을 보이고 있다.

현재 집권 중인 쁘라윳 짠오차 총리는 전 육군 참모총장으로 2014년 5월 군부 쿠데타를 통해 정권을 잡았으며, 2016년 8월 개헌 이후에도 계속 집권하고 있다. 2014년의 쿠데타는 20세기 이후에 태국에서 발생한 성공하거나 실패한 쿠데타 중 21번째로 기록되었다. 2001년부터 2006년까지 집권했던 탁신 친나왓 전 총리는 10년 넘게 해외 망명 중이며, 그의 여동생인 잉락 친나왓 전 총리도 2017년 해외 도피를 선택했다.

태국은 타이족 85%, 중국계 12%, 말레이계 2% 등으로 구성되어 대부분의 인구가 타이족 또는 중국계와의 혼혈로 구성되어 민족 갈등이 적다. 물론 태국에도 5세기 동안 독립 왕국으로 존재했던 북부의 란나 왕국 지역, 라오스 땅이었던 북동부, 이슬람이 주류인 태국 최남단 등 문화적 이질감이 영토 내에 존재한다.

그러나 종교, 언어, 인종이 전혀 다른 이민족이 같이 살고 있는 인도네시아, 필리핀, 말레이시아, 미얀마에 비해서는 국민들의 문화적 동질감이 높은 편이다.

태국은 76개 주로 나뉘어져 있으나 크게 보면 4개 권역으로 나눠 볼 수 있다. 높은 산악지대로 고산족들이 주로 거주하는 북부 지역, 코라트 고원이 펼쳐진 북동부 지역, 짜오프라야 강 주변의 평지로 구성되어 방콕이 위치한 중부 지역, 긴 해안선을 지니고 푸켓을 비롯한 열대 섬들이 위치한 남부 지역으로 구분된다.

이중 방콕, 파타야, 아유타야가 있는 중부 지역은 광대한 평야를 보유한 곡창지대로 태국 경제와 관광의 중심지로 꼽힌다. 다만 중부 지역은

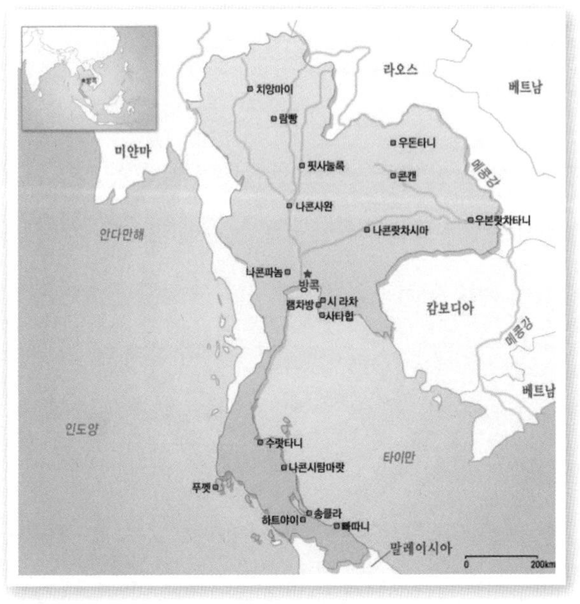

▌ 태국 지도와 지역 구분
• 출처 : Doopedia

완만한 경사의 평지가 대부분이어서 매년 홍수가 반복되며, 특히 2011년 홍수는 태국 경제와 산업에 큰 충격을 주었다.

반면 북동부는 메콩 강을 경계로 라오스와 국경을 접하며 광대한 코라트 고원이 펼쳐져 있는 저소득층 밀집 지역으로, 보통 이산이라고 부른다. 이 지역은 과거 라오스 영역으로 지금도 라오스와 동일한 언어와 문화를 공유한다.

북부는 치앙마이, 수코타이 등 도시를 중심으로 수코타이, 란나 왕국 등 중세 왕조의 수도가 있던 곳이다. 높은 산악지대로 이루어져 개발이 상대적으로 더디며, 과거 마약 공급지대로 유명한 골든트라이앵글이 있다.

남부는 좁은 국토를 따라 대부분 산지로 이루어져 있으며 푸켓, 끄라비 등 해변 휴양지가 많다. 남부 최남단 지역은 말레이시아와 국경지대이며 무슬림들이 많고 지금도 국경 분쟁으로 인해 치안이 불안하다.

태국인들이 믿는 상좌부 불교는 한국에서는 주로 소승 불교라고 불린다. 소승小乘은 작은 수레, 대승大乘은 큰 수레라고 해서 대승 불교에서 상좌부 불교를 낮춰 부르는 표현이다. 그래서 정확한 표현은 상좌부 불교라고 불러야 한다. 대승은 큰 수레를 의미하며 대중의 구제를 목표로 하여 기원후 1세기 이후에 나타난 불교 종파로 한국, 중국, 일본 등 동북아시아에 널리 전파되었다.

반면 상좌부 불교는 부처의 계율을 원칙대로 고수하는 원칙론적인 불교로 상좌부上座部, Theravada는 곧 '장로들의 길'을 의미하며 고타마 싯다르타가 사용한 팔리어로 된 경전을 그대로 사용함을 원칙으로 한다. 불교의 원류에 가까운 상좌부 불교는 개인의 해탈을 중시하며 계율을 수행하는 스님과 스님을 따르는 제자로 구성된다.

상좌부 불교는 철저한 계율 중심이고 극단적인 무소유를 강조하여 스님들이 매일 아침마다 남에게 얻어먹는 탁발托鉢 의식을 진행하는 모습을 태국, 라오스, 미얀마 등 상좌부 불교권에서는 흔하게 볼 수 있다. 태국의 남자들은 일생의 한 번은 절에 들어가 단기 출가를 하며 태국의 전 국왕인 라마 9세도 승려생활을 거쳤다.

대승 불교와 상좌부 불교는 누가 옳고 그름이 아닌 불교의 이론을 공유하는 가운데 깨우침에 대한 접근법이 다른 것으로 이해할 수 있다. 상좌부 불교는 스리랑카를 통해 수코타이 왕국 시기에 태국에 전파되었다. 이는 힌두교 중심인 크메르 문화를 없애고 국가 정체성을 강화할 목적이었다. 태국, 라오스, 미얀마 등 인도차이나 반도 전역으로 널리 확산되었다. 다만 베트남은 중국의 영향을 받아 대승 불교를 믿는 지역으로 분류된다.

한편 태국은 과거 힌두교 신앙의 중심지인 크메르 영토였으며, 오랜 인도 문화와의 교류 역사로 불교와 힌두교가 융합하는 현상을 관찰할 수 있다. 대표적으로 태국 왕실의 상징은 힌두신 비슈누를 태우고 다니는 커다란 새 가루다를 형상화한 것이며, 국왕을 '라마'라고 부르는 것도 인도 고대 산스크리트 대서사시 〈라마야나Ramayana〉의 주인공인 라마에서 따온 것이다.

태국 중세 국가인 아유타야의 이름도 라마야나의 도시 아요드야에서 온 것이다. 방콕의 도심 한가운데 있는 유명한 에라완 사원도 불교 사원이 아니고, 창조의 신 브라흐마를 모시는 힌두교 사원이다. 이처럼 한 개의 나라 안에 다양한 지리와 문화를 간직한 불교 왕국, 태국의 역사를 알아보자.

태국에 인류가 최초로 거주한 흔적은 수만 년 전으로 거슬러 올라간다. 현재의 타이 민족은 중국 운남성 지역에 거주하던 타이족이 수세기에 걸쳐 남하하면서, 현재의 라오스 및 태국 북부에 정착한 것으로 여겨진다. 역사적으로 라오족과 타이족은 같은 민족으로 언어와 문화가 유사하며 태국 북동부 지역은 과거 라오족 왕국인 란상의 영토였다.

현재 태국 중부인 짜오프라야 강 유역은 13세기까지 크메르캄보디아 영토였는데, 당시 타이족은 크메르 왕국의 변방에 있는 소수민족에 불과했다. '타이Thai'는 자유를 의미하며 자유를 찾아 남쪽으로 내려온 자신들을 스스로 일컫는 말이다. 태국Thailand이라는 단어는 1939년부터 공식적으로 사용되었다. 그 전까지 이 땅은 '시암'으로 외부에 알려졌다.

태국의 진정한 탄생은 13세기 초 출현한 수코타이에서 출발한다. 수코타이는 당시 인도차이나 반도를 지배하던 크메르를 벗어나 막 탄생한 타이족 국가의 하나로, 짜오프라야 강 상류를 기반으로 빠른 속도로 세력을 확장했다. 수코타이가 가장 번성한 시기는 람캄행재위 1279~1298년 대왕 시기로, 그는 영토를 사방으로 확대하여 현재 태국과 유사한 영역을 확보했다.

또한 태국 문자를 발명했으며, 상좌부 불교를 도입하여 정권의 안정에 기여했다. 또한 원나라와 조공관계를 수립하고, 중국에서 도자기 기술을 수입하여, 태국의 도자기를 일본과 필리핀 등에 수출하기도 했다.

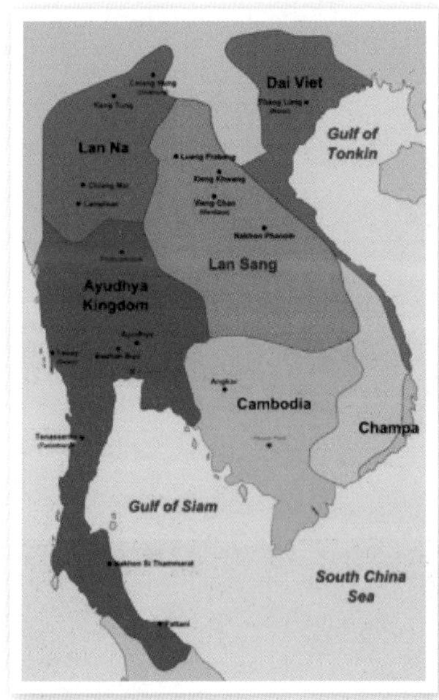

▌ 아유타야 왕국과 인도차이나 반도 주변국 지도
•출처 : Wikipedia

그러나 람캄행 대왕의 사후, 수코타이는 쇠락을 거듭하여 분열된 여러 독립국 중 하나인 아유타야에 의해 정복되고 만다.

아유타야 왕국은 14세기 중반부터 18세기 중반까지 4백여 년간 지속되었던 태국의 불교 왕국이다. 아유타야는 상좌부 불교를 국교로 하고 짜오프라야 강 하류인 태국 중부에 수도가 자리 잡았으며, 수도 이름도 그대로 아유타야다. 이로써 태국 북부에 수도를 두었던 수코타이 왕국과 지정학적인 차이를 두었다.

성립 초기 주변 왕국들을 차례대로 정복했고, 특히 크메르 왕국을 정벌하여 마침내 짜오프라야 강 하류 평원 지역이 태국의 영토로 편입되었다. 아유타야 왕국은 15세기 들어 크메르를 계속 동쪽으로 정벌하여 마침내 크메르는 아유타야에 의해 황폐화된 앙코르를 버리고 현재의 프놈펜으로 수도를 천도한다.

이로써 아유타야는 크메르 대비 군사적으로 우월한 위치에 서게 되었으나, 수백 년간 힌두교 문화를 꽃피운 크메르의 영향으로 힌두교와

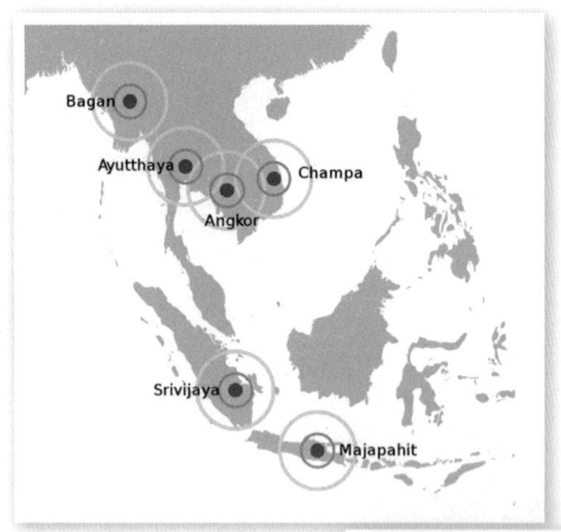

동남아시아의 정치 중심과 만달라 구조
•출처 : Wikipedia, Pinterest

불교가 섞인 독특한 아유타야 문화가 정착되었다. 이에 따라 왕은 신과 같은 존재로 격상되었으며, 수도를 중심으로 지배권을 확립했고, 주변부는 왕의 친인척이 다스리는 일종의 봉건 왕조 체제를 구축했다.

아유타야를 비롯해 당시 캄보디아의 크메르앙코르, 인도네시아의 스리위자야 등 동남아시아 제국의 정치 체제를 만달라Mandala 체제라고 부른다. 만달라는 산스크리트어로 동심원을 의미하며 힌두교와 불교에서 사용되는 우주 질서를 상징하는 문양이다. 이는 각국의 수도를 중심으로 여러 속국이 중심을 둘러싸는 동심원 구조이며, 국가 간의 국경이 불명확하고 서로 중첩되기도 한다.

버마와 시암 사이에서 교대로 충성했던 란나 왕국, 태국 짜끄리 왕조와 베트남 응우옌 왕조 양쪽에 조공을 바쳤던 후기 크메르 등이 대표적인 중첩의 사례다. 만달라 체제는 유럽 봉건 왕조와 유사하다. 하지만 각 제후국은 보다 독립적으로 운영되었으며 동북아시아의 조공, 책봉관계와 유사하다고 할 것이다.

아유타야 왕국은 크메르에 대한 공포에서 벗어났으나, 당시 인도차이나 반도의 강대국으로 부상한 버마미얀마의 수차례 공격을 받게 된다. 그래서 아유타야의 역사는 버마 침략에 대한 방어와 영토 수복의 역사로 점철된다.

버마는 16세기 중반에 여러 차례 아유타야를 침략한다. 1564년, 아유타야가 버마에 점령되고 아유타야는 버마의 속국이 되었다. 1568년 아유타야는 반란을 일으켰으나 다시 전쟁에 패해, 1569년 아유타야는 버마의 지배를 받게 되었다. 이때 15년간의 지배를 끝내고 버마를 격파하여 아유타야의 제2전성기를 만든 사람이 나레수안 대왕이다. 그는 아유타야의 독립을 되찾고 당시 버마의 속국이었던 란나 왕국까지 정벌하여, 다시 한 번 아유타야는 인도차이나 반도의 강대국이 되었다.

이후 아유타야의 국왕들은 내치에 힘써 나라이 대왕 치세에는 일본, 중국, 네덜란드, 영국, 프랑스 등과 교역에 나섰으며 아유타야는 동남아시아 해상 교역의 중심지로 성장했다. 그러나 1백여 년간 계속된 아유타야 제국의 영화는 18세기 중반이 되어 다시 강성해진 버마의 침략을 받으며 끝나게 된다. 1765년 대규모 버마 군대가 아유타야를 침공하고, 결국 1767년 아유타야 왕조는 멸망하고 수도인 아유타야는 철저히 파괴된다.

아유타야가 멸망하고 버마 군대가 물러간 뒤 태국은 한동안 혼란기를 겪게 된다. 이때 등장하는 사람이 아유타야의 지방 장관 중 한 명인 프라야 딱신 장군이다. 그는 중국계 혈통으로 탁월한 군사적 역량으로 버마 군을 몰아내고 아유타야 왕조의 영토를 회복한다. 그는 파괴된 수도 아유타야 대신 짜오프라야 강 서쪽 유역인 톤부리를 수도로 하여 톤부리 왕조를 1767년 세웠다.

그는 전 영역으로 정벌을 계속하여 태국 북부의 치앙마이 유역에 수백 년간 존속했던 란나 왕국을 멸망시켜 자국 영토로 편입했으며, 북동부로 라오스 지역을 복속시켰다. 그러나 이런 성공적인 영토 확장에도 불구하고 딱신은 중국계를 편애하고 종교적 신비주의에 빠져 기존 관료 및 장군들의 반발을 사게 된다. 이에 따라 톤부리 왕조는 15년간의 짧은 존속 기간을 끝으로 역사에 사라졌다.

1782년, 딱신의 부하 장군인 짜끄리가 딱신 왕을 폐위시키고 스스로 왕위에 올라 새로운 왕조를 세웠다. 이 왕조는 짜끄리 또는 라따나꼬신 왕조로 불리며 지금까지 이어지는 태국의 마지막 왕조다. 짜끄리는 당시 그가 딱신에게 받는 직위의 칭호다. 라따나꼬신은 새로운 왕조의 수도인 짜오프라야 강 인근의 라따나꼬신 섬, 즉 현재 방콕의 옛 이름이다.

그의 정식 이름은 프라 풋타욧파 쭐라록이며 이때부터 태국 국왕의 이름은 힌두교 비슈누Vishnu의 화신인 라마Rama에 로마 숫자를 붙여 지칭된다. 따라서 그는 라마 1세로 불린다.

라마 1세는 수도를 현재 태국의 수도인 방콕으로 옮기고 버마 등 외적의 침략을 막기 위한 방어를 더욱 튼튼히 했다. 라마 1세의 재임 기간 동안 불교 교단 및 불경을 재정비하고, 공역제도를 개혁하여 장기 왕조의 성립을 위한 발판을 닦았다. 또한 주변 국가들과 여러 번의 전쟁을 통해 영토를 크게 확장시켰다.

영원한 숙적 버마는 태국 왕조 교체기의 혼란을 틈타 1785년 태국을 재침공하는데, 라마 1세는 성공적으로 이를 격퇴한다. 이후 루앙 프라방을 비롯한 라오스 지역을 점령하고 캄보디아를 속국화시킨다. 또한 말레이시아 국경의 남부인 크다, 껠란탄, 뜨렌가누 등 무슬림 지역으로 영토를 확장한다. 라마 1세 시기에는 베트남이 떠이선 왕조에서 응우옌 왕조로 넘어가는 과도기로 태국과 베트남 간에 크메르를 둘러싼 패권 경쟁이 격화되었다.

방콕으로 망명을 와있던 응우옌 왕조의 마지막 생존자, 응우옌안나중에 베트남 마지막 왕조의 초대 황제 지아롱이 됨을 돕고 크메르의 속국화를 공고히 하기 위한 태국과 베트남의 전쟁이 발발했다. 짜끄리 왕조의 대규모 원정군이 베트남 남부로 파견되었지만, 베트남 떠이선 왕조의 전설적인 장군이자 왕인 응우옌후에에게 전멸에 가까운 패배를 당한다.

이처럼 라마 1세 시기에 태국은 여러 차례 전쟁을 벌여 서북부와 북

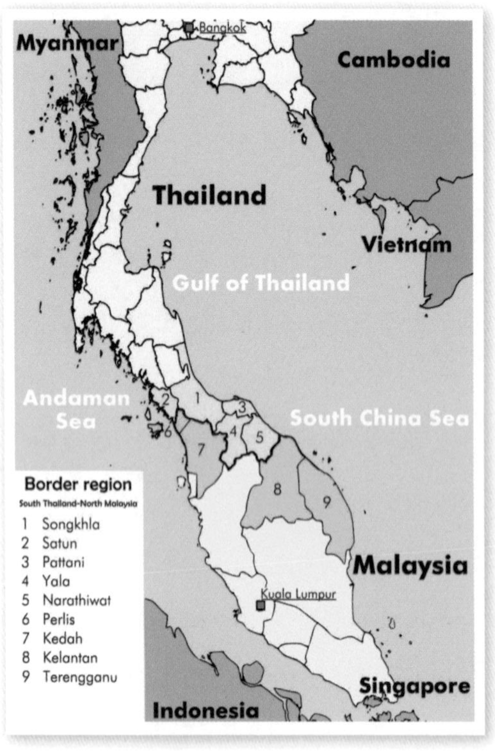

태국 남부와 말레이시아 북부의 무슬림 영역
•출처 : Wikipedia

동부의 왕국들을 복속시킨다. 그리고 남부 말레이 반도로 영토를 크게 확장하여 향후 정권의 안정에 기여한다. 다만 크메르는 태국과 베트남 사이의 이중 조공지대로 남아 이른바 만달라 정치 체제로 만족할 수밖에 없었다.

라마 2세 시기의 태국은 상대적으로 평온했다. 라마 1세 시기만큼 주변국들과 전쟁을 벌이지도 않았을 뿐만 아니라, 유럽 열강들이 나폴레옹 전쟁에 휘말려 동남아시아 식민지를 확장할 여력이 없었기 때문이다.

그러나 라마 3세 시기에는 버마, 말레이시아, 베트남이 서구 열강의 영향력 아래 들어가면서 태국도 고립 정책을 버릴 수밖에 없었다. 라마 3세는 영국 동인도회사British East India Company의 전권 대사인 헨리 버니와 이른바 버니 조약을 체결하여 표준 세금제도를 확립하고 왕실의 독점을 폐지했다. 이후 미국과도 비슷한 통상 조약을 체결하면서 태국 경제는 점차 서양 열강에 개방되었고 선교사, 상인 등 서양인들의 출입이 빈번해졌다.

다음 왕인 라마 4세 시기는 영국과 프랑스의 인도차이나 식민지화를 위한 야욕이 한층 노골화된 시기였다. 당시 인도차이나 반도에서 버마는 영국과의 전쟁에 패해 더 이상 주변국과 전쟁을 벌일 힘을 상실했고, 말레이 반도는 영국 식민 지배하에 들어가 있었다. 일본도 미국 페리 제독의 기세에 눌려 그동안의 쇄국 정책을 포기하고 미국과 가나가와 조약Kanagawa Treaty, 1854년을 맺어 문호를 개방했다.

이처럼 사방으로 좁혀 오는 서구 열강들의 위협 속에 라마 4세는 영국의 홍콩 총독이던 존 보링과 통상 조약을 체결했고, 영국과 프랑스 등 서구 열강에 외교 사절단을 보내 외교관계를 수립했다. 당시 태국 왕정에서 영어 교사로 일하던 영국인 여성, 안나 레어노웬스의 자전적인 에세이를 편집한 소설이 바로 〈안나와 시암의 왕Anna and the King of Siam〉이며 나중에 〈왕과 나The King and I〉라는 제목의 뮤지컬과 영화로 널리 소개된다.

라마 5세는 태국 근대사의 가장 중요한 기간 동안 왕위에 재임했으며, 다양한 사회개혁 및 근대화를 완성했다. 그는 쭐라롱꼰 대왕으로 널리 알려져 있다. 그의 치세하에 태국은 서구 열강의 끝없는 식민 침탈 야욕에 국토의 많은 부분을 할양하는 아픔을 겪었지만, 결국 동남아시아에서 유일한 독립 국가를 지켜내는 성과를 얻어냈다. 그는 서양식 교육을 받은 최초의 태국 왕으로 부복제, 노예제를 폐지하고 공무원들에게 봉급을 지급하는 등 근대적인 태국을 만들기 위해 노력했다.

또한 입법기구를 재정비하고 국왕의 자문 기구인 추밀원을 설립했다. 그의 재임 기간 동안 태국의 속국이었던 라오스, 캄보디아는 프랑스의 지배하에 들어갔으며 말레이 반도의 무슬림 지역 일부도 영국으로 할양되었다. 현재 말레이시아 북부 크다 주는 마하티르 말레이시아 전 총리의 고향으로, 이때 말레이시아로 넘어가지 않았으면 마하티르는 태국에서 태어났을지도 모를 일이다.

영국과 프랑스는 이런 영토 할양에 대한 태국의 주권을 인정했고, 태국은 영국과 프랑스의 완충지대로 독립 국가로 남게 되었다. 이는 라마 5세의 다양한 근대화 정책과 주도면밀한 외교술이 힘을 발휘했기 때문이다.

라마 6세를 지나 라마 7세 시기에 일어난 1932년의 쿠데타로 태국은 마침내 절대 군제제가 폐지되고 입헌군주제가 도입된다. 1932년의 쿠데타는 서구식 교육을 받은 청년 장교와 엘리트 청년들이 주도하여 절대 왕정을 폐지한 사건이었다.

당시 태국은 1929년에 시작된 세계 대공황의 여파로 극심한 불황이 계속되는 가운데, 방만한 재정 운영으로 국가는 파산 위기에 몰려 있었다. 국왕은 와일드 타이거 콥스라는 사병 조직을 만들어 기존 군부의

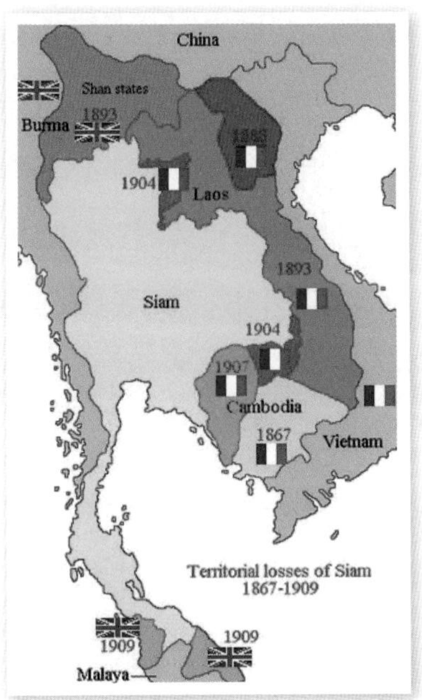

영국과 프랑스의 태국 영토 할양(1867~1909년)
•출처 : Wikipedia

불만이 고조되어 있는 상황이었다. 이로써 1932년 태국 최초의 헌법이 공표되었다. 국왕의 권한은 제한되었으며 군부와 민주 세력 간의 길고 긴 투쟁이 시작되어 현재까지 이어진다.

: 2차 세계대전 이후의 태국, 라마 9세와 탁신 :

20세기 이후 태국의 역사를 보면 복잡한 국내 정치와 대비하여 외교술에 있어서는 강대국의 부상과 몰락을 지켜보면서, 매우 주도면밀한 선택으로 최선의 이익을 창출하는 모습을 보여주고 있다.

1차 세계대전에는 전쟁이 끝나가는 와중에 1917년 연합국으로 참전하여 독일에 선전포고를 하였다. 전쟁에 참가하지 않고도 승전국의 지위를 얻어 과거 서구 열강과의 불평등 조약을 개선했다. 2차 세계대전이 발발하고 일본군이 태국에 상륙하자, 태국은 일본군의 주둔과 통행을 허가하였고 영국과 미국에 선전포고를 하였다.

그러나 전황이 일본에 불리하게 돌아가자 일본과의 전시협정을 파기하고 영국과 프랑스에 자진해서 손해배상을 했으며, 미국의 지원을 받아 패전국의 대우를 면했다. 이후 1950년 한국 전쟁이 발발하자, 연합국의 일원으로 미국 다음으로 두 번째로 한국전쟁에 참전하여 1만 명이 넘는 태국군이 전쟁에 참가했다. 이후 태국은 대표적인 친미 국가이자 반공산주의 연맹의 일원으로, 베트남 전쟁 등 미국이 주도하는 전쟁을 적극적으로 지원한다.

태국은 아세안 지역의 유일한 독립 국가로 자체적으로 근대화를 이룬 업적이 있다. 그와 동시에 국왕을 비롯한 엘리트 계층의 서구 유학을 통해 서구 열강의 장단점을 익히고 정세 변화에 따른 주도면밀한 선택으로 발전을 이뤄왔다.

라마 9세는 2차 세계대전 이후, 급변하는 국내외 정치 상황에서 태국의 상징이자 국부로서 추앙받아 왔다. 그의 본명은 푸미폰 아둔야뎃이다. 그는 라마 5세에 이어 두 번째로 대왕 칭호를 받은 짜끄리 왕조의 국왕이었다. 생존 당시 70년간 재임해 세계 군주 가운데 가장 오랫동안 집권했다.

라마 9세는 미국 유학 중이던 아버지의 영향으로 미국 매사추세츠 주 캠브리지에서 태어나 스위스에서 대학 공부를 마쳤다. 그의 형이었던 라마 8세가 태국으로 귀국한 후에 의문사로 사망하자, 곧바로 1946년 국왕으로 취임했다.

그는 그전 국왕들의 관행이던 일부다처제를 받아들이지 않았으며 카메라와 지도, 수첩을 들고 태국의 오지를 여행하며 국민들의 고충을 직접 체험하고 태국판 새마을운동을 일으켜 빈민 구제에 힘썼다. 마약 재배지인 농촌 마을을 커피 재배지로 전환하는 프로젝트를 주도하고, 수많은 병원을 지었으며, 농업 진흥을 위해 노력했다.

입헌군주제하에서 국왕은 통치하지는 않지만 그의 재임기간 중 태국은 수많은 쿠데타를 거치면서 최종 재가는 국왕이 하는 구도로 정착되었다. 대표적으로 1992년의 군부 쿠데타 이후, 대규모 유혈 사태가 벌어

라마 9세(좌)와 라마 10세(우)
• 출처 : Pinterest

지자 라마 9세가 군부 지도자 수찐다 크라푸라윤과 민주화운동의 지도자였던 잠롱 스미무앙을 왕궁으로 소환하여 군부 지도자를 호통 한 번으로 국외로 망명시키고 민주 정치를 회복시킨 일화는 유명하다.

그러나 그는 2006년과 2014년의 군부 쿠데타는 승인하는 등 그의 재임 기간에 군부 쿠데타의 성공 여부는 국왕의 승인 여부에 따라 최종 결정되었다. 그는 2016년 10월, 90세를 일기로 별세하였다. 그의 후임은 외동아들인 마하 와치랄롱꼰, 즉 라마 10세가 재위를 이어받았다.

2차 세계대전 이후의 태국 정치는 주로 절대 왕정과 군사 정권의 양립에 의한 반공산주의적 요소가 중요한 요소였다. 시민들의 민주화 요구에 의해 설립된 민주 정권도 금권 정치와 부패에 물들어 있었다. 하지만 이들 정권마저도 오래지 않아 군부 쿠데타에 의해 전복되는 일이 반복되었다. 태국 정치사에서 민주화 요구는 지속적으로 있었다. 하지만 대부분의 기간은 군부 출신의 총리가 집권해왔고, 이런 역사는 현재까지도 계속되고 있다.

이런 상황에서 1997년 발생한 아시아 금융위기는 태국 정치에도 큰 영향을 미쳤다. 이후부터 기업가 출신들의 정계 진출이 흔해지는데, 대표적인 인물이 탁신 전 총리다.

2001년 등장한 탁신 친나왓 총리는 화교 출신의 태국 기업가이자 정치인으로 특유의 친농민, 친서민 정책으로 태국 정치에 큰 영향을 미쳤다. 그는 중국 광동성에서 이민을 온 화교의 후손으로 1949년 태국 최북단 치앙마이에서 태어났다. 그가 태어났을 때, 그의 집안은 이미 치앙마이에서 손꼽히는 부와 권력을 쥔 유력 가문이었다.

탁신은 경찰관으로 십여 년간 공직에 몸담은 뒤에 사업에 뛰어든다. 탁신은 실크, 영화관 등 가문의 전통적인 사업에 종사하지만 성공하지 못하고 기회를 엿보던 중, 80년대 중반 태국의 폭발적인 경제 성장과 도시화에 맞물려 급성장하던 통신업에 관심을 쏟게 된다. 그는 태국전화공사TOT, Telephone Organization of Thailand에서 삐삐와 이동통신사업 면허를 획득해 큰 수익을 얻게 된다. 그는 데이타 네트워크, 위성통신, 케이블TV 등 통신 관련 여러 면허를 획득한다. 가문의 영향력과 본인의 경찰 인맥을 최대한 활용했고, 태국의 통신 인프라 구축에 대한 열정을 적극 홍보했기 때문이다.

특히 그가 1986년에 설립한 AISAdvanced Info Service는 컴퓨터 렌털사업으로 출발해 이동통신사업에 진출했다. 정부로부터 최적의 주파수를 할당받아 빠르게 성장해 지금도 태국 최대 이동통신사업자로 남아 있다. 그는 이처럼 불과 수년 만에 통신업에서 큰 성공을 거두게 되며, 1990

▌ 탁신 전 총리(좌)와 여동생인 잉락 친나왓 전 총리(우)
•출처 : Thaitiribune

년을 전후로 이들 계열사를 태국 증시에 상장해 주가 급등으로 태국 최대 재벌의 하나로 급성장하게 된다.

부와 정치가 공생하는 태국 현실에서 그는 현실 정치에 참여하기로 결심한다. 1994년 유명한 청백리 방콕 시장이던 잠롱 스미무앙의 권유로 팔랑 다르마당PDP, Palang Dharma Party에 입당한다. 그러나 그의 초기 정치 역정은 그다지 성공적이지 못했고, 오히려 1997년 금융위기가 그에게 큰 성공을 가져다주었다.

1980년대 중반부터 10년 넘게 계속된 태국 경제의 호황으로 탁신의 경쟁사들은 저렴한 금리로 외화대출을 받아썼는데, 아시아 금융위기로 태국 바트화가 폭락하고 국내 자산의 매각이 힘들어지자 많은 대기업들이 유동성 위기에 몰린 것이다.

그러나 탁신의 통신 그룹은 외화대출 규모가 경쟁사보다 현격히 적었다. 1999년부터 태국 경제가 반등하자, 경쟁사들이 고사한 상황에서 빠른 속도로 시장을 장악할 수 있었다. 그는 이런 상황을 이용하여 1998년 타이락타이Thai Rak Thai당을 창당했고, 농촌 부채 탕감과 30바트 의료보험 도입 등 농민의 표를 자극하는 공약을 활용하여 2001년 1월 선거에서 승리하여 총리로 취임했다.

그는 태국 북부의 치앙마이 시골 출신이었고 당시만 해도 태국의 도시화율은 33%에 불과하여 인구의 67%가 농촌에 살고 있었다. 그의 농촌 출신 배경에 그때까지 정치인들이 관심을 두지 않았던 농촌의 표심을 자극하는 포퓰리즘적 정책, 그리고 그의 기업가로서의 대성공이 가져다 준 명성이 맞물려 탁신은 손쉽게 총리가 될 수 있었다.

그를 적극 지지하는 지역은 그의 고향인 북부와 이산 지역의 북동부 농민, 도시 빈민들로 이들의 표심을 잡기 위해 그는 공약대로 30바트원화 약 1천 원 건강보험 도입, 농촌 부채 탕감 등의 정책을 펼쳤다. 또한 마약 사범에 대한 강력 응징, 남부 무슬림 독립파에 대한 강경 진압 등으로 논란과 지지의 중심에 섰다.

그가 부패한 지도자이고 통신사업 성공도 각종 뇌물과 이권에 개입했기 때문이라는 점은 대부분의 국민이 알고 있었지만, 최소한 정치 공약을 이행하고 농민들에게 선심성 정책이라도 제시한 지도자는 지금까지 없었기 때문에 농민층의 압도적인 지지를 얻게 된 것이다.

왕당파, 도시민, 군부를 상징하는 노란색을 입는 옐로 셔츠에 대항하여 탁신 지지자들은 빨간색 셔츠를 입기 시작하면서 레드 셔츠로 불렸다. 그러나 탁신은 언론을 장악하고 정부의 국유사업에 자신의 기업을 참여시켜 이권을 얻었다.

결정적으로 2006년 1월, 본인의 회사인 친코퍼레이션Shin Corporation의 지분 49%를 싱가포르 국부펀드인 테마섹Temasek에 약 18억 달러에 매각한다. 그리고는 매각 직전 국가 기간사업은 외국인에게 팔 수 없다는 통신법을 개정하고 자본이득은 과세되지 않는다는 점을 이용하여 세금 한 푼 내지 않았다.

이에 대한 분노로 방콕에서 옐로 셔츠들의 대규모 반정부 시위가 벌어지고 야당이 보이콧 하는 가운데 벌어진 조기 총선에서, 탁신이 또 승리하고 부정선거 논란에 휩싸였다. 2006년 9월, 혼란의 와중에 탁신은 UN총회 참석차 뉴욕으로 출국한다. 이 기회를 틈타 벌어진 군부 쿠데타로 탁신은 실각하고 말았다.

그러나 옐로 셔츠와 레드 셔츠의 전쟁은 아직 끝나지 않았다. 각종 이권 개입과 부정부패 혐의로 해외 도피 중인 오빠 탁신을 대신해 여동생인 잉락 친나왓이 프어타이PTP, Pheu Thai Party 총리 후보로 2011년 총선에 승리하여 레드 셔츠가 귀환한 것이다. 그러나 2년 반의 짧은 재임기간 중 잉락은 탁신 전 총리에 대한 사면 추진과 농민 표를 의식한 고가의 쌀수매 정책 추진에 대한 부정부패 혐의를 받던 와중, 2014년 무혈 쿠데타가 발생하여 실각하고 말았다.

이로써 등장한 쿠데타 중심인물이 전 육군 참모 총장이자 2017년 현재 태국 총리인 프라윳 찬오차 총리다. 탁신 남매의 집권과 군부의 연속된 쿠데타는 1932년 입헌군주제가 시작된 이래 국왕과 군부 대 민주주의 세력 간의 갈등, 방콕을 중심으로 한 도시민 대 북부와 북동부 농민들의 갈등을 응축해서 보여준 사건이었다.

이후 잉락 전 총리는 재판을 받던 중 실형 선고 직전인 2017년 8월, 해외 도피 길에 오른다. 결국 오빠와 같은 운명의 배를 탄 셈이다.

탁신의 집권 기간은 아시아 금융위기 이후에 태국의 경제성장률이 처음으로 5% 이상의 고성장 체제로 복귀하였고, 물가는 하향 안정화되는 등 태국 경제가 다시 부상하는 시기였다. 또한 경상수지가 흑자로 돌아서고, 환율이 안정화되는 등 태국 경제가 다시 아시아의 작은 호랑이로 부상하는 중요한 기간이었다.

그러나 탁신이 주도한 경제 성장은 태국 국민들의 무분별한 대출 확대가 기반이었다. 또한 경제 성장의 와중에 자신의 기업 및 지인들의 이익을 확대하는 데 골몰하여, 결국 장기적으로 태국 경제와 민주주의에 해악을 끼치고 말았다. 탁신은 쿠데타로 태국을 떠나 망명한 이후에 영국을 중심으로 활동하고 있다. 2007년 영국 맨체스터 시티 FC 구단의 지분을 인수하여 구단주가 되는 등 활발한 경제활동을 벌였다.

탁신 일가는 태국 정부에 의해 재산 압류 절차에 있음에도 2017년 포브스에서 발표한 부호 평가에서 17.6억 달러의 재산을 보유한 아시아 부호의 한 명으로 이름을 올렸다. 탁신이 서민의 영웅인지, 부패한 정치인인지는 지금도 논란에 휩싸여 있다. 그러나 혼란을 거듭하는 태국 민주주의의 위기에도 태국 경제만큼은 아시아 금융위기 이후, 환골탈태하여 인도차이나 반도의 맹주로 거듭나고 있다.

: 4차산업 혁명시대, 태국의 미래 :

태국은 인도차이나 반도의 나머지 4개 국가CLMV(Cambodia, Laos, Myanmar, Vietnam)이라고도 함를 모두 합친 것보다도 더 큰 GDP에, 이들 4개 국가의 평균 1인당GDP 대비 3배 이상 높은 소득을 자랑하는 명실공히 인도차이나 반도의 맹주다. 태국과 더불어 인도네시아, 말레이시아 3개국은 아세안 경제를 주도하는 아세안의 주도국이다. 이들 3개국은 똑같이 1997년 아세안 위기 전까지 매우 높은 경제성장률을 달성했으며, 2천 년대 이후에 5% 전후의 경제성장률을 보이며 새로운 아세안의 전기를 열고 있다.

4-2 | 아세안 주요 3개국의 GDP성장률

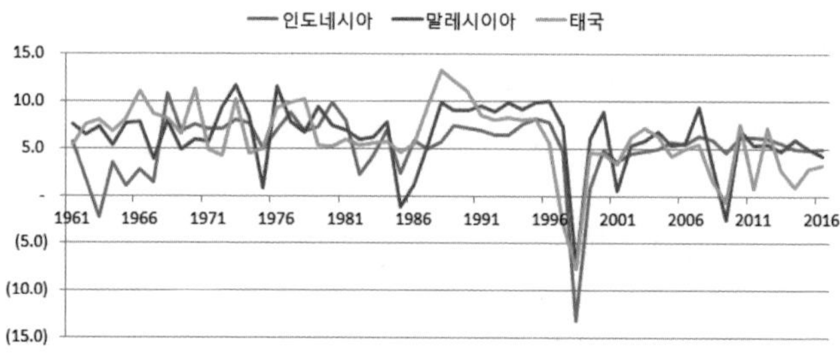

출처 : Bloomberg(1961~2016)

그러나 태국의 장점은 80년대부터 10여 년간 10%에 달하는 고도의 경제 성장기를 거치면서 수출 주도의 제조업 경제로 탈바꿈 했다는 점이다. 또한 지속적인 인프라투자로 동북아시아의 한국, 대만 다음으로 이른바 아시아 제조업 중심 국가로 전환을 꾀하고 있다.

아세안의 기타 고소득 국가싱가포르, 말레이시아, 인도네시아 중 싱가포르는 인구 561만 명의 도시 국가다. 말레이시아와 인도네시아는 원유, 석탄, 천연 고무, 팜오일, 주석, 니켈 등 천연자원 생산 대국임을 감안하면 태국만이 제조업 국가로 변신에 성공한 모습을 보이고 있다.

현재 태국의 경제 구조는 20년 전의 한국에 유사하고, 베트남은 40년 전의 한국과 유사하다. 이는 80년대부터 태국과 일본 기업들의 밀착으로 가능했다. 일본의 전기전자업체, 자동차회사들이 집중적으로 태국에 투자하여 태국은 자동차 생산량 200만 대, 하드디스크 생산량 세계 1위, 에어컨 세계 2위, 냉장고 세계 4위 등으로 GDP에서 수출이 차지

4-3 | 아세안 주요 3개국의 GDP 대비 경상수지 규모

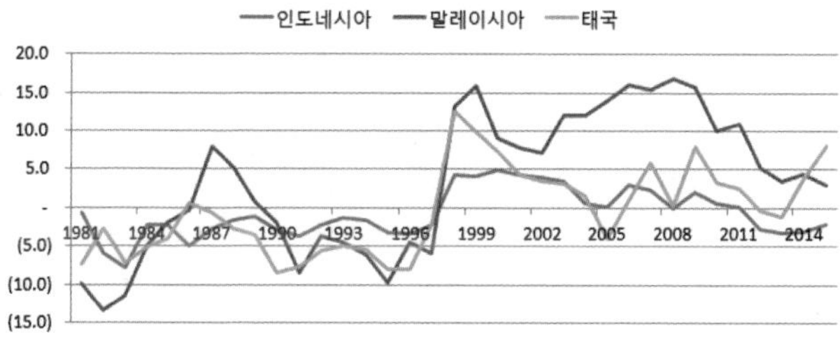

출처 : Bloomberg(1981~2015)

4-4 | 아세안 주요 3개국의 환율 동향

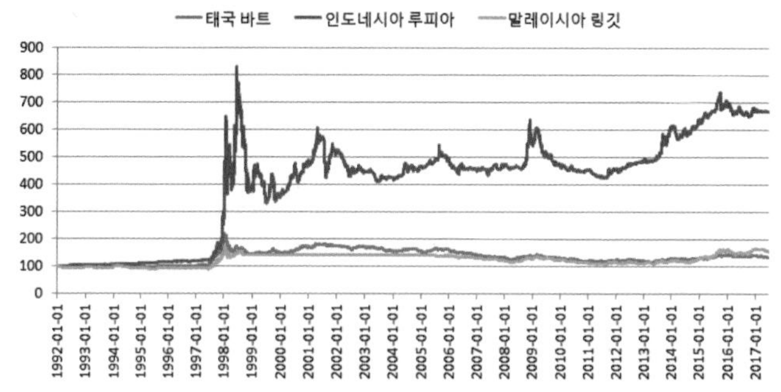

출처 : Bloomberg(1992~2017), 환율은 1992.1.1을 100으로 변환

하는 비중이 70%에 달한다.

이는 현재 베트남에 한국 기업들이 집중적으로 진출하여 스마트폰과 각종 전자제품 등을 생산하는 것과 매우 유사하다. 20년을 간격으로 태국과 일본, 한국과 베트남의 긴밀한 제조업 연결 현상이 재현되는 셈이다. 그러나 태국과 베트남이 대만, 중국, 한국 등 동북아시아 발전 모델

과 다른 점은 자국 기업의 육성보다는 해외 기업의 FDI에 의존한다는 점이다. 이런 점에서 태국의 현재는 베트남의 미래가 될 확률이 높다.

이렇게 태국이 제조업 대국으로 성장하다보니 경상수지는 아시아 금융위기 이후에 안정적인 흑자 구조를 유지하고 있고, 바트 환율도 말레이시아 링깃과 함께 아세안에서 가장 안정적인 모습을 보이고 있다.

말레이시아는 아시아 금융위기 시절, 강력한 자본 통제를 실시하여 자국통화인 링깃을 고정환율로 강제로 유지했다. 반면 인도네시아의 환율은 금융위기 시절에 폭락하여 금융위기 전 대비 현재도 7배 정도 약세로 거래되는 점을 고려하면, 태국은 IMF의 권고를 수용하면서도 태국 환율의 안정화에 성공하여 '슈퍼 바트Super Baht'로 부를 만하다.

태국은 사실상 20년 전의 한국보다 더욱 유리한 위치를 점한다고도 볼 수 있다. 한국에 없는 막대한 관광자원과 천연가스, 천연 고무 등 천연자원을 보유하고 있기 때문이다.

태국 경제에서 관광이 차지하는 비중이 10%에 달하며 특히 중국 관광객들의 집중적인 유입으로, 2016년 한 해에만 중국 관광객 876만 명이 방문하여 전 세계 방문 1위홍콩, 마카오 등 중국 영토 제외를 차지했다. 중국의 최근 사드 사태 이후에 한국 방문 관광객 급감, 대만과의 정치 경색, 베트남의 전통적인 반중 정서 등을 고려하면 태국은 지속적으로 중국 관광객을 유치하여 중국인 선호 1위 해외 관광지를 유지할 전망이다.

또한 태국은 싱가포르, 인도와 더불어 아시아 의료관광을 선도하는 국가다. 의료법인 민영화로 병원들이 상장되어 막대한 자본금을 기반으로 한 태국 병원들은 양질의 의료 서비스, 저렴한 치료비용, 휴양지 방문을 겸한 장기 요양을 강점으로 중동, 미주, 유럽 등의 부유층 환자들을 유인하고 있다. 태국 병원들은 JCI 인증 및 ISO 준수를 통한 선진국 의료 기술을 영어로 서비스하고 있다. 또한 성전환 수술 등 성형외과, 치과, 태국 전통의학 등에서 매우 높은 명성을 유지하고 있다.

태국은 석유와 천연가스가 다량 생산되는 장점이 있어 경상수지 안정화에 기여한다. 석유는 최근 거의 고갈되었지만 천연가스는 아직도 전체 수요의 70%를 생산하고 있으며, 국영기업인 PTTPetroleum Authority of Thailand, 종목코드 PTT를 중심으로 지속적인 자원 탐사 및 수입처 다변화에 애쓰고 있다.

이처럼 표면적으로 보면 양호한 성과를 보이는 태국 경제에 리스크는 무엇일까?

정치 불안 요소를 제외하면 급속도로 진행되는 노령화와 베트남, 미얀마, 라오스, 캄보디아 등 인도차이나 반도의 저개발도상국의 부상으로 인한 저임금 제조업의 소멸을 들 수 있을 것이다.

세계은행에 따르면 2016년 기준으로 태국 인구의 11%가 65세 이상인데, 2040년이면 이 숫자는 25%에 달할 전망이다. 또한 출산율이 급감하여 개발도상국 중에 매우 낮은 수준인 1.5명에 불과하다. 결정적으로 노동인구는 2017년을 정점으로 지속적으로 감소할 전망이다. 한국은 1인당GDP 2만 7천 달러에 도달하여 2018년부터 노동인구가 감소하는 것을 고려하면, 태국은 1인당GDP가 한국의 1/4도 되지 않는 6천 달러 수준에서 똑같은 노령화의 길을 가게 되었다.

한마디로 조로증早老症에 걸려 있으며, 중진국의 함정에 빠질 위험

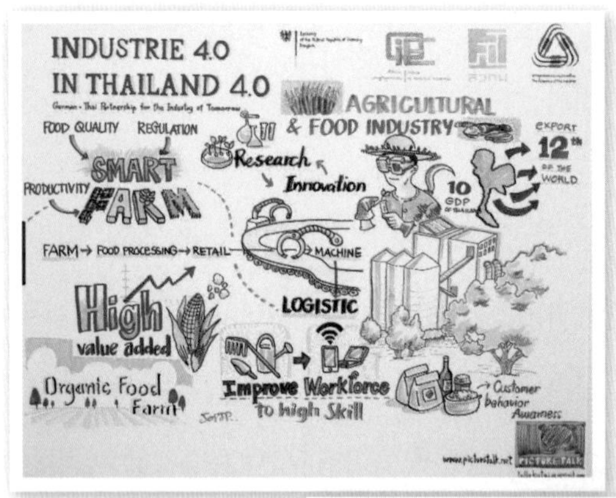

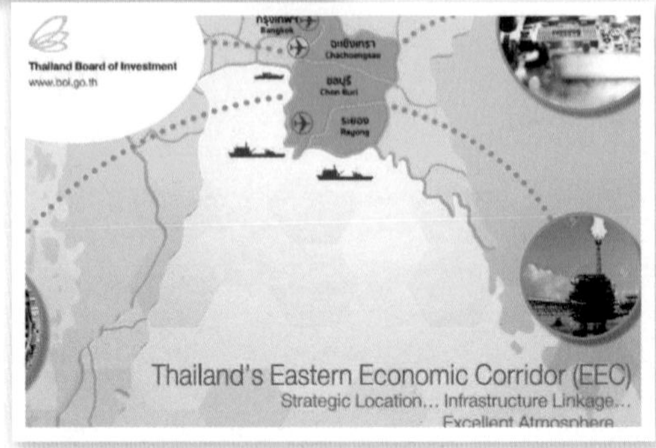

태국 4.0 정책과 동부경제회랑

이 있다. 이는 1인당GDP 2천 달러 수준인 CLMVCambodia, Laos, Myanmar, Vietnam에 둘러싸인 태국에서 저임금 제조업이 이탈하기 시작한 시점과 시기적으로 겹쳐 태국에 위기로 다가올 수 있다.

이에 대한 태국 정부의 답은 태국 4.0 정책과 동부경제회랑EEC, East Economic Corriodr이다. 태국 4.0은 지금까지 태국 경제를 지탱해왔던 농업, 저임금 경공업, 중공업, 기계장치산업을 지나 창조와 혁신을 주도하는 신산업을 유치하여 경제 성장을 유지하겠다는 전략이다. 이에 따른 집중 유치산업은 바이오, 디지털, 고부가가치 서비스업, R & D 등 첨단산업이 망라되어 있다.

또한 동부경제회랑EEC 프로젝트는 2017년부터 5년간 총 1.5조 바트 약 430억 달러를 투입하여 이미 태국의 주요 산업단지로 발달한 촌부리, 라용 인근의 동부 해안 산업단지를 추가 개발하는 대규모 인프라사업이다. 이 지역은 이미 석유화학, 에너지, 자동차산업이 발달하여 기존 인프라가 구축되어 있다. 여기에 추가로 신규 국제공항 건설, 항만 확장, 고속철도 건설, 신도시 건설 등 대규모 사업을 시행하여 인도차이나 반도의 경제 허브로 발전시키겠다는 구상이다.

이처럼 태국 경제는 기회와 위기 요인이 동시에 잔존해있으나, 천혜의 관광자원과 지리적 이점을 잘 활용한다면 21세기에도 인도차이나 반도의 맹주로 계속 자리 잡을 것이다.

태국 경제 모델의 성공이 중요한 이유는 태국 모델을 뒤쫓는 베트남, 미얀마 등 저개발 아세안 국가들의 미래도 여기에 달려 있기 때문이다. 아세안 유일의 독립 국가로서의 자존심과 인도차이나 반도의 경제 대국으로 위상을 확보한 태국의 지속적인 발전에 큰 응원을 보낸다.

⁝ 태국 주식시장 개요 ⁝

태국 주식거래소는 SETThe Stock Exchange of Thailand로 불리며 1975년에 설립되었다. 아세안 주요 국가 거래소 중에서 상대적으로 출발이 가장 늦

4-5 | 태국 주식거래소 소개

구분	SET(The Stock Exchange of Thailand)
거래소 설립	1975년
상장종목 수	656개
시가총액	4,373억 달러
거래일	월~금(태국 국경일 휴장)
통화	THB(태국 바트)
매매시간	10 : 00am~12 : 30pm, 2 : 30pm~4 : 30pm(현지시간)

출처 : SET, 2016년 연말 기준

은 편이다. 이는 1962년에 설립된 민영 주식거래소였던 BSE The Bangkok Stock Exchange의 실패 이후, 세계은행의 자문을 받아 국영 주식거래소를 다시 만들었기 때문이다.

전체 상장종목은 656개이며 모두 태국 기업들로만 구성되어 있다. 태국 주식거래소의 시가총액은 4,373억 달러다. 시가총액 규모 기준으로 아세안에서 압도적인 1위인 싱가포르에 이어서 인도네시아와 치열한 2위 경쟁을 하고 있다.

태국의 대표 지수는 SET 인덱스며 태국 주식거래소의 거래 가능한 모든 주식을 시가총액 비중대로 담고 있다. 그렇다면 태국 주식시장의 대표 지수인 SET 인덱스의 투자 성과는 어떠할까?

블룸버그에서 구할 수 있는 가장 긴 장기 차트로 가격 변동을 알아보자. 알기 쉽게 한국 대표 지수인 코스피와 비교하면 <4-6>과 같다. 1987

4-6 | 태국 SET 인덱스와 한국 코스피 비교(현지 통화 기준)

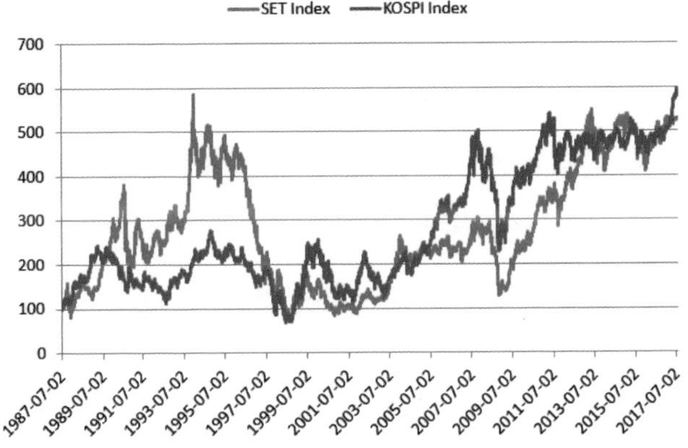

출처 : Bloomberg(1987.7.2~2017.8.6), 1987.7.2 값을 100으로 재설정

4-7 | 태국 SET 인덱스와 한국 코스피 비교(USD 기준)

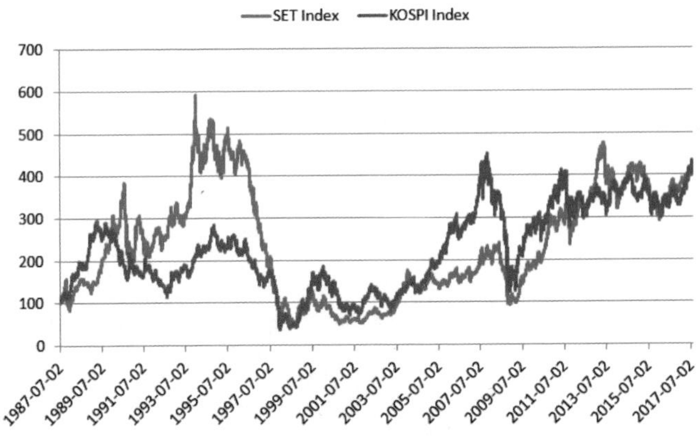

출처 : Bloomberg(1987.7.2~2017.8.6), 1987.7.2 값을 100으로 재설정

년부터 30년 동안 코스피는 5.8배 상승했으나, SET 인덱스는 5.3배 상승했다. 코스피보다 소폭 부진한 성과인 셈이다.

그러나 현지 통화가 아닌 달러 기준으로 다시 수익률을 계산하면 〈4-7〉과 같다.

동일 기간 동안 미국 달러 기준으로 코스피는 4.2배 상승했으나, SET 인덱스는 4.1배 상승했다. 코스피와 유사한 성과인 셈이다. 그러나 30년간의 주식시장 수익률을 좀 더 자세히 보면 태국 경제가 1980년대 중반부터 연간 10%에 가까운 고성장을 하던 10년간은 주식시장도 폭발적인 주가의 상승을 기록했다.

하지만 1997년 아시아 금융위기를 맞아 주가가 달러 기준으로는 90%에 가까운 폭락을 겪었다. 이후로 태국 주식시장은 꾸준히 상승하고 있으며, 글로벌 금융위기인 2007년 조정 구간도 가볍게 넘어서며 상승 추세를 유지하고 있다.

30년 주가 차트는 너무 길기 때문에 최근 10년 구간으로 잘라서 다시

4-8 | 태국 SET 인덱스와 한국 코스피 비교(현지 통화 기준)

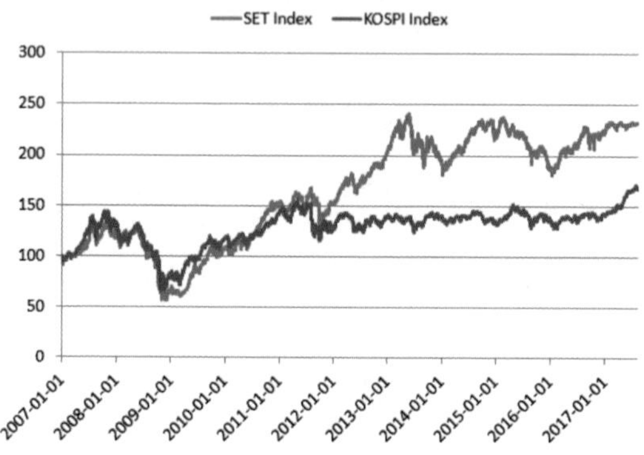

출처 : Bloomberg(2007.1.1~2017.8.6), 2007.1.1 값을 100으로 재설정

태국 지수와 한국 지수를 비교해보면 〈4-8〉과 같다.

그러나 현지 통화가 아닌 달러 기준으로 다시 수익률을 계산하면 〈4-9〉와 같다.

4-9 | 태국 SET 인덱스와 한국 코스피 비교(USD 기준)

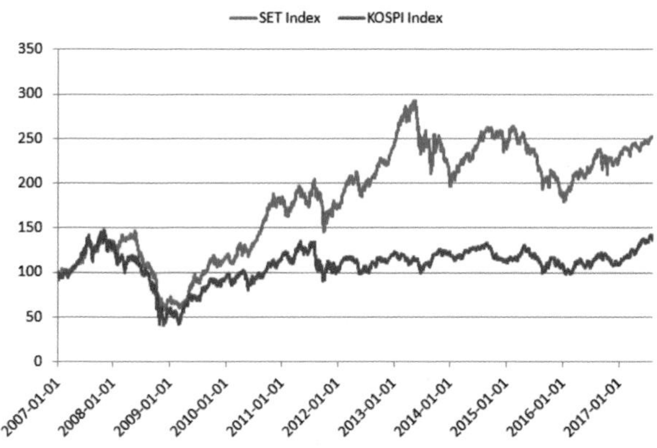

출처 : Bloomberg(2007.1.1~2017.8.6), 2007.1.1 값을 100으로 재설정

10년 구간을 보면 한국의 코스피는 최근 6년간 매우 지루한 박스권을 맴돌다 2017년부터 다시 상승 국면에 돌입한 반면에, 태국 증시는 현지 통화 기준과 달러 기준 모두 한국 증시 대비 두 배에 가까운 우월한 성과를 보여준다.

이는 앞서 말한 바와 같이 태국은 한국과 유사한 수출 중심의 경제 구조를 갖고 있으며, 꾸준한 경상수지 흑자로 인해 바트화 환율이 최근 20년간 매우 안정적이었다. 여기에 더해 1인당GDP 6천 달러 전후의 중진국으로 그동안 태국 중앙은행이 지속적으로 금리를 내리면서 태국 현지의 개인 투자자, 기관 투자자 자금이 지속적으로 증시에 유입되는 호재를 맞았다. 이러한 이유로 한국 증시 대비 우월한 성과를 보이고 있다.

다만 2011년의 태국 대홍수, 2013년의 미국 연방준비제도이사회의 QE 축소 시기 등 대내외 변수가 있을 때마다, 큰 폭의 조정을 받는 변동성이 높은 시장이라는 점은 기억할 필요가 있다.

이제 태국 SET 인덱스의 2005년 이후, 주가 차트와 주가 밸류를 알 수 있는 현재 PER 및 12개월 뒤의 Forward PER를 〈4-10〉에서 살펴보자.

SET 인덱스는 글로벌 금융위기 시기인 2008년 급락과 2009년 급등을 겪은 이후, 지속적으로 상승하는 흐름을 유지하고 있다. 다만 2013년부터는 지수 1,600선을 뚫지 못하고 박스권에 갇혀 있는 모습을 보이고 있다. 기업들의 PER는 2013년부터 15~20배 전후로 움직이는 박스권을 유지하고 있다.

반면 12개월 Forward PER는 10~15배 수준에서 최근 수년간 횡보하고 있다. 인도네시아, 필리핀 등 주변국 대비 PER가 낮고 12개월 Forward PER도 꾸준히 나오는 매우 양호한 모습을 보여준다.

아세안 국가 중 필리핀이 매크로 환경이 가장 우수하다고 본다면 태국은 주식시장이 가장 안정적인 성장이 가능하다고 판단할 수 있다. 거기에 더해 태국 바트화는 말레이시아 링깃, 싱가포르 달러와 함께 아세안에서 가장 안정적인 통화이기에 더욱 안심하고 투자할 수 있을 것이다.

태국의 경제성장률이 한국 수준으로 하락하고 노령화 추세가 계속되

4-10 | 태국 SET 인덱스와 PER 및 Forward PER

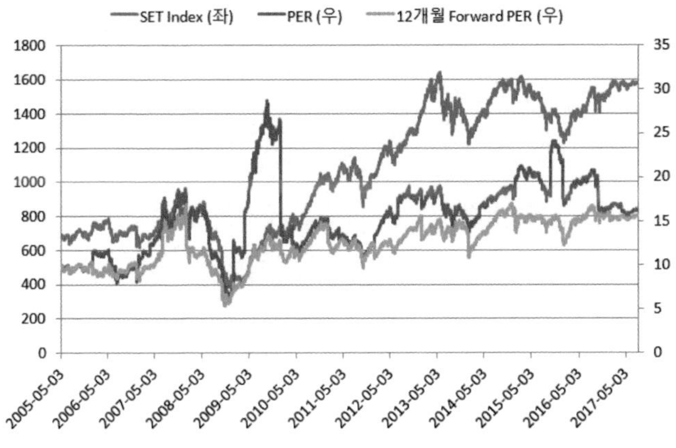

출처 : Bloomberg(2005.5.3~2017.8.6)

어 간다는 우려만 제외한다면, 태국 주식시장은 꾸준히 관심을 가질 만한 시장이다. 다만 인도네시아와 필리핀과 같이 태국보다 국민 소득이 낮고 거대한 내수를 발판으로, 경제성장률의 상승 추세가 지속되는 국가들보다는 주가 상승 기대감이 낮은 것은 사실이다.

결론적으로 태국 주식시장은 매크로 환경이 양호한 가운데 특히 기업의 밸류가 저렴하고 환율 또한 안정적이다. 여기에 추가적인 외국인, 개인, 기관들의 매입세만 보인다면 추가적인 상승세가 가능한 시장이다. 물론 대세 상승장은 기업의 이익이 꾸준히 상승할 때만 가능할 것이다.

현재 Thailand 4.0, 동부경제회랑ESS 프로젝트 등 인프라 개발 및 제조업 업그레이드 전략이 추진되고 있기 때문에, 이런 정책들의 성공 가능성이 중요하다고 본다. 정치적으로는 2014년 쿠데타 이후, 군부 정권이 안정적으로 경제를 관리하고 있다. 큰 변수가 없다면 향후 수년간은 군부가 계속 집권할 것으로 보인다. 정치적 리스크가 매우 높은 태국에서 이런 점은 단기적인 안정 요소로 작용할 것이다.

인도차이나 반도의 맹주이자 한국의 성장 모델을 좇아가는 수출 대국, 아시아 최고의 관광 대국인 태국 주식시장의 성장은 앞으로도 계속될 것이다.

⁝ 태국 주식, 주요 종목 소개 ⁝

태국 주식시장은 상장종목이 600개가 넘으며, 전체 시가총액도 아세안 3위 안에 드는 주식시장이다. 시장에서 거래되는 상장종목 모두를 담는 SET 인덱스의 전체 시가총액은 원화로 521조 원이다.

4-11 | 태국 SET 인덱스 섹터별 비중

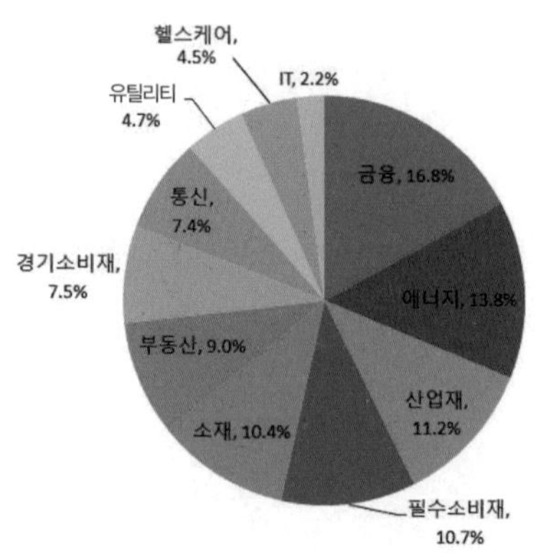

출처 : Bloomberg(2017.8.6 기준)

4-12 | 태국 SET 인덱스 Top 15 종목 소개

구분	이름	섹터	시가총액 (원화 억)	시가총액 비중	PER	1년 성과	3년 성과
1	PTT	에너지	364,346	7.0%	9.4	23.8%	36.0%
2	AIRPORTS OF THAILAND	산업재	254,687	4.9%	36.4	32.3%	153.1%
3	SIAM CEMENT	소재	199,273	3.8%	10.4	2.9%	28.3%
4	ADVANCED INFO SERVICE	통신	187,134	3.6%	20.0	10.9%	6.0%
5	CP ALL	필수소비재	184,212	3.5%	31.8	17.6%	38.8%
6	SIAM COMMERCIAL BANK	금융	162,560	3.1%	10.1	−4.9%	−7.9%
7	KASIKORNBANK	금융	151,038	2.9%	11.2	0.8%	−2.0%
8	PTT EXPLOR & PROD	에너지	115,636	2.2%	16.1	11.5%	−39.5%
9	BANGKOK BANK	금융	114,395	2.2%	10.5	11.5%	2.7%
10	PTT GLOBAL CHEMICAL	소재	108,650	2.1%	9.5	23.7%	24.4%
11	CENTRAL PATTANA	부동산	104,429	2.0%	32.4	28.3%	51.9%
12	BANGKOK DUSIT MED SERVICE	헬스케어	101,653	2.0%	37.9	−10.3%	16.5%
13	BANK OF AYUDHYA	금융	89,273	1.7%	11.8	−8.9%	−24.0%
14	KRUNG THAI BANK	금융	83,289	1.6%	8.9	8.1%	−4.3%
15	INDORAMA VENTURES	소재	64,604	1.2%	11.8	17.7%	49.4%

출처 : Bloomberg(2017.8.6 기준)

태국 주식시장의 가장 큰 특징은 섹터별 분산이 잘되어 있다는 점이다. 대장 섹터인 금융에서 시작하여 에너지, 산업재, 필수소비재, 소재, 부동산 등 주요 섹터별로 상장종목들이 고르게 분산되어 있다. 어떤 섹터도 20%를 넘지 않는다.

이런 측면에서 태국 증시는 미국, 인도 증시와 함께 이상적인 섹터 배분을 보이는 주식시장이다. 이러한 형태의 주식시장은 한두 개 주요 섹터의 기업 성과가 흔들리더라도 전체 증시에 주는 충격이 적어 안정적인 펀드 운용이 가능한 주식시장이다.

태국에 상장된 기업들 중 섹터별로 시가총액이 큰 대표 종목들에 대해 알아보자.

1) 에너지 섹터 리더 : PTT(Petroleum Authority of Thailand, 티커 : PTT TB Equity)

4–13 | PTT 주요 지표 요약

2016년 결산 주요 지표		기업 밸류 분석				
구분	금액	항목	2015	2016	2017F	2018F
시가총액	1,062,544	매출 성장(%)	–22.20	–15.10	21.70	5.80
기업가치(EV)	1,692,662	EPS 성장(%)	57.90	–24.60	12.30	–1.40
매출	1,718,846	EV/EBITDA	3.75	5.44	5.42	5.29
EBITDA	311,386	P/E	34.28	11.49	10.18	10.32

출처 : Bloomberg(단위 : 백만 타이 바트), 회계 결산 각 연도 말 기준

* EV(Enterprise Value, 기업가치 : 기업의 총 가치로 자기자본과 부채를 더하고 현금성 자산을 차감하여 구함)

* EBITDA(Earnings Before Interest, Taxes, Depreciation and Amortization : 법인세, 이자, 감가상각비 차감 전 영업이익이며 기업 영업활동으로 벌어들이는 현금 창출 능력을 의미)

PTT는 태국 석유공사의 줄임말이다. 태국 주식시장의 시가총액이 가장 큰 기업이자, 태국의 자존심으로 불리는 국영기업이다. 태국 앞바

4-14 | PTT 주가 차트

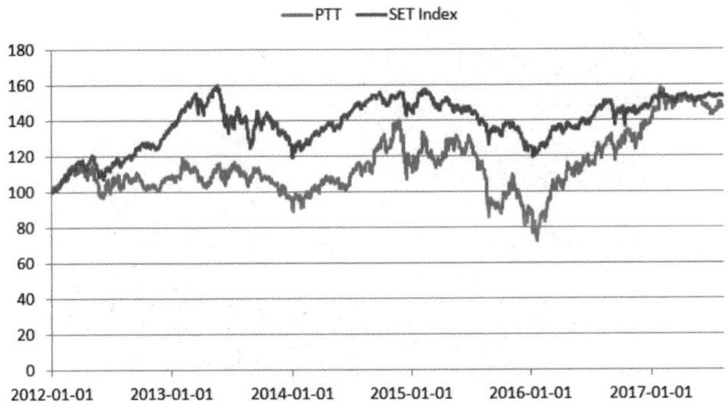

출처 : Bloomberg(2012. 1. 1~2017. 8. 6), 2012. 1. 1일 값을 100으로 변환

다인 태국만에서 생산되는 해양 원유와 가스를 시추하고, 송유관으로 이송하며, LPG 터미널을 통해 태국 전역으로 공급하는 역할까지 다양한 사업 영역에 진출해있다.

PTT의 다양한 자회사들이 태국 증시에 상장되어 있으며, PTT는 포춘 글로벌 500에 들어가 있는 유일한 태국 회사다. PTT 및 PTT의 자회사들은 싱가포르, 인도네시아, 모잠비크, 필리핀 등지의 원유, 석탄, 천연가스사업에 진출해있다. 태국 에너지 및 발전산업의 안정화에 큰 역할을 하고 있다.

PTT는 원유 및 천연가스의 채굴 및 인프라투자에 집중할 뿐만 아니라 태국 전역에 1,500개가 넘는 주유소 네트워크를 보유하고 있다. 특히 주유소사업 부문은 별도로 분리해 IPO를 진행할 계획이 있어서 주목된다.

▌ 태국의 PTT 주유소 전경
•출처 : Nikkei Asian Review

태국만의 원유는 현재 거의 고갈 상태이며 가스 생산량도 점차 감소하고 있어서 PTT의 사업 다각화는 계속될 전망이다. 에너지사업의 특성상 PTT는 매출 및 이익증감률의 변동성은 높은 편이고 유가 및 가스 가격의 변동에 따라 주가의 향후 방향성이 결정될 것이다.

2) 산업재 섹터 리더 : AOT(Airports of Thailand, 티커 : AOT SP Equity)

4-15 | AOT 주요 지표 요약

2016년 결산 주요 지표		기업 밸류 분석				
구분	금액	항목	2015	2016	2017F	2018F
시가총액	569,999	매출 성장(%)	17.00	15.90	8.20	10.70
기업가치(EV)	540,657	EPS 성장(%)	52.30	2.30	12.10	13.10
매출	50,962	EV/EBITDA	13.13	17.17	23.25	20.95
EBITDA	31,098	P/E	21.43	29.12	37.89	33.50

출처 : Bloomberg(단위 : 백만 타이 바트), 회계 결산 각 연도 말 기준

4-16 | AOT 주가 차트

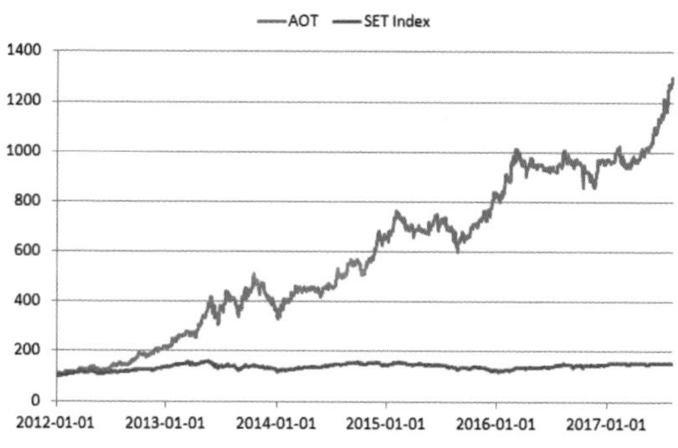

출처 : Bloomberg(2012.1.1~2017.8.6), 2012.1.1일 값을 100으로 변환

AOT는 태국 공항공사의 줄임말로 태국 공항의 민영화로 인해 상장되었으며, 태국 정부가 여전히 70%의 지분을 보유하고 있다. AOT는 태국 내 6개 공항을 관리하고 있다. 주가 차트에서 보는 바와 같이 태국 관광산업의 급성장에 따라 주가는 연일 신고가를 갱신하고 있다. 기업의 매출과 이익이 모두 안정적인 두 자릿수의 안정적인 고성장을 지속하고 있다. 최근 수년간 중국 관광객의 급증에 따라 추가적인 수혜를 받게 될 것이다.

태국은 위치상 인도차이나 반도와 말레이 반도, 인도네시아 군도를 연결하는 아세안의 정중앙에 위치해있기 때문에 향후 태국 공항들은 항공 허브로 발전할 가능성이 높다. 2017년 9월 말까지 태국 내 6개 공항을 연간 이용한 항공 승객은 1억 3천만 명을 돌파했다. 이는 매일 2,250편의 항공편을 운항한 셈이다.

특히 태국 공항은 에어아시아, 타이라이언에어 등 주요 저가항공사들의 허브로 발전하면서 향후 중국 관광객뿐만 아니라 아세안 역내 관광객들이 지속적으로 증가할 것으로 예상된다. 밸류가 약간 높은 편이기는 하나 태국 관광산업에 대한 믿음이 있다면 1순위로 투자해야 할 종목으로 판단한다.

3) 필수소비재 섹터 리더 : CP All(Charoen Pokhand All, 티커 : CPALL TB Equity)

4-17 | CP All 주요 지표 요약

2016년 결산 주요 지표		기업 밸류 분석				
구분	금액	항목	2015	2016	2017F	2018F
시가총액	561,438	매출 성장(%)	9.50	10.90	9.50	9.80
기업가치(EV)	720,132	EPS 성장(%)	34.10	21.60	15.80	17.70
매출	434,712	EV/EBITDA	18.56	19.68	20.06	17.94
EBITDA	36,601	P/E	25.82	33.78	33.59	28.55

출처 : Bloomberg(단위 : 백만 타이 바트), 회계 결산 각 연도 말 기준

CP All은 태국 최대 기업 집단이자 농수산물, 식음료, 유통, 통신 그룹인 CPCharoen Pokphand가 세븐일레븐 편의점 부문을 별도로 상장시킨 기업이다. 참고로 CP 그룹은 1920년대 중국에서 방콕으로 이민을 온 화교 치아 형제의 작은 상점에서 출발했다. 그후로 가축 사료, 축산업, 식품업, 유통, 통신업으로 계속 사업을 다각화해 전 세계 30만 명의 직원을 보유한 태국 최대 민영기업이다.

4-18 | CP All 주가 차트

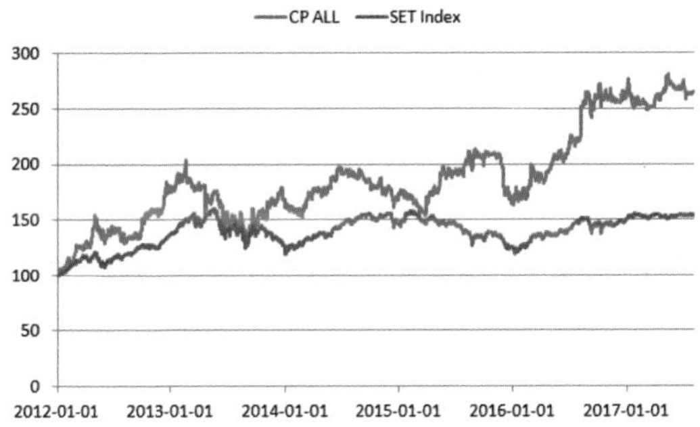

출처 : Bloomberg(2012.1.1~2017.8.4), 2012.1.1일 값을 100으로 변환

CP 그룹은 중국, 일본 등 아시아 기업들에 집중 투자하여 중국 평안보험의 최대 주주이자, 중국 중신 그룹CITIC 및 일본 이토추Itochu의 주요 주주이기도 하다. CP 그룹은 중국 사료시장 및 태국, 인도네시아의 닭고기시장을 장악하고 있어, 태국 화교의 아세안 및 중국 진출 성공 사례이기도 하다.

CP All이 관리하는 태국 내 세븐일레븐 편의점은 2017년 8월부로 1만 개를 돌파했다. 이는 전 세계 세븐일레븐 점포 중에 미국, 일본에 이어 세계 3위에 달하는 숫자다. 태국 내 편의점의 시장점유율 70%에 달하며 즉석식품 코너를 확대해 많은 태국인들이 세븐일레븐에서 식사를 해결하고 있다. 방콕에만 세븐일레븐 편의점이 4천 개가 넘게 있어 골목마다 쉽게 찾아볼 수 있을 정도다.

매출 및 이익이 연간 두 자릿수로 계속 상승하고 있어, 태국 소비시장의 변화에 대해 긍정적인 전망이 있다면 투자해볼 만한 종목이다. 다만 PER가 높고 태국 내 편의점사업이 점차 포화 상태에 진입하고 있어 투자에 주의해야 한다.

4) 부동산 섹터 리더 : 센트럴 파타나(Central Pattana, 티커 : CPN TB Equity)

4-19 | 센트럴 파타나 주요 지표 요약

2016년 결산 주요 지표		기업 밸류 분석				
구분	금액	항목	2015	2016	2017F	2018F
시가총액	254,694	매출 성장(%)	8.90	13.80	6.50	22.20
기업가치(EV)	270,362	EPS 성장(%)	5.90	20.50	18.90	11.50
매출	27,634	EV/EBITDA	17.10	16.90	22.31	19.58
EBITDA	15,996	P/E	26.70	27.55	33.56	30.09

출처 : Bloomberg(단위 : 백만 타이 바트), 회계 결산 각 연도 말 기준

4-20 | 센트럴 파타나 주가 차트

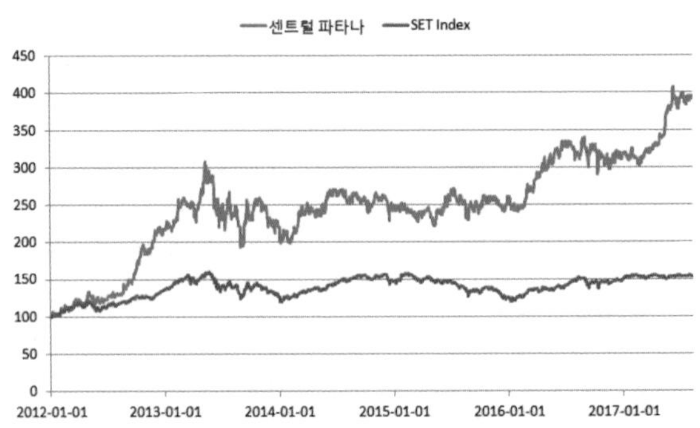

출처 : Bloomberg(2012.1.1~2017.8.4), 2012.1.1일 값을 100으로 변환

1980년에 설립된 센트럴 파타나는 CPN으로도 불리는 태국 최대 쇼핑몰 건설 및 운영회사다. 태국 내 30개 프리미엄 쇼핑몰, 7개 오피스 건물 및 호텔 등의 부동산을 소유 및 운영하고 있다. 태국 전역에 센트럴 플라자, 센트럴 시티 등의 상호로 대형 쇼핑몰을 운영하고 있다. 또한 방콕 도심에는 센트럴 월드라는 초대형 복합 상업단지를 운영하고 있다.

일 년 내내 30도 전후에 달하는 열대성 기후인 태국에 실내 몰링 개념을 도입하여, 태국인들의 여가생활과 국내외 관광객들의 여행 패턴을 바꾸는 새로운 쇼핑 문화를 제시하고 있다. 과거의 태국이 안마의 천국이라고 불렸다면, 지금의 태국을 쇼핑의 천국으로 변신시킨 주역이라고 할 수 있다.

특히 방콕에 위치한 센트럴 월드는 태국 최대 복합 상업단지로 관광객들은 필수로 방문하는 곳이다. 매출 및 이익이 지속적으로 신장되는

▌ 방콕 도심의 센트럴 월드 전경
•출처 : Index Creative Village

상황이어서 태국 내수 및 관광산업에 관심이 있다면 지속적으로 관심을 가져야 할 종목이다.

5) 헬스케어 섹터 리더 : 방콕 두싯 메디컬 서비스(Bangkok Dusit Medical Service, 티커 : BDMS TB Equity)

4-21 | 방콧 두싯 주요 지표 요약

2016년 결산 주요 지표		기업 밸류 분석				
구분	금액	항목	2015	2016	2017F	2018F
시가총액	357,841	매출 성장(%)	12.60	8.20	−0.20	9.60
기업가치(EV)	387,560	EPS 성장(%)	8.30	2.30	−0.80	9.90
매출	69,053	EV/EBITDA	25.85	25.89	25.17	23.01
EBITDA	14,756	P/E	42.88	42.78	41.06	37.37

출처 : Bloomberg(단위 : 백만 타이 바트), 회계 결산 각 연도 말 기준

4-22 | 방콕 두싯 주가 차트

출처 : Bloomberg(2012.1.1~2017.8.4), 2012.1.1일 값을 100으로 변환

방콕 두싯 메디컬 서비스이하 방콕 두싯는 태국 최대 병원 그룹이다. 참고로 태국, 말레이시아 등 아세안 국가에는 한국과 달리 민영병원이 여러 곳 상장되어 있다.

방콕 두싯은 1969년에 설립되었으며 이후 지속적으로 병원을 확장하고 인수하여, 현재 태국 전역에 간판 브랜드인 방콕 병원을 비롯해 6개의 병원 브랜드를 통해 총 45개의 병원을 운영하고 있다. 매출 기준으로 세계 5대 병원 그룹에 속한다. 태국 최초의 심장 전문 병원, 암 전문 병원, 소아 전문 병원을 개설했다.

방콧 두싯은 태국 의료 관광산업의 선봉에 서 있는 기업이며 가격, 서비스, 의료 수준, 병상 수, 휴양 등 여러 측면에서 인정받은 JCI 인증 등을 거친 고품질 의료 서비스를 저렴한 가격에 제공하고 있다. 태국 의료 관광산업은 관상동맥 우회로 수술, 무릎 인공관절 수술 등 고난이도 수술부터 치과 진료에 이르기까지 다양하다. 무엇보다 미국, 호주 등 선진국 대비 1/10에서 1/4 가격에 휴양을 겸하여 진료할 수 있어 서구, 중동, 일본 등 외국인 환자들의 높은 호응을 얻고 있다.

방콕 두싯은 내국인과 외국인의 내원 비중이 비슷한 가운데 최근 M & A로 공격적인 확장에 나서고 있는 태국 최대 민영병원 그룹이다. 방콕 두싯과 함께 손꼽히는 의료관광의 양대 산맥인 범룽랏 인터내셔널 병원Bumrungrad International Hospital, 종목코드 BH은 태국을 찾는 연간 의료관광객 260만 명 중 60만 명이 찾을 정도로 태국 최고의 병원으로 명성이 높다.

범룽랏의 매출은 방콕 두싯에 비해 적다. 하지만 방콕 도심의 병원을

▌ 방콕 두싯에서 운영하는 방콕 국제병원 전경
•출처 : Bangkok.com

중심으로, 외국인 환자 비중이 60%가 넘는 병원 경영 전략의 차이를 보인다. 방콕 두싯은 최근 공격적인 인수합병의 후유증과 유가 하락으로 인한 중동 환자 감소로 매출, 이익, 주가가 조정을 받고 있다. 하지만 중장기적인 매출, 이익 상승이 예상된다. 방콕 두싯과 범룽랏 모두 PER가 높아 투자에 주의가 요구된다.

6) 경기소비재 섹터 리더 : 마이너 인터내셔널(Minor International, 티커 : MINT TB Equity)

마이너 인터내셔널은 아시아 최대 관광 & 레저, 레스토랑 전문기업의 하나다. 1978년 미국인인 윌리엄 하이넥이 태국에 설립했으며, 지금도 그룹 CEO 및 회장을 겸임하고 있다. 아난타라Anantara, 아바니AVANI 등 여러 호텔 브랜드로 세계 전역에 150개 호텔을 운영하고 있다. 또한 더 피

4-23 | 마이너 인터내셔널 주요 지표 요약

2016년 결산 주요 지표		기업 밸류 분석				
구분	금액	항목	2015	2016	2017F	2018F
시가총액	157,671	매출 성장(%)	14.50	20.80	10.10	9.90
기업가치(EV)	206,499	EPS 성장(%)	22.20	-15.50	22.00	16.30
매출	51,152	EV/EBITDA	25.09	21.22	20.61	18.99
EBITDA	9,730	P/E	22.67	23.91	34.35	29.54

출처 : Bloomberg(단위 : 백만 타이 바트), 회계 결산 각 연도 말 기준

4-24 | 마이너 인터내셔널 주가 차트

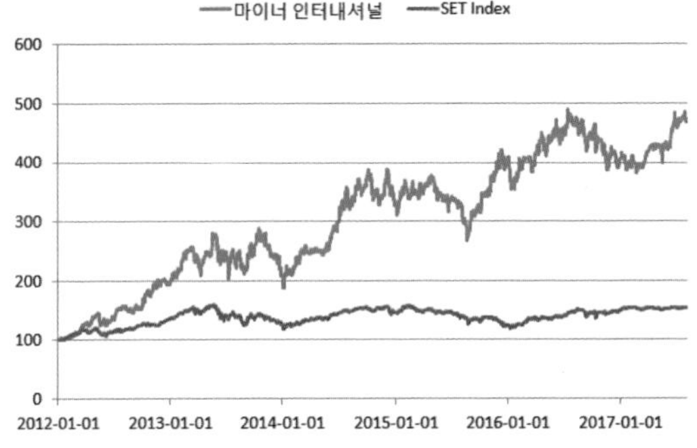

출처 : Bloomberg(2012.1.1~2017.8.4), 2012.1.1일 값을 100으로 변환

자 컴퍼니The Pizza Company, 타이 익스프레스Thai Express 등의 미국 스타일의 패스트푸드 레스토랑 프랜차이즈를 약 2천여 개 운영하고 있는 등 태국을 중심으로 세계 각지에서 호텔 및 레스토랑을 운영하고 있다.

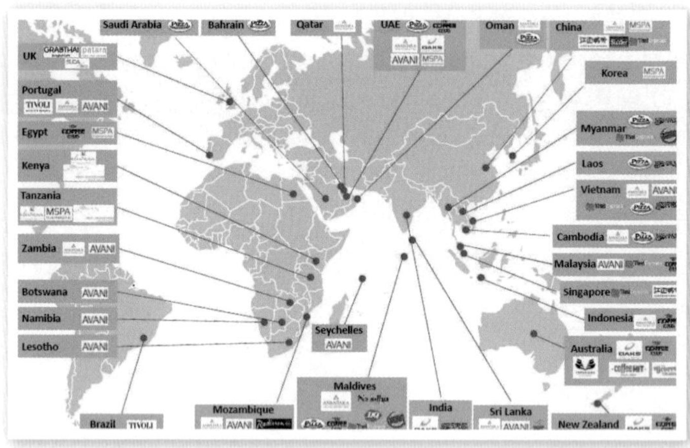

▌ 마이너 인터내셔널의 전 세계 사업장 분포도
•출처 : Minor International

매출 및 이익이 호텔과 식음료산업에서 균등하게 발생하며 태국을 중심으로 아시아를 넘어 중동, 아프리카, 유럽 등 세계 각지에 호텔을 보유하고 있다. 지금도 끝없는 M & A로 아시아 최대 레저 그룹으로 성장, 발전하고 있다. 태국 인바운드 관광을 넘어 전 세계로 확대되는 태국 관광산업의 리더 기업으로 주목할 만하다.

Chapter 5

아세안의 문화 용광로, '말레이시아'

: 인공 국가, 말레이시아의 탄생 :

말레이시아는 싱가포르, 브루나이에 이어 아세안에서 3번째로 잘사는 국가다. 국토는 말레이 반도와 북보르네오 섬인도네시아에서는 칼리만탄 섬이라고 부른다으로 양분되어 있다.

즉 과거 동인도 지역의 영국 식민지들 중 싱가포르와 브루나이는 독립 국가이며, 이들을 제외한 나머지 주들이 연합하여 독립한 국가다. 인구는 3,119만 명으로 동남아시아에서는 중위권에 속할 정도로 인구가 많지 않은 편이나 원유, 주석, 니켈, 천연 고무, 팜오일 등 다양한 원자재가 생산되는 자원 부국이다.

또한 마하티르 총리 재임 시절, 강력한 동방 정책Look East Policy에 따라 한국과 일본의 제조업 성공 방정식을 도입하여 석유화학, 자동차, 전자 부품업 등이 발전한 공업 국가이기도 하다. 수도 쿠알라룸푸르의 페트로나스 트윈타워는 한때 세계 1위의 최고층 빌딩이었을 정도로, 말레이시아는 인프라나 도시 정비 수준이 아세안 지역 중에서 수위에 오를 정도로 잘 정비되어 있다.

인종적으로는 말레이계가 50% 전후를 차지하나 중국계 또한 20%가 넘는다. 이 외에 토착민 10%, 인도계 7%를 차지하는 등 인종 구성이 매우 다양하다. 이슬람교 교인이 인구의 60%가 넘는 무슬림 국가이기도 하다. 말레이시아는 그만큼 인종적, 언어적, 종교적 대립이 치열한 국가여서 공용어는 말레이어이나 한 나라에서 다른 민족 간에 대화할 때는 영어를 사용해야 하는 아이러니도 있다. 따라서 쿠알라룸푸르 등 대도시에서는 말레이어보다 영어가 더 잘 통할 때도 있다.

말레이시아는 연방제 입헌군주국으로 13개 주 중에 9개 주에 술탄이 있으며, 이들 9명이 5년씩 돌아가면서 국왕으로 취임한다. 현재 국왕은 15대 국왕인 무하마드 5세이며 임기는 2021년까지다. 9개 주에서 돌아가면서 국왕으로 취임하기 때문에 45년에 한 번씩 순서가 돌아온다. 국왕은 실질적인 통치는 하지 않으나 권위는 매우 높다. 동남아시아 식민 역사의 아픔과 찬란한 말라카 왕국의 추억을 동시에 갖고 있는 문화 용광로, 말레이시아에 대해 알아보자.

말레이시아는 고대로부터 인도양과 남중국해를 잇는 길목에 위치하여 중국과 인도의 영향을 많이 받는 지역이었다. 말레이시아와 인도네

5-1 | 말레이시아와 한국의 비교

구분	말레이시아	한국	한국 대비
면적(㎢)	330,803	99,720	331.7%
인구(만 명)	3,119	5,062	61.6%
GDP(억 달러)	2,963	14,112	21.0%
1인당GDP	9,503	27,539	34.5%
10년물 국채 금리(%)	3.96	2.21	1.75%
시가총액(억 달러)	3,631	12,822	28.3%
상장종목 수	903	2,059	43.9%

출처 : World Bank 2016년 기준, 주식시장 WFE 2016년 말

시아는 중세까지 역사를 공유하고 있다. 인도네시아 수마트라 섬의 스리위자야 왕국이 말레이 반도까지 영토를 넓혔고, 이후에는 자바 섬의 마자파히트 왕국의 말레이계 주민들이 말레이 반도로 이동하여 15세기 말라카 왕국을 세웠기 때문이다. 공히 두 나라 모두 말레이계 민족으로, 현재도 언어가 유사하여 서로 의사소통에 문제가 없다.

다만 인도네시아는 네덜란드 식민 지배를 350년간 받았고 말레이시아는 포르투갈, 네덜란드를 거쳐 영국 지배를 받으면서 문화적으로는 차이를 보인다. 15세기 말라카 왕국을 세운 파라메스와라 왕은 힌두교도였으나, 당시 해상 무역을 장악했던 페르시아와 아랍 상인들과 교류하면서 이슬람교로 개종하게 된다. 이후 본격적인 이슬람의 유입이 시작된다.

말라카 해협의 중심지이며 1백 년간 해상 무역의 중심지로 번성했던 말라카 왕국은 포르투갈의 공격을 받고 1511년 포르투갈의 식민지가 된다. 또한 네덜란드가 서서히 동남아시아 무역을 위해 세력을 확장하면서 1641년 말라카는 네덜란드 식민지로 변경된다. 당시 말레이 반도 내륙은 조호르 왕국을 비롯한 여러 술탄의 지배를 받는 왕국으로 분열되어 있었다. 포르투갈, 네덜란드 이후에 등장하는 영국 등은 이 지역에서 생산되는 주석 및 각종 향신료 등의 무역에 관심이 있었지 내륙 지배에는 큰 관심을 두지 않았기 때문이다.

18세기부터는 영국이 동남아시아 지역의 패권을 확대하였고 말레이 반도 페낭 섬, 싱가포르 등을 식민지로 확보하게 된다. 결국 1824년 영란 조약에 의해 말레이 반도는 영국이, 현재의 인도네시아에 해당하는 네덜란드령 동인도는 네덜란드가 관할하기로 결정한다. 이 영토 분할이 현재까지 말레이시아와 인도네시아의 경계로 굳어지게 된다.

영란 조약으로 말레이 반도의 지배를 공고히 하게 된 영국은 페낭, 말라카, 싱가포르, 라부안을 직접 지배한다. 이후 말레이 반도 내륙의 여러 술탄국들을 보호령으로 두게 된다.

영국인들은 말라카 해협 인근의 해협 식민지는 무역업에 중심을 두었고, 말레이 반도 내륙은 주석 광산 개발 및 천연 고무농장 경영에 열을 올리게 된다. 이때 광산을 운영하는 영국인 자본가들은 중국인 및 인도인을 광산과 천연 고무농장 노동자로 대규모로 이주시킨다. 특히 중국인들은 특유의 교육열과 사업 수단으로 말레이시아 경제를 점차 장악하게 된다.

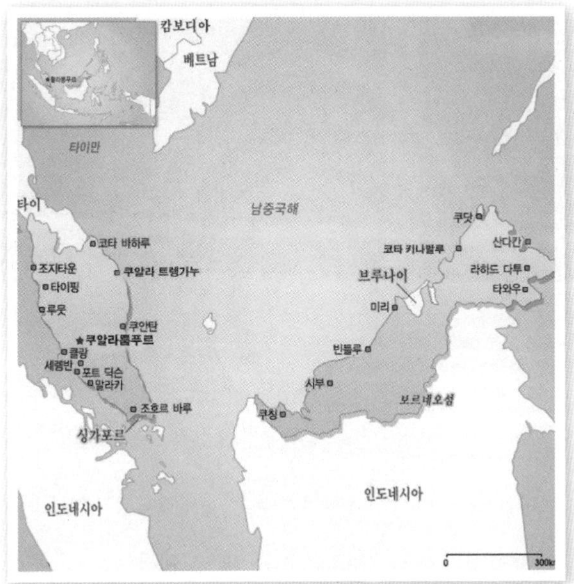

▌ 말레이시아 지도
• 출처 : doopedia

한편 보르네오 섬의 영국령 지역인 사라왁과 사바는 다른 형태로 발전해왔다. 보르네오 섬의 지배자는 브루나이 왕국으로 16세기 전성기에 브루나이는 북부 보르네오 전체와 술루 제도, 나아가 필리핀 일부를 지배했다. 그러나 스페인, 네덜란드, 영국 등 서구 열강의 동남아시아 침입이 본격화되면서 국토는 급격하게 줄어들었다.

19세기 들어 내란과 해적의 활동이 빈번하게 일어나자, 브루나이 왕은 내란 진압에 협력한 영국의 모험가 제임스 브룩에게 1841년 사라왁 지역을 양도한다. 제임스 브룩이 초대 왕으로 등극한 사라왁 왕국은 1946년 영국의 직할 식민지가 될 때까지, 전무후무한 백인 왕조시대가

▌ 제임스 브룩 초상화와 브루나이 국왕과의 협상 묘사도
•출처 : Wikipedia, Dawlish Chronicles

105년간 지속된다.

영국의 백인 탐험가가 보르네오 정글 왕국을 건설한 이 기막힌 스토리는 〈백인왕White Rajah〉이라는 제목으로 영화 제작이 결정되어 2018년 사라왁 지역에서 촬영을 앞두고 있다. 사바 지역은 19세기 말 브루나이 및 술루 술탄의 양도로 영국 식민지로 편입되며 북부 보르네오로 불리게 된다. 이에 따라 보르네오 섬은 남동부는 네덜란드령, 북서부는 영국의 실질적인 지배를 받게 되며 브루나이 왕국은 현재와 같이 아주 작은 영토만이 남게 되었다.

결국 파란만장했던 19세기를 지나면서 현재의 말레이시아 영토 전역은 영국의 식민지로 변해갔다. 영원히 계속될 줄 알았던 이 식민 지배는 1941년 일본의 태평양 전쟁으로 큰 변화를 맞게 된다.

당시 미국과 태평양 전쟁을 일으킨 일본 군부는 바로 동남아시아 지역으로 눈을 돌려 빠른 속도로 영국, 네덜란드, 프랑스, 미국 군대와 전쟁을 벌였으며 인도차이나 반도 전역을 통일하다. 그리고 말레이시아, 인

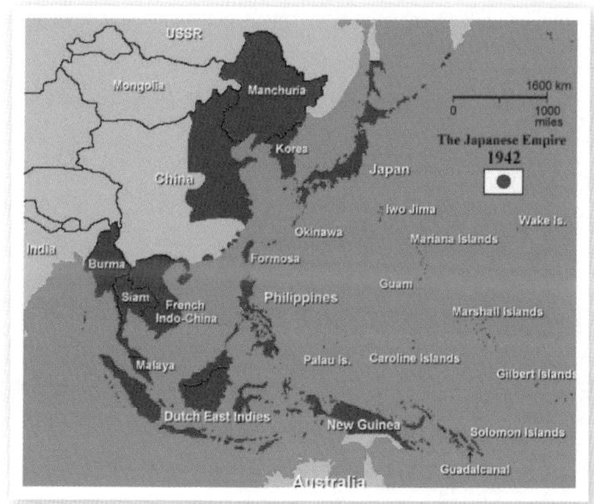

▌ 1942년 일본 점령 영토와 일본군의 쿠알라룸푸르 전투 사진
• 출처 : The History Place, Wikipedia

도네시아, 필리핀까지 모두 석권하여 이른바 대동아 공영권을 건설하게 된다.

1942년 말레이시아, 싱가포르에서 영국의 일본에 대한 충격적 패배는 총 10만 명이 넘는 영국, 인도, 호주 연합군 포로를 양산하게 된다. 일본군이 태평양 전쟁 당시 말레이시아에서 붙잡은 영국 포로들을 수송해 버마-태국 철도 건설에 투입했던 사건을 그린 영화가 그 유명한 〈콰이 강의 다리The Bridge on the River Kwai〉다.

일본 군대는 과거 서구의 식민지 지배 세력과 중국계 이민자들은 견제했으나 현지 원주민에 대한 교육을 강화하고 독립을 지원하는 정책을 펴게 된다. 아이러니하게도 일본의 짧았던 3년간의 동남아시아 지배는 향후 이 지역이 식민 지배를 벗어나 독립하게 되는 자주 의식과 민족주의를 자극하게 된다.

이윽고 1945년 태평양 전쟁이 끝나고 말레이시아에는 과거 식민 지배를 했던 영국이 돌아왔다. 그러나 말레이시아 정국은 전쟁 전과는 전혀 다른 양상으로 흘러갔다. 이제 말레이시아 국민들은 영국이 더 이상 세계 최강국이 아님을 알게 된 것이다. 독립 의지는 강해져만 갔고 1946년 말라야 연합을 거쳐, 1948년 말라야 연방이 결성되었다. 이후, 말라야의 독립 기운이 더욱 강해짐에 따라 1957년 말라야 연방은 영국으로부터 독립하게 된다.

독립 당시부터 중심 정당은 말레이계 중심의 정당인 UMNOUnited Malays National Organization, 통일 말레이 국민조직이며 UMNO는 MCAMalaysian Chinese Association, 말레이시아 중국인협회, MICMalaysian Indian Congress, 말레이시아 인도인회의 등 중국계, 인도계 정당과 연합하여 BNBarisan Nasional, 국민전선 연정을 수립했다. 이 BN 연정이 독립 이후에 지금까지 60여 년간 정권 교체 없이 말레이시아를 이끌고 있다.

말레이시아 독립의 아버지로 불리는 사람은 툰쿠 압둘 라만이며 그는

UMNO의 당수이자, 말레이시아 초대 총리로 1957년부터 1970년까지 13년간 재임하면서 말레이시아 성립에 큰 역할을 했다.

그는 말레이 반도의 영국 식민지 연합인 말라야 연방의 민족주의 부흥을 계기로 UMNO 당수로 취임하여, 1955년 영국과의 협상에서 1957년 독립을 확정했다. 말라야 연방의 독립 이후에 이제 남은 영국 식민지는 싱가포르 및 북보르네오의 사라왁, 사바, 브루나이 총 4개 지역이었다. 말라야 연방과 나머지 식민지들은 협상을 통해 하나의 나라로 뭉치기로 했고 브루나이를 제외한 나머지 지역이 모두 연합하여 1963년 말레이시아가 출범했다. 말레이시아Malaysia는 말라야Malaya와 라틴어의 접미사인 'sia'가 결합된 합성어다. '말레이계 민족이 사는 나라'라는 뜻이다.

브루나이가 말레이시아 편입을 거절한 것은 이 지역의 막대한 석유 자원을 둘러싼 이권 때문이었다. 브루나이는 끝까지 영국령으로 남아 있다가 1984년 하사날 볼키아 술탄이 지배하는 왕정으로 새롭게 출발하게 된다. 브루나이는 인구 40만 명의 소국이나 소득세 등 세금이 전혀 없고 모든 국민이 연금을 받는 황금 왕국으로 불린다. 석유 매장량이 11억 베럴이 넘는 자원 부국이다.

한편 새롭게 출범한 통일 말레이시아 체제는 2년을 넘기지 못했다. 근본적으로 말레이계가 정치, 군사 영역을 지배하고 중국계가 경제를 지배하는 상황에서 중국계 비중이 70%가 넘는 싱가포르는 툰쿠 압둘 라만 총리에게는 눈엣가시로 들어왔다.

특히 싱가포르의 리콴유는 말레이계 우대 정책의 철폐를 주장하며

'말레이시아인의 말레이시아Malaysian Malaysia'를 외쳤다. 1964년 싱가포르에서 중국계와 말레이계 간의 인종 폭동이 발생하자, 마침내 라만 총리는 결심을 굳히고 1965년 싱가포르의 말레이시아 연방 축출을 결정한다. 이로써 1965년 13개 주와 3개 연방직할령으로 구성된 말레이시아는 현재의 모습으로 정식 출범하게 된다.

이제부터 말레이시아 경제 개발을 주도했던 마하티르 총리의 일대기에 대해 알아보자.

: 말레이시아 통합과 경제 개발의 주역, 마하티르 :

지난 세기 말레이시아 역사에 있어 가장 중요한 인물은 마하티르 빈 모하맛 전 총리일 것이다. 그는 1981년 4대 총리로 취임하여 2003년 퇴임할 때까지 22년간 총리로 재임했다. 그는 싱가포르의 리콴유, 인도네시아의 수하르토와 더불어 대표적인 아세안의 개발 독재자로 불린다. 또한 의사였던 경력이 있어 'Dr.M'으로 불리기도 한다.

그는 행정 수도 푸트라자야, 과학단지 MSCMultimedia Super Corridor를 건설했으며 말레이시아 독자 브랜드 자동차 프로톤Proton의 창업을 주도했다. 또한 말레이시아 국영 오일 & 가스회사인 페트로나스Petronas의 해외 진출을 아낌없이 지원했다. 또한 수도 쿠알라룸푸르의 상징인 초고층 빌딩 페트로나스 트윈타워의 건설을 주도하였고, 총리 은퇴 후에는 이곳에 사무실을 열었다.

마하티르 총리 사진과 페트로나스 트윈타워
•출처 : Malaysia Outlook, www.kuala-lumpur.ws

또한 말레이계 및 원주민 우대 정책인 부미푸트라를 지속적으로 추진하여 이들의 대학 입학, 취업, 부의 증진에 기여했다. 하지만 중국계와 인도계가 지속적인 불만을 갖는 계기를 만들었다. 또한 재임 시절에는 동아시아 선진 경제를 배우는 운동인 '동방 정책Look East Policy'을 펼쳐 한국과 일본으로 유학생 및 연수생을 보냈고, '비전 2020'을 통해 2020년까지 말레이시아를 선진국으로 만들겠다는 비전을 제시했다.

말레이시아를 아세안 주요 국가로 끌어올린 경제 개발의 주역이자, 민주주의를 탄압하고 아시아 금융위기를 전투적으로 돌파한 복합적인 이미지를 동시에 갖고 있는 마하티르 총리에 대해 알아보자.

그는 1925년 말레이시아에서 평민 집안의 9남매 중 막내로 태어났다. 그는 어린 시절 공부에 소질을 보였고, 특히 영어를 잘했던 것으로 알려져 있다. 일본의 말레이시아 점령 시절에는 커피와 바나나 스낵을 파는 행상을 하기도 했다. 2차 세계대전이 끝난 후에는 싱가포르의 킹 에드워드 7세 의과 대학지금의 싱가포르 국립대에 입학하여 의사가 되었으며 같은 의과 대학생이었던 아내를 만났다. 졸업 후에 그는 고향으로 돌아와 개업의가 되었으며, 지역 유지로서 여러 사업에 관여하기도 했다.

그는 의과 대학생으로 재직 중이던 시절부터 말레이계 시민들의 권리 신장 및 말레이어 국어 선정운동에 앞장섰다. 그는 고향인 크다 주의 알로르 스타르에서 의사로 일하면서 동시에 UMNO 정당활동을 시작했다.

초대 총리인 툰쿠 압둘 라만과의 견해 차이로 1959년 초대 총선에는 참가하지 않았으나, 1964년 총선에는 도전하여 고향의 하원의원으로 당선되었다. 그는 초선의원으로 활동하면서 싱가포르의 PAP당을 친중국적이라고 비난했으며, 당시 라만 총리의 결정에 의해 싱가포르는 1965년 말레이시아에서 축출되고 만다.

이후 1969년 3차 총선에서 그는 PAS당Pan-Malaysian Islamic Party에 밀려 선거에 패배하고 말았다. 총선 직후인 1969년 5월 13일 말레이계와 중국계의 대규모 유혈 분쟁이 발생하여 수백 명의 사상자가 발생했다. 그는 라만 총리가 말레이계의 권리 신장에 나서지 않는다고 지속적으로

5월 13일 인종 분쟁과 툰쿠 압둘 라만 총리
• 출처 : worldpress.com, Famous People

비판했다. 결국 마하티르는 UMNO당에서 퇴출되고 만다.

말레이시아 건국의 아버지로 추앙받던 툰쿠 압둘 라만 총리는 1969년 5월 13일의 대규모 유혈 분쟁을 제대로 해결하지 못한 책임을 지고 1970년에 사임한다.

5월 13일의 인종 분쟁은 여러 가지 면에서 말레이시아 정치·경제에 큰 영향을 미치게 된다. 이 사건은 1969년 5월 10일 총선 결과 발표에서 시작된다. 집권당인 UMNO가 헌법 개헌선인 2/3에 도달하지 못한

60%의 의석을 얻는데 그쳤다. 반면 DAP Democratic Action Party, 민주행동당 : 싱가포르의 리콴유가 주도했던 PAP(People's Action Party, 인민행동당)에서 말레이시아 지부가 분당된 친중국계 우파 정당당이 약진했다. 이에 중국계들은 말레이계가 2/3 개헌선에 미달했으니, 결국 중국계의 승리라고 주장하며 선거 승리 퍼레이드를 벌였다.

이에 자극받은 말레이계와 중국계의 인종 폭동이 격화되면서, 결국 5월 13일에 약 200여 명의 시민이 목숨을 잃는 비극이 발생했다. 말레이시아 정부는 비상계엄령을 선포하고 질서 회복에 나서지만, 인구의 50%가 넘는 가난한 말레이계와 20%를 차지하는 부유한 중국인 간의 갈등을 근본적으로 해결할 방법에 대해 다시 고민하게 되었다.

이로 인해 1970년 등장한 압둘 라자크 후세인 총리는 신경제 정책 NEP, National Economic Policy이라고 불리는 말레이계 우대 정책을 전격적으로 시행했다. 이는 경제적으로 낙후되었고 대부분 농촌에 살고 있는 말레이계 및 북보르네오 섬의 원주민들을 우대하는 정책으로, 말레이계 인종을 뜻하는 '부미푸트라 Bumiputera 정책'이라고도 불린다. 이 제도는 인구의 다수를 차지하는 말레이계와 토착민의 부의 증진과 사회적 권익을 확대하는 국가 주도 사업이다. 이 제도의 목적은 인구 60%를 차지하는 부미푸트라 무슬림 말레이계와 토착민의 경제적 부를 확대하여 중국계, 인도계 등 말레이시아의 다른 인종과 세력 균형을 이뤄 추가적인 인종 분쟁을 막는 것이다.

구체적으로 보면 쿠알라룸푸르 주식시장의 상장기업은 30%의 주식 지분을 의무적으로 부미푸트라에게 배정한다. 부미푸트라가 주택을 구매할 때는 7%를 할인해준다. 대학 입학 정원의 55%는 부미푸트라에게 우선적으로 배정한다. 정부 발주 프로젝트에는 부미푸트라 기업을 우선적으로 배정한다. 정부가 운용하는 수익 확정형 금융 상품은 부미푸트라만 가입이 가능하며, 일반 예금 금리의 3배에서 5배의 수익률을 보장하는 등의 파격적인 지원 내용이 있다.

부미푸트라 우대 정책은 무슬림이 대부분인 말레이계 우대 정책으로 명백히 인종 차별적인 정책에 가깝다. 그러나 일반적인 지원 정책이 소수 인종 보호 위주인 반면에, 이 정책은 전체 인구의 60%에 해당하는 부미푸트라말레이계 50%와 토착민 10% 우대에 포커스가 맞춰져 있다는 점이 큰 차이점이다.

그러나 사회·경제적으로 소외받는 말레이계 우대 정책을 40년 이상 유지한 결과 말레이계의 자산이 증대되었고 중국계와 인도계의 빈부 격차가 크게 줄어들었다. 1969년 이후, 말레이시아에서 대규모 인종 폭동이나 종교 분쟁이 없었다는 점은 수확으로 얘기할 수 있다.

그러나 실질적으로 말레이시아 대학의 70% 이상의 정원이 부미푸트라에게 배정되어 중국계와 인도계 인재는 호주 등 해외 대학에서 공부한 뒤에 해외로 유출되고 있다. 또한 집권당인 UMNO의 정권 유지를 위한 포퓰리즘 성격이 있고, 부미푸트라 간의 부정부패가 심화되고 있는 점은 큰 단점으로 지적된다.

한편 1969년 UMNO에서 퇴출된 마히티르는《말레이 딜레마The Malay Dilemma》라는 책을 써서 큰 반향을 일으켰다. 이 책은 중국계에 지배되는 말레이시아 경제 구조를 탈피하기 위해 말레이계에 대한 지원이 필요하며, 말레이인들은 힘든 일을 참고 하는 법을 배우고, 자본주의의 경제 원리에 대해 이해할 필요가 있음을 역설한 내용이다. 이 책은 계속 금서로 지정되어 있다가, 1981년 그가 총리로 취임한 이후에야 해제되었다.

1970년에 취임한 압둘 라자크 후세인 총리는 마하티르의 UMNO 복귀를 권유한다. 마침내 마하티르는 UMNO당으로 복귀하여, 1974년 하원선거에서 국회위원으로 당선되며 교육부 장관으로도 취임한다.

그는 빠른 속도로 정치권의 사다리를 타고 올라가 1975년 UMNO의 부총재로 취임한다. 이윽고 1976년 압둘 라자크 후세인 총리가 병환으로 사망하고 후세인 온 총리가 취임하게 되며, 이때 치열한 경쟁을 뚫고 마하티르는 부총리로 재직하게 된다. 이로써 그는 사실상 후세인 온 총리의 후계자로 인정받게 되며, 산업자원부 장관도 겸직하면서 말레이시아 중공업과 자동차산업 발전을 위한 기초를 닦게 된다.

다시 5년이 흘러 1981년, 후세인 온 총리는 건강상의 이유로 사임하고 마하티르는 마침내 총리로 취임했다. 총리로 취임한 마하티르는 술탄의 권한을 축소하고 압둘 라자크 총리 시절부터 시작된 NEP 정책부미푸트라 정책을 지속적으로 추진한다. 또한 공기업 민영화를 추진하면서 항공사, 유틸리티, 통신업 등 기간산업을 말레이계 및 친UMNO 기업들에게 매각한다.

또한 이슬람 문화 부흥에 따라 관련 지원책을 마련하고 당시 이슬람 문화운동의 기수였던 안와르 이브라힘을 UMNO로 영입한다. 결국 그가 의사로서 처음 UMNO당에 가입할 때 꿈꿨던 말레이계의 권익 향상과 말레이시아 경제의 근대화를 지속적으로 추진했던 것이다.

1986년 UMNO 전당대회에서 그는 반대파와의 치열한 접전 끝에 다시 당수 자리를 확보하며, 그는 반대파들을 국가보안법Internal Security Act을 활용하여 재판 없이 처벌했다. 1987년의 랄랑 작전도 화교 학교에 중국어를 못하는 말레이계 관리인을 파견하면서 벌어진 인종 분쟁으로, 국가보안법으로 관련자들을 재판 없이 구속하면서 종결되었다.

1990년대 말레이시아 경제 부흥을 이끌었던 말레이시아 재무부 장관이자 부총리였던 안와르 이브라힘은 1997년 아시아 금융위기의 해법으로 IMF의 권고 등 친서방 정책을 내세우다 마하티르와 갈등이 커졌다. 결국 부정부패 및 동성애 혐의로 유죄 판결을 받고 여러 차례 교도소생활과 야권운동을 반복하면서 UMNO 체제에 대한 반대 여론을 주도하고 있다.

마하티르 총리는 1990년 시작된 친말레이계 우대 법안인 NEP를 NDPNational Development Policy, 국가 개발 정책로 계승하여 부미푸트라 우대 정책을 지속했다. 그리고 2020년에는 말레이시아를 선진국으로 부상시키겠다는 '비전 2020'을 추진한다.

1990년대에는 각종 경제 개발 정책을 본격적으로 시행하는데, 우리나라 세종시의 개발 모델이 된 푸트라자야 행정 수도 건설, 실리콘 밸리를 모델로 한 IT도시인 MSCMultimedia Super Corridor 건설, 국산 자동차 브랜드 프로톤Proton 개발 등이 그것이다.

1997년 아시아 금융위기를 둘러싸고 조지 소로스 등 유대계 금융 자본과 IMF의 긴축 정책을 비난하고 독자적인 해결책을 제시한 것은 유명한 일화다.

▌ 행정 수도 푸트라자야의 전경과 MSC에서 연설하는 마하티르 총리
•출처 : Malaysia Heritage, World Finance

1998년 9월, 마하티르 총리는 친서방적이었던 안와르 부총리를 전격 해임한다. 그와 동시에 말레이시아 링깃 환율을 미국 달러화에 고정시키고, 모든 외국 자본의 유출을 1년 동안 제한하는 자본통제 조치를 취했다. 이는 IMF의 권고를 충실히 이행했던 한국, 태국 등과는 정반대의 길을 간 것이다. 이 결과로 단기적으로 실업률이 안정화되었고, 때마침 엔고 현상이 발생하면서 수출 경쟁력이 강화되어 빠른 속도로 경제가

정상화되는 성과를 얻었다.

다만 당시 한국은 IMF 처방을 받아들이면서 단기적으로 극심한 충격에도 불구하고 기존 대기업들의 부채 및 규모의 경제에 근거한 불안정한 경제 성장 정책이 일소되는 전기가 되었다. 반면 말레이시아는 친말레이계 및 UMNO 성향의 기업인들이 그대로 존속하여 부정부패, 정경유착 문제가 해소되지 않은 상태로 그대로 지속되고 있다.

그는 리콴유 총리와 같이 '아시아적 가치'에 대해 옹호했으며 김대중 대통령과 시장 질서 및 서구식 민주주의에 대한 평가를 둘러싸고 언론 지면상에서 설전을 벌인 바 있다. 이제 20년의 시간이 흘렀지만 아직도 IMF 위기를 둘러싼 원인과 해법의 결론을 내기에는 이른 듯하다.

다만 말레이시아의 사례는 선진국의 극단적인 처방 없이도 경제를 안정화시켰다는 점, IMF나 세계은행의 서구식 긴축 정책이 아닌 각 국가별 경제 특성에 기인한 위기해결 방식이 존재한다는 점을 분명히 보여주었다는 점이 인상적이다.

마하티르는 민주주의 국가에서 최장 기간인 22년의 총리 임기를 마치고 2003년 스스로 물러났다. 그는 재임 중 경제적 성공과 인종 분쟁이 없는 사회를 만들었다는 점을 자랑스러워하는 지도자다. 실제로 말레이계, 중국계, 인도계, 기타 원주민들은 종교, 문화, 인종, 언어적으로 너무나 달랐다. 이들의 화합을 이끌어내는 것은 말레이시아 지도자의 가장 큰 숙제 중의 하나다. 기본적으로 국어인 말레이어를 전체 인구의 30%가 넘는 중국계와 인도계는 사용하지 않는 상황에서 어떻게 국가 통합이 가능하겠는가?

그런 점에서 한국, 일본과 같은 단일 민족으로 구성된 나라의 지도자들은 얼마나 축복받은 존재인지 모른다. 마하티르는 국가보안법을 활용해 반대파를 탄압했지만 민주주의의 대원칙만은 존중하고자 노력했다. 퇴임 후에도 그는 압둘라 바다위, 나집 라작 총리 등 후임 총리들을 견제하면서 정치 원로의 역할을 충실히 수행하고 있다.

말레이계와 중국계, 인도계의 빈부 격차가 점차 줄어들면서 언젠가 부미푸트라 법안은 사라지고 민족 간의 진정한 화합이 가능해질지 모른다. 그때 우리는 말레이시아를 아시아의 문화 용광로로 다시금 기억하게 될 것이다. 그 공로의 일정 부분은 마하티르 전 총리에게 돌아가야 할 것이다.

: 말레이시아 경제의 새로운 엔진, 이슬람 금융과 할랄산업 :

말레이시아는 1인당GDP 1만 달러를 넘어 선진국시대로의 진입을 꾀하고 있다. 최근 3년간 급격한 환율 약세로 전체 수출의 절반을 차지하는 기계, 전기부품, 철강, 화학제품 등 공업제품 수출이 부흥하고 있다. 막대한 석유 자원 개발 및 싱가포르의 배후기지로서 이스칸다르 프로젝트 등 조호르 주를 집중 개발하여 추가적인 FDI를 유치할 수 있는 기회가 있는 나라다.

전통적으로 주석, 니켈 등 광물업 개발이 활발하며 인도네시아와 함께 천연 고무, 팜오일산업은 전 세계 1, 2위를 다툰다. 또한 태국에 이어

5-2 | 말레이시아 1인당GDP와 경제성장률

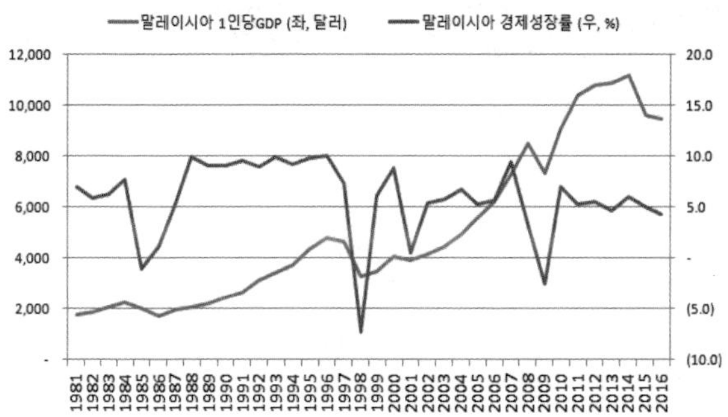

출처 : World Bank(1981~2017)

아세안 2위의 관광 대국으로 말레이시아를 대표하는 저가항공사 에어 아시아Air Asia, 종목코드 AIRA를 기반으로 쿠알라룸푸르는 아세안 항공 허브로 성장을 꾀하고 있다. 또한 사바, 사라왁 지역의 열대 우림을 잘 개발하여 추가적인 관광 수입을 창출할 수 있다.

쿠알라룸푸르-싱가포르 간 고속철도는 곧 착공에 들어가며, 2026년에 완공 예정이다. 그렇게 되면 싱가포르와 강력한 서비스산업 경쟁력과 말레이시아의 인프라를 하나로 묶게 될 것이다. 또한 전국 어디서나 영어가 통하며 치안이 안정된 국가로서 교육 비즈니스 또한 향후 새로운 성장 동력이 될 수 있다.

여기에 더해 말레이시아가 이슬람 국가로서 압도적인 경쟁력을 발휘하는 산업이 있다. 바로 이슬람 금융과 할랄산업이다. 이 두 산업은 이슬람이 국교인 나라에서 주도할 수밖에 없다. 그래서 말레이시아로서는 중동, 아프리카, 인도네시아 등 전 세계 16억 무슬림 인구를 대상으로

5-3 | 이슬람 금융 상품의 종류

이름	기존 상품	내용
무샤라카 (Musharakah)	공동 출자/벤처캐피털	– 사업자에게 은행이 공동출자. 은행은 무한 책임지게 됨
무다라바 (Mudârabah)	투자신탁/펀드	– 투자자는 자금을 제공하고 운용. 이익을 배당금으로 수령
무라바하 (Murâbaḥah)	대출(소비자금융, 할부)	– 금융기관이 구매자의 자산을 매입해 다시 재판매. 일반적인 대출 형태로 비중 높음
이자라 (Ijārah)	리스	– 은행이 설비나 건물을 구입해 투자자에게 임대료를 받고 대여
이스티스나 (Istisna)	생산자금융/프로젝트 파이낸스	– 투자자의 주문에 따라 은행이 생산자에게 자금을 제공하고 완공 시 상품을 고객에게 인도

한 강력한 신흥산업 개발의 기회를 맞이하고 있다.

이슬람 금융이란 이슬람 율법인 샤리아Sharia에 기반한 금융 서비스와 금융 상품을 의미한다. 이슬람 율법에 따르면 이자Riba를 금지하며 도박, 술, 돼지고기, 담배, 무기, 포르노 등과 같은 산업에 대한 투자를 금한다.

또한 토지나 건물 등 실물 자산에 대한 투자 이익만 허용되며, 모든 투자는 윤리적이고 공익을 추구해야 한다. 또한 투자에 대한 이익과 위험을 공동 부담하며, 현존하는 자산의 교환가치만 인정하고 미래의 유무형 자산에 대해서는 인정하지 않는다. 불확실성에 대한 투기나 도박적 요소를 배격하는 이슬람 율법에 근거한 금융 상품, 이것이 이슬람 금융의 출발점이다. 이에 따라 이슬람 금융에서는 모든 상품의 금전 수탁을 통한 이자 수령이 금지된다.

쉽게 얘기해서 은행에서 제공하는 예금, 대출 상품의 구조를 새롭게 짜야 한다는 말이다. 이에 따라 실물 자산에 투자하여 투자 수익을 분배하거나, 투자자와 은행이 이윤과 손실을 분배하는 공동투자의 형태로 일종의 대체투자 형식을 띠게 된다.

〈5-3〉의 다양한 이슬람 금융 상품 중에서 가장 일반적인 형태는 무라바하다. 은행권의 일반적인 대출과 같은 형태로 이슬람 금융의 핵심 상품이다. 또한 위에 언급되지 않는 두 가지 대표 상품이 있으니, 이슬람 채권을 의미하는 수쿠크Sukuk와 이슬람 보험인 타카풀Takaful이 있다.

수쿠크는 이자를 금지하고 불확실성에 대한 투기를 금지하는 샤리아 율법에 근거하여 채권과 주식의 하이브리드 성격을 갖는다. 즉 기초 자산인 특정 프로젝트의 특정 실물 자산을 근거한 소유 지분이라는 측면에서는 주식과 유사하지만, 만기가 정해져 있고 성과에 대한 수익의 일정 지분을 수령한다는 점에서는 채권과 비슷한 형태를 보인다. 따라서 채권의 구조와 조금 더 유사하기에 일반적으로 수쿠크는 이슬람 채권으로 불리게 된다.

한편 전통적인 보험은 투기, 불확실성 관련 내용이 포함되어 있으므로 샤리아 율법에 적합하지 않다. 이런 이유로 이슬람 보험인 타카풀은 가입자 간의 리스크 분산과 상호 부조를 특징으로 한다. 즉 보험료로 납부한 금액은 계약자 자신이 소유하며, 가입자들의 자금을 모아 기금을 형성하여 얻은 이익과 손실을 공유하는 형태를 특징으로 한다.

지금까지 간단히 이슬람 금융 상품의 종류에 대해 알아보았다. 그렇

5-4 | IFCI(Islamic Finance Country Index) 2017년 랭킹

국가	2017 IFCI RANK	2016 IFCI RANK	2017 IFCI SCORE	2016 IFCI SCORE
말레이시아	1	1	79.25	77.77
이란	2	2	78.42	77.39
사우디아라비아	3	3	65.90	66.98
아랍 에미리트	4	4	38.02	36.68
쿠웨이트	5	5	35.20	35.51
파키스탄	6	6	24.30	18.89
인도네시아	7	7	23.98	24.21
바레인	8	8	21.96	21.90
카타르	9	9	21.94	22.02
방글라데시	10	10	16.73	16.14

출처 : www.gifr.net

다면 말레이시아는 이슬람 금융시장에서 어떤 지위를 차지하고 있을까?

〈5-4〉의 이슬람 금융 국가 인덱스IFCI에서 말레이시아는 이슬람 금융 전 세계 1위 지위를 지속적으로 유지하고 있다. 이 지수는 이슬람 은행 수, 샤리아 감독 표준화, 이슬람 금융 자산, 무슬림 인구 수, 수쿠크 발행량 등을 종합적으로 점검한다. 개별 국가들의 이슬람 금융 경쟁력을 집계한 랭킹으로 말레이시아의 이슬람 금융 경쟁력을 확인할 수 있다.

말레이시아는 1990년 세계 최초의 수쿠크 채권을 발행한 이래, 수쿠크 전 세계 1위를 유지하고 있으며, 2016년 수쿠크 발행량만 299억 달

러로 전 세계 시장점유율 41.1%를 차지했다. 2위 인도네시아 119억 달러, 3위 UAE 79억 달러를 2배 이상의 차이로 압도한다.

2002년 전 세계 이슬람 금융 감독 기관인 IFSBThe Islamic Financial Services Board가 쿠알라룸푸르에 본부를 두고 공식 출범하여, 말레이시아 금융 기관들의 이슬람 금융 신상품 출시에 큰 도움을 주고 있다.

최근에는 중국 기업들도 말레이시아 링깃 수쿠크 채권 발행에 나서는 등 이슬람 금융은 이슬람 국가의 막대한 금융 자산을 활용한 새로운 투자 수단으로 전 세계적으로 각광받고 있다. 말레이시아는 Maybank메이뱅크, CIMB 등 아세안에서 싱가포르 다음으로 글로벌화된 금융 그룹이 있다. 이를 기반으로 빠른 속도로 전 세계의 이슬람 금융시장을 개척해 나가고 있다. 말레이시아에서 영업 중인 이슬람 금융 전문 은행만 15개가 넘을 정도다.

이슬람 금융시장은 IFSB에 의하면 2017년 현재 1.88조 달러 규모이며, 연간 10% 이상의 속도로 고속 성장하고 있다. 원유 수입, 중공업 합작사업, 인프라 수출, 원전 건설 등으로 중동 국가와 교류와 많은 한국은 이슬람 금융을 활용할 경우에 실물경제와 금융기관 양쪽에서 큰 폭의 시너지를 낼 수 있다.

우리나라는 2011년 중동 외화 자금을 유치하기 위한 수쿠크를 발행하기 위해 조세특례제한법 개정을 추진했다. 하지만 종교적인 이유로 무산된 바 있다. 아쉬운 부분이다. 이처럼 이슬람 금융의 성장에 따라 전 세계 이슬람 금융을 주도하는 말레이시아 금융기관들의 발전을 앞으로도 주목해야 한다.

다음으로 이슬람 율법에 기반한 음식, 할랄Halal에 대해 알아보자. 할랄은 사실 음식에만 해당되는 것은 아니고, 이슬람 샤리아 율법 중 하디스에 근거한 무슬림들에게 허용된 생활 방식을 일컫는다. 이슬람 복장, 이슬람 금융 등 다양한 생활 방식이 모두 이에 근거한 것이다.

반대로 무슬림들에게 허용되지 않는 모든 것은 하람Haram으로 분류된다. 음식에 있어서 할랄 푸드는 이슬람법에 따라 도살된 소, 양, 닭 등을 의미하며 육류뿐만 아니라 곡류, 채소, 과일 등 식품류에도 적용되어 항생제나 첨가물이 들어가서는 안 된다. 이슬람 율법에 따른 도축 절차는 도축자가 이슬람 신도여야 하며 짐승의 머리를 메카 방향으로 하고 기도문을 외운 뒤, 단칼에 짐승의 목을 쳐서 도축하고 피를 빼도록 되어 있다.

특히 돼지고기 및 술은 엄격하게 금지되며 할랄 푸드는 비할랄 푸드와 도축, 유통, 보관 등 전 과정이 분리되어야 한다. 이는 음식뿐만 아니라 돼지고기가 닿은 식기와 돼지껍데기에서 추출한 젤라틴 또는 알코올 성분이 함유된 가공식품이나 화장품 등도 모두 금지됨을 뜻한다.

이처럼 할랄 푸드 인증을 받기 위한 인증기관이 거대한 산업화의 과정을 거치고 있으며, 역시 이슬람 인구가 60%가 넘는 말레이시아는 전 세계 할랄 인증을 선도하고 있다. 전 세계 수많은 할랄 인증기관 중에 말레이시아의 JAKIM, 인도네시아의 MUI, 싱가포르의 MUIS가 세계 3대 할랄 인증기관이다.

특히 말레이시아의 JAKIM은 전 세계적으로 가장 까다로운 할랄 인증 절차를 갖고 있는 정부 공식기관으로 공신력을 인정받고 있다. 인구

JAKIM 할랄제품 인증 로고
•출처 : hdcglobal

가 말레이시아보다 훨씬 많은 인도네시아보다 말레이시아 할랄 인증이 표준화되고 있는 이유는 역설적이다.

인도네시아는 인구의 85% 이상이 무슬림인 반면에, 말레이시아는 말레이계 중심 무슬림이 인구의 60%를 차지한다. 중국계, 인도계 중심 비무슬림이 인구의 30%를 차지하는 종교적으로 혼합된 사회이기 때문이다. 정부의 부미푸트라 정책으로 말레이계의 소득 수준이 높아지고 1970년대 이후에 대규모로 이들이 도시로 유입되면서, 돼지고기를 즐기는 중국계와 식당을 공유할 때 큰 문제가 발생하게 되었다. 이에 따라 무슬림들이 믿고 찾을 수 있는 식당과 음식을 표기하는 할랄 인증이 빠른 속도로 보급되었다. 또한 할랄제품의 해외 수출을 위한 정부의 표준화 의지가 맞물리면서 전 세계 할랄산업을 선도하게 된 것이다.

말레이시아는 1974년 세계 최초로 할랄 인증을 도입했으며 1994년 할랄 인증 로고를 도입하여 할랄식품 대중화에 앞장섰다. 2015년 말 기준으로 말레이시아의 할랄제품 수출 금액은 394억 링깃한화 약 10.4조 원에 달했다. 음식, 음료, 팜오일 가공품, 화장품, 제약품 등 다양한 산업을 망라하고 있다. 연평균 두 자릿수로 성장하는 할랄 수출산업은 중동, 인도네시아 등 무슬림이 다수인 국가뿐만 아니라 중국, 미국, 일본, 태국 등 무슬림이 소수인 국가들까지 망라하고 있어 향후 발전 전망을 더욱 밝게 하고 있다.

할랄식품이 주목받는 이유는 2014년 시장 규모가 1.4조 달러에 달하며 2020년까지 43%가 성장하여 2조 달러가 넘어, 전 세계 식품시장의 20%를 차지할 것으로 예상되기 때문이다.

또한 무슬림 인구가 2010년 16억 명에서 2020년 19억 명, 2030년 22억 명을 넘어 소비재시장의 성장을 주도하게 되었다. 그에 따라 전 세계 식품시장에 엄청난 파급 효과를 낼 것이다. 할랄 인증제품은 무슬림 등의 절대적인 지지를 받고 있음에 더해 웰빙제품의 이미지까지 더해지면서 이슬람을 믿지 않는 사람들에게도 선택을 받고 있음을 더욱 주목할 만하다.

또한 이제 식품을 넘어 화장품, 의약품 등 소비재 전반적으로 할랄 인증이 확산되고 있다. 아세안의 고소득 국가이자 소비 패턴이 발달한 말레이시아가 할랄 인증제품시장을 주도할 가능성이 점점 높아지고 있다는 점이 더욱 주목된다.

: 말레이시아 주식시장 개요 :

말레이시아 주식거래소는 부르사 말레이시아Bursa Malaysia로 불리며 1930년 개설되었다. 설립 당시는 싱가포르 주식 브로커협회로 출발했으며, 1960년 말레이시아 주식거래소가 개설되어 주식 거래가 공식적으로 시작되었다. 당시만 해도 말레이시아와 싱가포르가 분리되기 전이었기 때문에 두 거래소는 공동으로 운영되었다. 그러다가 1965년 싱가

5-5 | 말레이시아 주식거래소 소개

구분	Bursa Malaysia
거래소 설립	1930년
상장종목 수	903개
시가총액	3,631억 달러
거래일	월~금(말레이시아 국경일 휴장)
통화	MYR(말레이시아 링깃)
매매시간	9 : 00am~12 : 30pm, 2 : 30pm~4 : 50pm(현지시간)

출처 : Bursa Malaysia, 2016년 연말 기준

포르의 분리 독립 이후, 1970년 쿠알라룸푸르거래소와 싱가포르거래소로 분리되었다.

쿠알라룸푸르 주식거래소KLSE, Kuala Lumpur Stock Exchange는 이후 Bursa Malaysia로 개편되어 현재에 이르고 있다. 전체 상장종목은 903개이며 10종목을 제외한 나머지 모두가 말레이시아 기업들로 구성되어 있다. 시가총액은 3,631억 달러 수준으로 거래소 규모에서 아세안에서 싱가포르, 태국, 인도네시아 등과 함께 가장 큰 거래소 중 하나다.

말레이시아의 대표 지수는 KLCIKuala Lumpur Composite Index이며 말레이시아 주식거래소의 시가총액 기준 최상위 30개로 구성되어 있다. 그렇다면 말레이시아 주식시장의 대표 지수인 KLCI 인덱스의 투자 성과는 어떠할까?

블룸버그에서 구할 수 있는 가장 긴 장기 차트로 가격 변동을 〈5-6〉

5-6 | 말레이시아 KLCI 인덱스와 한국 코스피 비교(현지 통화 기준)

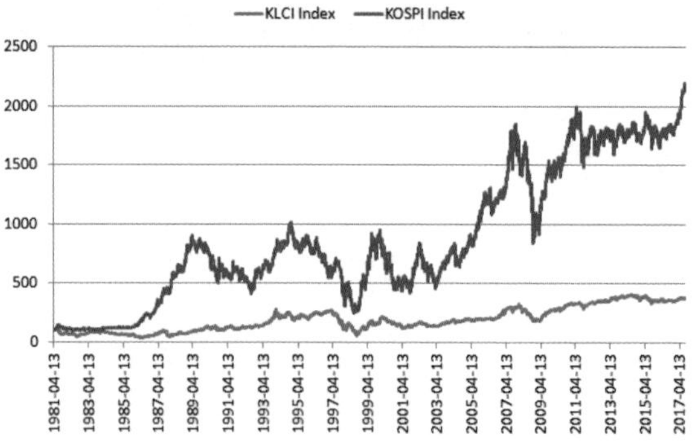

출처 : Bloomberg(1981.4.13~2017.8.6), 1981.4.13 값을 100으로 재설정

5-7 | 말레이시아 KLCI 인덱스와 한국 코스피 비교(USD 기준)

출처 : Bloomberg(1981.4.13~2017.8.6), 1981.4.13 값을 100으로 재설정

으로 알아보자. 알기 쉽게 한국 대표 지수인 코스피와 비교하면 다음과 같다. 1981년부터 36여 년 동안 코스피는 21.5배 상승했으나, KLCI 인덱스는 3.8배 상승했다. 코스피 대비 매우 부진한 성과인 셈이다.

5-8 | 말레이시아 KLCI 인덱스와 한국 코스피 비교(현지 통화 기준)

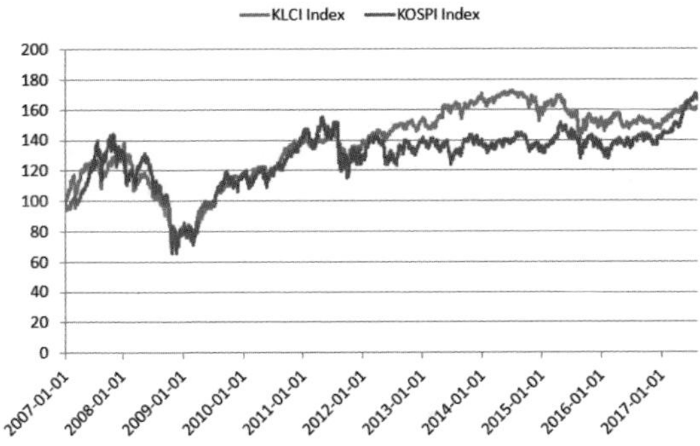

출처 : Bloomberg(2007.1.1~2017.8.6), 2007.1.1 값을 100으로 재설정

5-9 | 말레이시아 KLCI 인덱스와 한국 코스피 비교(USD 기준)

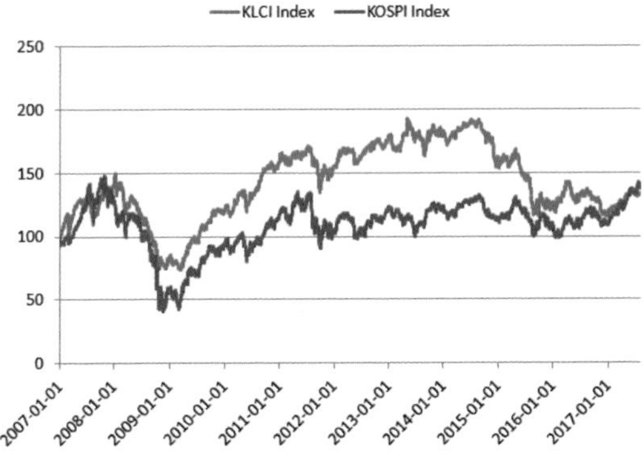

출처 : Bloomberg(2007.1.1~2017.8.6), 2007.1.1 값을 100으로 재설정

그러나 현지 통화가 아닌 달러 기준으로 다시 수익률을 계산하면 〈5-7〉과 같다.

동일 기간 동안 미국 달러 기준으로 코스피는 12.8배 상승했으나,

KLCI 인덱스는 2.1배 상승에 그쳤다. 현지 통화의 약세 효과로 인해 수익률은 더욱 내려갔고, 36년을 투자해서 2.1배 수익은 크게 실망스러운 수준이다. 사실 36년은 너무 긴 세월이기 때문에 금융위기 기간을 포함해 최근 10년간의 주가 차트를 〈5-8〉로 다시 확인해보도록 하자.

그러나 현지 통화가 아닌 달러 기준으로 다시 수익률을 계산하면 〈5-9〉와 같다.

로컬 통화 기준으로 한국과 말레이시아 대표 지수는 최근 10년간 각각 1.62배, 1.67배 상승했다. 달러 기준으로도 한국과 말레이시아 지수는 각각 1.33배, 1.37배 올랐다. 최근 10년간은 환율이 안정화된 가운데, 한국이나 말레이시아나 큰 성장성이 없는 주식시장을 보여주고 있다. 그나마 36년간의 장기 차트에서 한국 지수보다 크게 부진했던 것에 비해 조금 더 나은 성과를 보였다.

그렇다면 말레이시아 증시는 아세안의 대표 지수 중 하나임에도 왜 이렇게 부진한 성과를 보여주고 있을까?

말레이시아 경제는 근본적으로 인도네시아와 유사하게 원자재 개발 및 수출에 의존하는 형태를 보이고 있다. 이에 따라 원유, 주석, 니켈, 천연 고무, 팜오일 등 원자재 가격 동향에 민감하게 반응한다. 여기에 더해 지속되는 말레이계 인종과 중국계 화교의 인종 갈등 이슈가 있고, 인구도 3천만 명 전후로 내수시장 확대에는 제한이 있다.

또한 말레이시아 정부는 1997년 아시아 금융위기 시절에 IMF의 권고를 거절하고, 자본통제 방식으로 독자적으로 금융위기를 해결했다. 또한 부미푸트라 등 독특한 인종차별 정책도 유지하고 있는 등 외국인 입장에서는 이해하기 어려운 결정을 해왔다. 여기에 더해 최근 나집 라작 총리와 관련된 1MDB 부정부패 스캔들이 일파만파로 커지고 있다. 92세의 마하티르 전 총리가 야당으로 정계 복귀를 예고하는 등 정치적으로도 혼란스럽다.

이런 이유로 말레이시아는 수쿠크이슬람 채권를 비롯한 독자적으로 발달된 금융시장을 보유하고 전기전자산업, 통신업, 유틸리티 등 다양한 후방 기간산업을 보유하고 있음에도 증시의 상승 동력이 부족한 것으로 판단한다. 다만 1997년 아시아 금융위기를 겪은 뒤로는 태국과 마찬가지로 환율이 매우 안정적으로 관리되고 있다는 점은 장점으로 부각할 만하다.

이제 말레이시아 KLCI 인덱스의 2006년 이후, 주가 차트와 주가 밸류를 알 수 있는 현재 PER 및 12개월 뒤의 Forward PER를 〈5-10〉으로 살펴보자.

5-10 | 말레이시아 KLCI 인덱스와 PER 및 Forward PER

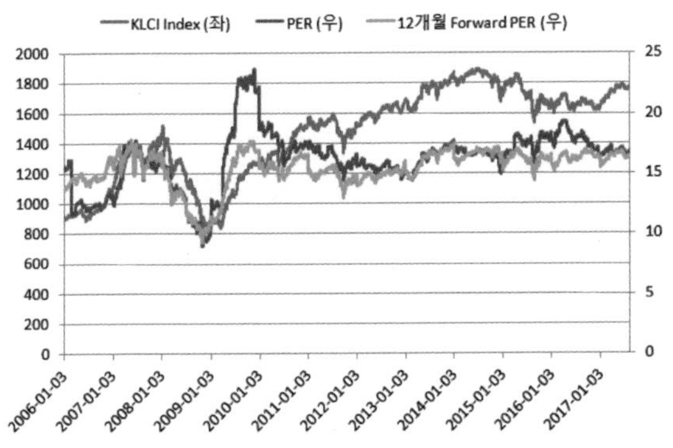

출처 : Bloomberg(2006.1.3~2017.8.6)

KLCI 인덱스는 글로벌 금융위기 시기인 2008년 급락과 2009년 급등을 겪은 이후, 2013년부터 보합세를 유지하고 있다. 기업들의 PER는 최근 6년간 15~18 수준으로 매우 안정적인 모습을 보여주고 있다. 12개월 Forward PER도 최근 6년간 현재 PER와 동일하게 움직이고 있다.

주가, Current PER, 12개월 Forward PER가 모두 유사하게 횡보하는 구간을 최근 4년간 유지하고 있는데, 원자재 수출국인 말레이시아 입장에서 새로운 상승 동력을 마련해야 하는 절박함이 필요한 시점이다. 또한 최근 1MDB 사태에서 보듯 정경유착과 부정부패를 일소하고 기업들이 보다 모험적인 자본투자에 나설 필요가 있다.

결론적으로 말레이시아 주식시장은 실질적으로나 표면적으로나 계속 부진한 모습을 보이고 있다. 현재 국면으로는 주가지수에 대한 투자 매력도는 부족한 상황이다.

다만 PER가 주변 아세안 국가 대비 낮은 편이고 주가도 계속 박스권을 유지했다는 점에서 향후 정치적 불확실성이 해소되고 원자재 가격이 정상화되면 빠른 속도로 주가가 상승할 수 있다. 이에 따라 말레이시아 투자는 지수보다는 개별 기업에 대한 관심이 필요한 것으로 보인다.

: 말레이시아 주식, 주요 종목 소개 :

말레이시아 주식시장은 KLCI 인덱스에 속한 최상위 30종목만 하더라도 시가총액이 한화로 283조 원에 달한다. 이 시장은 다른 아세안 증시와 차별화되는데 금융주, 통신주, 산업재, 유틸리티 섹터를 더하면 전체 시가총액 비중의 70%에 달할 정도로 편중되어 있다는 점이다.

인도네시아, 필리핀 등 인구가 1억 명이 넘는 거대한 내수시장을 보유한 국가들이 일반적으로 소비재, 금융주 중심으로 주식시장이 발달한 것에 비해 말레이시아는 소비재 섹터의 비중이 낮은 편이다. 역시 인구가 3천만 명 내외로 상대적으로 적어 소비재 성장 가능성이 높지 않다고 판단할 수 있다.

아세안의 다른 국가에서 보기 어려운 산업재, 유틸리티 섹터 비중이 높다는 점이 특이하다. 말레이시아 국민 소득이 1만 달러를 넘어 중진국의 함정을 지나 중화학공업, 사회간접 자본투자 중심으로 지속적인 상위 개발도상국으로 발전하고 있음을 의미한다. 말레이시아에 상장된 기업들 중 섹터별로 시가총액이 큰 대표 종목들에 대해 〈5-11〉, 〈5-12〉로 알아보자.

5-11 | 말레이시아 KLCI 인덱스 섹터별 비중

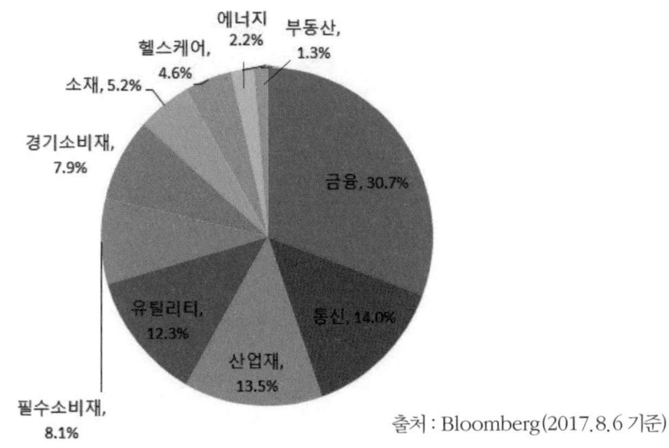

출처 : Bloomberg(2017.8.6 기준)

5–12 | 말레이시아 KLCI 인덱스 Top 15 종목 소개

구분	이름	섹터	시가총액 (원화 억)	시가총액 비중	PER	1년 성과	3년 성과
1	MALAYAN BANKING	금융	269,427	9.5%	13.8	26.1%	15.8%
2	PUBLIC BANK	금융	212,276	7.5%	15.1	6.1%	12.0%
3	TENAGA NASIONAL	유틸리티	212,189	7.5%	11.5	1.0%	22.1%
4	SIME DARBY	산업재	169,281	6.0%	20.9	28.4%	10.3%
5	CIMB GROUP HOLDINGS	금융	158,681	5.6%	14.8	53.0%	3.5%
6	PETRONAS CHEMICALS GROUP	소재	148,500	5.2%	15.6	7.5%	13.6%
7	IHH HEALTHCARE	헬스케어	130,902	4.6%	58.3	–9.6%	27.4%
8	MAXIS	통신	119,130	4.2%	20.8	–3.6%	–5.9%
9	AXIATA GROUP	통신	114,132	4.0%	114.0	–18.1%	–27.7%
10	DIGI.COM	통신	99,029	3.5%	24.2	0.8%	–4.4%
11	PETRONAS GAS	유틸리티	97,982	3.5%	21.1	–12.8%	–12.8%
12	GENTING	경기소비재	97,837	3.5%	13.9	19.8%	0.7%
13	GENTING MALAYSIA	경기소비재	90,811	3.2%	11.3	40.6%	45.3%
14	MISC	산업재	87,469	3.1%	12.3	3.4%	24.9%
15	HONG LEONG BANK	금융	86,662	3.1%	14.5	22.5%	25.8%

출처 : Bloomberg(2017.8.6 기준)

1) 금융 섹터 리더 : 메이뱅크(May bank, 티커 : MAY MK Equity)

5-13 | 메이뱅크 주요 지표 요약

2016년 결산 주요 지표		기업 밸류 분석				
구분	금액	항목	2015	2016	2017F	2018F
시가총액	83,466	순수익 성장(%)	13.80	5.30	3.10	5.90
기업가치(EV)	735,956	EPS 성장(%)	-4.40	-4.80	1.70	6.10
순수익	22,194	P/B	1.33	1.22	1.31	1.29
영업이익	8,604	P/E	11.67	12.09	13.48	12.70

출처 : Bloomberg(단위 : 백만 링깃), 말레이시아 회계 결산 각 연도 말 기준

* EV(Enterprise Value, 기업가치 : 기업의 총 가치로 자기자본과 부채를 더하고 현금성 자산을 차감하여 구함)
* EBITDA(Earnings Before Interest, Taxes, Depreciation and Amortization : 법인세, 이자, 감가상각비 차감 전 영업이익이며 기업 영업활동으로 벌어들이는 현금 창출 능력을 의미)

5-14 | 메이뱅크 주가 차트

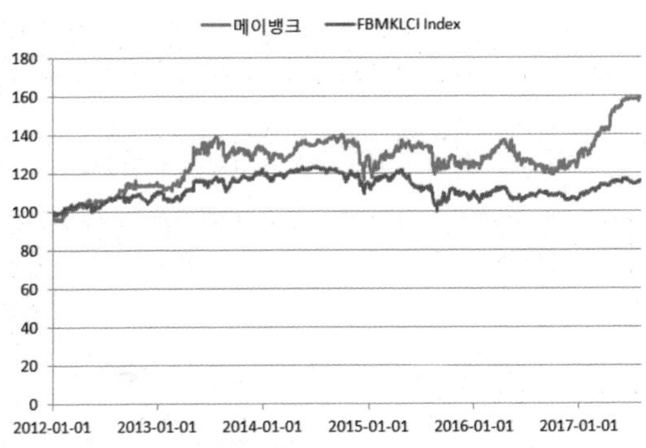

출처 : Bloomberg(2012.1.1~2017.8.6), 2012.1.1일 값을 100으로 변환

메이뱅크는 시가총액 및 총 자산 기준으로 말레이시아 최대은행이자 유니버설뱅킹 모델로 하위에 은행, 리스, 보험, 증권, 자산운용 계열사를 거느린 아세안 최대 금융 그룹의 하나다. 현재 총 자산은 7,360억 링깃한화 약 194조 원으로 한국 은행업계에 비교해도 결코 뒤지지 않는 수준이다. 또한 메이뱅크 산하의 이슬람 금융사업부는 아시아 최대이며 전 세계 톱 이슬람 은행으로 인정받고 있다.

말레이시아 은행업계는 메이뱅크, CIMB종목코드 CIMB, 퍼블릭은행Public Bank, 종목코드 PBK 등 3개 회사가 삼분하고 있다. 그중에서도 메이뱅크의 비중이 가장 높다. 메이뱅크는 공격적인 M & A를 통한 확장 정책으로 명성이 높다. 2008년 인도네시아 BIIBank Internasional Indonesia, 2011년 싱가포르 킴엥증권Kim Eng Securities 등 1960년 창업 이래 수많은 기업 인수를 진행했다.

메이뱅크 지점 전경
•출처 : The Fifth Person

이를 통해 말레이시아 내 은행 및 타카풀이슬람 보험사업은 물론이고 필리핀, 인도네시아, 싱가포르, 베트남, 파키스탄 등 아시아 전역으로 사업 영역을 확대하고 있다. 20개국에 2천여 개의 지점이 있으며, 4만 5천 명이 넘는 직원이 일하고 있는 명실공히 말레이시아 1위 은행이다.

2) 유틸리티 섹터 리더 : 테나가 나시오날(Tenaga Nasional, 티커 : TNB MK Equity)

테나가 나시오날은 말레이시아의 유일한 전력회사이자, 아세안 최대 전력회사의 하나로 말레이시아 전역에 전기를 공급하고 있다. 한국의 한국전력과 마찬가지로 발전, 송전, 배전 등 전력과 관련된 전방위사업을 영위하고 있다. 테나가 나시오날은 전형적인 유틸리티 회사로 매출 및 이익 성장성은 낮지만 배당수익률이 4.1%로 높은 편이고, 말레이시아 경제 성장에 따른 기업 및 주택의 전력 수요 증가와 함께 점진적으로 성장할 기업이다.

5-15 | 테나가 나시오날 주요 지표 요약

2016년 결산 주요 지표		기업 밸류 분석				
구분	금액	항목	2015	2016	2017F	2018F
시가총액	158,864	매출 성장(%)	2.90	6.50	6.20	3.10
기업가치(EV)	186,152	EPS 성장(%)	19.50	-7.00	0.20	-0.10
매출	47,417	EV/EBITDA	7.28	12.03	7.01	6.81
EBITDA	15,469	P/E	11.29	11.70	11.31	11.32

출처 : Bloomberg(단위 : 백만 링깃), 말레이시아 회계 결산 각 연도 말 기준

5-16 | 테나가 나시오날 주가 차트

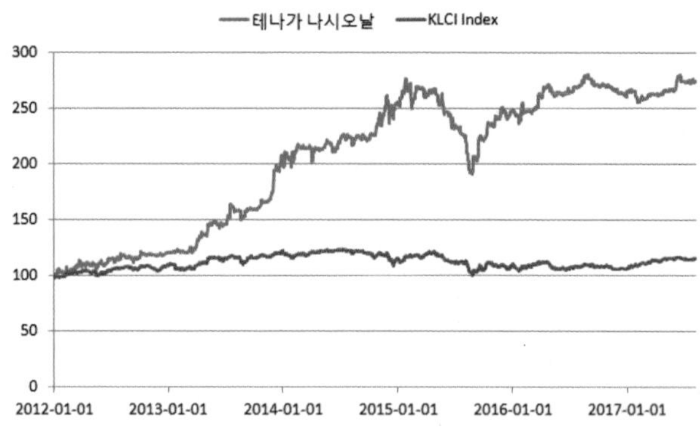

출처 : Bloomberg(2012.1.1~2017.8.6), 2012.1.1일 값을 100으로 변환

말레이시아는 아세안에서 몇 안 되는 원유 및 가스 수출국일 정도로 원유 매장량이 풍부하다. 또한 인프라가 발달되어 추가적인 자본적 지출을 줄이면서도 발전량을 확대할 수 있어, 유틸리티 종목에 투자하기 좋은 여건을 지니고 있다. 이 회사는 전통적인 석탄, 가스, 원유 기반 화력발전에 더해 수력, 태양광 등 대체에너지에도 점차 관심을 쏟고 있다.

3) 소재 섹터 리더 : 페트로나스 케미컬 그룹(Petronas Chemicals Group, 티커 : PCHEM MK Equity)

페트로나스Petronas, Petroliam Nasional Berhad의 줄임말는 말레이시아 국영 오일 & 가스회사로 말레이시아 에너지사업의 자존심으로 불린다. 페트로나스는 포춘 글로벌 500에서 2013년 75위에 랭크되었으며, 말레이시아 정부 재정의 30%를 차지할 정도로 말레이시아 경제에 핵심 축을 담당

5-17 | 페트로나스 케미컬 주요 지표 요약

2016년 결산 주요 지표		기업 밸류 분석				
구분	금액	항목	2015	2016	2017F	2018F
시가총액	55,840	매출 성장(%)	-7.30	2.40	19.90	1.80
기업가치(EV)	49,777	EPS 성장(%)	2.20	11.80	25.70	-1.40
매출	13,860	EV/EBITDA	12.42	9.58	8.54	8.55
EBITDA	5,541	P/E	20.77	19.02	14.93	15.14

출처 : Bloomberg(단위 : 백만 링깃), 말레이시아 회계 결산 각 연도 말 기준

5-18 | 페트로나스 케미컬 주가 차트

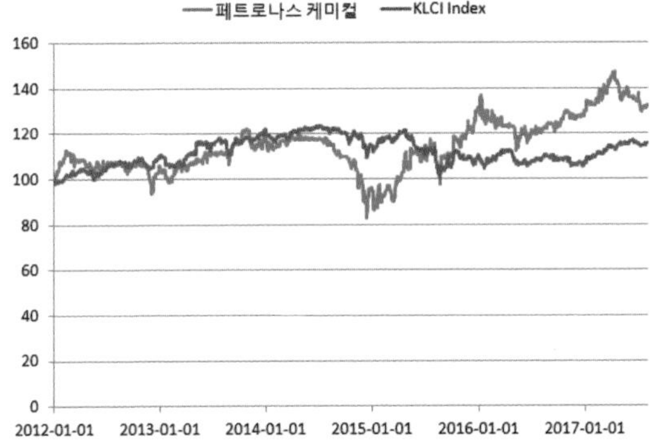

출처 : Bloomberg(2012.1.1~2017.8.6), 2012.1.1일 값을 100으로 변환

하는 회사다. 아세안에는 태국의 PTT, 베트남의 페트로비엣남과 같이 국영 오일 & 가스회사들이 있다. 이중에서 말레이시아 페트로나스의 규모가 가장 크다.

페트로나스는 2007년 파이낸셜 타임즈에서 브라질의 페트로브라스, 사우디 아람코 등과 함께 '새로운 일곱 자매The New Seven Sisters'로 불리기도 했다. 이들 오일 & 가스회사들은 여러 자회사들이 해당 국가의 증시에 상장되어 있다. 말레이시아의 경우, 페트로나스 케미컬이 페트로나스 자회사 중 시가총액이 가장 크다.

페트로나스 케미컬은 페트로나스의 석유화학 부문을 담당하는 자회사로 2010년 당시 41억 달러 규모의 IPO를 진행하여 2010년 아세안 최대 IPO 매물로 손꼽히기도 했다. 이 회사는 연간 1,080만 톤의 올레핀, 폴리머, 비료, 메탄올 등 다양한 화학제품을 생산한다. 업계 특성상 원유 등 원자재 가격 동향에 민감하게 반응하는 구조이나, 아세안 지역의 석유화학제품 수요는 계속 증가할 것으로 예상되어 관심을 가져볼 만한 종목이다.

4) 헬스케어 섹터 리더 : IHH 헬스케어(Integrated Healthcare Holdings Healthcare, 티커 : IHH MK Equity)

IHH 헬스케어는 말레이시아에 본사를 둔 국영 병원 그룹이다. IHH 헬스케어의 연매출은 100억 링깃한화 약 2조 6천억 원을 넘어 아시아 최대 병원 그룹으로 성장했다. 태국 병원 그룹들이 태국으로 오는 인바운드 외국인 고객을 타깃으로 한다면 IHH 헬스케어는 공격적인 M & A로 싱가포르, 인도, 터키 등 전 세계 시장으로 병원 네트워크를 확장하는 전략의 차이를 보인다.

이 회사는 싱가포르의 파크웨이 판타이Parkway Pantai, 터키 최대 병원

5-19 | IHH 헬스케어 주요 지표 요약

2016년 결산 주요 지표		기업 밸류 분석				
구분	금액	항목	2015	2016	2017F	2018F
시가총액	52,271	매출 성장(%)	15.10	18.50	13.70	14.40
기업가치(EV)	59,223	EPS 성장(%)	21.70	-30.50	43.40	27.50
매출	10,014	EV/EBITDA	28.68	27.26	20.87	17.68
EBITDA	2,137	P/E	57.82	85.35	54.51	42.77

출처 : Bloomberg(단위 : 백만 링깃), 말레이시아 회계 결산 각 연도 말 기준

5-20 | IHH 헬스케어 주가 차트

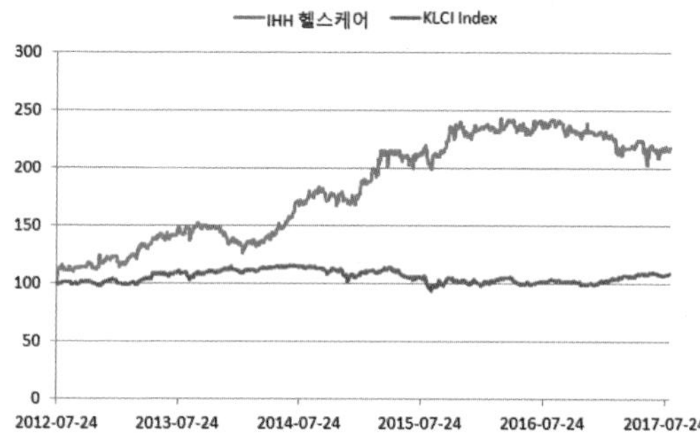

출처 : Bloomberg(2012.7.24~2017.8.6), 2012.7.24일 값을 100으로 변환

그룹인 아키바뎀 헬스케어 그룹Acbadem Healthcare Group, 인도 하이데라비드의 콘티넨탈 호스피탈Continental Hospital의 대주주다. 또한 중동, 홍콩, 중국, 동유럽 등 전방위로 병원 네트워크를 확장하고 있다. 전 세계에 50개 종합병원과 1만 개 이상의 병상을 보유하고 있으며, 3만 5천 명의

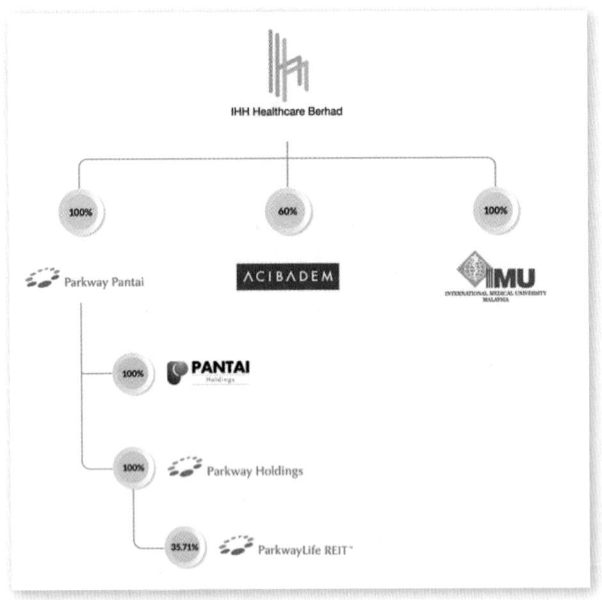

▌ IHH 헬스케어 기업 구조도
•출처 : IHH 헬스케어

직원이 근무하고 있다.

그룹 내에 인터내셔널 메디컬 유니버시티라는 자체 대학까지 보유하고 있어, 명실공히 글로벌 헬스케어기업으로 성장하고 있다. 태국, 인도, 싱가포르와 함께 급속도로 팽창하고 있는 말레이시아 의료관광 및 이머징 헬스케어 수요를 흡수할 수 있는 종목으로 꼽힌다.

다만 이런 시장의 기대치를 반영하여 PER가 매우 높은 수준이고 지속적인 병원 네트워크 확장 및 M & A 시도로 이익 변동성이 높은 수준이라는 점은 주의해야 한다.

5) 통신 섹터 리더 : 막시스(Maxis, 티커 : MAXIS MK Equity)

5-21 | 막시스 주요 지표 요약

2016년 결산 주요 지표		기업 밸류 분석				
구분	금액	항목	2015	2016	2017F	2018F
시가총액	44,912	매출 성장(%)	2.50	0.10	0.90	-0.10
기업가치(EV)	54,093	EPS 성장(%)	2.00	13.10	-1.10	-3.40
매출	8,612	EV/EBITDA	13.35	11.84	11.67	11.85
EBITDA	4,570	P/E	29.36	22.31	22.63	23.44

출처 : Bloomberg(단위 : 백만 링깃), 말레이시아 회계 결산 각 연도 말 기준

5-22 | 막시스 주가 차트

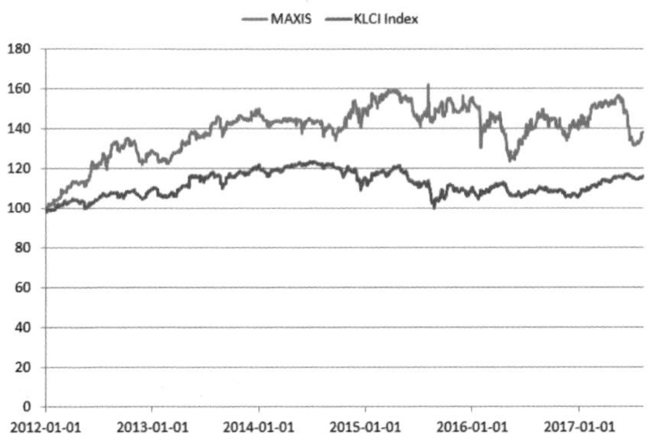

출처 : Bloomberg(2012.1.1~2017.8.6), 2012.1.1일 값을 100으로 변환

막시스는 말레이시아 최대 이동통신사로 100% 4G 네트워크를 말레이시아 전역에 공급하고 있다. 시장점유율은 40%에 달하며, 가입 고객

수는 1천만 명이 넘는다. 이 회사는 말레이시아 최대 재벌 중 한 명인 아난다 크리슈난이 소유한 다양한 기업 중 한 곳이다.

아난다 크리슈난은 스리랑카 타밀족 출신의 말레이시아 기업가로 언론, 위성통신, 오일 & 가스, 통신사업을 중심으로 말레이시아, 인도네시아, 스리랑카, 인도에서 사업 영역을 확장하고 있다.

막시스는 아난다 크리슈난에 의해 2007년에 인수되었으며 현재 막시스는 인도 에어셀Aircel, 인도네시아 악시스Axis의 지분을 보유하고 있다. 막시스는 사우디 텔레콤도 대주주로 참여하고 있고 이사회를 보더라도 말레이시아, 싱가포르, 사우디아라비아 등 말레이시아답게 다국적 임원진을 보유하고 있다.

배당수익률이 3.4%로 안정적인 상황이다. 아세안 부국 중 하나인 말레이시아의 4G 네트워크 활용도가 높아짐을 감안할 때, 편안하게 투자할 만한 종목이다. 다만 자회사인 인도 에어셀Aircel이 인도 무케이 암바니 회장이 출시한 릴라이언스 지오 서비스를 시작한 이후, 매출 및 이익이 급격하게 악화되고 있어 주의가 요구된다.

6) 경기소비재 섹터 리더 : 겐팅 말레이시아(Genting Malaysia, 티커 : GENM MK Equity)

겐팅 그룹은 이슬람 국가인 말레이시아와 카지노를 결합하는 독특한 사업 모델로 큰 성공을 이룬 기업이다. 이 기업은 중국 푸젠성에서 말레이시아로 이민을 온 화교 림고통에 의해 건설된 카지노회사로 말레이시아, 싱가포르, 미국 등 전 세계 곳곳에 카지노를 소유하고 있다. 또한 크

5-23 | 겐팅 말레이시아 주요 지표 요약

2016년 결산 주요 지표		기업 밸류 분석				
구분	금액	항목	2015	2016	2017F	2018F
시가총액	25,961	매출 성장(%)	2.00	7.10	8.30	12.90
기업가치(EV)	24,752	EPS 성장(%)	-0.50	49.40	-23.20	30.20
매출	8,925	EV/EBITDA	12.32	6.81	11.38	9.09
EBITDA	2,253	P/E	19.72	9.00	20.00	15.36

출처 : Bloomberg(단위 : 백만 링깃), 말레이시아 회계 결산 각 연도 말 기준

5-24 | 겐팅 말레이시아 주가 차트

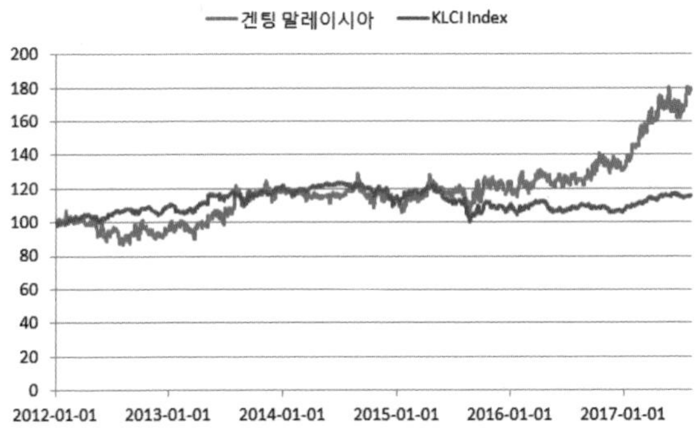

출처 : Bloomberg(2012.1.1~2017.8.6), 2012.1.1일 값을 100으로 변환

루즈, 플랜테이션, 패션 아울렛 등 사업 영역을 다각화하고 있다.

겐팅 그룹의 대표적인 리조트 시설은 말레이시아 쿠알라룸푸르 방문 시 필수 관광 코스인 리조트 월드 겐팅Resorts World Genting, 과거 명칭 겐팅 하이

▌ 쿠알라룸푸르 인근 리조트 월드 겐팅의 전경
•출처 : ggrasia

랜드(Genting High lands), 싱가포르의 리조트 월드 센토 사Resorts World Sentosa, 홍콩의 스타 크루즈Star Cruises, 필리핀의 리조트 월드 마닐라Resorts World Manila 등이 대표적이다. 이들 자회사들 중 일부가 말레이시아와 싱가포르 증시에 상장되어 있는데, 말레이시아에 겐팅 지주와 겐팅 말레이시아가 각각 상장되어 있다.

겐팅 말레이시아는 쿠알라룸푸르 인근의 세계 최대 복합 카지노단지 중 한 곳인 리조트 월드 겐팅을 운영하는 회사다. 리조트 월드 겐팅은 창업자인 림고통이 말레이시아 카메룬 하이랜드를 관광하던 중, 해발 1,760m에 달하는 고산지대에 카지노를 건설한다는 아이디어로 출발하여 1969년 건설이 시작되었다.

사계절 더운 날씨의 말레이시아에서 중산층이 시원한 곳에서 편히 쉴 수 있는 위락시설과 카지노를 건설하겠다는 의지로 여러 정부 기관을 설득했다. 그 결과 그는 무려 14,800ac약 1천 8백만 평의 땅을 불하받았으며, 지금까지 개발된 면적은 극히 일부에 지나지 않는다.

리조트 월드 겐팅은 아세안 최장 케이블카, 말레이시아 유일의 카지노, 테마파크, 1만 개 이상의 객실을 보유한 6개의 호텔, 쇼핑몰, 컨벤션센터, 골프 코스 등이 결합된 복합 리조트다. 연간 1천 5백만 명 이상이 방문하는 명소다.

이 리조트가 주목받는 것은 기존 복합 시설 외에 테마파크를 대대적으로 리노베이션하여 미국 21세기폭스 사의 세계 최초 테마파크를 건설 중이기 때문이다. 완공 시기가 지연되어 2018년 오픈 예정인데, 2018년 하반기부터 테마파크 실적이 회사에 반영될 경우에 큰 폭의 매출 및 이익 신장이 예상된다.

Chapter 6

세계 1위 부국을 목표로, '싱가포르'

⋮ 아시아 최고 부국으로 올라서다 ⋮

대한민국 서울의 1.2배 크기인 작은 섬나라가 있다. 한때는 빈 땅이었고 이백 년 전만 해도 원주민들과 중국계 어민들 수백 명이 사는 작은 어촌에 불과했다. 그러나 현재는 1인당GDP가 5만 달러를 넘어 일본을 가볍게 제치고 아시아 1위를 차지한다. 이 나라의 국민소득은 세계 10위로 전 세계에서 가장 부유한 나라 중 하나다.

1965년 말레이 연방에서 분리될 때만 해도 생존을 걱정했던 나라였으나, 지금은 아시아를 잇는 물류 허브이자 금융 중심지가 되었다. 이곳이 바로 싱가포르다. 이 책에서 다룰 유일한 선진국, 싱가포르에 대해

6-1 | 싱가포르와 한국의 비교

구분	싱가포르	한국	한국 대비
면적(㎢)	719	99,720	0.7%
인구(만 명)	561	5,062	11.1%
GDP(억 달러)	2,970	14,112	21%
1인당GDP	52,960	27,539	1.92배
10년물 국채 금리(%)	2.23	2.21	0.01%
시가총액(억 달러)	6,495	12,822	50.7%
상장종목 수	757	2,059	36.8%

출처 : World Bank 2016년 기준, 주식시장 WFE 2016년 말

알아보자.

싱가포르는 아시아 네 마리 용한국, 대만, 홍콩, 싱가포르 4개 국가를 일컫는 말로 NIEs(Newly Industrializing Economies)라고도 한다 중 하나다. 말레이 반도의 최남단에 붙어 있는 작은 섬나라로 말레이시아 조호루 주와는 다리로 연결되어 있다. 식수가 부족하여 말레이시아에서 공급받고 있으나, 현재는 대단위 담수화 플랜트를 진행하여 자체적으로 담수를 생산하기도 한다.

1965년 말레이 연방으로부터 강제적으로 퇴출되어 독립국이 되었다. 그 당시 1인당GDP 516달러로 일본의 920달러 대비 절반 수준에 불과했다. 지금의 싱가포르는 1인당GDP가 52,960달러로 일본보다 40% 가량 높은 아시아 최고 부국이 되었다참고로 1965년 대한민국의 1인당GDP는 109달러

였다. 1965년 당시에 한국과 비슷한 국민소득의 나라로는 아프가니스탄, 방글라데시, 우간다 등이 있다. 50년이 지난 현재의 한국 국민소득은 일본, 싱가포르, 홍콩, 브루나이, 대만 등과 함께 아시아 최상층을 이루고 있다.

싱가포르는 월드뱅크에서 추산하는 2015년 기업 경영 환경 랭킹에서 세계 2위를 차지했다. 전 국민이 영어를 할 줄 알고 중국계 화교가 인구의 74%를 차지하는 아세안 속의 리틀 차이나 또는 아시아의 스위스라 할 만하다. 화교가 정치·경제 모든 부분을 선도하나 소수인종으로 말레이계 13%, 인도 타밀계 9% 등 다민족이 공생하는 구조다.

공영어도 영어, 말레이어, 중국어보통화, 타밀어 4개가 지정되어 있다. 다문화 국가로 교육 과정에서 영어는 기본이고 중국어, 말레이어, 타밀어 중 한 가지를 반드시 배우게 한다. 종교적으로는 불교가 30%가 넘는 다수이나 기독교, 이슬람, 도교, 힌두교가 모두 공생하며 각 사원들도 시내 도처에서 볼 수 있다.

지난 50년간 단 3명의 총리리콴유, 고촉동, 리센룽만 존재했으며 민주주의 국가임에도 불구하고 단 한 번도 집권을 내려놓지 않는 PAP당인민행동당, People's Action Party의 지도 아래 모든 것이 집행되는 계획경제다.

싱가포르 공무원은 전 세계에서 가장 부패가 없고 급여가 높은 엘리트로 유명하며 관료들이 모든 중요 정책을 결정한다. 이런 시스템은 철저히 성적에 따른 능력 우선주의 교육 정책에서 시작된다. 초등학교 때부터 성적에 따라 수준별 반 편성을 진행한다. 교육 수준과 학업성취도에 따라 대학 진학 여부 및 직업까지 정해지는 철저한 능력 위주의 사회다.

가장 우수한 엘리트는 정부의 집중적인 지원을 받으며 미국, 영국 등의 유학생활 뒤에 싱가포르로 복귀하여 관료의 길을 걷는다. 관료들은 부정부패를 막기 위해 최고 능력을 가진 사람을 선정하고 그에 맞는 높은 급여를 보장한다.

예를 들어 공무원 중 서열 1위인 리센룽 총리의 급여는 170만 달러이며 전 세계 지도자 중 압도적인 1위를 차지했다. 사실 이것도 서민들의 비난 때문에 28% 깎인 급여다. 그 정도로 높은 공무원 급여는 안정된 생활을 보장하고, 특정 기업이나 개인을 위해 국가 이익을 해치는 부작용을 막는 필요악으로도 작용한다.

교육열로 유명한 중국계 중심의 사회이고 보니 OECD 주관 전 세계 15세 학생들의 학습 능력을 측정하는 PISAProgram for International Students Assessment 조사에서 영어 독해, 과학, 수학 전 영역에서 세계 1위를 차지했다. 참고로 한국은 영어 독해 6위, 수학 7위, 과학 11위로 나쁘지는 않으나 싱가포르에는 한참 밀리는 성적표를 받았다.

싱가포르는 리센룽 총리가 캠브리지 대학 수학과를 최우등으로 졸업했을 정도로 수학, 과학을 중시하며 세계 3위 외환시장, 세계 3위의 금융센터, 세계 2위 항만, 세계 3위의 정유화학산업이 있다. 또한 바이오메디컬, 기계공학 등 대부분 수리적인 능력을 기반으로 하는 산업이 발달해있는 국가다.

싱가포르는 영국 식민지를 거쳐 인도양과 태평양을 연결하는 물류 허브로 자리를 잡아 영어가 어디서나 통한다. 또한 인구의 13%를 차지하는 말레이계뿐만 아니라 화교 중에서도 말레이어를 하는 사람들이 많다. 말레이어는 말레이시아는 물론이고 인도네시아에서도 국어로 정해

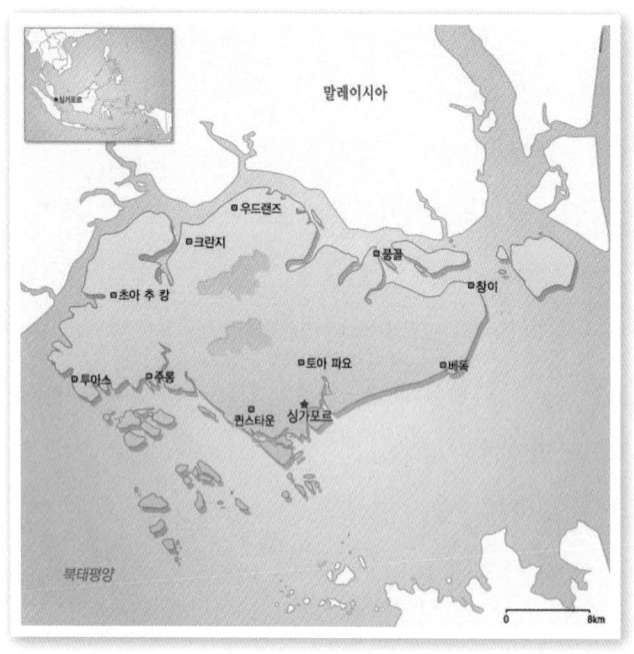

▌ 싱가포르 지도
•출처 : doopedia

져 있어 실로 3억 명이 이용하는 아세안 보편어의 성격을 지니고 있어 이 또한 싱가포르의 경쟁력이 되는 것이다.

여기에 중국어까지 더하여 리셴룽 총리의 연설은 보통 영어, 중국어, 말레이어까지 3개 언어로 진행된다. 학업성취도 1위인 우수한 국민과 3개 이상의 외국어를 구사하는 다문화를 배경으로, 전 세계인과 교류하는 것이 싱가포르 성공의 비결이다.

서울시보다 약간 큰 면적에 세계 최고 수준의 창이 공항, 세계 2위 항만, 군부대, 자연녹지시설, 유니버설 스튜디오 등 테마파크까지 모든 것이 압축되어 있다 보니 부동산 가격이 매우 높을 것이라 생각할 수 있다. 물론 민영건설사가 분양한 콘도는 서울 집값의 두 배 내지 세 배가 넘는 엄청난 가격을 자랑한다.

그러나 이것은 외국인 또는 부유층들에게 해당되는 얘기고, 싱가포르는 주택개발청HDB, Housing and Development Board에서 보급하는 저렴한 공공아파트에 전 인구의 80% 이상이 모여 산다. 이것은 싱가포르 정부가 전 국토의 90%를 소유하고 있기 때문에 가능했다. 가장 자본주의적인 나라, 싱가포르의 사회주의적인 단면이다.

중국, 베트남 등 사회주의 국가와 마찬가지로 이들 공공 아파트 부지는 국가 소유이며 공공 아파트 매수인은 100년간 토지 임대권을 정부에서 구입한 것과 같다. 대지 지분이 없기 때문에 아파트가 저렴한 것이다. 저가 아파트를 공급하여 중하층 서민들의 주거 문제를 해결하기 위한 싱가포르만의 해결책임 셈이다.

100만 호를 넘어선 주택개발청 공공 개발형 아파트는 국민들이 안정적인 주거활동이 가능하도록, 싱가포르 국민연금CPF, Central Provident Funds에서 예외적으로 자금인출 및 저리대출을 시행하여 자가 아파트비율이 90%가 넘는 집 걱정이 없는 나라이기도 하다.

싱가포르는 부족한 국토 면적을 보충하기 위해 끊임없이 간척사업을 벌인다. 건국 당시의 면적은 580㎢에 불과했으나, 현재는 25% 증가하여 719㎢로 국토가 넓어졌다. 확장된 국토는 공항, 항만, 석유화학시설, 바이오 첨단 클러스터 등을 구축하여 싱가포르는 점점 더 미래형 도시국가로 성장하게 될 것이다.

열대 지방에는 선진국이 없다는 편견을 깨고, 싱가포르는 세계 10위권의 부국으로 올라섰다.

그러나 껌도 함부로 씹을 수 없고 아직도 태형이 있는 국가이기도 하다. 담배꽁초를 무단 투기하면 적발 시 최대 170만 원의 벌금형을 부과한다. 공공 화장실에서 물을 내리지 않아도 벌금이며, 마약은 15g 이상 소지만 하고 있어도 사형에 처한다. 또한 7개 TV 채널이 모두 국영방송이다. 언론에 대한 통제도 엄격하여 정치적인 발언에 조심해야 하는 이중적인 면모를 보이기도 한다.

이런 통제 분위기에도 불구하고 아이러니하게 싱가포르는 세계 3위의 카지노시장이다. 초대 총리이자 국부인 리콴유 전 총리의 반대에도 불구하고 리셴룽 총리가 전격 건설했다.

싱가포르의 카지노산업은 마리아 베이 샌즈와 리조트 월드 센토사라는 유명한 관광지 겸 전시장을 싱가포르에 선사했을 뿐만 아니라 싱가포르가 마카오, 라스베이거스에 이어 전 세계 3위의 카지노 강국으로 올라서는 계기가 되었다.

그러나 싱가포르 현지인들의 카지노 입장료는 24시간당 100싱가포르 달러원화 기준 약 84,000원이고 개인에 따라 입장 횟수 제한 조치가 있다. 선진국이자 경찰 국가인 싱가포르, 이 나라의 미래를 알기 위해 말레이 반도의 끝자락에 위치한 이 섬나라가 부강해진 비결을 좀 더 알아봐야 할 것이다.

: 가난한 어촌에서 세계적인 물류 허브로 :

싱가포르라는 나라의 명칭은 산스크리트어로 '사자의 도시'라는 뜻이다. 고대에 이 섬을 발견한 사람은 상 닐라 우타마라는 스리비자얀에서 온 왕자인데, 이 섬에서 사자를 발견하여 그렇게 지어졌다고 한다. 하지만 실제로 사자를 본 것이 아니고 말레이 호랑이를 봤을 확률이 높다. 여하튼 그런 이유로 상반신은 사자이고 하반신은 물고기인 싱가포르의 상징물, '머라이언'이 탄생했다.

고대에는 이 섬을 테마섹Temasek이라고 불렀는데, 이는 인도네시아 자바어로 '바닷가 마을'이라는 뜻이다. 이 이름은 싱가포르 국부펀드의 이름으로 아직 남아 있다.

▌ 싱가포르의 상징, 머라이언과 마리나 베이 샌즈의 전경
•출처 : Wikipedia

싱가포르의 강점은 탁월한 위치에서 나온다. 19세기 이전 동남아시아의 항해는 주로 작은 범선에 의지했고, 해안선을 따라 이동하는 원시적인 항해 방식이 보편적이었다. 싱가포르는 인도양과 태평양이 만나는 말레이 반도의 끝에 위치한다. 그래서 말라카 해협을 관통하여 오는 선박들의 중간 기착지로 안성맞춤이었다.

말라카 해협은 수마트라 섬과 말레이 반도 사이를 지나는 해협으로 약 1천㎞에 이르며, 고대로부터 지금에 이르기까지 아시아 무역 루트 중 가장 중요한 위치를 점했다. 이 해로가 인도와 중국을 연결하는 최단 거리였기 때문이다.

싱가포르 섬은 바로 아래 위치한 리아우 제도와 좌측의 수마트라 섬이 바람을 막아주는 덕분에, 태풍의 영향을 받지 않는 천혜의 심해항이다. 말라카 해협을 지나온 바닷길은 싱가포르 해협으로 연결되어 해로가 2㎞까지 좁아진다. 바로 그 앞에 싱가포르가 위치한다.

고대에는 몬순풍의 방향에 따라 말라카 해협을 관통하는데 최대 1달이 걸렸다. 싱가포르는 기나긴 항해에 쉬어 가기 좋고 남중국해를 건너온 중국, 자바 상인들과 말라카 해협을 건너온 인도, 페르시아, 아랍의 상인들이 교류하기 좋은 천혜의 위치에 자리 잡은 셈이다. 그럼에도 동남아시아의 보석인 이 섬은 오랜 세월 동안 방치 상태로 있다가, 19세기 이후 영국에 의해 개발이 시작된다.

싱가포르의 역사를 알려면 영국이 어떻게 싱가포르를 식민지화 했는지를 알아야 한다. 여러 국가들의 역사가 얽혀 있는 동남아시아 근대 식민 역사에 대해 좀 더 깊이 알아보자.

진귀한 향신료, 각양각색의 차, 중국 도자기의 무역 루트로 자리 잡은 동남아시아 지역의 패권을 먼저 장악한 서양 세력은 네덜란드였다. 네덜란드는 식민지였던 아프리카 희망봉을 돌아 동남아시아로 오는 최단 루트인 인도네시아 순다 해협을 끼고 있는 자바 섬에서 세력을 확장해갔다. 이것이 네덜란드령 동인도회사다. 그래서 자바 섬을 중심으로 플랜테이션 농업을 강화해갔으며, 그 중심은 바타비아지금의 자카르타였다. 물론 말라카 해협의 중요성을 인식하여 포르투갈 식민지였던 무역항 말라카말라카(Malacca) 또는 믈라카(Melaka)라고도 한다를 17세기에 빼앗아 식민지로 삼았다.

한편 네덜란드는 나폴레옹 전쟁1803~1815년 기간 동안 프랑스 점령하에 들어가고, 나폴레옹의 셋째 동생인 루이 나폴레옹이 네덜란드 황제로 등극하여 사실상 프랑스의 속국이 된다. 이에 따라 당시까지 막강했던 네덜란드의 동남아시아 식민지 운영에도 지장을 초래하여, 10년간의 공백을 타고 영국이 빠른 속도로 인도와 동남아시아 지역에서 세력을 확장한다.

인도 및 동남아시아 지역에서 네덜란드의 쇠퇴 및 영국의 급부상으로 두 국가 간 영토 조정 협약이 두 번 이루어진다. 이것이 1, 2차 영란조약이다. 네덜란드는 인도와 기타 지역에 대한 권리를 포기하고 자바 섬, 수마트라 섬, 칼리만탄 섬 등 현재의 인도네시아 지역에 대한 최종 권리를 확보한다.

반면 영국은 인도, 말레이 반도 및 싱가포르에 대한 권리를 네덜란드로부터 인정받고 인도네시아에 건설한 식민지를 네덜란드에 할양한다.

이것이 동남아시아 식민지 분할의 원조 계약이다. 이때부터 진정한 근대 싱가포르의 탄생으로 연결된다.

싱가포르는 중세에 무역항으로 성장했다가 말라카 해협의 경쟁 무역항, 말라카의 성장으로 크게 쇠퇴하여 19세기 초에는 조호르바루 술탄 왕국 치하의 한적한 어촌에 불과했다.

싱가포르를 다시 발견한 것은 영국의 식민지 경영인 스탬포드 래플스였다. 래플스 경은 지금도 싱가포르 건국의 아버지로 불리며 싱가포르 곳곳에 그의 동상과 이름이 남겨져 있다. 1819년, 그는 말레이 반도 끝자락에 있는 작은 섬인 싱가포르를 영국의 식민지로 선포한다. 당시 인근 무역항으로 말라카, 피낭 섬영어로 피낭 또는 페낭(Penang), 말레이어로는 팔라우 피낭(Palau Pinang)이 이미 있었으나, 그는 말라카 해협의 동쪽 끝에 새로운 무역항을 만들기 원했다. 그 편이 인도네시아, 중국 등 장거리 무역선들의 이동에 편리했기 때문이다.

래플스 경은 한때 인도네시아 자바 섬과 벵쿨루수마트라 섬의 무역항 부주지사를 역임했다. 그는 인도, 인도네시아, 말레이 반도의 여러 지역을 방문한 경험이 있는 동남아시아 식민지 경영 전문가였다. 그는 말레이어에도 능통하여 조호루 술탄 국왕과 협상하여 싱가포르를 영국 보호령으로 넘겨받는 데에, 그의 말레이어 실력이 결정적인 영향력을 발휘했다.

무역항으로 개발할 수 있는 여러 후보지들이 있었으나 싱가포르가 최종적으로 낙점된 이유는 무엇일까?

작은 섬들이 강성해질 때는 그 강점은 대부분 지정학적 위치에서 나온다. 미국의 맨해튼, 중국의 홍콩, 말레이 반도의 싱가포르가 그렇다.

모두 영국 식민지 시기를 거쳤다는 점도 동일하다. 육지와 연결되지도 단절되지도 않은 육지와 매우 가까운 섬이라는 중간자적 입지를 취한 가운데, 해양 세력인 영국 입장에서 대규모 육군이 필요 없고 강력한 해군 함대만으로 이런 섬들을 손쉽게 지킬 수 있다.

섬이라는 특성상 토착원주민들이나 주변 육지 세력들의 침입도 쉽지 않다. 탁월한 지정학적 위치에도 불구하고 말레이 반도의 무역 중심지, 말라카는 육지의 일부였고 이로 인해 주변 왕국의 침략을 수없이 받았다. 이런 점을 생각해보면 싱가포르가 얼마나 평화로운 섬이었는지 알 수 있다.

태풍이 오지 않아 재난 시 선박들의 피난처가 되어 주는 항구와 포구가 있고 천연 심해항이 있는 육지에 가까운 섬, 이것이 싱가포르였다. 한마디로 완벽한 입지였던 셈이다. 부동산학에서 가장 중요한 것은 입지, 입지, 입지Location, Location, Location라고 하는 데 싱가포르가 전형적인 사례인 셈이다.

이렇게 1819년 영국의 품으로 들어온 싱가포르는 영국의 동남아시아 식민지 경영이 본격화되는 때에 발맞춰 무역항으로 급성장하게 된다. 이와 동시에 중국인들이 근처 말라카와 중국 본토에서 이민을 오기 시작한다.

19세기는 청나라에 균열이 가면서 아편 전쟁, 태평천국운동 등 극심한 혼란이 1세기 내내 지속되었다. 따라서 복건성, 광동성 등의 중국 유민들이 동남아시아로 대규모 이동을 시작한 격동의 시기였다. 물론 그 이전부터 동남아시아에는 상당수의 중국인이 넘어와 살고 있었다. 이들은 중국 문화를 간직한 채 현지 문화에 서서히 동화되어 갔는데, 이들을 페라나칸이라고 한다.

동남아시아에 분포하던 일부 페라나칸과 새롭게 이주한 중국인들이 영국인들의 지휘하에 새롭게 개발한 무역항이 바로 싱가포르인 것이다. 영국인들은 싱가포르를 관세가 없는 자유무역항으로 개발했다. 이것이 바타비아자카르타와 같은 네덜란드 식민지의 경쟁 무역항 대비 굉장히 큰 경쟁력으로 작용했다.

19세기에 등장한 철제 증기선과 전신의 발명은 싱가포르 발전에 불을 붙이게 된다. 과거 범선은 바람이 불어야 이동할 수 있으므로 출발과 도착시간이 일정하지 않았고, 동남아시아는 몬순풍의 방향에 따라 일 년에 운항할 수 있는 횟수도 제한되었다. 이에 따라 배를 운행하는 선원의 기술이 매우 중요했다.

그러나 석탄을 동력원으로 하는 철제 증기선이 도입되자 언제라도, 어떤 날씨에서라도 이동할 수 있는 항해의 자유가 마련되었다. 또한 싱가포르-런던과 같은 원거리 여행시간이 80% 이상 줄어들었다. 따라서 싱가포르를 통해 무역하는 선박의 숫자가 급증했다. 뿐만 아니라 끊임없이 석탄 공급이 필요했으므로, 중간 원료 보급 기지로 싱가포르의 역할이 더욱 중요해졌다.

또한 전신의 발명과 보급은 식민지 운영의 방식 자체를 완전히 바꾸었다. 범선으로 편지나 서류를 보내던 시절만 해도 싱가포르에서 본국인 영국 런던으로 편지를 보내면 가는데 6개월, 돌아오는데 6개월, 총 1년이 걸렸다. 그것도 선박이 난파되거나 태풍, 해적 등 재난을 겪지 않는

운 좋은 경우에만 정상적으로 배달되었다. 근거리 연락망은 비둘기 통신에 의존했다.

따라서 19세기 전의 유럽의 아시아 식민 지배는 식민지 총독의 자율적인 경영에 맡겨졌으며, 중대한 의사결정도 사후 승인에 의해 처리되었다. 그러나 전신이 도입되고 영국과 싱가포르까지 해상 케이블로 연결이 되면서 실시간 통신이 드디어 가능해진 것이다. 영국은 19세기에 케이블망으로 유럽과 대서양, 인도양을 연결했다. 그로 인해 그 어떤 서구 열강보다 빠른 속도로 각 지역의 소식과 정보를 얻게 되었다. 지금도 그렇지만 빠르고 정확한 정보 습득은 부와 권력으로 바로 연결된다.

19세기 전신 통신 기술을 지배한 것은 영국인들이 해가 지지 않는 대영제국을 건설했던 주요 원인이었다. 통신 기술의 발전으로 선박주나 회사들은 싱가포르에 정박한 자신의 배에 다음 기항지나 선적 물품을 실시간으로 통보할 수 있었다. 전 세계 물품 교역량이 폭발적으로 성장하는 동인이 되었다.

이후 싱가포르는 말레이 반도에서 생산된 주석과 천연 고무의 유럽 수출 전진기지가 되었다. 또한 1869년 수에즈 운하가 개통되면서 유럽과 아시아를 잇는 항로가 무려 7,000㎞가 단축되었다. 수에즈 운하 이용 시 자바 섬과 수마트라 섬을 관통하는 순다 해협보다 말라카 해협을 통한 항해가 지리적으로 더 가깝다는 점이 부각되면서 싱가포르는 20세기까지 지속적으로 발전하게 된다.

이후 현재까지도 전 세계 유조선 물동량의 50%는 중동에서 한국, 중국, 일본으로 가는 최단거리인 말라카 해협을 통과한다. 싱가포르는 자

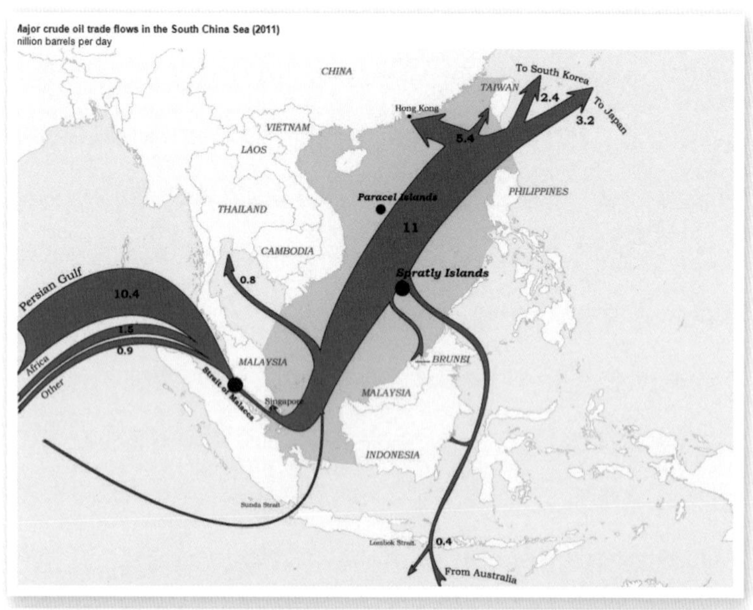

▌ 유조선 이동 루트와 싱가포르 항만 전경
• 출처 : eia(단위 : 매일 백만 배럴), Port Strategy

유무역항으로 전 세계 환적량의 1/5 이상을 처리한다. 대규모 석유화학단지, 선박수리단지, 원유 거래소, 세계적인 환승 공항 등의 산업을 발전시키는 원동력을 바로 이 지정학적인 이점에서 찾고 있는 것이다.

: 일류 국가 싱가포르 건설, 리콴유의 꿈 :

싱가포르의 건설은 리콴유 초대 총리를 언급하지 않고는 넘어갈 수 없다. 그는 싱가포르의 1대 총리였을 뿐만 아니라, 자치주 시절인 1959년부터 1965년 싱가포르 독립을 거쳐 1990년까지 총 31년간 싱가포르의 1인자로 군림했다. 또한 그가 창당한 인민행동당PAP, People's Action Party은 지금도 싱가포르의 집권 여당이며 단 한 번도 정권이 바뀐 적이 없다.

현재는 그의 첫째 아들인 리셴룽이 싱가포르 3대 총리로 2004년부터 재직 중이기도 하다. 그는 동남아시아의 작은 섬, 싱가포르를 세계인들이 부러워하는 자유무역항, 금융 중심지, 아세안 문화의 허브로 만들어놓고 2015년 3월 영원한 안식에 들어갔다.

리콴유는 1923년생으로 광동성 객가客家, 영어로 Hakka 출신의 화교 집안에서 태어났다. 그의 모국어는 영어였으며 중국어는 30세가 넘어서야 배웠다. 그는 일본의 싱가포르 점령 시기1942~1945년에 일본어를 배워 일본어 통역사로 일하기도 했다. 그의 일본 강점기 생활은 그에게 큰 충격을 주게 되는데, 일본 군인들이 죄 없는 싱가포르 국민들을 고문하고 학살하는 만행을 보게 되었기 때문이다.

그는 일본이든 영국이든 그 누구도 싱가포르인을 함부로 대할 수 없다는 점을 각성하게 된다. 요컨대 영국 군대는 일본군의 침략에서 싱가포르를 보호하지 못했고, 일본군도 싱가포르에서 잔혹 행위를 한 사실에 분노하게 된다. 결국 싱가포르는 싱가포르인 스스로 통치해야 한다는 생각을 굳히게 되고, 일본군과 같은 엄정한 질서 의식과 권위주의가 필요하다는 점을 각성하게 된다. 그는 태평양 전쟁이 끝난 뒤인 1945년 영국으로 건너가 캠브리지 대학에서 법학을 전공하고 최우등으로 졸업한 후에 변호사가 되었다.

"나는 일생 동안 네 나라의 국가國歌를 부르며 살아야 했다. 영국의 〈

노령의 리콴유(위),
1965년 독립을 선언하는 리콴유(아래)
•출처 : guardian, AsiaOne

신이여 여왕을 구하소서〉, 일본의 〈기미가요〉, 말레이시아의 〈나의 조국〉 그리고 싱가포르의 〈전진하라 싱가포르〉다."

리콴유의 자서전 《일류 국가로의 길From Third World to First : The Singapore Story》에 나오는 유명한 문장이다. 그만큼 영국에서 대학 공부를 마친 뒤, 1949년 싱가포르로 돌아온 리콴유의 앞길에는 험난한 여정이 기다리고 있었다.

27살의 젊은 변호사 리콴유는 로펌에서 변호사로 일을 시작하지만 점차 싱가포르의 독립 기운이 무르익으면서 정치적 여정을 시작하게 된다. 그는 평생 정치 여정을 함께할 PAP인민행동당, People's Action Party당을 1954년에 창당한다. 이때 PAP당은 리콴유처럼 영어를 사용하는 우파 중산층 엘리트와 친공산주의 성향 노조의 연합으로 창당되었다.

이 두 개의 집단은 출신 배경과 성향은 전혀 달랐다. 하지만 영어를 주로 사용하는 우파 엘리트 계층은 중국어를 사용하는 싱가포르 대중의 지지를 받기 위해 노조 세력이 필요했고, 두 세력 모두 싱가포르의 자주 독립을 원한다는 목적이 일치했기 때문에 연대가 가능했다.

PAP 안에서의 두 연대 세력은 1957년 친공산주의 정당원들이 당시 과도정부의 탄압을 받고 체포되면서 위기를 맞았다. 결국 리콴유는 PAP당의 사무총장으로 복귀한다. 이윽고 1959년 선거에서 PAP당은 51석 중 43석을 차지하였고, 새롭게 출발하는 싱가포르 자치정부의 초대 총리로 리콴유가 취임했다.

초대 총리가 된 리콴유 앞으로 계속해서 위기가 다가왔다. 1961년 당내 친공산주의파들이 단독 정당바리산 소시알리스(Barisan Sosialis)을 설립하여

PAP당의 의석 수는 큰 폭으로 줄어들었다. 가까스로 과반을 유지하던 리콴유와 PAP당은 1962년 국민투표에서 70%의 찬성률로 말레이 반도, 싱가포르, 사바, 사라왁 지역을 모두 통합한 말레이시아 연방의 일원이 되기로 확정한다. 이에 따라 싱가포르는 1963년 출범한 말레이시아 연방의 일원이 된다.

그러나 당시 싱가포르의 주변 상황은 매우 불안정했다. 1949년 중화인민공화국이 된 중국은 공산주의를 동남아시아로 전파했고, 특히 중국계가 70%가 넘고 중산층 이하 노동자가 많았던 싱가포르는 공산당의 주요 활동 무대가 되었다. 남쪽으로 인도네시아의 수카르노는 보르네오 섬의 북부인 사바, 사라왁 지역의 말레이시아 편입에 반대하면서 국경 분쟁을 일으켰다. 1964년에는 싱가포르 내에서 대규모 인종 분쟁이 일어나 중국인들과 말레이인들이 서로 공격하여 사상자가 수백 명에 달했다.

이처럼 말레이 연방의 독립 직후에 국내외적인 혼란이 극에 달하자, 당시 말레이시아 총리였던 툰쿠 압둘 라만은 중국인들이 다수이며 말레이시아 중앙정부에 독립적인 목소리를 내왔던 싱가포르를 연방에서 축출하기로 결정한다. 말레이인들이 다수이며 농업, 광업 위주의 말레이시아 대비 싱가포르는 중국인들 위주의 사회이며 상공업이 발달하여 중국인들의 말레이 반도 진입을 우려한 결정이었다. 결국 1965년 8월, 리콴유 총리는 말레이시아와의 분리 협정에 서명하고 정식 독립 국가가 된다.

리콴유 총리 및 PAP당은 끝까지 싱가포르가 말레이시아의 일원으로 남아 있기를 희망했다. 당시 싱가포르는 천연자원, 농산물, 심지어 물도 부족한 작은 섬에 불과했다. 국방 능력도 거의 전무하여 전적으로 말레이시아에 의존하고 있었다. 호전적인 적국들에 둘러싸인 채 높은 실업률에 고전하던 싱가포르의 생존은 거의 불가능해 보였다.

따라서 1965년 독립을 선언하던 텔레비전 기자회견에서 리콴유 총리는 눈물을 보이고 만다. 1967년, 말라카 해협의 안보를 책임져 왔던 영국 해군이 싱가포르 셈바왕 해군 기지에서 철수를 전격 결정하면서 싱가포르 위기는 절정에 달했다. 당시 영국 해군 기지는 직간접적으로 7만 명이 고용된 싱가포르 최대 고용주였다. 또한 싱가포르 전체 GDP의 1/4을 책임지고 있었다.

이러한 위기 속에 리콴유 총리는 그동안 참조한 수많은 국가 발전 모델과 본인의 창조적인 판단, 우수한 참모진들의 의견을 바탕으로 독특한 싱가포르의 경제 사회 발전 모델을 만들어가게 된다.

홍콩은 중국이라는 거대한 대륙을 끼고 발전했고, 일본은 군수산업을 중심으로 막강한 제조업 노하우가 있는 상황에서 경제 발전을 이룰 수 있었다. 그렇다면 싱가포르는 아무런 배후 단지가 없는 상황에서 어떤 발전 방식을 따라야 할 것인가?

1965년 독립 당시에 싱가포르가 가난한 무역항이었다고 하나 1인당 GDP 515달러로 동남아에서는 부유한 지역이었다. 또한 인건비는 상대적으로 높은 편이었다. 근면성실한 중국계가 다수를 차지했고, 150년간의 영국 지배를 받으면서 영어가 엘리트 층을 중심으로 광범위하게 쓰이고 있는 이점이 있었다. 결정적으로 전 세계 무역선들의 절반이 지나가

1965년 싱가포르의 시내 풍경(위),
1953년 싱가포르의 영국 해군 기지(아래)
•출처 : Wikimedia

는 말라카 해협의 심해항으로써 지리적 이점을 충분히 누릴 수 있었다.

10%에 육박하는 실업률을 낮추기 위해 리콴유는 외국 자본 유치밖에 답이 없다고 보고, 낮은 법인세율17%을 유지하는 자유무역항으로서의 이점을 철저히 활용했다. 즉 인도양과 태평양을 이동하는 선박들을 대상으로 한 선박 수리업, 유조선 정비업을 발전시켰다. 이를 기반으로 주롱 산업단지에 조선업, 철강업, 석유화학산업 관련 해외 기업들을 적

극적으로 유치했다. 또한 휴렛패커드, GE 등 다국적기업의 전자전기 부품 및 완제품 제조 기지를 유치하면서 싱가포르는 점차 실업률을 해소하고 산업 강국으로 가는 발판을 마련했다.

싱가포르가 지금도 해외 기업들의 진출이 수월한 중요한 강점으로 꼽히는 것은 전 국민이 영어를 유창하게 한다는 사실이다. 중국계가 대다수인 나라에서 1960년대에 영어를 제1언어로 과감히 도입한 정책은 초기에 많은 반발을 불러왔다. 그러나 영어는 기본이고 이외에 또 하나의 언어말레이어, 표준 중국어(북경어), 타밀어 중 하나를 무조건 배우게 한 이중언어 정책은 결국 싱가포르 발전의 시금석이 된다.

자원이라는 사람밖에 없는 싱가포르의 인적자원 활용도를 극대화하기 위해 리콴유는 교육에 있어 소위 엘리트 집중 육성에 해당하는 다소 극단적인 방법까지 도입했다. 리콴유는 미래를 결정하는 것은 수재와 평균 이상의 인재들이며, 유대인들의 성공 비결인 우량한 유전자 증식이 필요하다고 얘기한 바 있다.

싱가포르의 초등학생은 4학년이 되면 전국 단위 시험을 치르며 소위 걸러내기The streaming system에 의해 시험 성적에 따라 우열반이 나뉜다. 또한 초등학교 졸업 시험을 전국 단위로 다시 실시하여 성적순으로 본인의 중학교가 배정된다. 초등학교 3학년 때 별도의 시험에서 전국 상위 1%에 해당하는 학생들은 영재로 분류되어 교육부에서 특별히 관리하는 프로그램에 들어가게 된다.

이처럼 끝없는 시험과 단련을 통해 가장 우수한 학생으로 선발되면 싱가포르 정부의 장학금을 받고 영국, 미국 등 해외 유학을 다녀와 대기업에 상응하는 월급을 제공하는 정부 부처에서 근무한다.

이처럼 철저히 단련된 싱가포르 공무원들이 싱가포르 경제 발전의 원동력이 되었다. 리콴유 총리는 한때 출산율 증가를 막기 위해 1960년대에 '아이 두 명만 갖기Stop at Two' 캠페인을 전개해 셋째, 넷째 아이에게는 교육 우선권을 박탈했을 정도로 엄격하게 진행했다.

그러나 1980년대 들어 싱가포르 고학력 대졸 여성들의 미혼율이 높아지자, 대졸 남녀 간의 중매를 알선하는 국가기관SDU, Social Development Unit을 만들 정도로 엘리트 계층의 결혼과 출산을 장려했다. 심지어 대졸 여성이 셋째, 넷째를 낳을 경우에 세금 환급, 우수 학교 배정, 주택 배정 우선권을 줄 정도로 공을 들였다. 이처럼 개인의 사생활 통제 및 성적에 따른 차별은 지금까지도 싱가포르의 논란거리로 남아 있다.

또한 싱가포르가 독립을 유지하고 외국 기업이 선호하는 해외 투자 지역이 되기 위해서는 든든한 안보, 즉 국방력을 기르는 것이 우선이었다. 호전적인 말레이시아와 인도네시아를 이웃 국가로 둔 싱가포르에게는 더욱 국방이 중요했다.

따라서 싱가포르는 모든 남성에게 2년 2개월의 군 의무복무제도를 유지하고 있다. 또한 싱가포르와 같이 적국에 둘러싸여 있지만 압도적인 군사력을 자랑하는 소수정예 이스라엘과의 군사 교류에 적극 나섰다. 열대 지방에 국한된 작은 섬나라 지형을 극복하기 위해 지금도 고산지대 훈련은 대만으로 장갑차 등을 이동시켜 대만과 연례 합동으로 실시한다. 또한 싱가포르의 공군은 미국, 호주 등지에서 훈련하기도 한다.

막대한 외환보유고를 바탕으로 싱가포르의 육·해·공군은 모두 최첨

단 장비로 무장하고 있다. 특히 공군은 싱가포르 본토가 아니라 미국, 호주, 뉴질랜드 등 여러 연합국에 전투기 및 장비를 이동시켜 놓고 1차 타격을 받은 이후에 2차 공습을 할 수 있는 만반의 준비를 항상 갖춰 놓고 있다. 싱가포르의 GDP 대비 국방비는 3.4%로 한국의 2.6% 대비 높은 수준이다. 이것은 말레이시아, 인도네시아 등 주변 국가에 비해서는 GDP 대비 3~4배 이상 높은 수준으로 지속적으로 국방 능력을 배양하고 있다.

싱가포르 경제 발전의 또 다른 비결은 싱가포르 국영기업과 해외 투자자산을 관리하는 두 국부펀드의 탁월한 성과 때문이다. 바로 테마섹과 GICGovernment of Singapore Investment Corporation다. 테마섹은 1974년에 설립된 싱가포르 정부 주요 자산을 관리하는 국부펀드다. 전 세계 10곳에 지점을 두고 있으며 초기 싱가포르 국영기업 관리 및 자산 증대를 목적으로 했으나, 2000년대 이후부터는 해외 자산투자에 적극적으로 나섰다. 현재 총 자산은 2,750억 달러에 달한다.

주요 투자 섹터는 금융, 통신, 미디어, IT, 물류, 항만, 부동산, 에너지, 소비재 등 거의 모든 섹터를 망라하고 있다. 테마섹 CEO로는 현역 총리의 아내이자 리콴유 총리의 며느리인 호칭 여사가 활동하고 있다.

테마섹은 홈페이지상에 투자 내역 및 투자수익률을 매우 투명하게 공개하고 있다. 내용을 보면 DBS종목코드 DBS, 싱가포르 텔레콤Singapore Telecommunications, 종목코드 ST, 싱가포르 항만청PSA, Port of Singapore Authority, 싱가포르 항공Singaore Airlines, 종목코드 SIA, 싱가포르 전력청Singapore Power, 케펠Keppel, 종목코드 KEP, 셈콥Sembcorp, 종목코드 SCI, 싱가포르 지하철공사SMRT 등

	Name	Shareholding (%) as at 31 March 2017	Currency
Keppel Corporation	Keppel Corporation Limited	20	SGD'm
PSA The World's Port of Call	PSA International Pte Ltd	100	SGD'm
sembcorp	Sembcorp Industries Ltd	49	SGD'm
SINGAPORE AIRLINES	Singapore Airlines Limited	56	SGD'm
SPgroup	Singapore Power Limited	100	SGD'm
ST Engineering	Singapore Technologies Engineering Ltd	51	SGD'm
SMRT	SMRT Corporation Ltd	100	SGD'm
UNIVAR	Univar Inc.	10	USD'm

▌테마섹의 운송, 산업재 분야 주요 투자 기업 및 지분
•출처 : 테마섹 홈페이지

사실상 싱가포르 주요 공기업 및 주요 산업 전체를 망라하고 있다.

공기업의 민영화 후, 국부펀드에서 투자 자산을 효율적으로 관리함으로써 국가 자산 증대 및 효율 극대화 두 가지 목표를 모두 이루고 있는 셈이다. 2천 년대 이후에는 아시아를 중심으로 해외 자산 매입에도 적극 나서 AIA 그룹, 중국 건설은행, 중국 태평양보험, 중국 공상은행ICBC, 핑안보험, 스탠다드 차터드은행, 알리바바, 렙솔, 셀트리온, 길리어드Gilead 등 수많은 해외 기업들의 지분을 보유하고 있다.

2017년 기준 10년, 20년 연평균 전체주주수익Total Shareholder Return은 각 4%, 6%에 달한다.

한편 GIC는 싱가포르 중앙은행의 외환보유고를 효율적으로 관리하기 위해 탄생한 국부펀드로 해외 투자를 통한 싱가포르 국부 증대와 복

지 증대를 목적으로 하고 있다. 즉 싱가포르 국내는 투자 대상이 아니고 100% 해외 투자를 하는 기관으로 한국의 국부펀드인 KIC와 같은 성격으로 볼 수 있다.

이 기관은 일반적으로 투자 대상 및 수익률에 대해 비밀주의를 유지하고 있어 실질적인 투자 자산 및 대상을 알아내기 어렵다. 다만 UBS, Citi 그룹 등 유럽 미국계 금융회사 및 부동산 매입에 적극적으로 나서고 있다는 사실이 알려지고 있다.

GIC와 테마섹의 투자 대상이나 목표는 상당히 다르다. GIC의 자금 출처는 싱가포르 외환보유고와 함께 싱가포르 국민연금 CPFCentral Provident Fund이기 때문에 선진국 주식, 채권이나 대체투자 위주로 장기적이고 안정적인 수익 창출을 목표로 한다.

반면 테마섹은 아시아 이머징기업의 주식 위주로 투자하여 고위험고수익High Risk High Return을 지향한다. 2016년 기준으로 GIC의 수익률은 10년, 20년 연평균수익률은 각 4.3%, 5.7%에 달한다. GIC의 총 자산은 3,500억 달러 수준으로 알려져 있으며, 전 세계 10위 규모의 국부펀드다.

초대 총리 리콴유, 2대 총리 고촉동에 이어 2004년 집권한 리셴룽 총리는 현재 남동생인 리셴양과 갈등을 빚고 있다. 결국 갈등의 배경은 리콴유 총리의 유서에 명시된 리콴유 총리의 자택을 보전할지에 관한 문제다. 이것은 결국 리셴룽의 아들 리홍이가 차기 지도자가 되느냐의 문제로 연결된다. 이 갈등의 해법은 알 수 없으나 아마도 확실한 것은 PAP당의 집권은 계속되리라는 점이다.

싱가포르는 지난 반세기 동안 PAP당이 선거 시기마다 압도적인 다수표를 받았으며, 앞으로도 계속 그럴 것이다. 왜냐하면 의원내각제하에서 중요한 국회의원선거제도가 1개 선거구에 1명의 국회의원을 뽑는 일반적인 방식을 이용하지 않기 때문이다. 싱가포르 선거는 1988년부터 GRCGroup Representation Constituency라고 불리는 그룹 후보 선발 방식을 채택했다. 이 제도는 1명의 개별 후보 선출구Single Member Constituency를 극단적으로 줄이고, 전체 국회의원의 83%를 그룹 후보에게 몰표로 몰아주는 것이다.

GRC별로 각 정당은 다인종 그룹 후보들을 선출하며 이들이 받은 표를 모두 합산하여 GRC별 다수표를 받은 정당에 해당 GRC의 국회의원 의석을 모두 부여하게 된다. 지난 50년간 정치적 기반을 다져온 PAP당이 계속 승리할 수 있는 구조로 정착되었다.

작은 국토와 인적 자원이 전부인 척박한 토양에서 불과 30년 만에 제3세계에서 제1세계로 진입을 이룬 싱가포르의 성공 신화는 계속될 것인가?

리콴유와 싱가포르는 말라카 해협을 끼고 있는 천혜의 지리적 이점을 적극적으로 활용하고, 다인종 사회의 모순과 갈등을 영어를 비롯한 다언어 교육이라는 장점으로 승화시켰다. 리콴유 총리는 아시아 금융위기 시기에 김대중 대통령과 그 유명한 '아시아적 가치'에 대한 논란으로 더욱 유명세를 떨치기도 했다. 미국식 자유민주주의가 아닌 유교 및 지도자의 권위에 기반한 아시아적 민주주의를 주장했고 실제로 실천했던 사람이 리콴유였다.

그는 "아무도 나를 두려워하지 않는다면 나는 의미 없는 존재다."라고 얘기한 바 있다. 그는 플라톤의 철인정치와 마키아벨리의 군주론을 지금 시대에 구현했으며, 실제로 싱가포르라는 성공 사례를 만들고 2015년에 타계했다.

그러나 시대는 늘 변하고 싱가포르도 생존을 위해 새로운 경제 발전 모델을 정립해야 할 때가 되었다. 싱가포르 정부는 2천 년대 이후에 찾아온 경제성장률 하락 및 빈부 격차를 해소하기 위해 카지노를 허용하고 바이오, 헬스케어, 스타트업 개발, 적극적인 자유무역협정 추진, 해외 대학 유치 등 교육사업 육성, 쿠알라룸푸르와 싱가포르 간 고속철도 건설 등 새로운 경제 발전 비전을 제시하고 있다.

끊임없이 변화 발전하는 이 나라의 미래가 어떻게 펼쳐질지, 리콴유 총리라면 지금의 싱가포르에 어떤 처방을 내릴지 궁금하기만 하다.

: 싱가포르 주식시장 개요 :

싱가포르 주식거래소는 SGXSingapore Exchange로 불리며 1999년에 설립되었다. 기존에 SESStock Exchange of Singapore, SIMEXSingapre International Monetary Exchange, SCCSSecurities Clearing and Computer Services가 합병하여 탄생했다.

전체 상장종목은 757개다. 이중 중국, 인도 등 해외 기업들이 278개를 차지하여 36.7%가 해외 기업들로 전 세계에서 해외 기업 상장 비중

6-2 | 싱가포르 주식거래소 소개

구분	SGX(Singapore Exchange)
거래소 설립	1973년(1999년 SIMEX와 합병하여 SGX로 명칭 변경)
상장종목 수	757개
시가총액	6,495억 달러
거래일	월~금(싱가포르 국경일 휴장)
통화	SGD(싱가포르 달러)
매매시간	9 : 00am~12 : 00pm, 1:00pm~5 : 00pm(현지시간)

출처 : SGX, 2016년 연말 기준. 매매시간은 2017.11.13일부터 적용

이 가장 높은 나라 중 하나다. 상장된 해외 기업들 중 절반은 중국계 기업이며 기타 홍콩, 동남아시아 등지의 기업들이 상장되어 있다. 한국증권거래소에는 일부 중국 회사를 제외하면 거의 100% 한국 기업들만 상장되어 있는 것과 비교하면 싱가포르 금융시장의 세계화 수준을 알 수 있다.

시가총액은 6,500억 달러 수준으로 거래소 규모에서도 아세안에서 가장 큰 주식시장 중 하나다. 사실 SGX는 주식시장보다는 파생 선물시장으로 유명하며, 아시아에서 가장 큰 시장 규모를 갖고 있다. 특히 중국 본토 A50지수 선물, 중국 위안화 선물, 철강 선물, 인도 Nifty 50 선물, 인도 루피 선물 등 다양한 아시아 선물 상품들을 거래할 수 있는 유일한 해외 거래소다.

싱가포르의 대표 지수는 STIStraight Times Index이며 SGX에 상장된 최상

위 블루칩 30개로 구성되어 있다. 그렇다면 싱가포르 주식시장의 대표 지수인 STI 인덱스의 투자 성과는 어떠할까?

6-3 | 싱가포르 STI 인덱스와 한국 코스피 비교(현지 통화 기준)

출처 : Bloomberg(1999.8.31~2017.8.6), 1999.8.31 값을 100으로 재설정

6-4 | 싱가포르 STI 인덱스와 한국 코스피 비교(USD 기준)

출처 : Bloomberg(1999.8.31~2017.8.6), 1999.8.31 값을 100으로 재설정

블룸버그에서 구할 수 있는 가장 긴 장기 차트로 가격 변동을 〈6-3〉으로 알아보자. 알기 쉽게 한국 대표 지수인 코스피와 비교하면 다음과 같다. 1999년부터 18여 년 동안 코스피는 2.6배 상승했으나, STI 인덱스는 1.5배 상승했다. 코스피 대비 약 67% 부진한 성과를 보였다.

그러나 현지 통화가 아닌 달러 기준으로 다시 수익률을 계산하면 〈6-4〉와 같다.

동일 기간 동안 미국 달러 기준으로 코스피는 2.7배 상승했으나, STI 인덱스는 1.9배 상승했다. 즉 앞의 현지 통화 기준 대비 달러 기준으로 코스피는 거의 변동이 없었고, STI 인덱스의 수익률은 높아졌다. 이것은 그만큼 싱가포르 달러 환율이 강세로 갔다는 의미다.

반대로 동일 기간 중 원화의 환율은 크게 변하지 않았다. 여기서 보는 바와 같이 STI 인덱스 자체는 코스피 대비 수익률이 높은 편이 아니다. 특히 2011년부터 6년간 두 국가의 대표 지수 모두 심한 정체 상태를 보인다. 코스피를 '박스피'로 부르는 자조 섞인 주가 상승의 부진이 싱가포르 주식시장에도 동일하게 나타나고 있다.

수출 주도 경제 성장 모델인 한국과 싱가포르는 모두 글로벌 무역 성장 및 선진국 경제 호전 여부에 따라 비슷한 영향을 받고 있음을 주식시장 차트를 통해 알 수 있다. 그러나 싱가포르의 주식시장 및 경제에 대한 잠재력 자체를 무시해서는 안 된다.

싱가포르는 물류, 조선, 오일 & 가스, 제조업, 관광업 등 다양한 산업 경쟁력을 바탕으로 지난 30년간 대규모 경상수지 흑자를 기록했다. GDP성장률도 1986년부터 2016년까지 30년 평균이 6.4%로 한국의

6-5 | 싱가포르와 한국 경상수지, GDP성장률 비교

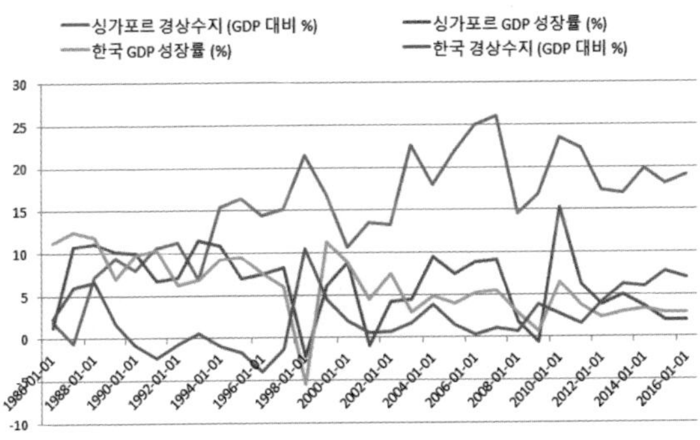

출처 : Bloomberg(1980~2016)

6-6 | 싱가포르와 한국 환율(달러 대비)

출처 : Bloomberg(1999.10.13~2017.6.15), 1999.10.13 값을 100으로 변환

6.0%보다 높다.

반면 한국의 경상수지도 1997년 아시아 금융위기 이후에는 전반적인 흑자 기조를 유지하고 있다. 1986년 이후, 30년 평균치는 2.3%로 싱가

6-7 | 싱가포르 STI 인덱스와 PER 및 Forward PER

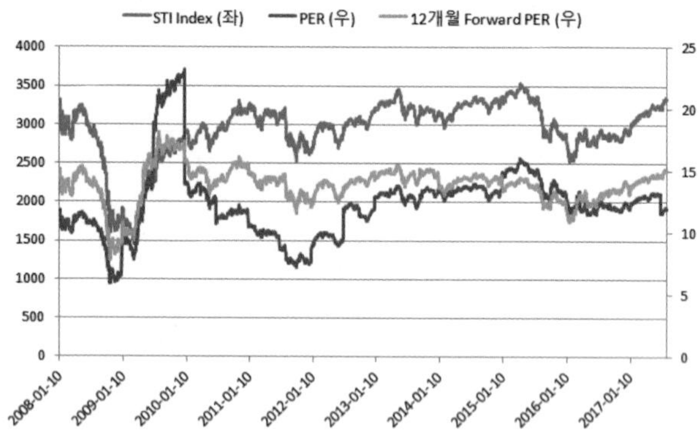

출처 : Bloomberg(2008.1.10~2017.8.6)

포르의 15.3%에 비할 바가 없을 정도로 낮다.

결국 이런 막대한 경상수지, 고도의 경제성장률, 외환보유고의 확대는 싱가포르 환율의 안정화를 가져왔으며 싱가포르 달러는 아시아 금융위기 이후 매우 안정적인 모습을 보이고 있다.

싱가포르 달러는 건국 초기 영국 파운드화에 페그특정 국가의 통화에 자국 통화의 환율을 고정시키는 제도되어 있었으나, 1985년 이후에는 싱가포르 주요 무역 파트너들의 교환환율에 근거한 통화 바스켓제도로 운영되고 있다. 2015년 중국 위안화가 이 모델을 채용한 바 있다.

싱가포르 달러는 매년 안정적인 하향 안정화 수준을 보이고 있다. 주변 아세안 국가는 물론이고 한국과 대비해서도 환율의 안정화가 돋보인다. 요컨대 싱가포르의 주식시장은 경제 안정과 환율 안정을 바탕으로 배당주, 가치주, 리츠 상품 등 다양한 선진국형 주식 상품에 대한 투자가치는 충분하다고 할 것이다.

이제 싱가포르 STI 인덱스의 2008년 이후, 주가 차트와 주가 밸류를 알 수 있는 현재 PER 및 12개월 뒤의 Forward PER를 〈6-7〉로 살펴보자.

STI 인덱스는 금융위기 시기인 2008년 급락과 2009년 급등을 겪은 이후에 정체된 흐름을 유지하고 있다. 기업들의 PER는 10배 초중반 수준에서 매우 안정적인 모습을 보이고 있다. 기업의 이익이 지속적으로 발생하는 가운데 Forward PER와 Current PER의 갭도 크지 않아, 기업 이익 성장이 꾸준히 계속되고 있음을 말해준다.

결론적으로 싱가포르의 주식시장은 지난 수년간의 정체에도 불구하고 상대적으로 저평가되어 있는 선진국 시장으로, 한국 증시가 최근 전고점을 뚫고 다시 상승 추세로 반전했음을 고려하면 투자가치는 양호하다.

특히 경상수지와 외환보유고 등 매크로 지표가 매우 양호하기 때문에, 한국 원화의 상대적인 변동성을 방어하고 안정적인 투자가치를 찾을 수 있는 지역으로 매력이 있다.

이 책에서 다루는 아시아 7개 국가 중 유일하게 선진국 시장에 속해 있다. 이머징 시장이 선진국 불황, 원자재 약세 등으로 큰 조정을 받을 때에도 이머징 시장 조정을 피해갈 수 있는 장점이 존재한다. 이에 따라 아세안 증시의 허브인 싱가포르 주식시장에 대한 관심은 지속적으로 필요하다.

: 싱가포르 주식, 주요 종목 소개 :

싱가포르 주식시장은 STI 인덱스에 속한 최상위 30개 종목만 더하더라도 시가총액이 418조 원에 달한다. 싱가포르 주식시장의 특징은 금융, 부동산, 산업재, 통신 4개 섹터의 비중이 도합 83%에 달해 전체 증시의 대부분을 차지한다는 점이다.

인구가 560만 명에 불과한 도시 국가이어서 소비재 섹터의 발달을 기대하기 어렵다. 하지만 일본을 넘어선 아시아 최고 부국으로서 선진국 시장의 지위에 걸맞게 금융, 부동산 등 서비스업종과 산업재 등 중후장대 산업이 발달해있다.

또한 섹터 분류 중 부동산 섹터 안에는 리츠REITs가 STI 인덱스에 2개나 포함되어 있을 정도로 부동산기업과 리츠시장이 발달되어 있다. 리츠 상품은 호텔, 상가 등 상업용 부동산에 분산투자하여 꾸준한 배당금을 수령받는 구조다.

안정적인 수익를 원한다면 아시아 제1의 리츠시장으로 성장한 싱가포르 리츠 종목들을 연구해볼 필요가 있을 것이다.

싱가포르의 기업들은 세계 시장에 진출한 글로벌 기업들이 많고 타이 베버리지Thai Beverage, 양쯔강 조선Yangzijiang shipbuilding Group 등 태국과 중국 대표 기업들도 상장되어 있는 등 분산투자의 효과가 탁월하다. 또한 이머징 증시의 조정에도 보다 안정적인 성과를 낼 수 있는 장점이 있다. 싱가포르에 상장된 기업들 중 섹터별로 시가총액이 큰 대표 종목들에 대해 〈6-8〉, 〈6-9〉로 알아보자.

6-8 | 싱가포르 STI 인덱스 섹터별 비중

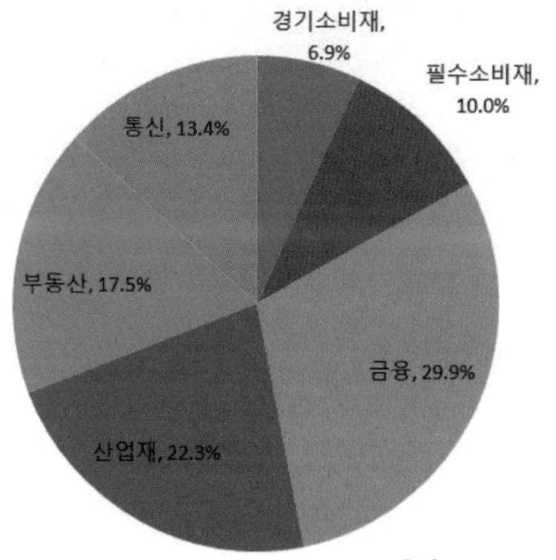

출처 : Bloomberg(2017.8.6 기준)

6-9 | 싱가포르 STI 인덱스 Top 15 종목 소개

구분	이름	섹터	시가총액 (원화 억)	시가총액 비중	PER	1년 성과	3년 성과
1	SINGAPORE TELECOMMUNICATIONS	통신	520,676	12.5%	16.0	-0.7%	11.2%
2	DBS GROUP HOLDINGS	금융	457,256	10.9%	12.5	45.7%	31.0%
3	OVERSEA-CHINESE BANKING CORP	금융	391,128	9.4%	12.6	36.3%	30.8%
4	JARDINE MATHESON HLDGS	산업재	385,277	9.2%	6.7	13.0%	14.6%
5	UNITED OVERSEAS BANK	금융	331,975	7.9%	12.9	35.9%	11.1%
6	THAI BEVERAGE	필수소비재	199,644	4.8%	23.9	-6.2%	71.9%
7	WILMAR INTERNATIONAL	필수소비재	180,069	4.3%	14.6	9.9%	9.2%
8	HONGKONG LAND HOLDINGS	부동산	152,787	3.7%	3.5	23.1%	19.3%
9	CAPITA LAND	부동산	136,486	3.3%	10.0	16.6%	15.8%

구분	이름	섹터	시가총액 (원화 억)	시가총액 비중	PER	1년 성과	3년 성과
10	JARDINE CYCLE & CARRIAGE	경기소비재	131,883	3.2%	15.1	−0.9%	−3.3%
11	GLOBAL LOGISTIC PROPERTIES	부동산	127,489	3.0%	14.8	75.6%	25.4%
12	GENTING SINGAPORE	경기소비재	119,137	2.9%	24.2	48.0%	−7.5%
13	SINGAPORE AIRLINES	산업재	103,662	2.5%	36.7	−2.0%	11.9%
14	SINGAPORE TECH ENGINEERING	산업재	98,921	2.4%	24.8	17.4%	12.8%
15	KEPPEL CORP	산업재	96,593	2.3%	14.7	24.7%	−32.9%

출처 : Bloomberg(2017.8.6 기준)

1) 통신 섹터 리더 : 싱가포르 텔레콤(Singapore Telecommunications, 티커 : ST SP Equity)

6-10 | 싱가포르 텔레콤 주요 지표 요약

2016년 결산 주요 지표		기업 밸류 분석				
구분	금액	항목	2015	2016	2017F	2018F
시가총액	63,981	순수익 성장(%)	−1.50	−1.50	3.30	2.50
기업가치(EV)	74,656	EPS 성장(%)	−1.00	2.50	1.00	6.90
매출	16,711	EV/EBITDA	14.19	14.92	13.87	13.65
EBITDA	5,001	P/E	15.73	16.36	14.96	13.90

출처 : Bloomberg(단위 : 백만 싱가포르 달러), 회계 결산 각 연도 3월 말 기준

* EV(Enterprise Value, 기업가치 : 기업의 총 가치로 자기자본과 부채를 더하고 현금성 자산을 차감하여 구함)

* EBITDA(Earnings Before Interest, Taxes, Depreciation and Amortization : 법인세, 이자, 감가상각비 차감 전 영업이익이며 기업 영업활동으로 벌어들이는 현금 창출 능력을 의미)

6-11 | 싱가포르 텔레콤 주가 차트

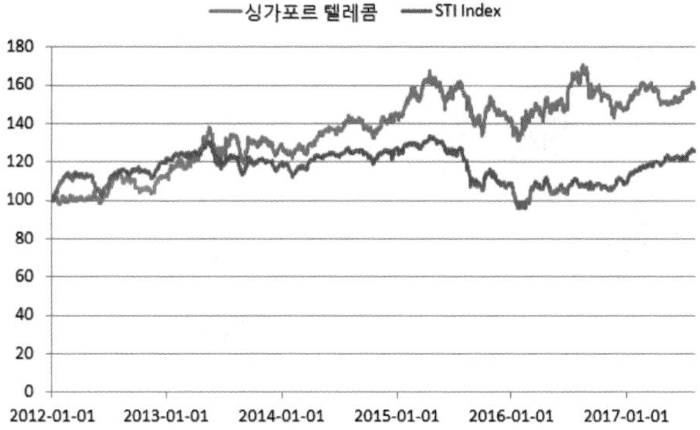

출처 : Bloomberg(2012.1.1~2017.8.6), 2012.1.1일 값을 100으로 변환

싱가포르 텔레콤은 싱텔Singtel이라는 약칭으로 불리는 아세안 최대 통신기업이다. 싱가포르 국부펀드인 테마섹이 소유하고 있는 국영 통신사업자로 싱가포르 내 4백만 명의 가입자를 보유한 이동통신사업, 유선전화, 데이터망, 인터넷, TV 등 다양한 통신 미디어사업 영역에 진출해있다.

물론 인구가 560만 명에 불과한 싱가포르의 통신사로 그친다면, 지금과 같은 압도적인 싱가포르 상장기업 1위의 시가총액을 보여줄 수 없을 것이다.

싱텔은 공격적인 M & A를 통해 인도 1위 이통사인 바르티 에어텔 지분 33%, 태국 1위 이통사인 AIS 지분 23%, 인도네시아 1위 이통사인 텔콤셀Telkomsel 지분 35%, 필리핀 2위 이통사인 글로브 텔레콤Globe

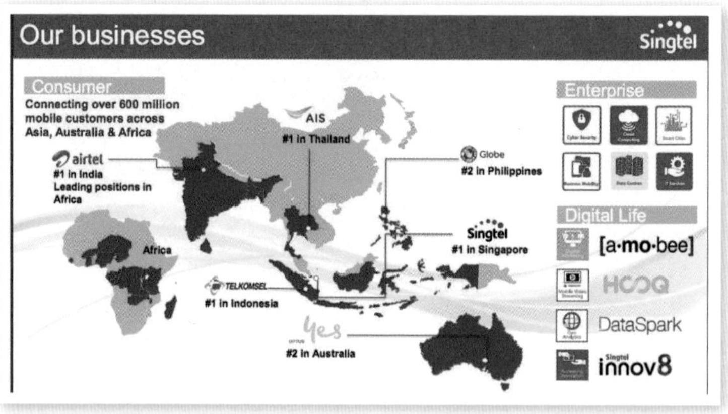

▌싱텔 사업 영역
•출처 : InvestingNote

Telecom, 종목코드 GLO 지분 47%, 호주 2위 옵투스Optus 지분 100% 등을 보유하고 있다.

싱텔 주식을 매수하면 아시아 주요 국가의 1위 또는 2위 이동통신사업자의 지분을 모두 보유하는 셈이다. 싱텔 통신 그룹을 이용하는 총 가입자는 6억 명에 달한다. 국부펀드의 자금을 활용하여 아시아 전역의 지배적 통신사업자 지분을 확보한 싱가포르 정부와 싱텔의 노련함이 부러워지는 대목이다.

매출 및 이익은 완만하게 상승하고 있으며, 저렴한 밸류 매력으로 인해 아시아 통신산업의 미래에 대한 긍정적인 전망이 있다면 투자할만한 종목이다.

2) 금융 섹터 리더 : DBS 그룹(The Development Bank of Singapore Group, 티커 : DBS SP Equity)

6-12 | DBS 그룹 주요 지표 요약

2016년 결산 주요 지표		기업 밸류 분석				
구분	금액	항목	2015	2016	2017F	2018F
시가총액	43,976	순수익 성장(%)	14.30	4.60	2.80	6.70
기업가치(EV)	481,570	EPS 성장(%)	13.70	-5.10	11.00	11.50
순수익	11,750	P/B	1.03	0.99	1.12	1.04
영업이익	5,029	P/E	9.43	10.45	11.21	10.05

출처 : Bloomberg(단위 : 백만 싱가포르 달러), 회계 결산 각 연도 말 기준

6-13 | DBS 그룹 주가 차트

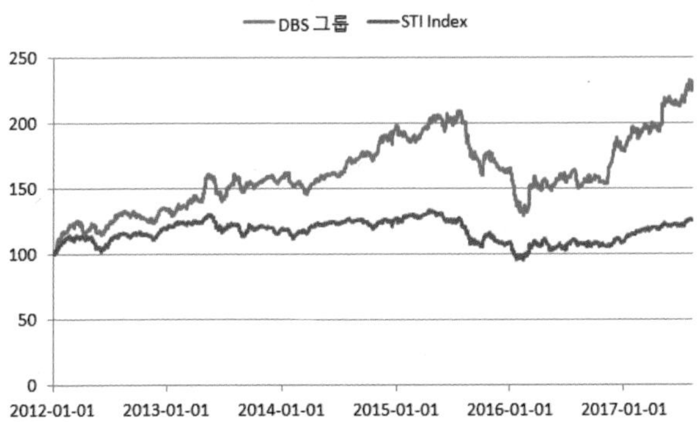

출처 : Bloomberg(2012.1.1~2017.8.6), 2012.1.1일 값을 100으로 변환

DBS는 디벨롭먼트뱅크 오브 싱가포르Development Bank of Singapore라는 이름에서 유추할 수 있는 바와 같이, 1968년 싱가포르 정부에 의해 설

립된 국영은행이다. 총 자산이 4,816억 싱가포르 달러원화 약 388조 원에 달해 한국 은행들보다도 규모가 크며 아세안 최대 은행 중 한 곳이다. DBS는 설립 이후, 점차 정책은행의 성격을 벗고 민영화가 많이 진행되었다. 그러나 여전히 싱가포르 국부펀드인 테마섹이 29%의 지분을 보유하고 있다.

DBS는 공격적인 M & A를 통해 성장하였는데 1998년 싱가포르 POSB Bank, 1999년 홍콩 퀑온은행Kwong On bank, 2008년 대만 보와은행Bowa Bank 등을 인수하여 아시아 각국으로 사업 영역을 확대하고 있다. DBS는 OCBCOversea-Chinese Banking Corporation, UOBUnited Overseas Bank와 함께 아세안 금융 허브 싱가포르의 3대 은행 중 한 곳으로 손꼽히며 그중에서도 규모가 가장 크다. 테마섹은 인도네시아 6위 은행인 다나몬은행Bank Danamon의 지분 67%를 보유하고 있어 잠재적으로 DBS가 인수할 수 있는 후보로 꼽힌다.

싱가포르는 대표적인 아시아 선진국 금융시장이며 싱가포르 통화 감독국인 MASMonetary Authority of Singapore에서 금리가 아닌 바스켓 통화들에 대한 싱가포르 달러 환율로 통화 정책을 결정하는 독특한 제도를 운영하고 있다. 미국 금리 인상에 따라 싱가포르도 긴축 정책으로 방향을 선회하고 있다. 여기에 더해 싱가포르의 부동산시장이 오랜만에 상승 기조를 보이면서, 싱가포르 은행들은 예대 마진 확대와 대출 확대의 기회를 맞이하고 있다. 2016년부터 금리 인상기를 맞이하여 선진국 은행들이 주가가 상승 추세를 보이는 가운데, DBS는 싱가포르의 대표적인 추천 종목으로 손꼽힌다.

3) 산업재 섹터 리더 : 자딘 매터슨홀딩스(Jardine Matheson Holdings, 티커 : JM SP Equity)

6-14 | 자딘 매터슨홀딩스 주요 지표 요약

2016년 결산 주요 지표		기업 밸류 분석				
구분	금액	항목	2015	2016	2017F	2018F
시가총액	24,620	순수익 성장(%)	-7.30	0.10	2.20	5.60
기업가치(EV)	73,107	EPS 성장(%)	-4.70	-70.30	281.60	8.10
매출	51,159	EV/EBITDA	9.82	7.47	15.73	15.67
EBITDA	5,780	P/E	10.11	8.26	15.61	14.45

출처 : Bloomberg(단위 : 백만 싱가포르 달러), 회계 결산 각 연도 말 기준

6-15 | 자딘 매터슨홀딩스 주가 차트

출처 : Bloomberg(2012.1.1~2017.8.6), 2012.1.1일 값을 100으로 변환

자딘 매터슨홀딩스는 홍콩을 중심으로 아시아 전역에서 건설, 부동산, 유통, 자동차사업을 활발히 벌이고 있는 186년 역사의 초대형 지주

사다. 스코틀랜드 출신 무역상이었던 윌리엄 자딘과 제임스 매터슨에 의해 1832년 중국 광저우에 설립되었다. 그후로 창업자 윌리엄 자딘 누나의 후손인 윌리엄 케직이 사업을 물려받아, 현재까지도 케직 가문의 4대손과 5대손이 실질적으로 그룹을 지배하고 있다.

자딘 매터슨은 창업 이후에 아편, 홍차, 면직물 무역을 중심으로 빠르게 사세를 확장했고, 아편 전쟁의 결과 1842년 난징 조약으로 홍콩이 영국으로 할양되자 본사를 홍콩으로 옮긴다. 이후 홍콩을 중심으로 동북아시아 전역으로 사업 영역을 확대했으며, 중국의 근대화에 개입하고 일본 메이지 유신 시기 조슈번 무사들의 영국 유학 및 무기를 지원하는 등 동북아시아 정치 질서 변동에 큰 영향을 미쳤다.

동북아시아 최대 영국계 무역상으로 이름을 떨치던 자딘 매터슨은 1949년 중화인민공화국이 출범하자, 중국 본토의 대부분 자산을 상실하여 큰 손실을 입게 된다. 이후에 중국 본토를 제외한 홍콩, 미국, 영국, 필리핀 등 세계 각지에서 금융, 호텔, 부동산 업종에 성공적으로 진출하며 손실을 만회한다. 1979년 중국이 개혁 개방에 나서자, 1호 외국 자본 기업으로 다시 중국 본토로 진입했다.

현재의 자딘 매터슨홀딩스는 해운, 항공 운송 등을 담당하는 자딘 퍼시픽Jardine Pacific, 메르세데츠 벤츠 등 자동차 딜러업에 종사하는 자딘 모터스Jardine Motors, 홍콩 최대 건설사 중 한 곳인 홍콩랜드Hongkong Land, 홍콩을 중심으로 아시아 각지에 슈퍼마켓을 보유한 데어리팜Dairy Farm, 글로벌 보험사인 자딘로이드톰슨Jardine Lloyd Thompson, 럭셔리 호텔 체인인 만다린 오리엔탈Mandarin Oriental, 아세안 각지에서 자동차 딜러 및 소재산

6-16 | 자딘 매터슨이 보유한 주요 자회사 지분 구조

	Ownership %	JMH Economic Interest	JSH Economic Interest
Jardine Pacific	100	100	57
Jardine Mortors	100	100	57
Jardine Lloyd Thompson	42	42	24
Jardine Strategic	84	84	–
– Hongkong Land	50	42	50
– Diary Farm	78	65	78
– Mandarin Oriental	77	65	77
– Jardine Cycle & Carriage	75	63	75
• Astra	50	31	38

출처 : JM IR 2016년 연말 기준 자료(JMH : Jardine Matheson Holdings, JSH : Jardine Strategic Holdings)

업에 종사하는 자딘 사이클 & 캐리지Jardine Cycle & Carriage, 인도네시아 최대 자동차기업인 아스트라 인터내셔널Astra International 등의 소그룹으로 나눠진다. 자딘 매터슨홀딩스의 각자 그룹 지분 구조는 〈6-16〉과 같다.

한편 중국과 영국의 1984년 협정에 의해 홍콩은 중국으로 1997년 반환되는 것으로 결정되었다. 그러자 자딘 매터슨은 1984년에 홍콩에서 버뮤다로 본사 주소지를 바로 이전했다. 이러한 빠른 의사결정은 1949년 중화인민공화국 출범 이후의 대규모 손실이 트라우마로 작용했을 것이다. 실질적으로 홍콩 기업임에도 지주사를 비롯해 대부분 계열사들이 싱가포르에 상장되어 있는 등 지분 구조도 복잡하고 경영의 많은

부분이 베일에 쌓여 있는 기업이다.

그러나 싱가포르 대표 지수인 STI 인덱스에 자딘 매터슨홀딩스Jardine Matheson Holdings, 자딘 사이클 & 캐리지Jardine Cycle & Carriage, 홍콩랜드Hongkong Land 등 Top 15에만 3개 기업이 상장되어 있을 정도로 초대형 기업 집단이기 때문에 싱가포르 주식에 투자한다면 고려해볼 만한 종목이다.

4) 필수소비재 섹터 리더 : 타이 베버리지(Thai Beverage, 티커 : THBEV SP Equity)

타이 베버리지는 태국 맥주 브랜드의 양대 산맥Chang, Singha 중 하나인 창 비어를 생산하는 아세안 최대 맥주 제조사 중 하나다. 맥주 전문 제조업체로 출발한 타이 베버리지는 2008년 태국 차음료회사인 오이시Oishi를 인수했고, 2012년 싱가포르의 식음료회사인 프레이저 앤 니브

6-17 | 타이 베버리지 주요 지표 요약

2016년 결산 주요 지표		기업 밸류 분석				
구분	금액	항목	2015	2016	2017F	2018F
시가총액	24,357	순수익 성장(%)	4.00	–	4.00	8.10
기업가치(EV)	26,117	EPS 성장(%)	8.20	–	13.40	6.80
매출	7,410	EV/EBITDA	17.21	21.33	18.77	17.30
EBITDA	1,214	P/E	19.93	24.87	21.29	19.79

출처 : Bloomberg(단위 : 백만 싱가포르 달러),
2016년부터 회계 결산 각 연도 말에서 9월 결산으로 기준 변경

6-18 | 타이 베버리지 주가 차트

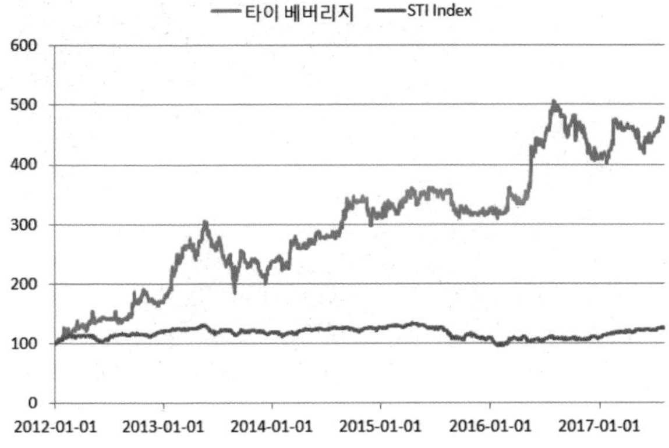

출처 : Bloomberg(2012.1.1~2017.8.6), 2012.1.1일 값을 100으로 변환

Fraser and Neave, F & N를 인수했으며, 다양한 식음료를 생산하여 아시아 전역으로 유통하는 종합 식품기업으로 성장하고 있다.

타이 베버리지는 태국의 억만장자인 Mr.짜런 시리와타나팍디가 1995년에 창업했다. Mr.짜런은 태국 최대 식음료기업인 타이 베버리지와 태국 최대 부동산회사인 TCC 그룹을 소유하고 있다. 참고로 TCC 그룹은 Tesco Lotus에 이어 태국 2위 슈퍼마켓 체인점인 Big C를 2016년 인수한 바 있다.

원래 타이 베버리지는 태국 증시에 2004년 상장할 계획이었다. 그런데 불교 국가인 태국의 주류 반대운동가들과 스님들의 격렬한 반대에 부딪쳐, 결국 2006년 싱가포르에 상장되었다. 또 다른 태국의 대표 맥주회사인 분로드 브루어리Boon Rawd Brewery, 싱하 비어 생산도 비상장사로 남

▌ 태국 맥주의 자존심, 창 비어
•출처 : Chang Beer

아 있다.

아세안 국가들은 사계절 더운 날씨로 인해 맥주 소비가 매우 많을 것으로 생각할 수 있지만, 국가별 종교와 문화에 따라 상황이 다르다. 인도네시아, 말레이시아 등 무슬림이 다수인 국가는 주류 소비에 대해 통제를 가하는 반면에 태국, 베트남 등 인도차이나 반도의 불교 또는 무교가 다수인 국가들과 필리핀은 상대적으로 관대한 편이다.

그러나 동일한 인도차이나 반도 국가들 안에서도 태국과 베트남은 주류회사의 상장에 관해 차이점을 보인다. 태국의 양대 맥주회사는 현지 상장이 불가능했던 반면에 베트남의 양대 맥주회사인 SABECO사이공 비어와 HABECO하노이 비어는 모두 최근 현지 상장에 성공하여 대형주로 자리 잡은 점을 주목할 필요가 있다. 태국의 경제성장률이 하향 안정화되는 가운데 노령화 등으로 맥주 시장이 정체되자, 타이 베버리지는 통 큰 베팅을 했다. 2017년 12월, 베트남의 1위 맥주회사 사베코 지분 54%를 48.5억 달러에 인수한 것이다. 예상 가격보다 높은 가격에 인수한 이번 딜의 성공 여부가 타이 베버리지 주가에 향후 지속적인 영향을 미치게 될 것이다.

이 기업은 밸류도 적당한 수준에 머무르고 있고, 맥주 이외에 소프트드링크 등 사업 다각화도 지속적으로 이뤄지고 있다. 태국 소비재의 성장을 기대한다면 투자해볼 만한 종목이다.

5) 부동산 섹터 리더 : 캐피털랜드(Capital Land, 티커 : CAPL SP Equity)

캐피털랜드는 아시아 최대 부동산 개발사 중 하나이자, 싱가포르 부동산시장의 간판 스타다. 이 회사는 2000년 싱가포르의 DBS랜드와 피뎀코랜드Pidemco Land가 합병하여 탄생했다. 지금도 싱가포르 국부펀드인 테마섹이 40%의 지분을 보유하고 있다. 주상복합 개발, 쇼핑몰, 레지던

6-19 | 캐피털랜드 주요 지표 요약

2016년 결산 주요 지표		기업 밸류 분석				
구분	금액	항목	2015	2016	2017F	2018F
시가총액	12,797	순수익 성장(%)	21.30	10.30	−11.40	−2.60
기업가치(EV)	29,567	EPS 성장(%)	−13.50	35.20	−4.20	1.00
매출	5,252	EV/EBITDA	20.73	18.30	17.41	18.24
EBITDA	1,299	P/E	13.40	10.79	18.58	18.40

출처 : Bloomberg(단위 : 백만 싱가포르 달러), 회계 결산 각 연도 말 기준

6-20 | 캐피털랜드 주가 차트

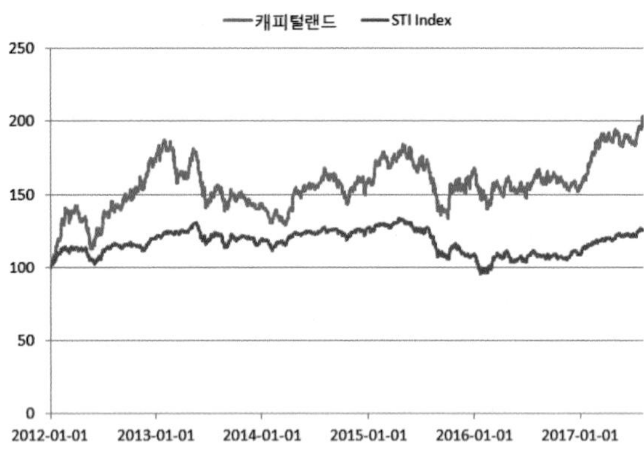

출처 : Bloomberg(2012.1.1~2017.8.6), 2012.1.1일 값을 100으로 변환

스, 오피스, 주택 등 다양한 부동산 영역에 걸쳐서 사업을 전개하고 있다. 현재 30개 국가의 150개 도시에 진출했다. 싱가포르와 중국에서 주요 사업을 벌이고 있으나 베트남과 인도네시아 시장에도 최근 공격적으로 진출하고 있다.

캐피털랜드는 단순히 부동산 개발만 할 뿐만 아니라 아시아 리츠REITs의 중심인 싱가포르 증시에 5개 리츠를 상장했다. 이들 5개 리츠는 캐피털랜드몰 트러스트Capital Land Mall Trust, 종목코드 CT, 캐피털랜드 커머셜 트러스트Capital Land Commercial Trust, 종목코드 CCT, 애스콧 레스던스 트러스트 Ascott Residence Trust, 종목코드 ART, 캐피털랜드 리테일 차이나 트러스트Capital Land Retail China Trust, 종목코드CRCT, 캐피털 말레이시아몰 트러스트Capital Land Malaysia Mall Trust, 종목코드 CMMT다.

부동산 섹터의 특성상 개별 프로젝트의 개시 및 완공에 따라 매출 및 이익 전망치의 변동 폭이 큰 편이다. 하지만 고품질 쇼핑몰, 호텔, 아파트 등을 싱가포르, 중국, 베트남, 인도네시아 등 아시아 전역에 공급하고 있는 캐피털랜드는 아시아 부동산시장의 성장과 함께 주목해볼 수 있는 종목이다.

캐피털랜드에서 관리하는 리츠도 관심을 가져볼 만한다. 특히 싱가포르 상장리츠 중 가장 큰 종목 중 하나인 캐피털랜드몰 트러스트 Capital Land Mall Trust, 종목코드 CT는 시가총액이 2017년 11월 기준으로 72억 싱가포르 달러한화 약 5조 8천억 원에 달하는 대형 리츠다. 연간 배당수익률이 5%가 넘는 안정적인 배당 종목으로 투자해볼 만하다.

Chapter 7

아세안을 주도하는 지도 국가, '인도네시아'

: 인구 대국이자 세계 최대 도서 국가, 인도네시아 :

인도네시아를 모르면 아세안을 이해하지 못한다고 단언할 수 있다. 인도네시아는 영토, 인구, 경제 규모 등 모든 면에서 아세안의 최선봉에 서 있는 거대한 국가다. 인도네시아는 2억 6천만 명의 인구 대국으로 아세안 전체 인구의 절반에 육박한다. 전 세계적으로도 중국, 인도, 미국 다음인 세계 4위의 인구를 자랑한다.

인도네시아는 1만 7천여 개의 섬으로 이루어진 세계 최대 도서 국가다. 서쪽 끝 수마트라 섬 아체 주에서 동쪽 끝 파푸아 섬까지의 거리는 5,200km에 달한다. 이는 런던에서 테헤란 또는 미국 알래스카 앵커리

7-1 | 인도네시아와 한국의 비교

구분	인도네시아	한국	한국 대비
면적(㎢)	1,904,569	99,720	19.1배
인구(만 명)	26,111	5,062	5.2배
GDP(억 달러)	9,323	14,112	66.1%
1인당GDP	3,570	27,539	13.0%
10년물 국채 금리(%)	6.45	2.21	4.24%
시가총액(억 달러)	4,338	12,822	33.8%
상장종목 수	537	2,059	26.1%

출처 : World Bank 2016년 기준, 주식시장 WFE 2016년 말

지에서 워싱턴 DC까지의 거리이니, 실로 엄청난 거리에 걸쳐 영토가 분산되어 있다.

전체 국토 면적은 190만㎢로 대한민국의 19배에 달한다. 광대한 영토에도 불구하고 대부분의 인구는 자바 섬과 수마트라 섬에 모여 산다. 인도네시아의 정치·경제 중심지인 자바 섬 서쪽 끝에는 수도인 자카르타가 있다. 자바 섬의 크기는 13.8만㎢로 남한보다 약간 큰 섬에 불과하나, 이 섬에 인도네시아 전체 인구의 절반이 모여 살 정도로 인구가 과밀되어 있는 것이 특징이다.

인도네시아의 1인당GDP는 3,570달러로 아세안에서는 싱가포르, 브루나이, 말레이시아, 태국 다음으로 높은 수준이다. 총 GDP는 1조 달러에 육박한다.

인도네시아는 세계 최대 이슬람 국가이기도 하다. 전체 인구의 87%가 이슬람 신자이며, 이중 99%는 수니파 신도다. 흔히들 중동에 무슬림이 많다고 생각하는데, 중동은 인구가 작아 순위에 들지 못한다. 이슬람 인구 순으로 1위 인도네시아, 2위 인도, 3위 파키스탄, 4위 방글라데시로 모두 아시아 국가다. 인도네시아는 2억 이상, 나머지 국가들은 1억 이상의 이슬람 신자가 있다.

특이한 것은 말레이시아의 무슬림 비중은 60% 내외임에도 이슬람이 국교인데 반해, 인도네시아는 이슬람 신도가 절대 다수임에도 특유의 세속 국가의 면모를 보여 이슬람은 국교가 아니다. 실제로 공휴일도 이슬람, 기독교, 불교, 힌두교 등 다양한 종교의 기념일이 지정되어 있다. 이는 인도네시아의 국부인 수카르노가 인도네시아 독립 시기에 시작한 정교분리에 기원하며 자세한 내용은 후술한다. 인도네시아 헌법상 보장하는 종교는 이슬람, 개신교, 가톨릭, 힌두교, 불교, 유교 총 6개이며 신분증에도 종교를 기록해야 한다.

인도네시아는 원유, 천연가스, 석탄, 주석, 니켈, 구리 등 막대한 양의 천연자원이 매장되어 있다. 팜오일, 천연 고무, 후추, 커피 등 다양한 농작물 생산에 있어서도 전 세계 수위를 다투는 자원의 보고다.

인도네시아는 도서 국가로서 700개 이상의 언어가 존재하는 것으로 보고되었다. 인도네시아의 국어는 인도네시아어이며 이는 말레이어의 한 갈래다. 말레이시아와 인도네시아는 언어적으로 매우 유사하여 의사소통에 문제가 없다. 그러나 인도네시아어는 현지인들이 원래 사용하던 언어는 아니며 말라카 해협에서 사용되던 무역 언어다. 문법이 간단

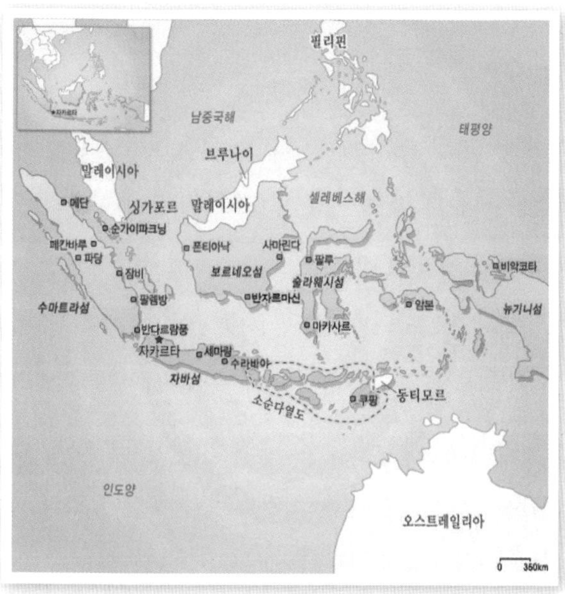

▌ 인도네시아 지도
•출처 : doopedia

하여 사용의 편의성 때문에, 인도네시아 독립을 전후하여 널리 보급되었다.

이에 따라 학교 교육 및 각종 언론 매체는 공식 언어인 인도네시아어를 이용하나 일상생활에서는 자와어, 순다어, 마두라어 등 현지 언어들이 통용되는 이중적인 언어 구조를 유지하고 있다. 공히 말레이 계통의 언어인 인도네시아어Bahasa Indonesia, 말레이어Bahasa Malaysia, 브루나이어Bahasa Melayu Brunei는 모두 유사하여 의사소통이 가능하며 싱가포르에서도 공용어로 정해져 있다.

바로 이런 이유로 아세안 지역의 언어를 단 1개만 배운다면 인도네시아어를 추천한다. 1개의 언어로 아세안 4개 국가, 총 2.8억 명의 인구와 대화할 수 있는 커다란 장점이 있기 때문이다.

인도네시아에는 수많은 섬들이 있지만 인도네시아 인구와 경제에 큰 영향력을 차지하는 자바, 수마트라, 칼리만탄보르네오, 슬라웨시 4개 섬의 위치와 형태는 기억해야 할 것이다.

이제는 거대한 영토 크기와 인구만큼이나 쉽게 이해하기 어려운 나라, 인도네시아의 역사에 대해 알아보자.

인도네시아 역사의 시작은 인도인들의 이주가 시작되고 기원후 7세기 수마트라 섬에 스리위자야 왕국이 건설되면서부터다. 스리위자야 왕국은 불교 해상 왕국으로 수마트라 섬에서 자바 섬, 말레이 반도까지 광대한 영토를 통치하여 동남아시아 해상 교역의 중심에 있었다. 자바 섬 중부의 세계 최대 단일 불교 사원으로 유명한 보로부두르 사원도 스리위자야 왕국 초기인 8세기에 건설된 것이다. 당시 인도차이나 반도에는 캄보디아, 태국 지역의 크메르 왕국, 베트남 남부의 참파 왕국 등 힌두교 왕국이 번성하고 있었다.

동남아시아 전체가 불교, 힌두교 등으로 대표되는 인도계의 강력한 영향권 아래 있던 시기였다. 이후 시간이 흘러 13세기 마지막 힌두교 계통 왕조인 마자파히트 왕국이 자바 섬에서 출현하면서 인도네시아와 말레이 반도 일부를 지배했다. 그러나 15세기 이후에 이슬람교가 본격적으로 인도네시아, 말레이시아 전역으로 전파되었다. 이후에 등장한 왕국들은 대부분 이슬람 왕국의 형태가 된다.

그러나 이슬람 왕국의 시대는 오래 가지 못하고 곧 대항해시대를 맞아 서구 세력의 침략이 시작된다. 중국과 인도를 잇는 동남아시아 항해 루트의 핵심 거점인 인도네시아 군도는 포르투갈, 스페인, 네덜란드, 영국 등 서구 세력이 모두 탐내는 땅이었다.

인도네시아는 육두구, 정향, 후추 등 향신료의 주요 산지로 유럽인들은 특히 육두구에 열광했다. 육두구Nutmeg는 슬라웨시 섬 동부의 말루쿠가 생산의 중심으로 '사향 냄새가 나는 호두'라는 뜻이다. 16세기 유럽에 전해졌으며 고급스러운 향이 나고 누린 냄새를 잡아주는 효과가 탁월하다. 금과 비교될 정도로 비싼 육두구는 흑사병의 치료제로 잘못 알려지면서 가격과 수요가 폭등했다.

이처럼 각종 향신료의 고향인 인도네시아 무역 패권을 놓고 서구 열강들은 치열하게 경쟁했다. 포르투갈은 16세기 초 말라카를 점령하고 인도네시아 자바 섬 및 향신료의 고향 암본 지역에 무역 기지를 설치했다. 스페인은 슬라웨시 섬의 마나도에 무역항을 건설한다. 그러나 서구 열강의 인도네시아 식민 지배 최종 승자는 네덜란드였다.

네덜란드는 네덜란드 동인도회사VOC, Vereenigde Oost-Indische Compagnie 영어로는 Dutch East India Company를 1602년에 설립했으며 현재의 인도, 인도네시아, 말레이시아 여러 곳에 식민지를 건설하게 된다.

네덜란드 동인도회사는 네덜란드 정부로부터 동양 무역의 독점권, 다른 나라와의 조약 체결, 군대 편성권 등을 부여받은 국가의 대행기관이자, 글로벌 기업이었다. 그리고 일반 대중을 대상으로 채권과 주식을 발행한 세계 최초의 상장회사로 알려져 있다.

1653년 일본을 가던 중 폭풍을 만나 제주도로 표류한 헨드릭 하멜 일

행도 네덜란드 동인도회사 직원으로, 당시 네덜란드 동인도회사의 대단한 위세를 짐작할 수 있다.

당시 아시아 지역에 있던 영국, 네덜란드, 덴마크 등 서구 세력의 무역회사들이 동인도회사로 불리는 이유는 유럽을 기준으로 인도 및 동남아시아는 동쪽에 있었기 때문이다. 동인도 제도는 남아시아, 동남아시아 일대 해안 및 섬 지역을 일컫는 말이다. 특히 말레이 제도 연안의 말레이시아, 인도차이나 반도, 인도네시아 지역을 통칭하여 쓰는 용어다. 실제로 서인도회사도 있었는데 네덜란드, 프랑스, 덴마크, 스웨덴 등이 운영했다. 이는 카리브해, 미주 지역 등 아메리카 대륙에서 무역하는 회사를 지칭했다.

1492년 콜롬버스가 서쪽으로 가면 인도에 도착할 것이라고 착각하고 신대륙, 즉 아메리카 대륙 카리브 해 연안의 섬에 도착하여 이곳을 서인도 제도로 불렀다. 인도는 향신료와 금은보화가 넘치는 땅으로 유럽인

▌네덜란드 동인도회사의 상징(VOC)과 갤리온선
•출처 : Pinterest

들의 머릿속에 각인되어 있어서 인도뿐만 아니라 나머지 식민지도 위치에 따라 동인도, 서인도 등으로 통칭되었다.

네덜란드 동인도회사는 아시아 지역에 최초의 식민지를 건설했던 포르투갈을 빠른 속도로 퇴출시키며 17세기에 최전성기를 누리게 된다. 당시 네덜란드가 건설한 식민지 또는 무역항은 나가사키일본, 바타비아지금의 자카르타, 암본인도네시아 반도 제도의 무역항이며 정향, 후추, 육두구 등 향신료의 원산지, 말라카말레이시아의 거점 무역항, 말라바인도, 포르모사대만, 갈레스리랑카, 남아프리카케이프만 등 아시아 및 아프리카 전역에 걸쳐 있었다. 전 세계 향신료 무역의 대부분을 독점했다.

쇄국 정책을 고수했던 일본 에도 막부가 무역항 나가사키를 통해 전 세계 주요 뉴스와 의학, 무역 지식을 갖추고 있던 네덜란드와의 통상을 허용했던 것도 당시 네덜란드 동인도회사의 위세를 보여주는 일면이다.

네덜란드 동인도회사는 최전성기 시절에 영국 동인도회사 대비 함대 수는 2배, 화물 운송양은 5배에 이를 정도로 압도적인 규모를 자랑했다. 그러나 17세기 최전성기를 구가했던 네덜란드는 막대한 이익을 보장하던 동방 향신료 무역의 주도권을 놓고 영국과 3차례 걸쳐 전쟁을 벌이면서 점차 영국, 프랑스, 덴마크 등 기타 서구 열강 동인도회사의 아시아 진출을 허용하게 된다.

이러한 무역 경쟁 격화에 따라 거래의 마진 축소, 부정부패 문제 등이 부상했다. 결정적으로 18세기 말에 진행된 4차 영국-네덜란드 전쟁에서 네덜란드가 패하면서, 네덜란드 동인도회사는 18세기 말에 파산하고 네덜란드 정부의 직접 관할로 넘어가 네덜란드 동인도령으로 불린다.

그러나 네덜란드의 수난은 이게 끝이 아니었다. 19세기가 시작하면서 바로 시작된 나폴레옹 전쟁에서 네덜란드는 프랑스의 속국이 된다. 네덜란드령 동인도 식민지는 일시적으로 영국이 관할하게 되며 네덜란드의 본격적인 쇠퇴가 시작된다. 나폴레옹 전쟁 말기인 1814년 맺어진 1차 영란 조약과 1824년 맺어진 2차 영란 조약에서 네덜란드는 남아프리카, 인도, 말레이시아 식민지를 모두 영국으로 할양하며 싱가포르의 영국 지배를 승인한다.

이에 반대급부로 영국은 인도네시아 지역의 영국 식민지를 네덜란드로 할양하고 이권을 승인한다. 즉 19세기 초 영국과 네덜란드는 두 번의 국경 조약을 체결한다. 그 결과로 필리핀, 인도차이나 반도를 제외한 인도와 동남아시아 지역 대부분의 국경이 확정되었다. 이로써 대영제국이 19세기에 초강대국으로 부상하는 전기를 마련한다.

이처럼 서구 유럽 국가들의 흥망성쇠에 따라 식민지 국가들은 언어, 민족, 종교에 상관없이 국경이 정해졌으며 수마트라에서부터 뉴기니에 이르는 거대한 인도네시아 영토에 대한 네덜란드 독점이 시작된다. 인도네시아가 동일한 언어 및 역사적 배경을 가지고 있던 말레이시아와 분리된 것도 이때부터다. 이처럼 1602년부터 1945년 인도네시아 독립까지 350년간에 걸친 네덜란드 지배는 서구 세력 간의 합의, 특히 영국의 부상과 네덜란드의 쇠퇴로 인한 결과물이다.

네덜란드 동인도령 식민 정부는 바타비아자카르타를 수도로 정하고 인도네시아에서 커피, 사탕수수, 염료, 차 등 플랜테이션 농업을 강제했다. 농산물 및 천연자원의 수출과 네덜란드 공산품의 수입을 통한 이익 확보 외에는 관심이 없었다. 그리고 네덜란드 식민 지배 시기에도 아체, 발리, 롬복, 보르네오 등지에 독립 왕국들이 여전히 존재하고 있었다. 수많은 섬들의 내륙을 뒤덮은 정글에 사는 원주민들을 중앙집권적으로 지배하기에는 힘에 부쳤다.

게다가 자바 섬, 칼리만탄 섬, 수마트라 섬의 토착민족 저항과 해적의 잦은 출몰 등으로 인해, 네덜란드는 주요 도서의 항만을 핵심 거점으로 소극적으로 지배하는 느슨한 식민지 형태를 유지하고 있었다. 네덜란드가 현재 모습의 인도네시아 전체 도서를 지배한 것은 20세기에 들어서 가능했다.

인도네시아에서는 1920년 말부터 유럽의 사회주의 영향을 받은 일련의 독립운동과 정당운동이 시작되었다. 하지만 네덜란드 식민 정부는 지속적인 탄압을 가했고, 수많은 인도네시아 정치 지도자들과 민족 지도자들이 구금·체포되었다. 인도네시아 독립을 위한 정세 변화의 결정적인 계기는 일본의 동남아시아 침공이었다.

1937년 일본과 독일, 이탈리아 간의 추축국 동맹이 맺어지고 중일 전쟁이 시작되면서 일본은 미국, 영국, 프랑스 등 연합국과의 대결 국면으로 치닫게 된다. 일본은 1939년 2차 세계대전의 발발과 함께 군수물자 및 석유 공급처인 미국을 견제하고, 연합국의 중국 국민당 지원 루트인 인도차이나 반도와 중국의 연결고리를 차단하기 위해 본격적인 동남아시아 침공을 시작한다. 각종 자원의 보고이자 거대한 무역시장인 동남아는 서양 열강과 대립에 들어선 일본에게는 놓칠 수 없는 대안이 되었다.

프랑스와 네덜란드가 2차 세계대전 발발 초기, 독일의 점령에 들어가면서 전세는 일본에게 더욱 유리하게 돌아갔다. 1940년 일본 군대는 프랑스령 인도차이나 식민 정부 및 프랑스 비시 정부와 합의해 일본 군대를 베트남에 진주시켰고, 동남아시아 각국의 독립운동가들을 포섭했다.

요컨대 일본의 대동아 공영권을 서구 식민 세력에 대항한 아시아인의 단합으로 포장하여, 각국의 민족 지도자들과 손을 잡으려 한 것이다. 이처럼 정치·군사적 준비를 완비한 일본은 1941년 독일의 소련 침공이 시작되어 소련의 일본 침략에 대한 위협에서 벗어나자, 본격적인 태평양 전쟁을 시작한다.

1941년 12월에 이르러 일본군은 말레이시아 상륙, 진주만 기습 공격, 필리핀 폭격을 동시에 진행한다. 3개 지역에 대한 동시 공격으로 미국 태평양 함대의 동남아시아 지원에 대한 연결 고리를 끊은 것이다. 일본은 불과 6개월 만에 말레이시아, 싱가포르, 필리핀, 인도네시아 점령을 완료한다.

원유, 주석, 보크사이트, 아연, 천연 고무 등 천연자원의 보고인 인도네시아는 일본의 지배에 들어가게 되었다. 태국과 동맹 조약 체결, 미얀마 전투의 승리로 1942년 5월에 일본 남방군은 전쟁 발발 불과 6개월 만에 동남아시아 점령 완료를 선언한다. 이로써 1942년부터 1945년 8월 일본의 패망까지 동남아시아 전역은 3년간 일본 군정에 들어가게 된다.

군수물자의 보급처인 인도네시아는 일본에 매우 중요한 지역으로 반네덜란드 독립운동가였던 수카르노와 하타를 군정에 참여시켰다. 그리고 인도네시아 인구의 절반이 넘는 자바인을 중심으로 의용군을 창설

▌ 1940년대 자카르타의 시내 풍경
•출처 : Instant Expat

하여, 일본의 지도하에 본격적으로 인도네시아 지배 조직을 정비하게 된다.

그러나 일본은 동남아시아 점령 직후에 벌어진 1942년 6월 미드웨이 해전에서 주력 항모 4척을 잃고 태평양 전쟁의 해상 주도권을 미국에 넘겨주게 되면서, 육상 점령지인 동남아시아 각국에 대한 수성 및 수탈을 강화하게 된다. 동남아시아 현지인들의 지지를 얻기 위해 서구 열강의 옛 식민 국가에 대한 독립 약속을 연이어 하게 된다. 이는 만주국과 같이 인도네시아에 친일파에 의한 독립국 성립에 대한 구상으로 이어지며, 수카르노를 중심으로 인도네시아의 독립 준비가 진행된다. 하지만 독립 선언 직전인 1945년 8월 15일, 일본은 패망하게 된다.

1945년 8월 17일, 일본의 항복 직후에 민족 지도자인 수카르노와 하타는 인도네시아의 독립을 선포한다. 즉 일본의 동남아시아 지배는 각종 천연 자원을 수탈하고, 원주민들을 강제 노역에 동원하며, 수많은 양민을 학살하는 부정적인 영향을 끼쳤다. 하지만 그와 동시에 이 지역의 민족주의를 고취하고 독립운동을 지원하는 이중적인 결과를 낳았다.

⁝ 인도네시아 독립의 아버지, 수카르노 ⁝

수카르노는 인도네시아의 독립 영웅이자 초대 대통령이다. 그후 1945년부터 1967년까지 22년간 인도네시아의 1인자로 활동했으며, 인도네시아 건국의 아버지로 불린다. 그의 딸인 메가와티 수카르노푸트리는 인도네시아의 5대 대통령이자 인도네시아 최초의 여성 대통령으로 활약했다. 수카르노는 평생 9번 결혼했으며, 이슬람 율법에 따라 여러 명의 아내를 동시에 두는 등 일부다처제를 지지했다.

인도네시아 건국의 아버지이자 논란의 중심에 서 있는 인물인 수카르노에 대해 알아보자.

그는 네덜란드령 동인도 자바 섬의 주요 도시인 수라바야에서 1901년 태어났다. 그의 아버지는 초등학교 교사이자 자바인 이슬람 신도였으며, 어머니는 발리 출신의 힌두교 신자였다. 그의 태생부터가 인도네시아의 복잡성을 그대로 보여주는 셈이다. 그는 어린 시절 지역 초등학교를 졸업하고 네덜란드식 서양학교에서 고등학교를 마쳤다. 1921년 그는 반둥 공과 대학에 입학하여 토목공학을 전공했으며 1926년 대학을 졸업하고 반둥에서 건축사무소를 열었다.

그는 건축기사로 활동하면서 반둥에 여러 곳의 호텔과 주택을 건축했다. 건축에 대한 그의 재능은 초대 대통령으로 22년간 인도네시아를 지배해면서도 이어졌다. 인도네시아 곳곳의 혁명 기념물과 신도시를 건설하는 데 많은 아이디어를 제공했다. 그는 어린 시절부터 언어적인 재능이 뛰어나 자바어, 순다어, 발리어, 인도네시아어, 네덜란드어에 유창했다. 또한 독일어, 영어, 불어, 아랍어, 일본어 등도 구사한 것으로 알려져 있다.

그는 고등학교 시절, 수라바야의 유명한 민족 지도자인 초크로아미노토의 집에 기숙하게 된다. 그 인연으로 나중에 그의 딸과 결혼하게 될 정도로 초크로아미노토의 영향을 강하게 받는다. 초크로아미노토는 사레카트 이슬람 최고 지도자로 대중운동을 통한 인도네시아인들의 단합을 꾀한 인물이다. 어린 나이의 수카르노는 여기서 여러 민족주의자, 종교 지도자 및 공산주의자들과 교류하게 된다. 이러한 청년기의 정치활동을 통해 수카르노는 뛰어난 대중 연설 능력을 발휘하고, 네덜란드 유학 경험이 있는 엘리트들을 포섭할 수 있는 발판을 마련한다.

수카르노는 1927년 독립주의 정당인 인도네시아 국민동맹PNI, Partai Nasional Indonesia을 결성하고 초대 의장으로 취임한다. 국민동맹의 등장 시점은 사레카트 이슬람 분열과 공산주의 붕괴로 좌절했던 대졸 엘리트와 유학파들이 규합할 수 있는 최적의 시점이었다. 이러한 민족주의 독

수카르노 전 대통령(좌)과 하타 전 부통령(우)
•출처 : Pinterest

립운동은 네덜란드 당국의 눈에 띄어, 그는 1929년부터 1931년까지 유배생활을 하게 된다.

1931년 석방된 그는 다시 민족주의운동에 뛰어든다. 특히 대중 시위에 의한 급진적인 독립을 추구하며, 같은 생각을 가진 여러 민족주의자들과 교류하고 글을 쓰고 연설을 한다. 그러나 그의 이런 행적은 다시 네덜란드 당국에 의해 제지되고, 그는 1933년부터 1942년까지 인도네시아 각지를 떠도는 유배생활을 지속하게 된다. 그의 동료였던 모하마드 하타는 네덜란드 유학파 출신의 정치 지도자로 수카르노와는 달리 점진적인 독립을 선호하는 온건파였고, 나중에 수카르노와 연합하여 인도네시아 초대 부통령으로 취임한다.

수카르노와 하타가 공감했던 부분은 인도네시아 독립을 위해 당시 떠오르던 일본의 동남아시아 침략이, 네덜란드의 퇴출에 큰 도움을 줄 것이라고 판단했다는 점이다.

그들의 예상대로 1942년 2월에 일본은 네덜란드령 동인도를 침략하게 되고, 곧 인도네시아 전역을 점령하게 된다. 수카르노, 하타 등 민족 지도자들은 일본 식민 정부와 협력해 전쟁 물자 생산 및 철도, 도로 등 인프라 건설을 위한 인도네시아인 동원령을 적극 옹호한다. 또한 일본이 점령한 인도네시아를 서구 열강의 침략에서 방어하기 위한 국민군 결성에 참가해 수백만 명을 전시 체제에 동원하는 데 적극 협력한다.

이에 대한 반대급부로 수카르노는 일본에 가서 히로히토 천황 및 도조 히데키 수상의 극진한 환대를 받고 인도네시아 독립을 약속받게 된다. 이때 수카르노가 발표한 원칙이 유명한 건국 기본 철학이자, 이념인 판짜실라Pancasila다.

판짜실라의 5대 원칙은 ① 유일신에 대한 믿음, ② 인도네시아의 통합, ③ 공정하고 문명화된 박애정신, ④ 인도네시아 고유의 대표들 간의 합의를 통한 민주주의 추구, ⑤ 모든 인도네시아인을 위한 사회 정의다.

판짜실라는 이슬람 근본주의, 민족주의, 공산주의 등 온갖 이념이 난무하고 이슬람, 기독교, 힌두교, 불교, 유교 등 종교적 이질성을 극복하고 인도네시아를 하나의 체제로 통합하기 위한 수카르노의 비책이었다.

또한 자바인 대 비자바인, 인도네시아 원주민 대 중국계 화교, 서양인 대 아시아인 등 매우 복잡한 인도네시아의 인종 차별과 혐오를 극복하고 네덜란드를 퇴출시킨 이후에 극도로 불안한 인도네시아 정세를 하나로 묶기 위한 정치 철학이었다.

그러나 일본과 합의된 인도네시아의 독립 선언 직전인 1945년 8월 15일, 일본은 패전을 선언하게 되고 이에 망설이던 수카르노는 1945년 8월 17일 자택에서 수백 명의 관중이 지켜보는 가운데 인도네시아 공화국의 독립을 선언한다. 인도네시아 건국 준비위원회는 대통령에 수카르노, 부대통령에 모하마드 하타를 임명하고 판짜실라에 근거한 헌법의 발효 및 국회의원선거 준비를 위한 중앙 인도네시아 국가위원회를 설립한다.

그러나 인도네시아의 독립선언은 곧 영국군이 인도네시아로 들어오면서 난관에 부딪치게 된다. 영국군의 목표는 전쟁 포로들을 석방하고, 인도네시아를 태평양 전쟁 전의 네덜란드령 동인도로 원상 복귀시키는 것이었다. 무엇보다 영국군은 친일 행적이 있던 인도네시아 정부의 지도부를 불신했다. 영국군과 인도네시아군 간의 전투가 벌어짐에 따라 전력이 열세였던 인도네시아군은 자바 섬과 수마트라 섬의 주요 항구도시를 뺏기고 이외에 나머지 섬들은 일본군에서 영국군으로 모두 넘어가게 된다.

1946년이 되자 영국군은 철수하고 네덜란드군으로 대체된다. 네덜란드는 인도네시아의 부분적인 독립만을 인정했으며, 협상을 하면서 동시에 정전협정을 깨고 군사 작전을 병행하여 국제적인 원성을 사게 된다. 네덜란드군에게 인도네시아 주요 지역을 모두 빼앗긴 인도네시아 독립 정부는 자바 섬의 중심에 있는 족자카르타Jogjakarta, 요그야카르타 Yogyakarta라고도 함로 임시 수도를 옮긴다. 이 지역의 술탄인 하멩쿠부워노 9세의 도움을 받아 지속적인 독립투쟁을 하는 한편 국제 사회에 지지를 호소한다.

이처럼 고대 힌두교와 불교 유적이 많이 남아 있는 자바 문명의 중심, 족자카르타는 20세기 독립 혁명의 거점 도시였으며 아직도 술탄의 지배를 받고 있는 특별자치구로 남아 있다. 이러한 독립운동 와중에도 이슬람 근본주의 반군의 독립 선언, 공산당의 혁명투쟁 등 인도네시아 독

연설 중인 수카르노(위)와
인도네시아로 복귀한 네덜란드군(아래)
• 출처 : Pinterest, Wikipedia

립 정부는 한 치 앞을 알 수 없는 혼란 속에 빠져든다.

한편 막강한 네덜란드군의 공군 폭격 및 지상군 공격으로 인도네시아 독립군은 큰 타격을 입고 족자카르타를 포함한 거의 모든 점령지를 빼앗긴다. 또한 수카르노, 하타 등 지도자들도 모두 네덜란드군의 포로가 된다. 그러나 일방적인 네덜란드군의 공격 및 학살은 UN 등 국제 사회의 큰 비난을 받게 된다.

특히 공산당 게릴라투쟁을 외부 도움 없이 막아낸 수카르노 정부의 능력을 높이 산 미국은 네덜란드의 철수를 종용한다. 마침내 헤이그 협상을 통해 네덜란드는 인도네시아 전역에서 철수하고 1949년 12월 27일 수카르노는 승리를 선언한다.

마침내 네덜란드를 몰아낸 수카르노는 인도네시아 국회 수립에 착수했으나, 곧바로 이슬람 근본주의 및 각 지역의 독립주의운동에 따라 인도네시아는 분열 양상을 보인다. 극도의 혼란과 고민 끝에 수카르노가 선택한 대안은 교도 민주주의Guided democracy였다.

교도 민주주의는 이념, 종교, 인종에 따른 대립으로 혼란스러운 인도네시아의 정치 질서를 바로 잡기 위해 시행된 민주주의를 표방한 독재 체제다. 인도네시아 촌락의 사례를 토대로 인도네시아만의 독창적인 민주주의 질서를 의미한다. 즉 지도자의 영도하에 토론과 합의를 진행하며 지도자는 대중을 교도하고 보호하는 역할을 한다.

이때 지도자는 당연히 수카르노로 설정되었다. 1955년 선거를 통해 인도네시아에서는 새롭게 의회가 출범했다. 수카르노는 자바 섬 반둥에서 아시아·아프리카 정상회의를 개최하여 인도네시아, 중국, 인도, 미얀마 등 신생 국가 29개국이 모여 식민주의의 종식과 미·소 간 냉전에서 중립과 비동맹주의를 선포했다. 그러나 주로 서구 열강인 미국에 비판적이고 소련에 우호적인 회의 내용은 미국 등 서구 열강의 반발을 사게 된다.

교도 민주주의 및 반식민주의에 우호적이며 이슬람 근본주의에 대립하던 수카르노는 점차 소련식 사회주의 시스템 채용 및 공산당활동을 옹호하는 단계로 나아가게 된다. 이에 따라 1957년 네덜란드 소유의 주

1955년 반둥회의에 참석한 수카르노, 네루 등 각국 정상
•출처 : New Age bd

요 기업들을 국유화했으며, 지역 독립 및 반공산주의 독립운동을 펼치던 지역 게릴라들을 소탕한다. 하타 부통령이 교도 민주주의에 대한 불만으로 사퇴하고 자바인 중심의 친공산주의 정권에 불만을 품은 지역 소요가 계속되자, 1959년 수카르노는 일종의 계엄령을 선포해 본인을 중심으로 한 독재 정부를 수립한다.

인도네시아 인구의 절반을 차지하는 자바인들 중심의 국가 운영에 대한 지역민들의 불만이 계속되고, 이슬람 근본주의자들의 게릴라활동을 막기 위한 군부의 역할이 커졌다. 이에 대한 대항마로 수카르노는 공산당의 지지에 더욱 의존하게 되며 정부 인사로도 공산당 계열 인물들을 임명하게 된다.

인도네시아 공산당PKI, Partai Komunis Indonesia은 전성기인 1960년대 중반에는 당원이 3백만 명을 넘었다. 당원 수에서 중국과 러시아에 이어 세계 3위의 거대 정당이었다. 수카르노는 1960년 네덜란드령 뉴기니의 분리 독립을 반대하고 네덜란드와 전쟁을 선언했으며, 국제적인 중재와 선거 끝에 1963년 서부 파푸아이리안자야는 인도네시아로 양도된다.

또한 수카르노는 1963년의 말레이시아 연방의 독립에 반대하여 칼리만탄 섬보르네오 섬의 사바, 사라왁 지역이 인도네시아 영토라고 주장하며 1964년 말레이시아를 침공했다. 하지만 영국의 말레이시아 지원으로, 결국 1965년 사태는 말레이시아 승리로 종결된다. 그러나 인도네시아는 1965년 말레이시아의 UN 안전보장이사회 진입에 반발하며 UN을 탈퇴하는 등 강공 정책을 지속한다.

이처럼 수카르노는 국내적으로 자바인, 친공산주의 중심의 독재 정권을 강화했으며, 국제적으로 미국 및 영국과 대립하고, 중국 공산당과 우호적인 정책을 내세웠다. 그 결국 군부 및 미국의 강한 반발을 사게 된다.

수카르노 독재에 적극 협력한 인도네시아 공산당PKI은 독자적인 군대를 편성하여 기존 군부와 대립하려고 했다. 이와 같은 정치적인 대혼란 속에 인도네시아 경제는 하이퍼 인플레이션과 수출용 플랜테이션산업의 붕괴로 고통받게 된다.

이런 혼돈의 와중에 1965년 9월 30일, 공산당의 쿠데타가 발생했다. 당시 이 쿠데타를 진압하고 공산당을 해체하면서 새로운 군부 독재 정부를 열었던 사람이 바로 수하르토다.

이후 수카르노는 1967년까지 명목상의 대통령으로 남았으나 모든 실권을 빼앗겼으며 1970년에 사망하게 된다.

수카르노는 인도네시아 독립의 영웅이며 극도의 혼란 속에서도 단일한 인도네시아 영토를 지켜낸 민족 영웅이다. 그러나 동시에 친일 행적과 여성 편력이 문제시되며 서구 열강 및 이웃 국가인 말레이시아 등과의 반목으로 인도네시아 경제를 파탄에 빠뜨렸다. 그는 반식민지주의와 비동맹주의를 기치로 내건 국제주의자였으며, 판짜실라라는 인도네시아 고유의 정치 철학을 만들어낸 뛰어난 정치가이자 웅변가이기도 했다.

그의 다양한 행적은 지금도 인도네시아 곳곳에 기념비와 건축물로 남아 있다. 인도네시아를 방문하는 사람들은 수도 자카르타에 내리자마자 수카르노-하타 국제공항의 이름을 보면서 그를 떠올리게 될 것이다.

: 인도네시아 근대화와 독재의 명암, 수하르토 :

수하르토는 인도네시아 2대 대통령으로 1967년부터 1998년까지 31년간 인도네시아의 1인자로 활동했다. 그는 군부 출신의 독재자였으며, 공산당과 이슬람 근본주의운동을 탄압했다. 그렇지만 친서구적인 면모를 보여 미국 등 서구 열강의 적극적인 지지를 받았다. 또한 수카르노 정권 시절, 인사들을 처벌하고 권위주의적이고 중앙집권적인 정부를 새롭게 성립했다.

많은 논란에도 불구하고 수하르토는 인도네시아 경제 발전 및 산업화에 많은 기여를 했다. 그의 통치 기간 동안 의료, 교육, 사회복지 등 여러 분야에서 인도네시아인들의 삶의 질은 큰 폭으로 개선되었다. 한편 그

▌ 수하르토 : 대통령(좌)과 육군 전략사령부(우) 재임 시 사진
•출처 : Inside Indonesia, Wikipedia

와 그의 가족들은 부정축재로 유명하여, 그가 정권을 잡던 시절에 막대한 부를 축적했다. 수하르토가 창당한 골카르당Golkar Party은 지금도 인도네시아의 주요 정당으로 남아 있을 정도로 수하르토가 남긴 정치적인 유산은 지금도 인도네시아 정치에 큰 영향을 미치고 있다.

수하르토는 1921년에 네덜란드령 동인도의 족자카르타 인근 시골마을에서 태어났다. 그의 부모는 그의 탄생 직후에 이혼했으며 각자 별도의 가정을 꾸렸다. 그후 친척집을 전전하여 비교적 어려운 어린 시절을 보냈다. 그의 직업 경로는 특별한 정치적인 노선 없이 네덜란드령 동인도 식민지 군대와 이후에 들어온 일본군에서 복역하면서 민족주의와 군부 통치에 대한 철학을 익혔다.

1945년 인도네시아의 독립선언과 이후 벌어진 영국과 네덜란드와의 전투에서 그는 인도네시아 독립군으로 싸웠으며, 주로 임시 수도인 족자카르타를 방어하는 데 힘썼다. 네덜란드군은 양적·질적 우세로 족자카르타를 점령하고 수카르노 등 지도자들을 체포했다. 하지만 게릴라전이 지속되고 국제 사회의 개입으로 1949년 인도네시아는 최종적인 승리를 선언했으며, 수하르토는 자바 지역의 치안 안정에 힘을 쏟았다.

네덜란드군의 철수 이후에도 과거 식민지 군대 및 이슬람 근본주의자들의 반란이 계속되었고, 그는 반군을 진압하고 공산주의자들을 탄압했다. 1962년에는 서부 뉴기니 지역을 탈환하고 말레이시아 분리 독립을 막기 위한 인도네시아의 말레이시아 침공에 개입하는 등 수카르노 정권의 주요 분쟁 지역 곳곳에서 수완을 발휘했다.

수하르토는 네덜란드군과의 독립 전쟁에서 임시 수도를 지킨 전과와 독립 이후에 신생 공화국 안정을 위해 각지의 분리운동과 이슬람 근본주의운동을 진압하는 등 정권 안정에 기여하면서 진급을 거듭하여 계급은 나날이 높아졌다.

1965년에는 육군 전략 사령부의 사령관으로 소장 직위에 있었다. 육군 전략사령부는 1961년 창설된 육군 휘하 특수 조직으로 서파푸아 분쟁, 말레이시아 독립운동 개입, 동티모르 침공 등 특수 작전에 개입하는 육군의 정예 부대였다. 수하르토는 수카르노 정권 말기에 접어들면서 나날이 세력을 확장하는 공산당에 불만이 많았던 군부의 핵심 장성으로, 수도인 자카르타에 군대를 동원할 수 있는 최적의 위치에 있었던 셈이다.

마침내 운명의 1965년이 되었다. 하이퍼 인플레이션으로 국민들의 불만이 폭주하는 가운데, 수카르노의 공산당 편애가 지속되고 군부와 대립하던 공산당이 독자적인 군대 편성 움직임이 있는 등 혼란은 극에 달했다. 1965년 9월 30일에 친공산당 쿠데타가 발생하여 공산당원들이 주요 반공 장성 6명을 납치하고 살해하자, 수하르토는 재빨리 반격에 나서 공산당에 대한 대대적인 소탕작전에 나선다. 수카르노는 공산당의 후원을 받고 있어 공산당 진압을 망설였다.

반면 수하르토는 육군 전략 사령부 군인들을 동원하여 당시 당원이 3백만 명에 달하는 최대 정치 조직이었던 인도네시아 공산당을 철저히 탄압하고 해체했다. 9.30 쿠데타 발발 2년 만에 최소 50만 명에서 100만 명의 당원을 살해한 것으로 전해진다. 쿠데타 진압 초기의 수하르토는 전면에 나서지 않고 수카르노 대통령 중심의 질서 회복을 주장했다.

그러나 친수카르노 및 반수카르노 시위 대결이 격화되었다. 결국 혼란의 와중에 수하르토는 수카르노를 퇴위시키고 친수카르노 세력을 군부에서 몰아냈다. 마침내 9.30 쿠데타 발발 2년 뒤인 1967년 수하르토는 대통령으로 취임했다.

그는 경제 개발에 최우선 역점을 두고 판짜실라 철학에 근거한 신체제를 주장하며 수카르토 대통령 시절의 구체제와 전혀 상반되는 정책을 집행했다. 초대 대통령인 수카르노가 만든 인도네시아 정치 철학인 판짜실라가 수하르토 정권 시절에 독재 정권을 강화하는 도구로 사용되었다는 점은 아이러니다. 그는 권위주의와 군부 우선주의에 근거하여 공산주의자와 이슬람 근본주의자들을 반대파를 탄압하면서, 촌락 단위까지 군인들을 파견하여 중앙집권적인 통치를 강화했다.

또한 친중, 친소 정책을 취한 수카르노와 달리 미국 등 친서구적인 정책을 추진하고 비동맹 노선에서 이탈하여 독재 정권임에도 불구하고 냉전시대에 미국의 지지를 이끌어냈다.

경제적으로는 '버클리 마피아'로 불리는 미국 유학파 경제학자들을 등용했다. 수카르노 시절의 자급자족 경제 구조를 탈피하여 미국, 일본 등 선진국의 해외 투자 자금을 유치하고 국내 화교 기업가들을 지원했다.

이로 인해 수입 대체산업 위주였던 화교 기업가들이 리포 그룹, 아스트라 그룹, 살림 그룹 등 인도네시아 재벌로 성장하는 데 도움을 주었다. 그는 동티모르의 포르투갈로부터 독립에 반대하여 1975년 동티모르에 침공했으며, 인도네시아는 1999년 동티모르 독립까지 군사적 분쟁을 지속한다.

그의 통치하에 인도네시아는 안정적인 성장을 지속했으며, 수출 중심의 제조업이 빠른 속도로 성장했다. 또한 국민들의 복지, 건강 지표가 개선되었으며 정치적 소요가 줄어들면서 정국의 안정이 찾아왔다. 그는 다양한 복수 정당들을 강제로 통합시켰다. 또한 본인이 이슬람 신자임에도 불구하고 정권 연장에 도움이 되지 않는 이슬람주의자들을 군부에서 퇴출시키고 억압했다.

그러나 빠른 경제 성장과 금융 자유화는 기업들의 대출 및 채권 발행 증가로 연결되었고, 1997년 아시아 금융위기로 수하르토 정권은 파국을 맞고 만다. 당시 인도네시아는 은행 설립 자율화로 각 은행들이 무분별한 대출 확보에 나서고 있었고, 대기업들은 금리가 저렴한 달러채를 발행하여 자금을 모집했다.

이런 와중에 금융위기가 발생하여 인도네시아 루피아는 1997년 초 달러당 2,300루피아에서 1998년 중순에는 16,000루피아로 환율이

7-2 | 수하르토 집권기(1967~1998)의 인도네시아 1인당GDP와 경제성장률

출처 : World Bank

7배 급락했다. 달러 채권을 발행했던 기업들은 채권 상환에 큰 문제가 발생했고 해외 자본은 모두 자금을 빼게 된다. 기업 파산 및 외환보유고의 급락으로 마침내 인도네시아는 IMF에 구제 금융을 신청하게 된다.

이러한 경제 위기와 30년 넘게 지속된 수하르토 정권에 대한 반발로 1998년 5월 반수하르토 시위가 발생했다. 이것이 반화교 시위로 변질되어 1천 명 이상의 화교들이 사망한 것으로 전해진다. 이러한 비상 위기 속에 마침내 수하르토 체제는 무너지고, 당시 부통령이었던 하비비가 정권을 이어받아 32년간의 수하르토 1인 체제는 막을 내린다.

수하르토 치하에서 인도네시아는 아시아 금융위기를 맞았던 1997년 전까지 연평균 5% 이상 지속 성장했다. 1인당GDP는 집권 초기 대비 20배 가까이 상승했다. 이러한 경제 성장 및 인프라 정비, 보건위생 개선이 수하르토 대통령 장기집권의 가장 큰 버팀목이 되었다.

그러나 수하르토 정권 초기에 공산당에 속해있던 수많은 민중들이 학살되었고, 정권의 안정 이후에도 독재에 반대하는 민중들은 희생되었다. 이외에 수하르토의 친인척 및 지인들로 인한 부정부패는 지속적인 문제로 대두된다. 동티모르 침공, 서파푸아 및 아체 주 분리 독립운동에 대한 과잉 진압, 화교 탄압 등 해묵은 인종과 종교 갈등도 여전하다.

수하르토 정권의 등장은 수카르노 임기 말의 하이퍼 인플레이션 등 경제 위기에서 시작되었고, 수하르토의 하야도 결국 아시아 금융위기로 인한 경제 위기로 종결되었다.

수하르토 전 대통령은 98년 하야 후, 가택 연금생활과 투병생활을 반복했다. 민주화 이후에 그와 그의 가족은 지속적으로 검찰의 조사를 받는 등 2008년 별세할 때까지 그의 말년은 불우했다.

그럼에도 그의 정치적 영향력은 지속되어 수하르토 집권기 여당이었던 골카르당Golkar Party은 하비비, 와히드, 메가와티, 유도요노, 현재의 조코위 대통령까지 계속 여당 또는 연립여당에 속해 만년 여당으로 불린다. 또한 그의 사위였던 프라보워 수비안토는 게린드라당Gerindra Party 후보로 2014년 대선에 도전하는 등 그의 정치적 유산은 지금도 인도네시아 정치 및 경제에 큰 영향을 미치고 있다.

또한 그의 자녀들은 수하르토 집권기에 엄청난 재산을 축적했으며, 지금도 인도네시아 재계에서 막강한 힘을 발휘하고 있다. 수하르토 정권의 명암에 대한 최종 결론은 아직도 내려지지 않고 있다.

수하르토 대통령의 퇴진 이후, 인도네시아는 아시아 금융위기로 인한 환율 급락과 경제성장률 폭락의 고통을 딛고 점진적인 경제 회복과 민주화의 길로 나서게 된다. 하야한 수하르토 대통령 시절의 부통령이었던 하비비 대통령이 공식선거까지 짧은 기간 재임했다. 이후 와히드, 메가와티 대통령의 집권도 각각 3년을 넘기지 못했다.

2004년에 등장한 수실로 밤방 유도요노 대통령은 인도네시아 최초의 직선제 대통령으로 6대 대통령으로 취임했으며, 5년 중임제에 따라 2009년 재선에 성공하여 총 10년간 대통령으로 재임한다. 그의 치하에서 인도네시아는 시장 경제를 지향하고 해외 기업 유치를 위해 노력하였다.

그러나 초대 대통령 수하르토부터 6대 대통령까지 그들은 모두 정치 엘리트 또는 군부 장성들이었다. 그들은 서민들의 삶과는 전혀 동떨어진 상위 1%만이 누리는 안정된 삶을 살았으며, 집권 말기 레임덕 및 부정부패 의혹에 시달려야 했다.

이런 인도네시아 민중들의 친서민 지도자에 대한 열망으로 조코 위도도조코위라는 별칭으로 자주 불림가 2014년 대통령으로 취임했다. 그는 가구공장 사장 출신으로 자바 섬의 주요 도시인 수라카르타 시장부터 시작해 자카르타 주지사를 거쳐 대통령에 오른 입지전적인 인물이다. 미국 오바마 대통령과 닮은 외모로 인해 '인도네시아의 오바마'로 불리기도 한다. 인도네시아 최초로 직선제 정권 교체로 탄생한 친서민 지도자, 조

조코 위도도(조코위) 제7대 인도네시아 대통령
• 출처 : Vision Times

코 위도도앞으로 조코위로 표기 대통령과 인도네시아 정부의 정책에 대해 알아보자.

조코위 대통령은 자바계로 1961년 자바 섬 중부의 수라카르타에서 태어났다. 그는 수라카르타에서 평범한 청소년기를 보냈다. 조그만 가구 공장을 운영한 아버지의 영향을 받아 족자카르타의 대학에서 임업을 전공했다. 이후 그는 자신의 가구 공장을 설립하고 해외 수출에도 적극 나서는 등 성공하게 된다.

그는 가구 공장의 성공을 바탕으로 2005년 수라카르타 시장에 당선된다. 그는 가구 수출을 위해 유럽 여러 나라를 여행하면서 받은 아이디어를 바탕으로 도로를 개보수하고, 관광사업을 부흥시키고, 부정부패를 척결하는 등 수라카르타를 살기 좋은 도시로 만들기 위해 노력했다. 그의 차별화는 블루수칸Blusukan이라는 단어로 대표된다. 빈민층이 사는 지역을 자주 방문해 서민들의 물가 걱정, 주택 문제, 홍수 및 대중교통 불만 등을 직접 듣고 정책으로 제시하는 것을 의미한다.

그의 몸으로 보여주는 친서민 정책은 수라카르타 시장 시절, 전국적인 주목을 받아 마침내 인도네시아의 수도이자 심장으로 불리는 자카르타 민선 시장에 도전하게 된다. 그는 2012년 자카르타 시장으로 당선되어 의료, 교육, 홍수 통제 등 민생 문제를 해결하기 위해 노력했다. 또한 자카르타의 악명 높은 교통 체증을 해결하기 위해 지하철을 도입하고, 부정부패 해결을 지시하는 등 적극적인 개혁 정책에 나섰다.

수라카르타 시장, 자카르타 시장으로 이어진 그의 인기는 마침내 그가 PDI-P Partai Demokrasi Indonesia Perjaungan, The Indonesian Democratic Party of Struggle, 투쟁민주당당의 대선 후보로 인도네시아 대통령선거에 나서는 계기가 되었다. 2014년 대선에서 조코위는 게린드라당의 프라보워 수비안토 후보와의 접전 끝에 마침내 정권 교체를 이뤘으며, 제7대 인도네시아 대통령으로 당선되었다.

PDI-P당은 중도 좌파 성향의 인도네시아 주요 정당으로 초대 대통령 수카르노의 딸이자 5대 대통령이었던 메가와티 수카르노푸트리가 당 총재로 재임하고 있다. 수카르노의 좌파 성향을 고려하면 그의 딸이 만든 당의 중도 좌파 성향이 아버지의 계보를 잇는 것임을 짐작할 수 있다. PDI-P당은 수카르노가 만든 판짜실라 철학에 근거하여 자유주의 및 사회민주주의에 근거한 정책 성향을 보이고 있다.

인도네시아 정치는 이웃 국가인 필리핀과 마찬가지로 전국적인 영향력을 가진 주요 인물 중심으로 운영되고 있다. 조코위 대통령은 PDI-P

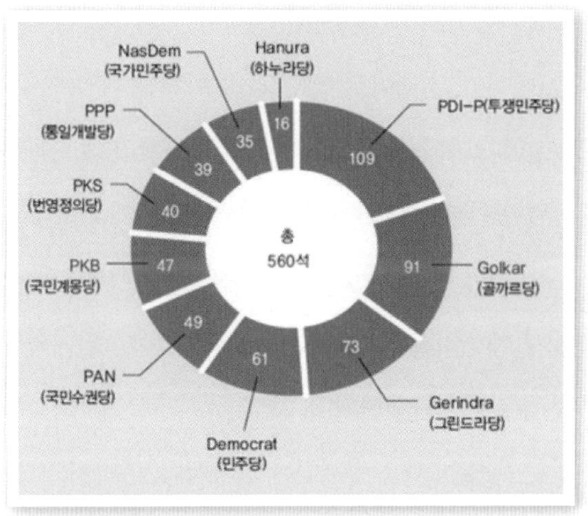

2014년 인도네시아 총선 결과
•출처 : Kotra 무역관

당의 외부 인물이었음에도 불구하고 서민을 대표하는 시장으로서의 정책 능력과 대중적인 평판도를 고려하여 대선 후보로 전격적으로 선발되었다.

PDI-P당은 여러 군소 정당을 연합하여 대선에 승리했으며, 조코위 대통령은 선거 승리 이후에도 여소야대의 정국에서 정책을 제대로 내세우기 힘들었다. 그러나 만년 여당으로 불리는 수하르토가 만들었던 골카르당이 여당 연합에 합류하면서 마침내 국회의 과반이 넘는 의석을 보유하는 정권을 창출해 나가고 있다.

조코위의 공약은 연간 7%의 경제성장률 달성, 고속도로 2,000km 건설 및 신공항·항만 집중 건설 등 인프라 집중 개발, 유가 보조금 철폐, 교육 및 건강에 대한 예상 증대, 물류 비용 감축을 위한 육상과 해상 교통 시스템 개발 등으로 요약된다.

참고로 인도네시아, 말레이시아, 인도 등 아시아 지역에는 유가, 식량 보조금제도가 있다. 이는 서민들의 안정적인 생활을 보전하는 한편 정권의 존립을 위한 인기 영합주의 성향이 강하다.

그러나 인도네시아, 인도 등 인구가 많은 나라에서는 이런 보조금 지급 규모가 정부 재정의 10%를 넘을 정도로 금액이 막대하고, 보조금 지급 관련 부정부패가 문제시되며, 보조금제도로 오히려 부유층이 더 큰 혜택을 받는 등 문제가 산적해있는 상황이다. 따라서 보조금제도의 폐지는 서민들의 불만과 원성을 살 수밖에 없는 논란거리이면서 동시에 정부 재정의 안정을 위해 필요한 어려운 결정이다.

조코위 대통령은 집권 이후, 때마침 시작된 글로벌 유가 급락의 호재를 타고 유가 보조금을 철폐했다. 현재는 단계적으로 전기세 보조금을 줄이고 있다. 이렇게 확보된 정부 재원은 인프라투자금 및 서민을 위한 복지 재원으로 활용되고 있다.

조코위 정부의 정책은 인프라 개발을 통한 인도네시아의 중장기 성장 동력 확보로 요약된다. 조코위 정부는 5개년 개발 계획에 따라 인프라 투자액을 총 4,800억 달러로 잡고 있다. 정부와 민간투자를 5 : 5로 하여 공격적인 인프라투자를 통해, 인도네시아를 기존의 자원 대국에서 제조업 대국으로 발전시키려 하고 있다.

원자재 가격은 변동성이 높아 안정적인 외화 확보를 통한 재정 안정화에는 제조업 부흥이 필수적이다. 인도네시아는 2억 6천만 명의 막대한 인구와 중국과 인도를 잇는 천혜의 위치를 활용해 제조업 강국이 될 수 있는 강점이 있다.

제조업 강국이 되는 전제 조건은 저렴한 인건비와 근면성실한 노동력 공급은 기본이다. 또한 안정적인 전력 공급, 수출입용 대형 컨테이너선이 정박 가능한 심해항의 개발, 공장까지 뚫린 도로와 철도 등의 인프라 확보가 무엇보다 중요하다. 하지만 인도네시아의 인프라 사정은 매우 열악한 실정이다.

인도네시아에는 수많은 관광자원이 많음에도 인프라의 미비로 효과적인 관광산업 개발이 어려운 실정이다. 인도네시아는 발리, 롬복, 바탐 등의 휴양지와 불교, 힌두교 유적의 보고인 족자카르타 그리고 전국 섬들에 산재한 다이빙 포인트와 열대 우림 그리고 화산지대 등의 관광지가 있다.

하지만 접근 가능한 공항, 도로 등 인프라 부족과 낙후된 관광 시설 등으로 연간 관광객 수가 태국, 싱가포르, 말레이시아 등 주변 관광 대국의 절반에도 미치지 못하고 있다. 누구나 필요성이 절감하는 인프라 개발에는 결국 돈이 필요하며 정부 재정의 지속적인 투입이 필수다.

그러나 인도네시아는 1998년의 외환위기 이후, 국가 부채를 억제하고 방만한 재정 운영을 막기 위해 정부의 재정적자 한도를 GDP 대비 3%로 법률안에 명시하고 있다. 결국 한정된 재정으로 대통령은 인프라를 운영해야 되고 민간 자본 활용은 선택이 아닌 필수인 셈이다.

조코위 정부의 재정 확보를 위한 또 하나의 방법은 조세사면Tax Amnesty 법안이었다. 인도네시아는 부유층의 해외 자금 은닉이 수십 년간 이루어졌다. 이에 따라 해외로 유출된 금액의 규모는 400~1,000조에 이르는 것으로 관측되고 있다. 이는 지속된 경상수지 적자에 따른 루피아 환율 약세로 인해 부유층의 달러 확보 요구와 1998년의 정권 교체 시위가 반화교 시위로 연결된 것과 같이, 지배층을 형성하는 화교들의 해외 자금 도피 수요가 합쳐진 결과로 생각된다. 이에 따라 해외 및 국내에 은닉된 대규모 비자금을 양성화하여, 국내 경제 발전에 동원하고 이에 과세함으로써 정부 재정에 도움을 주는 중요한 이벤트였다.

조세사면 법안은 2016년 7월부터 2017년 3월까지 단계로 나눠 진행되었다. 이때 해외 및 국내 은닉 자산을 신고할 경우에 최저 2%에서 최고 10%까지 과세된 뒤, 인도네시아 국내의 채권 및 금융시장투자를 통해 합법적으로 투자할 수 있다. 만약 조세사면법을 통하지 않고 사면기간 종료 후에 적발될 경우, 세율은 최고 30%의 소득세와 25%의 법인세를 납부해야 하는 만큼 동기는 충분한 셈이다.

조코위 대통령은 이번 신고자에 대해 법적인 책임을 묻지 않고 일체 비밀 유지를 하기로 경찰청, 검찰청과 협의했으며 전국적인 캠페인을 벌였다. 이 캠페인을 통해 인도네시아 국세청에 신고된 국내외 은닉 자산은 총 4,900조 루피아원화 약 400조 원에 달했으며 인도네시아 GDP의 40%에 달하는 엄청난 금액이었다. 정부의 목표를 초과 달성했음은 물론이고 추가 세수만 135조 루피아한화 약 11.4조 원에 달할 전망이다.

조코위 정부는 친서민 정책을 통한 빈부 격차 해소, 인프라투자 확대, 건국 이후에 계속된 지도층 중심의 부정부패 척결의 큰 기대를 안고 2014년에 출범했다. 3년이 지난 현재는 출범 시기의 기대에는 미치지 못하는 모습이다.

인도네시아는 2013년 유럽 금융위기 및 미국 연방준비제도이사회의 QE 프로그램 축소, 원자재 가격 하락 등으로 경상수지는 적자로 돌아섰으며 환율도 지속적인 약세를 보이고 있다. 최근 수년간 경제성장률은 목표 7%에 미치지 못하는 5%대 성장을 지속하고 있으며, 인프라투자 계획은 다소 지연되고 있다.

특히나 문제는 지지 기반이 약한 조코위 대통령이 여당 연합의 보수파와 연합하는 모습을 보이면서 부정부패 척결과는 멀어진 행보를 보이고 있다. 조코위 대통령의 최측근이었던 바수키 차하야 푸르나마 자카르타 주지사는 2017년 주지사선거에서 패배하고 신성모독 혐의로 교도소에 수감되었다. 조코위 내각은 PDI-P당 실세들과 과거 수하르토 대통령 시절의 장성들이 주요 보직을 맡고 있다. 또한 무슬림 근본주의자들이 득세하면서 조코위 대통령의 개혁 이미지는 빛이 바래고 있다.

많은 어려움에도 불구하고 인도네시아는 2017년 5월 국제신용평가사인 스탠더드앤푸어스S & P로부터 투기등급에서 투자적격등급으로 상향조정되었다. 이로써 인도네시아는 스탠더드앤푸어스, 무디스, 피치 등 3대 신용평가사로부터 모두 투자적격등급을 획득했다. 이는 1997년의 아시아 외환위기 이후에 20년 만이다. 이러한 쾌거는 안정적인 외환보유고와 물가 안정, 무엇보다 안정적인 재정 관리를 위한 조세 사면 법안 등 인도네시아 정부의 세수 확대 노력이 지속적으로 추진되었기 때문이다.

이로써 인도네시아는 아시아 금융위기의 트라우마를 완전히 벗어나 문민정부 아래 인프라투자를 확대하고, 해외 자금을 유치하여, 제조업

7-3 | 인도네시아 최근 20년 환율과 경상수지

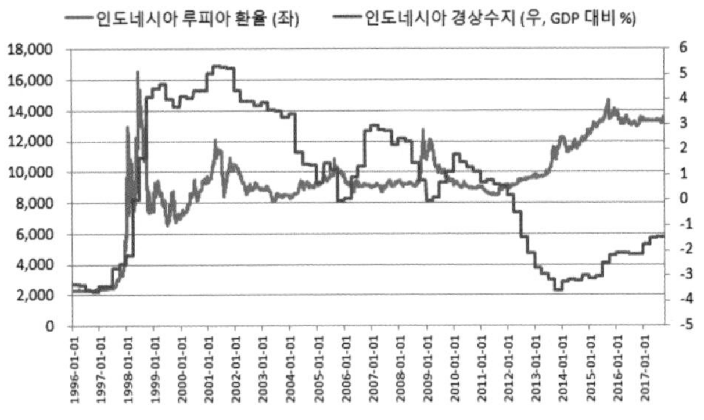

출처 : Bloomberg

7-4 | 인도네시아 경제성장률

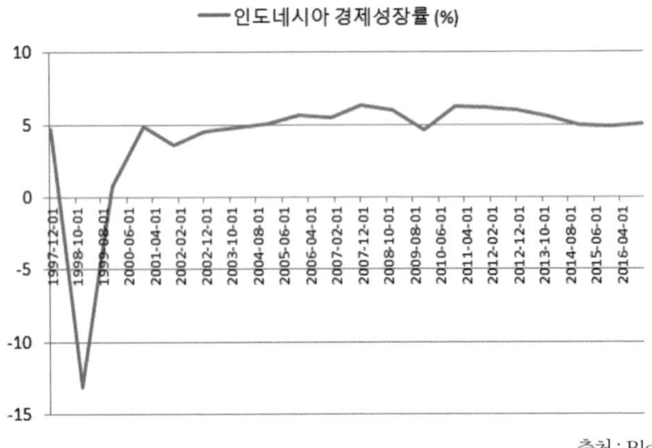

출처 : Bloomberg

강국으로 나아갈 수 위한 발판을 마련했다. 인도네시아가 자원 대국을 넘어서 제조업 강국, 관광 대국이 되기 위한 조코위 대통령의 꿈과 정책은 과연 성공할 것인가?

필자는 2016년에 한국을 방문한 조코위 대통령을 컨퍼런스에서 만난 적이 있다. 그 자리에서 그는 인도네시아 서민들의 복지와 경제 안정을 위한 자신의 행적을 소개했고, 인프라 분야에 한국 기업들이 적극적으로 참가해주기를 호소했다. 2019년 재선 투표를 앞두고 국민들에게 국민 통합과 경제 발전 비전을 제시해야 하는 조코위 대통령과 인도네시아 국민들의 선택에 아세안 중심 국가, 인도네시아의 미래가 걸려 있다.

: 인도네시아 주식시장 개요 :

인도네시아 주식거래소는 IDXIndonesian Stock Exchange로 불리며 네덜란드령 인도 시절인 1912년 바타비아자카르타의 옛 이름에 설립되었다. 아시아 주식시장 중에서 상당히 오랜 역사를 자랑하지만, 양차 세계대전 및 식민지 독립 시기를 거치면서 오랜 시간 동안 유명무실한 존재였다. 실제로 주식시장으로 기능을 한 것은 각종 규제가 해제된 1987년부터였다.

발전을 거듭하던 인도네시아 주식시장은 2007년 수라바야 주식거래소Surabaya Stock Exchange와 자카르타 주식거래소Jakarta Stock Exchange가 합병하여 IDX로 재탄생했다. 전체 상장종목은 537개이며 인도네시아 기업들로만 구성되어 있다. 시가총액은 4,338억 달러 수준으로 거래소 규모에서 아세안에서 싱가포르, 태국, 말레이시아 등과 함께 가장 큰 거래소 중 하나다.

7-5 | 인도네시아 주식거래소 소개

구분	IDX(Indonesia Stock Exchange)
거래소 설립	1912년(2007년 SSX와 JSX가 합병하여 IDX로 통합)
상장종목 수	537개
시가총액	4,338억 달러
거래일	월~금(인도네시아 국경일 휴장)
통화	IDR(인도네시아 루피아)
매매시간(월~목)	9 : 00am~12 : 00pm, 1 : 30pm~3 : 50pm(현지시간)
매매시간(금)	9 : 00am~11 : 30am, 2 : 00pm~3 : 50pm(현지시간)

출처 : IDX, 2016년 연말 기준

7-6 | 인도네시아 JCI 인덱스와 한국 코스피 비교(현지 통화 기준)

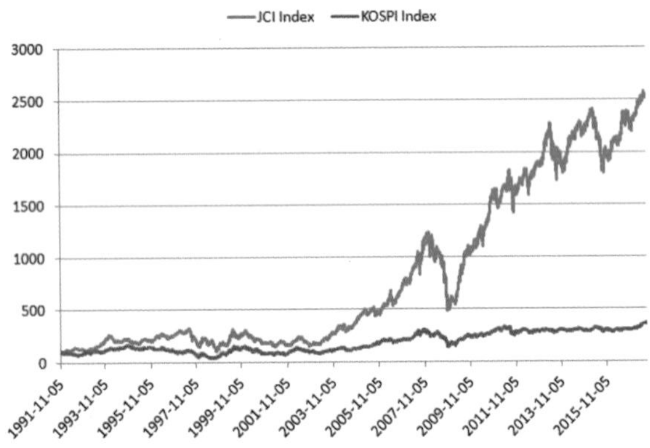

출처 : Bloomberg(1991.11.5~2017.8.6), 1991.11.5 값을 100으로 재설정

인도네시아의 대표 지수는 JCI Jakarta Composit Index 이며 인도네시아 주식거래소의 전 종목을 시가총액 비중대로 담고 있다. 그렇다면 인도네

7-7 | 인도네시아 JCI 인덱스와 한국 코스피 비교(USD 기준)

출처 : Bloomberg(1991.11.5~2017.8.6), 1991.11.5 값을 100으로 재설정

시아 주식시장의 대표 지수인 JCI 인덱스의 투자 성과는 어떠할까?

블룸버그에서 구할 수 있는 가장 긴 장기 차트로 가격 변동을 알아보자. 알기 쉽게 한국 대표 지수인 코스피와 비교하면 〈7-6〉과 같다. 1991년부터 16여 년 동안 코스피는 3.6배 상승했으나, JCI 인덱스는 25.2배 상승했다. 코스피 대비 7배에 달하는 폭발적인 성과인 셈이다.

그러나 현지 통화가 아닌 달러 기준으로 다시 수익률을 계산하면 〈7-7〉과 같다.

동일 기간 동안 미국 달러 기준으로 코스피는 2.4배 상승했으나, JCI 인덱스는 3.7배 상승했다. 즉 앞의 현지 통화 기준 대비 달러 기준으로 코스피의 상승률은 다소 하락하는데 그쳤으나, JCI 인덱스는 큰 폭으로 수익률이 하락했다. 현지 통화 기준으로 25.2배의 수익률이, 실제

7-8 | 인도네시아 루피아 환율(달러 대비)

출처 : Bloomberg(1991.11.5~2017.8.6), 1991.11.5 값을 100으로 재설정

USD 기준으로는 3.7배에 그쳤다. 이것은 그만큼 인도네시아 루피아 환율이 약세로 갔다는 의미다.

이처럼 환율 변동이 장기 주식투자 수익률에 있어서 큰 영향을 미친다. 〈7-8〉을 보면 예상대로 루피아 환율은 1991년 11월 달러당 1,977루피아이던 것이, 2017년 6월 기준으로 13,286루피아에 거래되고 있다. 사실 20년 전 금융위기를 맞았던 모든 아시아 국가 중에 인도네시아의 환율이 가장 저평가되어 거래되고 있다.

이는 경상수지·재정수지 변동성이 높고, 정치적 리스크도 높으며, 원자재 수출 비중이 높아 대외 경제 이슈에 취약한 인도네시아 경제에 대한 외국인들의 시각이 반영된 것으로 생각된다. 1997년의 아시아 금융위기, 2013년 미국 연방준비제도이사회의 QE 축소에 대한 우려가 제기

7-9 | 인도네시아 JCI 인덱스와 PER 및 Forward PER

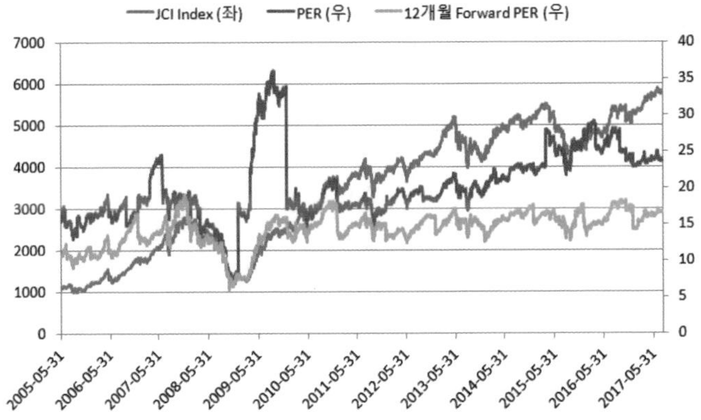

출처 : Bloomberg(2005.5.31~2017.8.6)

된 이후에 환율이 급격히 약세로 가는 것을 보면 현재로서는 대외 변수와 원자재 가격 동향이 환율과 긴밀히 연결되어 있다.

결국 원자재 수출 비중을 낮추고 인프라 개발 수준을 높여, 내수를 확대시키고 제조업 중심의 수출 주도형 경제로 가는 것이 인도네시아 환율 안정의 첫걸음이 될 것이다.

이제 인도네시아 JCI 인덱스의 2005년 이후, 주가 차트와 주가의 밸류를 알 수 있는 현재 PER 및 12개월 뒤의 Forward PER를 〈7-9〉로 살펴보자.

JCI 인덱스는 글로벌 금융위기 시기인 2008년 급락과 2009년 급등을 겪은 이후, 지속적으로 상승하는 흐름을 유지하고 있다. 기업들의 PER도 최근 6년간 지속적으로 상승하여 24배 수준에 도달했다.

반면 12개월 Forward PER는 15배 수준에서 최근 수년간 변동이 없다. Current PER는 계속 상승하고 있고 Current PER와 12개월 Forward PER의 갭이 커지고 있다는 의미는 애널리스트들의 과도한 실적 개선 기대감을 의미하거나, 기업들의 이익이 생각보다 나오지 않고 있는 가운데 주가가 상승함을 의미한다. 따라서 인도네시아 주식시장의 상승은 지속되기 쉽지 않음을 내포하고 있다.

결론적으로 인도네시아 주식시장은 표면적으로 매우 우수한 상승세를 보이고 있으나, 환율의 약세로 인해 외국인들이 얻게 되는 실제 수익률은 예상보다 낮은 편이다. 또한 PER가 계속 상승하는 것이 우려스럽다.

다만 최근 경상수지와 외환보유고 등 매크로 지표가 양호하고, 조코위 정부의 인프라 개발이 예정대로 진행되어 내수가 확대되고, 제조업이 향후 중심산업으로 육성된다면 아세안의 최선호 주식시장으로 재탄생할 수 있다. 이에 따라 아세안 경제의 중심인 인도네시아 주식시장에 대한 중장기적인 관심은 지속적으로 필요하다.

⋮ 인도네시아 주식, 주요 종목 소개 ⋮

인도네시아 주식시장은 꾸준히 성장하여 상장종목은 500개가 넘으며 시가총액은 2017년 8월 6일 기준으로 원화로 518조 원에 달한다. 그러나 현재 GDP 규모 대비 시가총액 규모는 절반에 불과하다. 저개발도상국인 인도네시아의 성장 가능성을 고려하면, 향후에는 지속적인 신규 종목 상장과 시가총액 상승이 이어질 것이다.

인도네시아 주식시장의 특징은 금융주와 필수소비재만 더해도 전체 시가총액의 절반에 달하며 여기에 경기소비재, 통신주까지 더하면 전체 시장의 70%에 달하는 편중된 시장이라는 점이다. 2억 6천만 명에 달하는 거대한 인구를 기반으로 한 은행을 비롯한 금융주와 소비재산업이 경제 성장의 핵심 섹터임을 의미한다.

또한 통신주인 텔레코무니카시Telekomunikasi, 종목코드 TLKM가 전체 시가총액 1위에 위치해있다. 이는 1만 7천 개 이상의 섬으로 구성된 인도네시아의 통신산업의 급속한 성장을 의미한다. 향후 경제가 더욱 성숙하게 되면 산업재, 부동산, IT, 헬스케어 등 기타 섹터들의 비중이 꾸준히 확대될 것으로 예상된다. 인도네시아에 상장된 기업들 중 섹터별로 시가총액이 큰 대표 종목들에 대해 〈7-10〉, 〈7-11〉로 알아보자.

7-10 | 인도네시아 JCI 인덱스 섹터별 비중

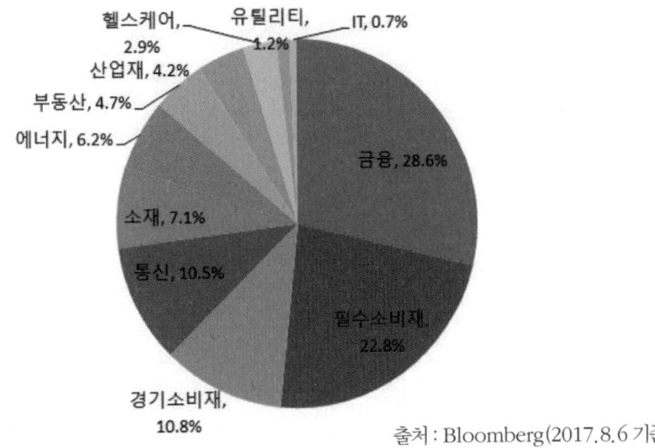

출처 : Bloomberg(2017.8.6 기준)

7-11 | 인도네시아 JCI 인덱스 Top 15 종목 소개

구분	이름	섹터	시가총액 (원화 억)	시가총액 비중	PER	1년 성과	3년 성과
1	TELEKOMUNIKASI INDONESIA	통신	388,357	7.5%	21.5	6.4%	93.7%
2	BANK CENTRAL ASIA	금융	377,823	7.3%	21.2	27.3%	67.0%
3	HM SAMPOERNA	필수소비재	332,990	6.4%	32.0	-7.3%	43.0%
4	BANK RAKYAT INDONESIA	금융	303,754	5.9%	13.3	30.2%	43.4%
5	UNILEVER INDONESIA	필수소비재	299,473	5.8%	54.0	10.6%	68.8%
6	ASTRA INTERNATIONAL	경기소비재	259,677	5.0%	18.1	1.6%	11.7%
7	BANK MANDIRI	금융	251,694	4.9%	18.8	32.4%	42.3%
8	GUDANG GARAM	필수소비재	113,735	2.2%	19.9	15.4%	55.6%
9	BANK NEGARA INDONESIA	금융	111,927	2.2%	10.1	39.1%	57.4%
10	UNITED TRACTORS	에너지	89,859	1.7%	16.6	90.7%	45.6%
11	INDOFOOD CBP	필수소비재	79,855	1.5%	26.0	-4.7%	68.1%
12	CHANDRA ASRI PETROCHEMICAL	소재	69,827	1.3%	17.1	357.5%	-
13	KALBE FARMA	헬스케어	68,643	1.3%	35.1	3.5%	4.1%
14	INDOFOOD	필수소비재	59,581	1.1%	18.3	2.5%	28.6%
15	INDOCEMENT TUNGGAL	소재	55,046	1.1%	28.5	2.9%	-19.6%

출처 : Bloomberg(2017.8.6 기준)

1) 통신 섹터 리더 : 텔레코무니카시 인도네시아(Telekomunikasi Indonesia, 티커 : TLKM IJ Equity)

7–12 | 텔레코무니카시 인도네시아 주요 지표 요약

2016년 결산 주요 지표		기업 밸류 분석				
구분	금액	항목	2015	2016	2017F	2018F
시가총액	394,268	순수익 성장(%)	14.20	13.50	11.10	8.60
기업가치(EV)	415,989	EPS 성장(%)	6.50	27.30	17.40	8.90
매출	116,333	EV/EBITDA	6.38	7.12	6.84	6.29
EBITDA	58,392	P/E	19.68	20.29	17.94	16.47

출처 : Bloomberg(단위 : 십억 인도네시아 루피아), 회계 결산 각 연도 말 기준

* EV(Enterprise Value, 기업가치 : 기업의 총 가치로 자기자본과 부채를 더하고 현금성 자산을 차감하여 구함)
* EBITDA(Earnings Before Interest, Taxes, Depreciation and Amortization : 법인세, 이자, 감가상각비 차감 전 영업이익이며 기업 영업활동으로 벌어들이는 현금 창출 능력을 의미)

7–13 | 텔레코무니카시 인도네시아 주가 차트

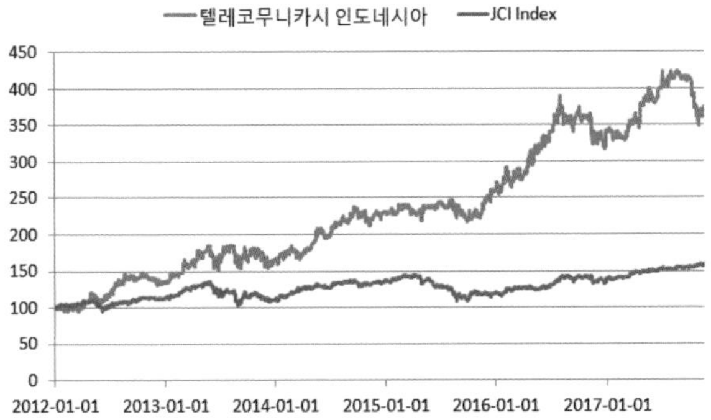

출처 : Bloomberg(2012.1.1~2017.8.6), 2012.1.1일 값을 100으로 변환

텔레코무니카시 인도네시아는 흔히 텔콤 인도네시아Telkom Indonesia 혹은 텔콤으로 불린다. 인도네시아 최대 국영 통신회사이자, 시가총액 1위 기업이다. 한국의 KT와 마찬가지로 유선통신, 이동통신, 인터넷, 미디어, 엔터테인먼트 등 통신 미디어 전 영역에 진출해있는 인도네시아의 간판 통신사업자다. 이중 이동통신 부문인 텔콤셀Telkomsel의 매출 비중이 가장 크다. 텔콤셀은 인도네시아 이동통신시장점유율의 절반을 차지하고 있는 1위 이동통신사업자다.

텔콤셀은 4G LTE 서비스를 2014년 시작했다. 2017년 3분기 말 현재 4G 가입자가 3천만 명을 돌파하여, 시장 지배적 사업자의 지위를 확고히 하고 있다. 텔콤셀 이외에 2위 이동통신사업자인 인도샛Indosat은 2013년 카타르 커뮤니케이션이 인수했으며, 3위 이동통신사업자인 XL Axiata는 2009년 말레이시아 Axiata에 인수되었다. 나머지 통신사업자는 존재감이 없는 만큼 텔콤셀이 인도네시아 유일의 토종 이동통신사업자로 남아 있는 셈이다.

텔콤셀 자체도 민영화에 따라 싱가포르 국영 통신사업자인 싱텔에 지분 35%를 넘겼지만, 여전히 텔콤이 대주주의 지위는 유지하고 있다. 인도네시아는 1만 7천여 개의 섬으로 이루어져, 통신 인프라 구축에 절대적인 비용과 시간이 많이 소요된다. 또한 통신 인프라도 아세안 국가 중 상대적으로 열악한 상황이다.

그러나 반대로 얘기하면 1억 7천만 명에 이르는 텔콤셀 가입자 중 아직 4G 가입자는 3천만 명에 불과하여, 향후 4G 기반의 폭발적인 데이터 매출 확대가 예상된다. 텔콤셀의 4G 가입자 확대는 통신 인프라, 미

▌텔콤셀의 4G LTE 광고
•출처 : Sonar Blog

디어, 해외 사업 등 텔콤의 유관사업 부문에도 매우 긍정적인 영향을 미칠 전망이다.

텔콤은 최근 수년간 주가가 계속하여 상승하고 있다. 매출 및 이익도 두 자릿수로 상승하고 있어 밸류 매력까지 부각되고 있다. 인도네시아와 마찬가지로 통신 인프라가 열악한 인도의 경우, 릴라이언스 지오Reliance Jio라는 대규모 자본으로 무장한 신규사업자가 무료에 가까운 서비스로 기존 이동통신사업자를 파산의 위기로 몰아넣고 있다. 그러나 인도네시아는 기존 이동통신업자 간의 경쟁이어서 텔콤셀을 보유한 텔콤 인도네시아에는 계속적인 매출 및 이익 확대의 기회가 펼쳐지질 것이다.

2) 금융 섹터 리더 : 뱅크 센트럴 아시아(Bank Central Asia, 티커 : BBCA IJ Equity)

뱅크 센트럴 아시아이하 BCA는 싱가포르의 DBS와 함께 아세안 은행업의 최선두에 서 있는 인도네시아 우량 은행이다. 1957년에 설립된 BCA

7-14 | 뱅크 센트럴 아시아 주요 지표 요약

2016년 결산 주요 지표		기업 밸류 분석				
구분	금액	항목	2015	2016	2017F	2018F
시가총액	382,153	순수익 성장(%)	15.60	12.40	7.70	10.60
기업가치(EV)	676,739	EPS 성장(%)	9.30	14.40	11.80	12.00
순수익	53,783	P/B	3.67	3.40	3.97	3.47
영업이익	25,594	P/E	18.19	18.54	22.49	20.08

출처 : Bloomberg(단위 : 십억 인도네시아 루피아), 회계 결산 각 연도 말 기준

7-15 | 뱅크 센트럴 아시아 주가 차트

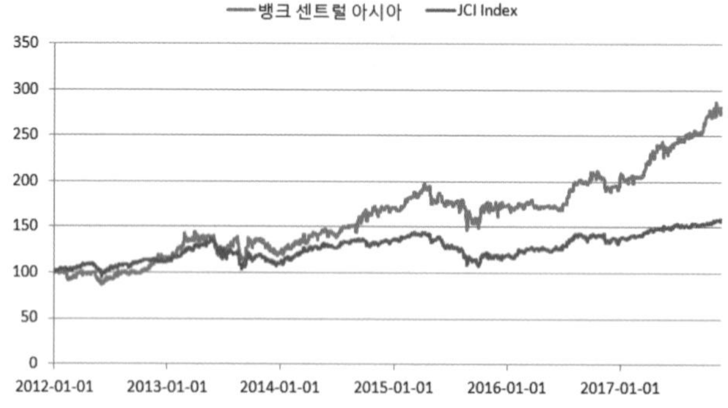

출처 : Bloomberg(2012.1.1~2017.8.6), 2012.1.1일 값을 100으로 변환

는 인도네시아의 경제 성장과 함께 꾸준히 성장해왔으나, 1997년 아시아 금융위기를 맞아 다른 인도네시아 은행들과 함께 파산 위기에 봉착했다. 이에 따라 인도네시아판 배드뱅크인 인도네시아 은행 구조조정 에이전시Indoneisian Bank Restructuring Agency가 인수하여 구조조정에 돌입했

다. 그리고 금융시장이 안정을 되찾으면서 다시 경영이 정상화되었다.

금융위기 이후, 인도네시아 주요 재벌의 하나인 자룸 그룹Djarum Group에서 지분을 인수하여 대주주가 되었다. 인도네시아에는 만디리Mandiri, 종목코드 BMRI, 뱅크 라키앗Bank Rakyat Indonesia, 종목코드 BBRI 등 여러 은행이 있다. 그중에 특히 BCA는 최대 민영은행으로 커머셜뱅킹 분야에 특화되어 있고 재무 건전성도 우수한 편이다.

인도네시아는 2억 6천만 명의 인구를 보유한 이머징 시장으로 GDP 대비 개인대출 비중이 동북아시아 국가에 비해 상대적으로 낮은 수준이다. 또한 물가의 하향 안정화로 인해 인도네시아 중앙은행이 여전히 금리 인하 추세에 있어, 향후 대출시장이 더욱 빠르게 성장할 것으로 기대된다.

BCA는 2016년 말 기준으로 ROE 20.5%, NIM예대마진 6.8%를 기록하고 있어 한국 은행 입장에서 보면 놀랄 만큼 수익성이 좋다. NPL무수익여신, Non-Performing Loan비율도 1.3%에 불과해, 인도네시아 금융산업의 성장에 가장 큰 수혜를 받게 될 것으로 기대된다.

3) 필수소비재 섹터 리더 : 삼뽀르나(Hanjaya Mandala Sampoerna, 티커 : HMSP IJ Equity)

삼뽀르나는 인도네시아 최대 소비재 상장기업이자, 최대 담배 제조회사 중 한 곳이다. 이 회사는 중국 푸젠성에서 인도네시아 수라바야로 이민 온 중국 화교 리엠 승 티에 의해 1913년에 설립되었다. 삼뽀르나Sampoerna는 인도네시아어로 '완벽함Perfection'을 뜻한다.

7-16 | 삼뽀르나 주요 지표 요약

2016년 결산 주요 지표		기업 밸류 분석				
구분	금액	항목	2015	2016	2017F	2018F
시가총액	445,498	순수익 성장(%)	10.40	7.20	4.40	7.60
기업가치(EV)	440,529	EPS 성장(%)	0.20	18.20	2.80	8.50
매출	95,467	EV/EBITDA	29.96	26.19	27.91	25.64
EBITDA	16,824	P/E	40.41	34.82	38.20	35.20

출처 : Bloomberg(단위 : 십억 인도네시아 루피아), 회계 결산 각 연도 말 기준

7-17 | 삼뽀르나 주가 차트

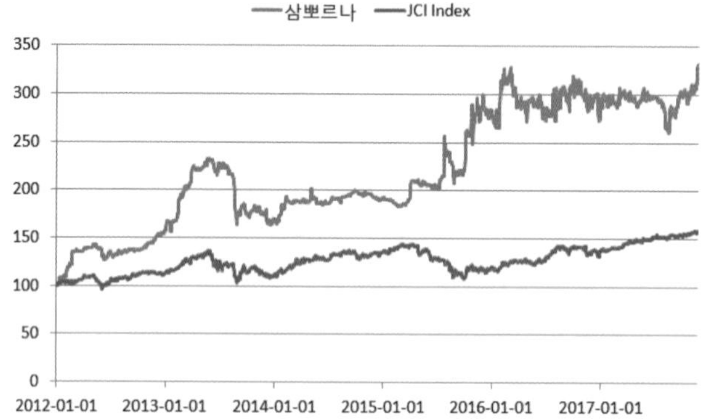

출처 : Bloomberg(2012.1.1~2017.8.6), 2012.1.1일 값을 100으로 변환

삼뽀르나의 간판 브랜드는 1988년 출시된 '에이 마일드'다. 인도네시아 담배는 인도네시아 특산 향신료인 정향Clove이 첨가된 크레텍이라는 독특한 담배가 시장점유율의 큰 부분을 차지한다. 인도네시아는 2억 6천만 명의 거대한 인구와 담배에 관대한 문화 탓에 중국, 인도 등에 이

어 세계 최상위권 담배시장을 형성하고 있다.

이러한 이유로 삼뽀르나와 함께 경쟁사인 구당 가람Gudang Garam, 종목코드 GGRM이 인도네시아 주식시장의 Top 10에 진입해있다. 인도네시아 Top 10 종목 중 2개가 담배회사인 셈이다.

인도네시아 내수시장의 성장과 함께 삼뽀르나도 매출 및 이익이 완만한 상승세를 이어가고 있어, 경기를 타지 않는 필수소비재 추천 종목으로 꼽힌다. 담배는 유해산업인 만큼 삼뽀르나도 다양한 사회공헌활동에 참가하여 기업 이미지 개선에 나서고 있다. 삼뽀르나는 2005년 필립 모리스에 인수되어 현재는 외국계 기업으로 분류된다.

4) 경기소비재 섹터 리더 : 아스트라 인터내셔널(Astra International, 티커 : ASII IJ Equity)

아스트라 인터내셔널은 인도네시아 최대 재벌기업으로 윌리엄 소어야자야를 비롯한 중국계 화교에 의해 1957년에 설립되었다. 아스트라 인터내셔널은 도요타자동차 조립생산과 BMW 등 자동차 딜러 업무가 주력이며, 오토바이사업은 혼다와 제휴하고 있다. 또한 이 회사는 인도네시아의 산업용 기계류 유통 및 광산개발업체인 유나이티드 트랙터스 United Tractors, 종목코드 UNTR의 대주주이기도 하다.

이외에 지속적인 사업 영역 확장으로 자동차 부품업, 금융, 광산업, IT정보통신, 인프라산업에 진출해있다. 2017년 현재 212개 계열사에 21만 명이 넘는 임직원이 근무하고 있다. 아스트라 인터내셔널은 1997년 금융위기를 맞아 유동성 위기를 겪었으며, 1999년 홍콩 기반의 다

7-18 | 아스트라 인터내셔널 주요 지표 요약

2016년 결산 주요 지표		기업 밸류 분석				
구분	금액	항목	2015	2016	2017F	2018F
시가총액	335,001	순수익 성장(%)	-8.70	-1.70	10.70	7.70
기업가치(EV)	403,610	EPS 성장(%)	-13.60	-18.60	31.80	10.30
매출	181,084	EV/EBITDA	10.09	13.33	14.24	13.15
EBITDA	30,289	P/E	16.81	22.13	17.02	15.43

출처 : Bloomberg(단위 : 십억 인도네시아 루피아), 회계 결산 각 연도 말 기준

7-19 | 아스트라 인터내셔널 주가 차트

출처 : Bloomberg(2012.1.1~2017.8.6), 2012.1.1일 값을 100으로 변환

국적 회사인 자딘 사이클 & 캐리지Jardine Cycle & Carriage, 싱가포르 상장사인 Jardine Matheson의 자회사에 매각되어 현재는 Jardine C & C가 아스트라 인터내셔널 지분의 50.1%를 보유한 대주주다.

이 기업의 주력인 자동차 조립산업은 환율 변화에 민감하다. 2013년

▌ 아스트라 인터내셔널의 오토바이 조립 공장 전경
•출처 : Nikkei Asian Review

미국 연방준비제도이사회의 QE 축소 발언 이후, 인도네시아 루피아가 큰 폭의 약세로 가면서 수입 부품 가격이 급증하여 매출 및 이익이 감소했다. 그러나 2016년부터 환율이 안정화되고 인도네시아 경기가 상승세를 유지했다. 이런 흐름을 타고 고급형 신형 모델 판매에 주력하여, 2017년 이후로 다시 기업 지표가 정상적인 상승세를 보일 것으로 판단한다. 인도네시아인들의 소득 수준 향상에 따른 자동차산업의 성장에 관심이 있다면 1순위로 투자해야 할 기업이다.

5) 에너지 섹터 리더 : 유나이티드 트랙터스(United Tractors, 티커 : UNTR IJ Equity)

인도네시아는 석탄, 주석, 니켈, 천연가스, 원유, 보크사이트, 금 등 다양한 천연자원이 매장된 자원의 보고다. 이중 석탄은 연간 3억 톤 이상을 생산하는 세계 1위 수출국으로 명성이 익히 알려져 있다.

7-20 | 유나이티드 트랙터스 주요 지표 요약

2016년 결산 주요 지표		기업 밸류 분석				
구분	금액	항목	2015	2016	2017F	2018F
시가총액	79,265	순수익 성장(%)	-7.10	-7.70	28.90	12.40
기업가치(EV)	61,810	EPS 성장(%)	6.40	-36.60	50.20	13.50
매출	45,539	EV/EBITDA	3.99	6.08	8.37	7.45
EBITDA	10,173	P/E	16.41	15.85	17.01	14.98

출처 : Bloomberg(단위 : 십억 인도네시아 루피아), 회계 결산 각 연도 말 기준

7-21 | 유나이티드 트랙터스 주가 차트

출처 : Bloomberg(2012.1.1~2017.8.6), 2012.1.1일 값을 100으로 변환

인도네시아는 신광업법을 발표하여 원광의 수출에 중과세를 부여하고 국내 제련시설을 이용하도록 강제하고 있다. 이에 따라 채굴한 원자재의 가공을 위한 운송이 더욱 중요해지고 있다. 유나이티드 트랙터스

는 미국 캐터필러Caterpillar에 이어 세계 2위 건설 장비, 원자재 운송용 트럭회사인 일본 코마추Komatsu의 각종 장비를 판매, 유통하는 인도네시아 기업이다. 이 회사는 장비 판매 이외에 광산 개발 및 탄광 운영에도 직접 나서고 있다.

유나이티드 트랙터스는 아스트라 인터내셔널의 자회사이기도 하다. 이 회사의 주가는 원자재 가격 및 환율과 밀접한 상관관계를 가지는데, 2013년 중순 이후에 루피아 환율이 폭락하고 원자재 가격이 하락하면서 매출과 이익이 동반 하락하는 국면에 진입했다.

그러나 2016년부터 글로벌 경기 상승으로 원자재 가격이 반등하고 루피아도 안정화되면서, 기업 실적과 주가가 큰 폭의 상승세를 보이고 있다. 향후 원자재 가격의 상승세를 전망한다면 투자해야 할 1순위 인도네시아 상장사다.

▌ 유나이티드 트랙터스 본사 전경
• 출처 : Construction Asia Online

6) 헬스케어 섹터 리더 : 칼베 파마(Kalbe Farma, 티커 : KLBF IJ Equity)

7-22 | 칼베 파마 주요 지표 요약

2016년 결산 주요 지표		기업 밸류 분석				
구분	금액	항목	2015	2016	2017F	2018F
시가총액	71,016	순수익 성장(%)	3.00	8.30	7.40	9.90
기업가치(EV)	68,958	EPS 성장(%)	−2.20	15.10	7.70	10.80
매출	19,374	EV/EBITDA	20.02	20.39	19.98	18.16
EBITDA	3,382	P/E	30.87	30.88	30.81	27.81

출처 : Bloomberg(단위 : 십억 인도네시아 루피아), 회계 결산 각 연도 말 기준

아세안 주식시장을 인도와 비교하면서 느끼는 의문점 하나가 있다. 인도에는 제네릭Generic, 복제약시장이 크게 발달하여 인도의 간판 기업 선 파마Sun Pharma, 종목코드 SNUP를 비롯한 다양한 인도 제네릭 제약회사들이 대형주를 형성하고 있다. 그리고 이 회사들은 미국과 유럽 등지로 활발히 수출하고 있는데, 아세안 지역은 제약회사들이 대형주 중에 거의 없다는 점이다.

이러한 갈증을 채워주는 기업이 바로 인도네시아 의약산업의 간판 기업 칼베 파마다. 인도네시아는 2억 6천만 명에 이르는 거대한 인구의 소득 수준의 향상과 함께 노령화 사회로 점차 진행될 것으로 예상되어, 의약품시장이 빠른 속도로 성장하고 있다. 게다가 현재 직업군별로 분산된 의료보험제도가 2014년에 발표된 공공 의료보험제도로 인해, 2019년까지 한국과 같은 전 국민 의료보험제도로 전환될 것으로 전망된다.

7-23 | 칼베 파마 주가 차트

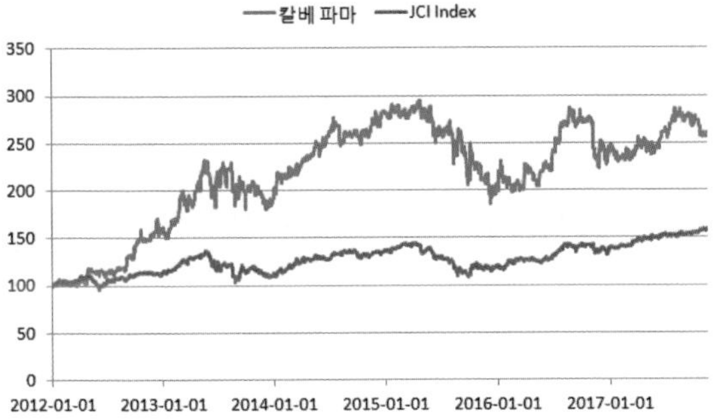

출처 : Bloomberg(2012.1.1~2017.8.6), 2012.1.1일 값을 100으로 변환

향후 제약산업은 폭발적으로 성장할 것이다.

또한 인도네시아를 비롯한 아세안 지역은 사계절 항상 더운 날씨로 인해 말라리아, 뎅기열 등 열대성 전염병이 많아 향후 의약품 수요가 지속적으로 증가할 것이다.

이러한 최적의 환경을 배경으로 칼베 파마는 1966년에 설립되어 처방의약품 비중 23%, 일반 의약품OTC(Over The Counter) 의약품 및 에너지 드링크 18%, 영양제 29%, 의약품 운송 30%의 황금비율을 보이는 인도네시아의 1위 제약회사다.

칼베 파마에는 1만 7천여 명의 임직원이 근무하고 있으며, 향후 공공 의료보험제도의 정착과 의약 수요 증가에 따른 수혜를 받을 것으로 기대된다. 2015년 환율 약세로 인해 원재료 가격이 상승하면서 이익 하락 추세가 있었으나, 향후 지속적인 매출 및 이익 성장이 예상되는 인도네시아 블루칩 종목이다.

Chapter 8 아시아의 진주로 거듭난다, '필리핀'

⋮ 서양과 동양의 융합, 필리핀 문화와 역사 ⋮

아시아에는 특별한 이단아, 필리핀이 있다. 대부분 아시아 국가들은 중국과 인도의 문화적 영향력으로 불교, 힌두교, 이슬람으로 종교도 단순하게 정리할 수 있다. 그러나 필리핀은 스페인 333년, 미국 48년의 식민 지배를 받았다. 무려 381년간 서양 열강의 경제·문화적 영향력 아래 있었으며, 전 국민이 영어에 유창한 특이한 나라다.

또한 아시아에서 유일하게 전 국민의 81%가 로마 가톨릭을 믿을 정도로 기독교가 보편화되어 있다. 무엇보다 무려 1,100만 명의 인구가 해외로 나가 외화를 벌어들이는 독특한 경제 구조를 갖추고 있다. 서양과 동양 문화의 융합이자, 한때 아시아의 진주로 불렸던 나라 필리핀에 대해 알아보자.

필리핀은 7천여 개 섬으로 이루어진 섬나라다. 지리적으로는 대만의 바로 아래이며 인도네시아, 말레이시아, 브루나이가 공유하는 보르네오 섬칼리만탄 섬의 오른쪽에 위치해있다. 필리핀은 이른바 불의 고리라고 불리는 환태평양 조산대에 놓여 있어서, 지진 및 화산활동이 잦으며 태풍이 지나가는 길목에 있어 자연재해가 자주 발생한다.

수많은 섬 중 사람이 사는 섬은 800여 개에 불과하다. 크게 보면 북부의 루손, 중부의 비사야, 남부의 민다나오로 삼등분된다. 국토의 전체 면적은 한국의 3배에 달하며 인구는 1억 명에 달한다. 이중 인구의 절반이 수도 마닐라가 있는 북부 루손 섬에 살고 있다. 필리핀의 1인당 GDP는 2,951달러로 아세안 지역에서는 중위권에 속한다. 연평균 6% 전후의 높은 경제성장률에도 불구하고 GDP 상승 속도가 느린 이유는 인구 증가 때문이다.

필리핀 인구는 1960년만 해도 2천 5백만 명으로 한국과 비슷했으나, 지금은 1억 명을 넘어 한국의 2배에 이른다. 이는 57년 만에 인구가 4배, 30년 만에 2배가 된 것이다. 이는 피임에 대한 인식이 부족하고, 십대 출산이 많은 영향이 크며, 종교적인 이유도 있다.

이로 인해 긍정적인 측면으로 보면 평균 연령이 현재 23세에 불과하여 아시아에서 가장 젊은 국가에 속한다. 2030년 이후에도 국민 평균 연령이 20대를 유지하는 동아시아 유일의 국가로 남게 될 가능성이 높다.

8-1 | 필리핀과 한국의 비교

구분	필리핀	한국	한국 대비
면적(㎢)	300,000	99,720	3배
인구(만 명)	10,332	5,062	2배
GDP(억 달러)	3,049	14,112	21.6%
1인당GDP	2,951	27,539	10.7%
10년물 국채 금리(%)	4.63	2.21	2.42%
시가총액(억 달러)	2,398	12,822	18.7%
상장종목 수	537	2,059	26.1%

출처 : World Bank 2016년 기준, 주식시장 WFE 2016년 말

따라서 베트남, 인도네시아 등 수출 주도형 제조업을 육성하려는 주변 경쟁국들의 현재 평균 연령은 29세로 10여 년 뒤부터는 인구 노령화를 걱정해야 한다. 반면 필리핀은 노동인구가 계속 공급되어 제조업 및 내수산업에 다양한 기회가 생길 것이다.

필리핀에는 180개 이상의 언어가 존재하며 대부분 현지어는 말레이어 계열로 평가된다. 그러나 국가 전체로는 타갈로그어를 의미하는 필리피노와 영어가 표준어다. 대부분의 정부 공문과 방송도 이 두 개 언어로 만들어진다. 인종적으로는 타갈로그인 28%, 세부인 13%, 일리카노인 9% 등 매우 다양한 세부 민족으로 나눠져 있다. 일상생활에서는 이들의 고유 언어가 사용된다.

필리핀은 GDP의 50%를 넘는 비중을 차지하는 서비스업이 경제의

중심이며 관광, 콜센터BPO, Business Platform Outsourcing, 건설업, 전기전자반도체 등이 주요 산업이다. 또한 미국, 중동, 아시아 등 해외에서 근무하는 1,100만 명의 필리핀 해외 근로자OFW, Overseas Filipino Workers들이 보내는 필리핀 국내 송금액이 연간 200억 달러가 넘어 국내 내수 진작 및 페소화 환율 안정에 큰 기여를 하고 있다.

다른 아세안 국가들과 마찬가지로 중국계 화교가 경제활동에서 차지하는 영향력이 지대하다. 이들은 대부분 복건성 출신인 화교들로서 전체 인구의 2%에 해당하는 200만 명으로 추산된다. 그러나 스페인 점령기로 거슬러 올라가는 수백 년간의 교류를 통해 필리핀으로 이주한 중국인과 현지인들의 자연스러운 혼인을 통해 전체 필리핀 인구의 27%는 중국계의 피가 흐르고 있다.

화교들은 적은 인구에도 불구하고 전체 경제활동의 60% 이상을 차지할 정도로 막강한 영향력을 보유하고 있다. 필리핀 유통업을 장악한 SM 그룹의 헨리 시, 식품·호텔·백화점·항공·은행업 등에 진출한 JG 서밋 홀딩스JG Summit Holdings의 존 고콩웨이 주니어, 주류·담배·부동산·은행업 등에 진출한 LT 그룹의 루시오 탄 등이 대표적인 화교 기업가들이다.

이외에도 수많은 화교 기업가들과 스페인 지배 시절로 거슬러 올라가는 수백 년 전통의 명문 가문들이 존재한다. 필리핀은 이들 엘리트들에 의해 움직이는 과두 체제의 국가다.

아름다운 자연 환경과 낙천적인 성격을 지닌 국민들의 잠재력이 빛을 발하게 될 필리핀, 엄청난 빈부 격차와 지도층의 부정부패로 민중봉기를 두 번이나 겪으면서도 민주화의 길을 향해 나아가는 필리핀 역사에

▌ 필리핀 지도
• 출처 : doopedia

대해 알아보자.

필리핀의 고대 역사에 대한 정보는 많지 않으며 바랑가이부족 집단 중심의 소규모 촌락을 형성하고 있었다. 인도네시아, 중국, 말레이시아 등 주변국들과 교류를 한 것으로 알려져 있다. 특히 필리핀 제도의 바로 왼쪽에 있는 보르네오 섬을 통해 넘어온 스리위자야, 마자파히트 등 인도네시아 왕국들과의 교류가 잦았다.

14세기 이후에는 말라카 왕국을 통해 건너온 이슬람교가 필리핀에 전파되어 술루 제도, 민다나오 섬, 루손 섬 등 각지로 전파되기 시작했다. 16세기 초 스페인 함대에 들어왔을 때에 필리핀은 힌두교, 이슬람,

토속신앙 등 종교와 인종이 다채로운 여러 부족 집단이 각지에 왕국을 세우고 경쟁하는 상황이었다. 스페인이 무력으로 필리핀을 손쉽게 점령할 수 있는 상황이었던 셈이다.

1521년, 스페인 함대를 이끌고 온 포르투갈 출신 탐험가 페르디난드 마젤란이 필리핀 세부에 상륙하면서 스페인과 필리핀의 첫 만남이 시작되었다. 마젤란은 포르투갈 하급 귀족 출신으로 원래는 포르투갈령 인도에서 근무했다. 그후 1511년 동남아시아로 건너가 말라카 왕국현재 말레이시아 영토을 점령하고 아프리카 모로코를 침공하는 등 포르투갈을 위해 공훈을 세웠던 인물이다.

한편 마젤란은 조국 포르투갈을 위한 여러 치적에도 불구하고 모함을 받아 더 이상 항해사로 일할 수 없게 되었다. 이에 마젤란은 포르투갈을 떠나 스페인으로 거점을 옮겨, 스페인이 서쪽 항로로 향신료 무역 루트를 개척할 수 있음을 역설한다. 뒤에 후술할 토르데시야스 조약에 의해 포르투갈은 동쪽 향신로 무역 루트를 선점했으며, 스페인의 미래는 서쪽 향신료 무역 루트의 개척에 달려 있다는 점을 정확히 지적한 것이다.

결국 마젤란은 스페인 찰스 1세의 후원으로 5척의 배에 승무원들이 나눠 타고 서쪽 항로 개척에 나서게 된다. 1519년 스페인을 출발한 마젤란의 함대는 대서양을 건너 남미 최남단 마젤란 해협을 발견한다. 그리고 계속 서쪽으로 항해하여 평온한 거대한 바다를 발견하는데, 이를 태평양Pacific Ocean이라고 명명한다. 태평양을 건너 계속 항해한 마젤란 선단은 괌, 마리아나 제도를 거쳐 마침내 1521년 필리핀 세부에 도착한다.

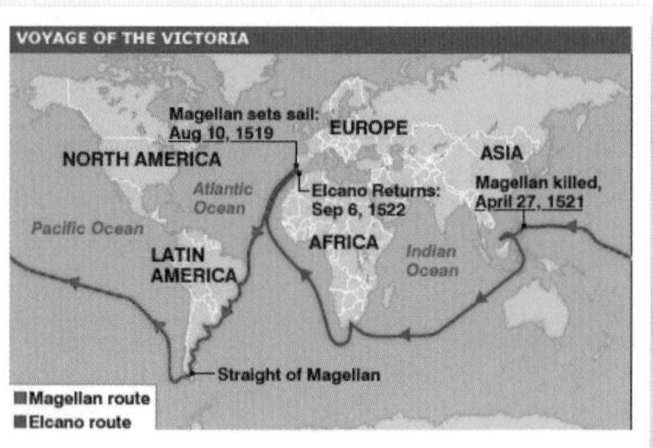

마젤란의 초상(좌)과 마젤란-엘카노 항해 루트(우)
•출처 : ThingLink, BBC news

여기서 세부 추장의 환영을 받고 그들을 가톨릭으로 개종시킨다.

그러나 마젤란은 세부 추장의 정적인 막탄 섬의 라푸라푸를 정벌하는 과정에서 전투 중 사망하고 만다. 따라서 마젤란의 세계 일주는 포르투갈 왕조를 위해 동쪽으로 항해한 절반, 스페인 왕조를 위해 서쪽으로 항해한 절반이 합쳐진 것이다.

마젤란이 사망한 후에 스페인 선단은 서쪽으로 항해를 계속하여 향신료 무역의 목적지인 인도네시아 몰루카 제도에 도착하며, 대량의 향신료를 배에 싣고 마침내 1522년 스페인에 귀환한다. 이 3년간 항해는 5척의 배와 270명의 선원으로 출발했으나, 스페인에 돌아왔을 때는 단 1척의 배와 18명의 선원만이 생존했을 정도로 거칠고 험한 일정이었다.

결국 마지막까지 선원들을 이끌고 진정한 세계 일주를 완성한 주역은 스페인 선장인 후안 세바스티안 엘카노였다. 따라서 이 세계 일주를 마젤란-엘카노 루트라고 부르기도 한다. 생존자들은 엄청난 인적 물적 손실에도 불구하고, 단 1척에 배에 싣고 온 향신료만으로도 항해 전체 비용을 상쇄하고도 이윤이 남았다고 한다.

결국 마젤란의 필리핀 발견은 향신료 무역 루트 개척 중에 벌어진 우연한 사건이었다. 서구 열강의 인도네시아, 말레이시아 등 동남아시아 정벌도 향신료 무역에 대한 갈망에 의해 시작되었다. 여기서 동남아시아 식민지화를 결정 지은 향신료 무역에 대해 좀 더 알아보자.

15세기 무렵 유럽에서 향신료는 마치 지금의 석유와 같이 필수품으로 통했다. 계피, 정향, 육두구, 후추와 같이 동남아시아 지역이 원산인 향신료는 음식에 향을 더하고 고기 누린내를 제거하며 난치병을 치료하는 치료제로 널리 활용되었다. 그래서 금보다도 비싼 가격에 거래되었다.

향신료는 고대로부터 인도, 아랍 상인에 의해 홍해, 지중해 무역로를 거쳐 유럽으로 전해졌다. 향신료 중 가장 비싼 가격에 거래되었던 정향과 육두구는 인도네시아 몰루카 제도가 원산지다. 이 지역은 향신료 섬The Spice Islands으로 불렸으며, 인도와 아랍 상인들은 이 섬들의 위치를 비밀에 부치고 환상의 섬으로 포장했다. 중세 시기인 15세기까지 베네치아 공화국은 지중해에서 유럽 전역에 이르기까지 육로와 해상 루트로 향신료를 유통시키면서 막대한 부를 쌓았다.

그러나 1453년, 오스만 제국에 의해 콘스탄티노플이스탄불이 함락되고 향신료 무역로가 오스만 제국에 의해 독점되면서, 유럽 국가들은 지중

해와 홍해를 거치지 않는 새로운 향신료 무역 루트를 찾기 시작했다. 15세기 유럽은 오스만 제국의 공세로 헝가리, 오스트리아 등이 내륙에서 방어전에 나서고 영국과 프랑스는 백년 전쟁의 소용돌이 속에 중앙집권 국가를 형성해가는 과도기였다.

이미 14세기에 절대왕권을 이룬 포르투갈은 향신료 무역 루트 개척을 위한 대항해시대의 선도자였다. 포르투갈은 15세기 초 항해왕 엔리케를 필두로 아프리카 루트를 성공적으로 개척했다. 계속된 탐험으로 1488년 바르톨로메우 디아스가 아프리카 희망봉을 발견한다. 마침내 1498년 바스코 다 가마가 아프리카 희망봉을 돌아 인도 캘리컷에 도착한다. 이로써 포르투갈은 동쪽 항로를 유럽 최초로 발견하였고 동쪽 항로 곳곳에 식민지를 건설하게 되어, 향신료 무역의 막대한 부를 독점하게 된다.

1492년, 이베리아 반도 남부에서 이슬람교도 무어인을 축출하고 국토 회복레콩키스타, Reconquista을 이룬 스페인은 대항해시대에 포르투갈에 뒤이어 뛰어들게 된다. 당시 포르투갈이 이미 동쪽 항로를 선점하였기에 스페인은 포르투갈과는 반대로 서쪽 항로를 개척하게 된다. 1492년 스페인의 후원을 받은 크리스토퍼 콜럼버스가 서쪽 항로 개척에 나서 바하마를 비롯한 서인도 제도카리브 해를 발견한다. 이에 따라 스페인과 포르투갈 사이에 영토 분쟁이 발생한다.

이에 따라 1494년, 스페인과 포르투갈이 교황의 중재로 새롭게 맺은 경계선 조항이 토르데시야스 조약이다. 이 경계선 조약으로 포르투갈은 동쪽 항로로 대서양을 통해 아프리카와 아시아로의 진출이 공식적

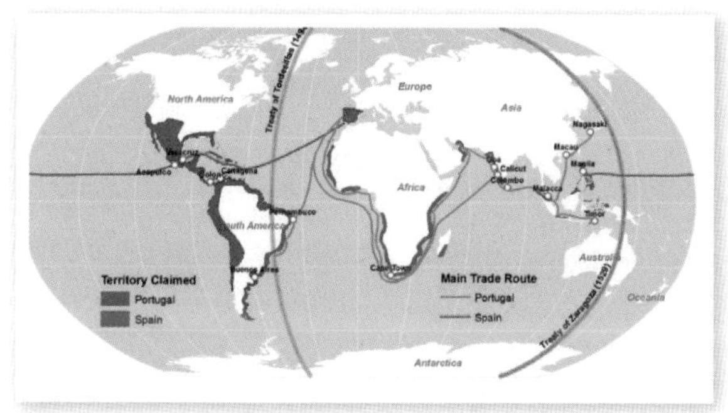

토르데시야스 조약(1494년)과 포르투갈, 스페인의 식민지
• 출처 : Reddit

으로 승인되었고, 아메리카 대륙에서는 유일하게 브라질이 포르투갈령으로 편입되었다. 반면 스페인은 서쪽 항로 개척을 인정받고 경계선 왼쪽의 모든 지역에 대한 영유권을 인정받았다.

한편 향신료 섬인 인도네시아 몰루카 제도의 영유권을 둘러싸고, 스페인과 포르투갈 간에 2차 경계선 협정인 사라고사 협정이 1529년 맺어졌다. 그 결과 포르투갈은 몰루카 제도를 자국 영토로 편입했다. 반면 스페인은 필리핀에 대한 예외적인 영유권을 인정받았다.

이러한 포르투갈, 스페인 두 나라의 전성기에 체결된 식민지 경계선에 대한 조약은 17세기 접어들어 네덜란드, 영국, 프랑스 등 기타 서구 열강의 식민지 침탈이 본격화되면서 유명무실해진다. 그후 아메리카, 아프리카, 아시아 각지에 건설해놓은 식민지를 놓고 유럽 열강 간의 분쟁이 격화된다.

1521년 마젤란 선단이 필리핀을 발견했지만 필리핀은 이미 힌두교, 이슬람, 토착종교 등 다양한 종교와 민족이 지배하는 왕국과 촌락이 군웅

할거하는 시대였다. 당시 스페인의 국왕은 스페인 제국 최전성기를 구가하던 펠리페 2세의 시대였다. 서쪽 항로 개척을 위해 펠리페 2세는 여러 차례 개척단을 보냈다. 1543년 루이 로페즈 데 빌라로보스가 다시 필리핀에 도착하여 이 지역을 펠리페 섬으로 명명하여, 현재까지 전해지는 필리핀의 국명이 되었다.

이후 1565년 미겔 로페스 데 레가즈피가 대규모 선단을 이끌고 필리핀에 도착한다. 그리고 토착 왕국들을 차례로 물리치고 최초의 스페인 식민지를 건설하며, 마닐라를 수도로 하는 스페인령 동인도의 초대 총독이 되었다. 이후 필리핀은 256년 동안 누에바 에스파냐Nueva Espana, New Spain을 의미하며 지금의 멕시코의 지배를 받았다. 1821년, 멕시코 독립 이후에는 스페인의 직할 식민지가 되어 1898년까지 지속된다.

스페인에 의한 필리핀 정복은 필리핀 마닐라와 멕시코 아카풀코 간 정기 무역선의 교류로 완성된다. 이를 마닐라-아카풀코 갤리온 무역Manila-Acapulco Galleon Trade이라고 부른다. 멕시코의 독립까지 250년간 스페인 왕실 주도하에 독점 관리된 갤리온 무역은 인도네시아의 향신료, 상아 등 동남아시아 특산물과 명나라의 도자기, 비단이 아메리카 대륙 및 유럽으로 전해지는 루트였다.

반면 멕시코에서는 대량의 은이 아시아로 전해졌는데, 당시 명나라의 화폐가 은이었기 때문이다. 또한 이 루트로 멕시코 군인들과 가톨릭을 전파하기 위한 사제들이 필리핀으로 넘어왔고 옥수수, 토마토, 감자, 고추, 초콜릿, 파인애플 등 아메리카 대륙이 원산지인 식물들이 아시아로 전파되었다. 이 무역은 운송의 효율을 높이기 위해 2천 톤에 달하는 당시 세계 최대 갤리온선이 투입되었으며 스페인 군선에 의해 호위되었다.

이처럼 수백 년간 지속된 필리핀-멕시코 교역으로 인해 필리핀 역사의 스페인계 주민들은 대부분 멕시코계로 추산된다. 그래서 필리핀의 문화가 다른 아시아와 달리 스페인·멕시코와 유사한 것을 이해할 수 있다.

한편 필리핀이 아시아에서 유일하게 가톨릭이 주류인 국가가 된 것은 스페인의 과거 역사와 관련이 있다. 스페인, 포르투갈이 위치한 이베리아 반도는 이슬람교도가 722년 침략한 이후에 1492년 그라나다 함락으로 이슬람 왕국이 사라질 때까지 770년간 이슬람 왕국이 존속했다.

중세 유럽을 휩쓸었던 십자군운동의 일부도 이베리아 반도에 있던 이슬람 세력을 몰아내는 것이 십자군과 동등한 책무를 수행하는 것으로 여겨졌다. 이에 따라 스페인은 국토 회복 이후, 이슬람교도 및 유대교도들을 극심하게 탄압하고 가톨릭으로 개종을 강요했다.

이것이 스페인과 포르투갈이 전 세계에 식민지를 건설한 이후, 가톨릭 포교에 적극적으로 나선 이유다. 실제로 이 두 나라가 한때 지배했던 지역들은 지금도 가톨릭 신자가 다수인 지역으로 남아 있다.

반면 유럽 본토가 이슬람의 지배를 받지 않은 영국, 프랑스, 네덜란드는 상대적으로 식민지 포교에 무관심했다. 대신 무역 및 플랜테이션 농업에 주력한 식민지 지배 정책의 차이를 낳게 된다.

⋮ 필리핀의 독립 영웅 호세 리살, 보니파시오, 아기날도 ⋮

필리핀은 영웅들의 나라다. 스페인 점령기를 열었던 항해사 마젤란, 그와 싸웠던 막탄 섬의 추장 라푸라푸가 모두 영웅이다. 필리핀의 독립을 둘러싼 19세기 후반부터 20세기 중반까지의 역사에도 다양한 영웅들이 출현한다. 대표적으로 호세 리살, 안드레스 보니파시오, 에밀리오 아기날도 세 명의 독립 영웅들이 있다. 이들의 이름은 지금도 필리핀 곳곳에 도시명, 거리명, 공원명, 대학명, 화폐 도안으로 남아 있다.

호세 리살의 처형일12월 30일과 보니파시오 생일11월 30일은 국가 공휴일이다. 아기날도가 필리핀 독립을 선언했던 6월 12일은 필리핀의 독립기념일로 역시 국가 공휴일이다. 보니파시오의 이름을 딴 메트로 마닐라 인근의 보니파시오 글로벌 시티Bonifacio Global City, BGC는 필리핀에서 가장 빠르게 성장하는 신도시 중 하나다. 필리핀 독립에 얽힌 이들 영웅의 일대기를 살펴보자.

호세 리살은 필리핀의 의사이자 소설, 시, 그림, 조각에 능했던 예술인이었고 필리핀의 자치운동을 주장했던 온건파 독립운동가였다. 그는 1861년 루손 섬 칼람바 시에서 태어났다. 그는 애초에 대학에서 법학을 전공했다. 하지만 그의 어머니가 앞을 보지 못하게 되자 의학으로 전공을 변경하여 나중에 안과를 수료하게 된다. 그는 필리핀 산토 토마스 대학에서 의학을 수료한 이후에 유럽으로 유학을 떠나 스페인, 프랑스, 독일로 대학을 옮겨 가며 의학을 계속 공부하여 안과 전문의가 된다.

그는 과학과 예술에 모두 능한 인물로 소설, 시, 회화, 조각 등 다양한

▌ 호세 리살(좌)과 그의 대표 작품 《Noli Me Tngere》(우)
•출처 : Driftwood, Knights of Rizal

작품을 남겼다. 가장 유명한 작품은 소설 두 편으로 《Noli Me Tngere》 라틴어이며 '나를 만지지 마라'라는 의미, 1887년 출간와 그 속편인 《El Filibusterismo》 스페인어로 '훼방꾼'을 의미, 1891년 출간를 남겼다. 이 두 권의 책은 지금도 필리핀 고등학생들의 필독서로 지정되어 있다.

이 두 소설은 호세 리살의 자전적인 경험과 감정을 서술한 작품으로 300년 넘게 필리핀을 지배하고 있는 스페인 집권 세력과 가톨릭의 부정부패와 권력남용, 차별 정책에 대한 필리핀 민중의 저항과 민족주의를 자극했다.

이 책들의 출간으로 그는 유럽과 필리핀 젊은이들에게 큰 반향을 일으켰으며, 스페인 식민 정부와 필리핀 집권 엘리트로부터 공분을 사게 된다. 그러나 그가 신문 투고와 에세이를 통해 주장했던 내용은 ① 필리핀을 스페인의 한 주로 편입, ② 스페인 국회에 필리핀 대표 파견, ③ 스페인 수도사가 아닌 필리핀 수도사로 교체, ④ 집회 및 언론의 자유, ⑤ 스페인인과 필리핀인의 법적 평등을 주장하는 등 온건한 비폭력개혁운동의 성격이었다.

호세 리살은 1892년 필리핀으로 돌아와 '필리핀 동맹La Liga Filipina'을 결성하고 사회개혁운동에 앞장선다. 하지만 곧바로 스페인 식민 정부에 의해 국가의 적으로 선포된다. 민다나오 섬 잠보앙가 주의 다피탄에 유배된 그는 학교, 병원, 상수도를 건설하고 스페인어와 영어를 가르치는 등 계몽사업에 앞장선다.

한편 그의 4년간 유배생활은 당시 급성장하던 필리핀 무장 혁명 세력, 즉 카티푸난Katipunan의 등장 기간과 겹치게 된다. 호세 리살은 무장 혁명 세력을 비난하고 온건한 개혁을 강조했지만, 그는 민족주의와 독립의 기수로 이미 명성을 얻고 있었다. 카티푸난의 주요 지도자들은 모두 그의 사상적 영향을 받아 호세 리살을 지도자로 옹립하려 했지만, 그는 무장투쟁을 비난하며 거절한다. 이에 따라 스페인 식민 정부는 무장 혁명을 주도했다는 무고한 혐의로 1896년 12월 30일에 그를 처형시키게 된다.

그는 의사로 안정적인 삶을 살 수 있었음에도 필리핀 민족주의의 부흥과 사회개혁운동에 앞장서다 36살의 젊은 나이로 삶을 마감한다. 그는 필리핀의 국가적 영웅으로 추앙받으나 한편으로는 비폭력, 평화주의적인 개혁 성향으로 인해 미국을 비롯한 후대 지배 세력이 의도적으로 민족 영웅으로 선택했다는 의심을 받고 있다.

그러나 19세기 말 격동기에 식민지 필리핀 출신 엘리트로서 사회개혁과 민족주의운동에 헌신하고, 개인적인 부귀영화와 목숨까지도 희생했던 그의 철학과 용기는 지금도 큰 울림을 남기고 있다.

온건 개혁주의자를 대표하는 호세 리살과 달리 보니파시오는 급진 혁명 세력을 대표한다. 또 다른 독립 영웅인 아기날도는 보니파시오와 필리핀 독립 전쟁을 둘러싸고 협력과 반목을 거듭하게 된다. 이들의 일생과 필리핀 독립 및 미국 식민 지배 시기를 같이 살펴보자.

보니파시오는 필리핀 혁명의 아버지로 불리며 필리핀 민중, 특히 서민을 대표하는 독립운동가로 평가된다. 그는 1863년 마닐라에서 태어났다. 보니파시오는 10대 시절에 부모를 모두 여의면서 학업을 중단하고 가족을 부양해야 했으며, 통조림과 부채를 만들어 팔아야 했을 정도로 곤궁한 어린 시절을 보냈다. 그러나 그는 이에 굴하지 않고 독학으로 공부하여 프랑스 혁명 역사서와 미국 대통령 전기, 호세 리살의 소설들을 섭렵한 것으로 전해진다.

그는 1892년 호세 리살이 설립한 필리핀 동맹에 창설 멤버로 합류하지만 호세 리살이 곧 민다나오 섬으로 유배를 가게 되면서 무장투쟁 결사조직인 카티푸난을 1892년 조직한다. 카티푸난은 비밀 결사조직으로 부유층 중심의 온건 개혁파와 선을 긋고, 중하층민 중심으로 무장투쟁론을 전면적으로 설파한다. 처음에는 남성만 가입이 가능한 조직이었으나, 나중에 보니파시오의 아내를 비롯한 여성 조직원들을 받아들이면서 전국적인 조직으로 거듭나게 된다.

설립 후 4년이 지난 1896년에는 필리핀 전역에 4만 명에 달하는 조직원을 거느린 전국 조직으로 발전한다. 이에 스페인 식민 정부는 카티푸난의 존재를 파악하고 1896년 대대적인 검거작전에 돌입한다. 보니파시오는 무장투쟁을 바로 시작해야 한다고 설파하지만, 카티푸난 내의 아기날도를 비롯한 일부 지도자는 무기 부족을 이유로 전쟁의 보류를 주장한다.

의견 충돌 이후, 그는 민다나오 섬에 유배 중이던 호세 리살을 찾아가 혁명의 합류를 요청하지만 거절당한다. 카티푸난 세력의 검거 열풍 속에 호세 리살은 무장투쟁에 가담했다는 무고한 혐의로 체포되어 결국 처형되고 만다.

1896년 8월, 보니파시오는 수천 명의 카티푸난 조직원을 소집하여 무장투쟁의 시작을 선포하고, 8월 30일에 마닐라 인근의 여러 마을에서 필리핀 독립 전쟁을 동시에 시작했다. 그는 카티푸난의 무장투쟁을 통해 독립하게 될 필리핀을 타갈로그 공화국Haring Bayang Katagalugan, 영어로 Tagalog Republic으로 명명하고 스스로 대통령이자 총사령관에 올랐다.

그러나 화력과 전투 경험의 열세로 보니파시오 자신이 이끌던 부대를 비롯해 필리핀 혁명군은 대부분 지역에서 수세에 몰렸다. 이중 유일하게 방어에 성공한 지역은 마닐라 남부의 카비테였다. 카비테는 이 지역의 카티푸난 혁명군 사령관이던 아기날도가 태어나고 자란 곳으로, 아기날도는 스페인 식민지군을 성공적으로 격퇴하고 수개월간 지역 전체를 장악하고 있었다. 곧 카비테는 혁명의 성지로 추앙받게 된다.

1897년이 되어 보니파시오 자신도 결국 카비테로 왔지만 카티푸난 내에서 보니파시오 지지파와 아기날도 지지파 간의 갈등은 점점 커지고 있었다. 서민을 대표하여 무장투쟁론을 주장한 보니파시오와 부유층 엘리

보니파시오(좌), 아기날도(우)의 초상
• 출처 : wikimedia, Library of Congress

트를 대표하여 개혁을 주장했던 아기날도의 간격을 좁히기는 어려웠다.

1897년 3월, 두 계파의 의견 충돌을 극복하기 위해 카비테의 테헤로스에서 테헤로스회의가 개최되며, 선거 결과에 보니파시오와 아기날도는 모두 승복하기로 했다. 그런데 선거를 개최하고 보니 결과적으로 아기날도가 1위로 선출되었다. 아기날도가 승리한 여러 이유가 있다. 무장봉기 이후, 스페인과 전투에서 전과를 올리지 못한 보니파시오에 비해 아기날도는 성공적인 방어 작전에 성공하여 조직 운영 능력에서 긍정적인 평가를 받았다.

게다가 카비테는 아기날도의 고향으로 동향 출신 카티푸난 조직원의 지지를 받을 수 있기에, 보니파시오보다 선거에서 유리한 고지를 점하고 있었다. 아기날도가 부정선거를 진행했다는 혐의도 있다. 테헤로스회의 결과에 따라 아기날도는 대통령으로 취임하며 필리핀 공화국의 성립을 선포한다.

한편 테헤로스회의와 그 선거 결과에 대해 보니파시오 본인과 그 지지파들은 받아들일 수 없었다. 보니파시오와 지지파들은 선거 불복을 선언하고 카비테를 떠나려고 하지만, 곧 아기날도가 보낸 군인들에게 총격전 끝에 체포된다. 보니파시오는 반역죄로 1897년 5월 10일에 총살된다.

아기날도는 보니파시오와의 계파투쟁 승리 이후에도 카티푸난을 이끌고 스페인과 전쟁을 계속한다. 그러나 무기와 병력 부족으로 결국 아기날도는 무장투쟁을 포기하며 1897년 12월 스페인 식민 정부와 평화협정을 맺는다. 그는 전쟁을 종결짓는 대신 보상금을 받고, 내란죄에 대해 사면을 받았으며, 필리핀을 떠나 홍콩으로 간다.

그러나 아기날도가 홍콩으로 가고 불과 수개월 만인 1898년 4월에 스페인-미국 전쟁이 발발한다. 이 전쟁은 원래 쿠바 독립을 둘러싼 스페인과 미국의 이권 다툼 때문에 시작된 전쟁이었다. 그러나 전선이 아시아로 확대되어 미국과 스페인은 쿠바와 필리핀에서 동시에 전투를 벌인다. 결국 미국의 승리로 종결된다. 전쟁에서 승리한 미국은 1898년 파리 협정을 통해 필리핀, 괌, 쿠바, 푸에르토리코에 대한 권리를 스페인에서 양도받는다.

이 전쟁의 패배와 식민지 할양은 한때 대제국을 건설했던 스페인에 큰 충격으로 다가왔다. 이제 스페인 제국은 아프리카의 일부 영토를 제외한 전 세계 거의 모든 식민지를 상실하게 된다.

한편 전쟁의 와중에 아기날도는 홍콩에서 필리핀으로 돌아와 스페인과 전쟁을 선포하고 필리핀 독립을 선언한다. 그러나 파리 협정의 결과,

▌스페인–미국 전쟁 기간 중 마닐라 전선에 투입된 미군 병사들
• 출처 : Britannica

스페인으로부터 필리핀에 대한 권리를 양도받은 미국은 필리핀의 독립을 인정하지 않았고 필리핀-미국 전쟁으로 곧바로 연결된다.

1898년 6월에 공식 출범한 필리핀 공화국은 불과 2년 뒤인 1901년 필리핀-미국 전쟁에서 필리핀이 패배하면서 막을 내린다. 그러나 이때 설립된 필리핀 공화국은 제1공화국으로 불리며 아기날도는 공식적으로 필리핀 제1대 대통령으로 평가된다. 아기날도가 필리핀의 독립을 선언한 1898년 6월 12일은 필리핀의 독립기념일이자 국경일로 지금도 남아 있다. 또한 아기날도 자신이 이때 직접 디자인했던 필리핀 국기는 현재 필리핀 국기의 원형이다.

1902년 공식적으로 시작된 미국의 필리핀 식민 지배는 1935년 미국이 필리핀 독립을 승인하고, 필리핀 연방 정부를 수립하면서, 서서히 독립 분위기로 기운다. 아기날도는 1935년 대통령선거에서 마누엘 케손에 패하고 은거생활을 했다. 그러나 1942년 일본의 필리핀 침공 이후, 그는 일본과 협력하여 반미운동에 나선다. 1945년 일본의 패전 이후,

그는 반역죄로 형무소 수감생활을 하지만 1년 만에 특별 사면으로 석방되어 명예를 회복한다. 아니날도는 말년에 국가 원로로 평화로운 삶을 보내다가 1964년, 96세를 일기로 마닐라에서 사망했다.

온건파 개혁주의를 대표하는 호세 리살과 급진 무장투쟁론을 대표하는 보니파시오는 19세기 말의 격동기에 불꽃과 같은 치열한 삶을 살았다. 하지만 안타깝게도 20세기가 오는 것을 보지 못하고 불과 30대 중반의 젊은 나이에 유명을 달리하고 만다.

반면 아기날도는 스페인에 대항한 독립 전쟁, 미국에 대항한 독립 전쟁, 미국 식민지 시절의 대통령선거 출마, 일본 점령기의 친일 경력 등 한 세기에 가까운 그의 인생 동안 매우 다채로운 사상과 경력의 변화를 겪으며 파란만장했던 필리핀의 근대사를 몸으로 보여준다.

이들 대표적인 영웅들을 비롯한 수많은 필리핀 민중들의 독립을 향한 저항과 의지가 합쳐져 마침내 1946년 7월 4일, 필리핀은 미국 식민 지배를 벗어나 공식적으로 독립 국가가 된다.

: 필리핀 정치가 경제를 멍들게 하다, 마르코스와 아키노 :

필리핀의 정치인 하면 떠오르는 인물이 바로 페르디난드 마르코스 대통령이다. 그의 재임 초기인 1960년대까지만 해도 필리핀은 아시아에서 부유한 국가였고 아시아의 진주로 불렸다. 21년간의 마르코스 통치기 1965~1986년를 거치면서 필리핀 경제는 망가졌다. 사치의 대명사인 그의 부인, 이멜다 마르코스의 화려한 쇼핑과 향락을 말해주는 일화는 유명하다. 마르코스가 시민혁명으로 1986년 권좌에서 쫓겨났을 때, 대통령궁에서 이멜다 마르코스의 구두 2,700켤레가 발견되었다.

그러나 마르코스 일가는 필리핀의 암울한 정치 구도를 보여주는 비극의 일면일 뿐이다. 그의 정적이었던 아키노 가문을 비롯해 마카파갈 가문, 로하스 가문 등 정치인을 대를 이어 배출한 필리핀 명문 정치 가문들이 많다. 이들이 현지 재벌들과 결탁해 서민들이 염원하는 토지개혁을 지연시키고, 외국 기업들의 필리핀 진출을 막고 있는 것이 필리핀 경제의 현실이다.

이것을 정실 자본주의Crony capitalism라고 부른다. 특히 필리핀 경제가 파탄이 나게 된 가장 큰 원인은 토지개혁의 실패다. 한국과 대만 등 필리핀과 비슷한 시기에 독립한 동북아시아 국가들은 1950년대 토지개혁을 성공적으로 완료하고, 지주들의 토지를 소작농에게 배분하여 자작농 중심 농업 체제로 전환했다. 이로 인해 농업 생산성이 급속도로 높아지고, 국민들의 교육 수준이 향상되었다. 또한 잉여 농업 인력이 도시로, 공장으로 유입되면서 산업화 특히 수출 지향적 공업화의 길을 걷게 된다.

반면 필리핀은 아직도 하시엔다Hacienda라고 불리는 스페인 식민지시대의 대토지 소유제도를 그대로 유지하고 있다. 아직도 전국 각지에서 소작농들이 농사를 담당한다. 역대 많은 대통령이 토지개혁을 시도했지만 대통령의 가문 스스로가 대농장주하시엔데로, Haciendero이자 재벌을 배경으로 하고 있어, 전면적인 토지개혁은 요원하기만 하다. 필리핀 정치와 경제의 슬픔을 그대로 보여주는 정치인들의 일대기인 마르코스와 아키노 가문에 대해 알아보자.

페르난드 에드랄린 마르코스는 루손 섬 최북단인 일로코스 노르테의 사랏에서 1917년 태어났다. 그의 집안은 중국계, 필리핀계 혼혈로 필리핀 북부 지역 중심지 일로코스의 정치 명문가였다. 그는 필리핀 명문 대학인 UP에서 법학을 전공했고 최우수 성적으로 졸업했다. 그는 아버지의 정적인 훌리오 날룬다산을 살해한 혐의로 기소되어 1939년 유죄판결을 받아 사형이 선고된다. 그러나 대법원에 상소한 후에 스스로를 변호하여 무죄판결을 받아낸다. 그는 이 사건으로 스스로의 명석함과 지적 능력을 과시했다.

이윽고 태평양 전쟁이 발발하자, 그는 미국 치하의 필리핀 육군에 입대하여 항일 전쟁에 참가한다. 이때 그는 미국 편에서 일본 군대에 대항하여 적극적으로 전투에 임했다. 결국 일본군에 전쟁 포로로 사로잡혀 유명한 '바탄 죽음의 행진'Bataan Death March, 일본군이 7만 명의 미군, 필리핀군 전쟁 포

페르난드 마르코스(좌)와 이멜다 마르코스(우)
• 출처 : Southeast Asia Globe

로들을 학대한 행위로 장거리 행진 중 1만 명 이상의 전쟁 포로들이 사망함에 참가했다가 살아남아 게릴라군의 지도자가 되었다.

마르코스의 항일 경력과 전쟁 참가는 그가 필리핀의 국회의원, 최종적으로 대통령에 당선되는 데 큰 역할을 했다. 마르코스는 역사상 가장 많은 전쟁 무공 훈장을 필리핀과 미국에서 받은 것으로 전해진다. 하지만 그가 정말 항일 전쟁에 적극적으로 참가했는지, 정치 선전을 위한 과장에 불과한지는 여전히 논란거리로 남아 있다.

마르코스는 태평양 전쟁이 끝나고 1946년 필리핀이 독립하자, 정치에 입문하여 1949년부터 1959년까지 하원의원을 지냈다. 또한 1959년에는 상원의원에 당선되었다. 그가 부인인 이멜다를 만난 것도 하원의원으로 활동하던 1954년이었다. 그는 주요 선거마다 연전연승하며 필리핀의 주요 정치인으로 성장했으며 대통령선거 전에는 상원의장이 되었다. 그는 1954년부터 1961년까지 자유당The Liberal Party의 부총재를 역임하면서 디오스다도 마카파갈 대통령의 선거 승리를 돕고 차기 대선 후보를 약속받았다. 그러나 마카파갈 대통령이 재선에 도전하자, 이에 반발하여 국민당The Nationalist Party으로 이적하여 1965년 대통령선거에서 승리한다.

1966년 시작된 마르코스 대통령의 임기 시작은 그리 나쁜 편이 아니었다. 당시 필리핀은 아시아 경제를 선도하는 경제 부국이었다. 실제로 세계은행의 통계로 보면 1인당GDP 기준으로 일본, 홍콩, 싱가포르, 말레이시아 다음인 아시아 5위의 국가였다. 그러나 홍콩, 싱가포르가 도시 국가임을 고려하면 실제로는 일본, 말레이시아와 순위를 다투는 아

1966년 마닐라회의에 참석한 박정희, 마르코스 등 각국 정상들
•출처 : Paulitics, SEATO(동남아시아 조약기구)

시아 부국의 최선두에 서 있음은 부인할 수 없다.

1966년 당시 1인당GDP 기준으로 필리핀이 200달러, 한국이 133달러로 한국보다 훨씬 높은 수준이었다. 당시 필리핀 마닐라를 방문한 박정희 대통령이 마르코스 대통령에게 경쟁 의식을 느꼈다는 점은 사실일 가능성이 높다. 심지어 박정희와 마르코스는 모두 1917년생으로 같은 해에 출생했으며 외모도 매우 비슷하다. 마르코스는 베트남 전쟁이 한창이던 1960년대와 1970년대를 거치면서 인도네시아 수하르토 대통령, 한국의 박정희 대통령과 함께 장기 집권했던 대표적인 친미 독재자이며 경제 성장으로 독재의 정당성을 확보했다.

한국은 미국을 제외하고는 가장 큰 규모인 4만 명이 넘는 전투 병력을 베트남에 선제적으로 파견하여 박정희 정권은 아시아 친미 정권의 선두에 섰다. 이에 질세라 마르코스는 상원의장 시절에는 베트남 파병안을 거부했으나, 1966년 대통령이 되자마자 베트남으로 비전투 지원 병력 1만 명을 파견했다. 마르코스와 박정희는 모두 친미 정권으로 각각 계엄령과 유신으로 개헌을 하여 장기 집권했다.

필리핀은 전통적으로 사탕수수, 코코넛 오일, 목재, 바나나, 파인애플 등 전통적인 농업의 강점에 더해 니켈, 구리, 금 등 천연자원이 풍부한 국가다. 1960년대만 하더라도 미국의 막대한 지원과 더불어 동남아시아 최고의 기술 수준을 가진 부국으로 각종 전기전자 부품, 자동차 부품, 화학산업이 발달했다. 그러나 토지개혁이 지연되는 가운데 국민들의 교육 수준은 지체되었으며, 정부는 대규모 지주들이 지배하는 농업 부문을 보호하기 위해 관세 장벽을 쌓고 마르코스를 지지하는 일부 재벌에 모든 자원을 배분했다.

특히 마르코스 대통령의 선거 압승을 위해 경제 성과를 보여줄 필요가 있었는데, 외채의 급속한 증가가 원동력이었다. 1970년 22억 달러이던 외채는 마르코스 집권 말기인 1986년에는 282억 달러로 14배 급증했다. 이러한 외채를 통한 경제 성장은 환율의 약세와 소비자 물가의 급등을 야기했다.

극도의 혼란기였던 그의 정권 말기 3년을 제외하면 마르코스 재임기 평균1966~1983년 경제성장률은 5.1%로 양호한 수준이었다. 하지만 환율이 급속도로 약세로 갔으며, 물가가 동일 기간 평균 11.8% 상승하여 국민들의 생활은 더욱 힘들어졌다.

당시 아시아 여러 국가들이 수출 지향 공업화를 추진했던 것과 달리 수입 대체산업에 중점을 두었으며, 대선을 치를 때마다 막대한 금권선거가 펼쳐졌다. 또한 본인 가문과 충성파에 의한 부정부패, 비효율적 자원 배분 등으로 경제는 나날이 멍들어 갔다.

그는 1966년부터 1969년까지 첫 번째 임기를 거쳐 재선을 통해 1969년부터 1972년까지 두 번째 임기를 보낸다. 이윽고 무장 공산당 세력의 공격이 증가하고 반 마르코스 시위가 격화되자, 1972년 9월에 두 번의 임기로 제한된 헌법을 무시하고 계엄령을 선포해 장기 집권에 나서게 된다. 그는 계엄령과 개헌을 통해 장기집권의 길을 열었다. 그럼에도 공산당 무장 반군, 이슬람 반군, 학생 시위 등으로 집권 기간 내내 정치적인 소요에 시달렸다.

마르코스의 장기 집권 기간은 부정부패와 금권선거, 반대파에 대한 잔혹한 탄압, 부인 이멜다 마르코스의 사치 행위로 많은 비판을 받았다. 하지만 일부 국민들에게는 여전히 향수로 남아 있다. 그의 집권 21년간 필리핀은 여전히 아시아 상위권을 다투는 선진국이었고, 막대한 외채를 활용한 경제 성장으로 필리핀은 표면적으로는 발전하고 있는 것으로 보였다.

또한 루손 섬에 위치한 클락크 공군 기지와 수빅 해군 기지는 미군의 세계 최대 해외 기지로, 월남전의 핵심 후방 기지 역할을 했다. 또한 직접 고용한 필리핀 군무원만 4만 명이 넘었고, 소비 진작에 큰 힘이 되었다. 마르코스 하야 후인 1991년과 1992년, 미군들이 이 두 개의 핵심 기지에서 철수하면서 필리핀은 안정적인 수입을 보장하던 달러 박스를 잃게 된다.

마르코스는 달러 자금을 활용하여 전력, 도로, 학교, 병원 등 인프라 개발에 힘썼다. 이때까지는 필리핀의 고질병이 되는 전력 대란, 교통 체증, 높은 실업률 같은 문제들이 아직 발생하지 않았다. 이렇듯 잘 살고

8-2 | 마르코스 집권기의 필리핀 외채 규모의 증가(1970~1986년)

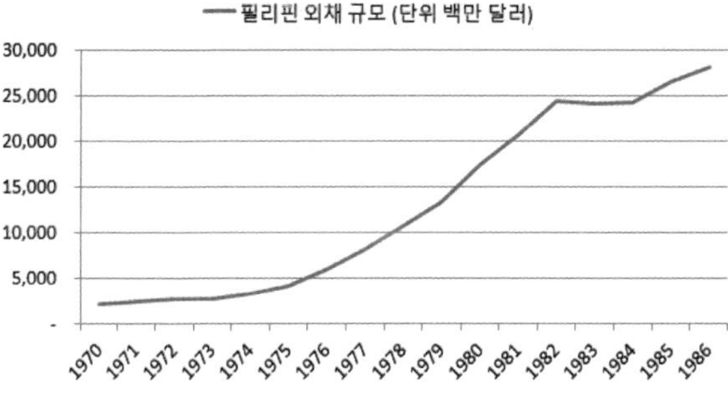

출처 : World Bank

8-3 | 마르코스 집권기의 필리핀 소비자 물가와 GDP성장률

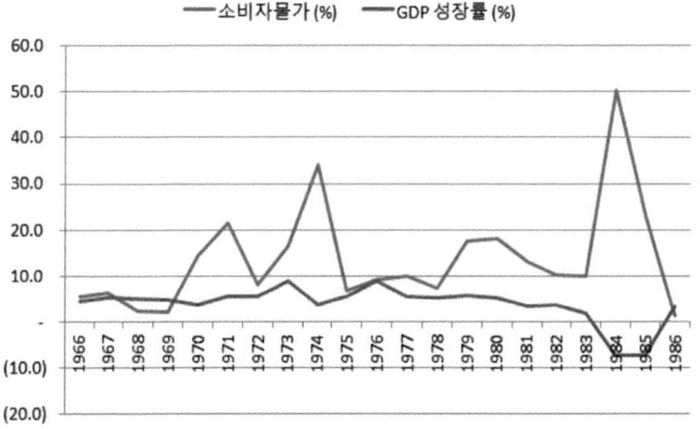

출처 : World Bank

미래에 대한 걱정이 없던 70년대에 대한 향수가, 마르코스에 대한 그리움으로 지금도 필리핀인들에게 각인되어 있다.

그러나 진정한 필리핀 경제의 몰락은 마르코스 대통령 이후다. 아키

8-4 | 아시아 국가들의 1인당GDP 순위(2017년 달러 환율 기준)

국가명	1960년	1966년	1972년	1981년	1986년	2016년
일본	1	1	1	1	1	3
홍콩	2	2	2	2	2	2
싱가포르	3	3	3	3	3	1
필리핀	**4**	**5**	**6**	**6**	**7**	**10**
말레이시아	5	4	4	5	5	5
대한민국	6	9	5	4	4	4
스리랑카	7	7	8	10	10	8
캄보디아	8	8	14	–	–	15
태국	9	6	7	7	6	7
중국	10	12	10	13	13	6
방글라데시	11	11	12	12	14	14
파키스탄	11	10	9	9	11	13
인도	12	13	11	11	12	12
인도네시아	–	–	13	8	8	9
베트남	–	–	–		9	11

출처 : World Bank, 1966년 마르코스 집권 시작, 1972년 마르코스 계엄령 시작, 1981년 계엄령 해제 후 마르코스 선거 재차 승리, 1986년 마르코스 하야

노, 피델 라모스, 에스트라다, 아로요 등으로 이어지는 후대 대통령들이 전 대통령들의 부정부패와 경제 정책 실패를 지적하면서 정작 본인들은 인기 영합주의와 또 다른 뇌물 수수 의혹에 시달리는 등 악순환의 고리에 빠졌기 때문이다.

여기에 더해 인구 억제 정책에 실패해 인구는 빠른 속도로 증가하여

1960년에 2,600만 명이던 인구는 2016년 1억 명으로 4배나 급증하여 양질의 교육 시스템은 부족한 상황이다. 필리핀은 만성적인 외채 문제, 물가 상승, 환율 약세, 인프라투자 부족 등의 악순환 속에서 우수한 필리핀 인력들의 해외 탈출이 가속화된다. 이에 따라 아시아의 진주, 아시아의 부국으로 불리던 필리핀은 말레이시아, 한국, 태국, 인도네시아 등에 차례대로 1인당GDP를 추월당하게 되었다.

이제 필리핀1인당GDP 2,951달러은 유사한 인구 규모를 지니고 있는 신흥 강자 베트남1인당GDP 2,186달러에 1인당GDP를 도전받는 상황으로까지 가고 있다. 이 두 나라의 발전 단계와 인구 규모는 매우 유사하다. 향후 어느 나라가 더 빨리 발전하는지는 각국의 경제성장률, 환율 변동, 인구증가율 이 3가지 변수에 의해 결정될 것이다.

1972년 시작된 마르코스 대통령의 계엄통치는 1981년까지 계속되었다. 그 기간 중 마르코스는 언론을 탄압하고, 의회를 해산했으며, 반대파 정치인들을 구속했다. 그중 대표적으로 마르코스 반대파로 나섰던 인물이 베니그노 니노이 아키노 주니어다.

그는 필리핀 민주화의 상징으로 불린다. 그의 할아버지는 스페인에 대항한 에밀리오 아기날도 군대의 장군이었던 세르비야노 아키노이며, 아키노 가문은 대규모 토지를 보유한 필리핀의 유력한 정치 가문이었다. 그는 1932년생으로 불과 십대 후반의 나이로 최연소 한국전 종군기자로 활약했다. 1953년에는 필리핀의 유력 재벌이자 정치 가문인 코후앙코 가문의 마리아 코라손 코리 코후앙코 아키노와 결혼한다. 이때 결혼한 아내가 바로 마르코스에 이어 대통령이 되는 코리 아키노다.

세월이 흘러 니노이 아키노의 아들인 베니그노 시메온 노이노이 코후앙코 아키노 3세가 2010년부터 2016년까지 필리핀 15대 대통령으로 재임한다. 어머니와 아들이 모두 대통령이 되는 전무후무한 기록을 세우는 정치인 집안인 셈이다.

니노이 아키노는 1954년 당시 대통령이던 막사이사이에 의해 반정부 단체를 설득하여 투항시키라는 어려운 임무를 받고, 이를 몇 달 만에 성공적으로 완수하여 명성을 높이게 된다. 이러한 정치적 업적과 가문의 배경을 바탕으로 그는 불과 23살의 나이로 그의 고향인 콘셉시온 시의 시장이 된다. 이후 그는 정치적으로 매우 빠르게 성장하여 1961년 탈락 주의 주지사가 되며 1967년에는 35세의 나이로 역대 최연소 상원의원에 당선된다.

그는 점차 마르코스 반대파의 선봉으로 확고한 위치를 점하게 되는데, 그의 대담한 언변과 화려한 배경은 언론의 지속적인 주목을 끌게 된다. 그에 따라 1972년 9월 마르코스는 계엄령을 선포하자마자, 제일 먼저 니노이 아키노를 체포한다. 그는 교도소에서 군사 정권에 대항하여 단식투쟁에 나서고, 감옥 안에서 계엄령하에서 최초로 실시된 1978년 국회의원선거에 나서는 등 정치투쟁에 계속 나선다.

1980년 심장병으로 인해 수술을 하게 되었고 마르코스 정권은 아키노 전 상원의원을 석방하라는 미국과 야당의 압력에 의해, 7년 7개월간의 교도소 수감을 끝내고 미국으로 보내며 사실상의 정치적 망명을 허용했다. 아키노 부부와 아이들까지 온 가족이 함께했던 3년간의 미국 망명생활은 니노이 아키노에게 마지막 추억이 되었다. 니노이 아키노는 당시 비슷한 처지로 미국에 망명을 와있던 김대중 전 대통령과 친분을 쌓게 된다. 이 인연으로 1998년 김대중 대통령 취임식에 코리 아키노 전 대통령이 참석하기도 했다.

마르코스 대통령 시기의 계엄령은 1972년 시작되어 마침내 1981년 종료된다. 1981년 실시된 대통령선거에서 마르코스는 압도적인 표차로 당선된다. 그러나 공산당 반군, 이슬람 반군의 활동은 날로 거세어지며 야당의 반마르코스 시위도 격화되어 간다. 여기에 더해 마르코스 대통령의 건강까지 악화되어 정국이 매우 혼란스러워지자, 니노이 아키노는 마침내 3년간의 미국 망명을 끝내고 필리핀으로 돌아갈 결심을 한다.

그의 필리핀 귀국은 당국의 방해로 싱가포르, 홍콩, 대만을 경유하는 복잡한 여정 끝에 마침내 1983년 8월 21일, 마닐라 국제공항에 도착한다. 그의 필리핀 복귀에 대해 미국의 많은 친구들은 암살을 걱정하여 반대했다. 하지만 그는 필리핀 민주화를 위해 죽음을 두려워하지 않는다고 답했다.

그러나 우려했던 대로 니노이 아키노는 마닐라 국제공항 승강장에 내리는 순간 총에 맞아 사망했고, 마르코스 정권에 대항하는 정치운동의 아이콘이 되었다. 그가 사망한 8월 21일은 니노이 아키노 데이로 필리핀의 국경일로 지정되었다. 그의 사후 마닐라 국제공항은 니노이 아키노 국제공항으로 개명되었다.

유력한 야권 지도자가 미국 망명에서 돌아오는 길에 공항에서 총기 테러로 사망하고 마르코스의 독재에 저항하는 시위와 반군의 테러가 날로 격화되면서, 80년대 초 필리핀은 극도의 혼란 상태에 빠졌다. 게다가 마르코스는 신장 이상으로 이식 수술을 받는 등 정상적인 국무 수행이 어려워졌다. 그러자 그의 부인 이멜다가 국정의 전반에 등장하면서 국민들의 원성은 더욱 높아졌다.

이에 따라 마르코스는 1987년까지인 임기를 취소하고 1986년 2월 조기 재신임선거를 개최하기로 한다. 이때 대통령선거에서 야권은 단결하여 니노이 아키노의 아내였던 코리 아키노를 대통령 후보로 내세우고 전면적인 유세전에 돌입한다. 이 선거는 돈과 폭력을 수반한 대규모 선거 결과 조작이 이뤄졌으며, 심지어 투표 결과를 관리하는 컴퓨터 엔지니어들이 사임하는 지경에 이른다.

선거는 마르코스의 승리로 발표되나 누구도 선거 결과를 믿지 않는 상황에서 대규모 민중 항쟁이 벌어진다. 이를 1차 피플 파워 혁명 또는 당시 시위가 일어난 마닐라 주요 거리 이름을 따서 1차 EDSA Epifanio de los Santos Avenue 혁명으로 불린다.

필리핀 민중의 존경을 받던 하이메 신 추기경이 마르코스 하야운동

니노이 아키노(좌), 코리 아키노(중), 노이노이 아키노(우)
• 출처 : Inquirer News, Philnews, GMA Network

에 앞장서고 필리핀 군부, 마지막으로 미국까지 마르코스에 등을 돌리게 된다. 마침내 1986년 2월 25일, 마르코스는 가족들과 함께 미국 하와이로 망명하게 된다. 그리고 같은 날 코리 아키노가 신임 대통령으로 취임 선언을 하면서 필리핀은 새로운 민주화의 길로 나아가게 된다.

코리 아키노의 신정부는 반정부 인사들을 석방하고 민주주의를 회복했으며, 1987년 헌법을 개정하여 대통령의 권력 횡포를 막기 위해 6년 단임제의 새로운 선거제도를 도입했다. 아키노 대통령의 민주주의를 향한 열정과 마르코스 독재를 종식시킨 점은 많은 사람들의 귀감이 되고 있다. 그러나 필리핀 주요 재벌인 코후앙코 가문 출신인 코리 아키노는 외국인 투자 한도를 40%로 제한하여 국내 대기업들의 독과점을 지속시켰다. 필리핀 외국인 투자가 싱가포르, 태국 등 주변 아세안 국가 대비 지속적으로 부진한 원인을 제공했다.

선거 시 약속했던 토지개혁은 결국 숱한 논의 끝에 지연되었고 농민들의 시위가 집권 기간 내내 이어졌다. 코후앙코 가문 스스로가 필리핀 최대 사탕수수 농장 중 하나인 하시엔다 루이스타의 소유주이며, 농장의 면적은 6,400ha에 달한다. 이 농장의 소작농들은 토지 분배 관련 시위를 지금까지 계속되고 있으며, 2004년에는 이 농장에서 농민 학살 사건이 발생하기도 했다.

코리 아키노 집권 기간 동안 반대파 군부에 의한 쿠데타가 수차례 발생했다. 또한 1990년 루손 지진, 1991년 피나투보 화산 폭발 등 자연재해까지 발생하는 등 불안정한 정권이 지속되었다. 또한 클라크 공항과 수빅 항구에서 미군이 철수하면서 그동안 안정적인 달러 수입을 얻어

8-5 | 마르코스 이후 필리핀 GDP와 경상수지(1987~2016년)

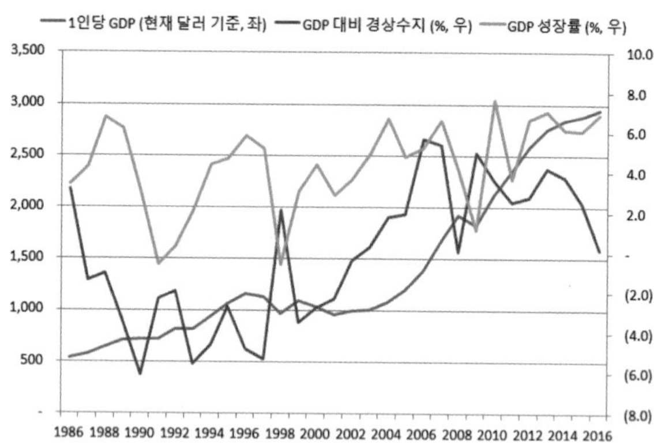

왔던 대상이 사라진 것도 경제에 부담으로 작용했다.

코리 아키노 대통령 말기는 잇단 자연재해와 완공을 앞두고 있던 바탄 핵발전소 폐기로 인한 전력 대란 등으로 큰 혼란을 겪었다. 1992년 등장한 피델 라모스 대통령 시기에는 초반의 위기를 잘 넘어 갔으나 아시아 금융위기가 있었고, 경상수지 적자 구조가 계속되면서 필리핀 페소화의 약세, 물가 상승 등 다양한 부작용을 야기했다.

이어 1998년에 시작된 조셉 에스트라다 대통령은 높은 지지율로 정권을 시작했으나 뇌물 수수와 부정부패 의혹으로 대규모 반정부 시위로 이어졌다. 결국 2001년 1월 20일에 사임하게 된다. 이때의 민중 봉기를 2차 피플 파워 혁명 또는 시위가 일어난 장소 이름을 따서 2차 EDSA 혁명으로 불린다.

당시 부통령이었던 글로리아 아카파갈 아로요가 대통령직을 이어받고, 3년 후인 2004년 대선에 승리하여 총 10년간 대통령직을 수행한다. 그녀는 디오스다도 마카파갈 전 대통령의 딸로 경제학 박사 학위를 받은 엘리트 집안의 수재였다. 그녀의 10년간의 재임 기간 동안 2004년 대선 도전을 둘러싼 논란과 부정부패, 선거 개입 의혹, 쿠데타 시도 발견 등 숱한 정치적 어려움이 있었다.

그러나 그녀의 경제적 업적만큼은 높이 평가할 만하다. 부가세개혁을 통한 세수 확보로 재정수지 건전화에 기여했고, 경상수지도 흑자로 돌아섰으며, 경제성장률도 역대 대통령보다 높은 수치를 보였다.

또한 필리핀의 계속되는 정치적 혼란과 자연 재해, 부정부패를 견디지 못한 수백만의 필리핀 노동자들이 해외로 진출하여 해외 각국에서 벌어들인 월급을 국내로 송금하는 금액이 폭발적으로 증가하면서 필리핀 페소 안정화에 크게 기여했다.

2010년부터 2016년 6월까지 재임한 대통령이 노이노이 아키노, 또는 베니그노 아키노 3세로 불리는 정치인이다. 부친이 마르코스 정권에서 사망한 니노이 아키노 상원의원, 모친이 코리 아키노 대통령인 정치 명가의 후손이다. 그의 재임 기간은 정치 활극을 방불케 하는 전임 대통령들의 부정부패와 반정부 시위와는 달리 상대적으로 조용하고 견실하게 넘어갔다. 또한 경제성장률, 경상수지, 물가 관리, 환율 등 전반적인 경제 관리도 매우 우수했다.

가장 큰 원동력은 무리한 재정 확대를 자제하는 대신 콜센터 아웃소싱BPO, Business Platform Outsourcing과 해외 근로자 송금이라는 두 개의 동력이 꾸준한 경제 성장 발판이 되었기 때문이다.

이처럼 마르코스 이후의 필리핀 정치는 정치적 소요와 부정부패 스캔들 속에 혼란을 거듭하면서 국민들에게 많은 실망을 안겨 왔다. 게다가 마르코스 가문, 아키노 가문, 마카파갈 가문, 에스트라다 가문 등 역대 대통령을 배출한 집안의 가족들이 국회의원과 주요 정치 보직을 맡으면서 일종의 정치 귀족화되어 가는 폐단이 두드러지게 나타나고 있다. 지금도 마르코스 대통령의 아내였던 이멜다 마르코스는 하원의원, 딸은 주지사, 아들은 상원의원으로 활동하고 있다.

아로요 대통령은 여러 논란 속에 퇴임한 이후, 다시 국회로 복귀하여 현직 하원의원으로 활동하고 있다. 에스타라다 대통령도 탄핵된 뒤에 다시 정계에 복귀하여 현직 마닐라 시장이며 그의 아들은 상원의원이다. 이런 정치 명문가들이 펼치는 권력투쟁과 부정부패가 만들어내는 뉴스는 드라마보다 재미있는 필리핀 정치 구도의 일면을 보여준다.

필리핀은 정치적 후진성에도 불구하고 경제적으로는 2000년대 이후에 점차 안정화되어, 이제 1인당GDP 3천 달러시대에 근접했다. 2010년 이후에는 아세안 국가들 중 가장 우수한 거시 지표를 보여주고 있다.

⋮ 필리핀의 세 개 화살은 가능한가, 두테르테 ⋮

로드리고 로디 로아 두테르테 대통령은 2016년에 취임했다. 필리핀 남부 민다나오 섬 출신 최초의 필리핀 대통령이다. 그는 민다나오 섬의 최대 도시인 다바오의 시장으로 연임을 계속하여 다바오를 필리핀에서 가장 안전한 도시로 만든 업적이 높이 평가된다.

두테르테는 1988년 다바오 시장이 되어 10년을 재임 후에 3선 제한으로 다바오 국회의원으로 3년간 활동한다. 다시 2001년 시장이 되어 10년 재임 후에 다시 3선 제한으로 딸인 사라 두테르테에게 시장을 물려주고 부시장으로 3년간 재임한다. 그리고 또다시 2013년 다바오 시장이 되어 3년간 재임 후에 드디어 2016년 대통령에 당선된다.

1988년부터 계산하면 총 28년간 시장 또는 그와 유사한 자리에 있었던 셈이다. 두테르테가 대통령이 된 지금도 다바오 시장은 딸, 부시장은 아들이 재임하고 있다. 필리핀식 다바오 정치 명문가인 셈이다.

그 인기의 비결은 필리핀에서 가장 위험한 곳이자 이슬람 반군이 활동하는 민다나오 섬의 다바오를 마약 사범 암살, 흡연 금지, 부정부패 척결 등으로 살기 좋은 도시로 만들었기 때문이다.

그는 자경단Death Squad을 조직하여 초사법적인 절차로 마약 사범 및 범죄자들을 즉결 처형하고, 금연 구역에서 담배를 피우는 외국인에게 담배를 삼키라고 요구하는 등 무관용 태도로 일관했다. 인권 유린에 대한 많은 비판에도 불구하고 시민들은 다바오를 안전하고 부정부패 없는 도시로 만든 두테르테를 높이 평가했다. 각종 범죄와 부정부패 뉴스에 진저리가 난 필리핀 국민들은 두테르테 대통령이 무관용 정책을 필리핀 전역으로 확대하도록 2016년, 마침내 그를 대통령으로 선택한 것이다.

그는 막말 스캔들로도 유명하다. 그의 인터뷰 내용을 듣고 있으면 미국 트럼프 대통령의 막말은 귀여운 수준으로 들릴 정도다. 범죄자를 살

▌ 연설 중인 두테르테 대통령
• 출처 : Philippine Primer

해하는 것은 인류애에 반하는 것이 아니라는 언급이나, 다바오가 세계 9번째로 안전한 도시가 된 것은 범죄자들을 모두 죽였기 때문이라는 언급은 가벼운 수준이다. 그의 거친 막말은 미국 대통령, 교황 등 지위의 고하를 막론하고 모두 대상이 되며, 전 세계 언론의 주목을 받고 있다. 그런 이유로 그는 2017년 미국 시사주간지 타임의 '세계에서 가장 영향력 있는 인물 100인'의 독자 투고에서 1위를 차지했다.

이런 막말 파문이 계속됨에도 두테르테의 인기도가 높은 것은 사설 무장단체끼리의 총격전이나, 특히 마약이 연루된 범죄가 시민 안전에 큰 위협이 되고 있기 때문이다. 필리핀은 총기 소유가 합법인 나라이고 사제 총기를 매우 저렴한 가격에 살 수 있다. 그러다보니 외국인, 내국인 할 것 없이 각종 범죄에 자주 노출될 수밖에 없다. 이에 따라 필리핀 국민들이 원하는 것은 부정부패가 없는 깨끗한 사회, 국민들이 안심하고 생활할 수 있는 사회라는 점을 두테르테는 간파한 듯하다.

그러나 두테르테가 대통령에 취임하고 1년 만에 경찰이나 자경단에 의해 사실된 마약 사건 용의자가 7천 명에 달하고, 민다나오 섬 마라위에서 발생한 반군과의 무력 충돌로 해당 지역에 계엄령이 선포되는 등 필리핀의 혼란은 계속되고 있다. 두테르테식 철권통치는 각종 인권위원회와 종교계의 거센 반발에 직면하고 있다. 향후 그의 앞날이 어떻게 펼쳐질지는 불명확하기만 하다.

그러나 이런 정치적·사회적 불안 요소에도 불구하고 경제적으로 필리핀은 안정적인 성장을 계속하고 있다. 그것은 필리핀이 가진 3개의 화살이 작동하고 있기 때문이다. 해외 필리핀 근로자의 송금, 콜센터 아웃소싱사업의 성장, 인프라 개발을 통한 제조업 성장 기대가 바로 그것이다.

해외 필리핀 근로자는 해외에서 돈을 벌어 국내에 있는 가족들의 생계를 위해 돈을 송금하는 사람들을 뜻한다. 해외 필리핀 근로자는 이민을 간 필리핀계 근로자 또는 일시적으로 해외에서 돈을 벌고 있는 사람 모두를 의미한다. 공식 통계로도 해외에 1천만 명이 넘는 필리핀 사람들이 있으며, 비공식적인 체류자를 포함하면 이 숫자는 더욱 늘어날 것이다.

그리고 필리핀 중앙은행에서 발표하는 공식 송금 금액은 빠른 속도로 증가하여, 2016년 연간으로 297억 달러에 달하며 불법 송금 금액을 더하면 더 증가할 것이다. 이는 3천억 달러 수준인 필리핀 GDP의 10%에 달하는 엄청난 금액이다. 필리핀 경제성장률의 안정화, 환율의 안정화, 내수 증가에 지대한 영향을 미치고 있다.

실제 이러한 송금액은 기업으로 치면 매출이 아닌 순이익에 가깝기

8-6 | 해외 필리핀 근로자의 월간 송금액 통계

출처 : Bloomberg, 필리핀 중앙은행(1990~2017)

때문에 필리핀으로 유입된 달러는 페소로 환전되어 가족들의 의식주 해결 및 자녀 교육비로 활용되고 있다. 필리핀은 해외 송금액에서 멕시코를 제치고 인도, 중국에 이어 세계 3위를 차지하고 있다. 이렇게 수많은 필리핀인들이 조국을 떠나는 이유는 필리핀 현지의 높은 실업률, 불안정한 경제, 낮은 급여 수준 때문이다.

해외 근로자들의 진출 국가는 의사, 엔지니어 등 고급 인력들이 주로 진출하는 미국, 유럽 등 선진국부터 가사도우미, 건설·공장 근로자들이 진출하는 중동, 아시아 각국까지 전 세계에 분산되어 있다. 숱한 정치적 혼란과 사회 동요를 피해 해외로 나간 해외 근로자들이 오히려 이제는 필리핀 경제 성장의 주요 동력으로 작용하고 있는 셈이다.

필리핀의 아웃소싱사업은 주로 미국, 유럽 등 선진국의 콜센터 혹은 프로그래밍 아웃소싱을 의미하며, BPO Busniess Process Outsourcing로 불린다. BPO 비즈니스의 양대 산맥은 필리핀과 인도다. 이중 필리핀은 미국 식민지였기 때문에 미국식 억양을 구사하는 양질의 젊은 노동력이 풍부하며 구직자 중 대졸자 비중이 30%, 문자 해독률이 93.4%에 달하는 등 인도 BPO 대비 콜센터사업에 특히 강점을 보인다. 이로 인해 2016년 BPO회사에 취업한 인력만 115만 명에 달했으며, 매년 두 자릿수의 성장 가도를 달리고 있다.

BPO산업에 종사하는 필리핀인들은 다른 업종 대비 상대적으로 더 높은 급여를 받고 있다. 특히 IT아웃소싱 관련 엔지니어들은 평균적으로 가장 높은 수준의 연봉을 받기에, 우수한 인력이 해외로 유출되지 않는 효과도 발생한다. 2016년 관련 아웃소싱사업의 매출은 230억 달러에 달한다. 대부분 외화로 결제되는 수출산업이라는 점을 고려하면, 필리핀 경제에 미치는 막대한 긍정적인 효과를 예상할 수 있다.

마지막으로 두테르테 정부에서 기대할 수 있는 분야가 인프라 개발을 통한 제조업 유치다. 필리핀은 해외 근로자 송금과 아웃소싱 비즈니스라는 양대 강점이 있지만, GDP 대비 서비스업 비중이 절반 이상을 차지하여 제조업을 비롯한 기반산업의 육성이 절실하다. 특히 평균 연령이 23세에 불과한 현실에서 실업률을 내리기 위해서는 양질의 노동시장을 만들어야 하는 숙제가 있다. 결국 인프라투자를 통한 제조업 강국으로 다시 태어나야 한다.

1980년부터 2009년까지 말레이시아, 인도네시아, 태국 등 주변 경쟁국들이 연평균 GDP 대비 5% 이상의 자금을 인프라투자에 투입한 반면, 필리핀은 2.5%에 불과하다. 현재 필리핀의 인프라는 도로, 철도, 항만, 공항할 것 없이 매우 낙후되어 있는 상황이며 교통 체증도 매우 심각하다.

이에 따라 두테르테는 6년간의 임기 동안 약 8.4조 페소한화 약 176조 원를 인프라 개발에 투자하겠다고 밝혔다. 이 자금은 철도, 지하철, 공항, 항만, 신도시 개발 등에 집중될 것이다. 사실 두테르테 대통령이 전통적인 우방인 미국과 멀어지고 중국, 일본 등과 관계 개선에 나서는 이유도 인프라 자금을 조달하고 경제 지원을 받기 위한 성격이 강하다.

필리핀은 전기전자산업이 발달했다. 특히 인텔, TI, 엡손, 히타치, 파나소닉, 산요, 도시바 등 미국과 일본 전기전자회사 및 반도체회사들이 필리핀 전체 수출의 절반을 담당하고 있다. 안정적인 전기의 공급과 인프라 개발만 예정대로 진행된다면 저렴한 인건비와 영어 구사 능력이 강점인 필리핀 제조업이 베트남, 인도네시아 등 주변 경쟁국에 뒤질 이유는 없다.

앞서 기술한 3개의 화살을 무기로 두테르테노믹스가 대성공하길 기원하며, 필리핀이 다시 아시아의 진주로 재탄생하길 바라마지 않는다.

: 필리핀 주식시장 개요 :

필리핀 주식거래소는 PSEPhilippine Stock Exchange로 불린다. 1927년 미국 식민지 시절에 설립된 마닐라 주식거래소Manila Stock Exchange가 모태다. 이후 1963년 마카티 주식거래소Makati Stock Exchange가 설립되었다. 이후 두

8-7 | 필리핀 주식거래소 소개

구분	PSE(Philippine Stock Exchange)
거래소 설립	1927년(1992년 MSE와 MkSE가 합병하여 PSE로 통합)
상장종목 수	262개
시가총액	2,399억 달러
거래일	월~금(필리핀 국경일 휴장)
통화	PHP(필리핀 페소)
매매시간	9 : 30am~12 : 00pm, 1 : 30pm~3 : 30pm(현지시간)

출처 : PSE, 2016년 연말 기준

거래소가 별도로 운영되다가, 1992년 합병하여 현재의 필리핀 주식거래소인 PSE로 재탄생하였다.

필리핀 주식시장은 격동의 근대사에도 불구하고 계속해서 운영되어 온 아시아에서 가장 오래된 주식시장의 하나다. 전체 상장종목은 262개이며 3종목을 제외하고는 모두 필리핀 기업들로만 구성되어 있다. 시가총액은 2,399억 달러로 시가총액 규모 기준으로 아세안에서 싱가포르, 태국, 말레이시아, 인도네시아보다는 상대적으로 작으나 베트남 거래소보다는 2배 이상 큰 규모를 보이고 있다.

필리핀의 대표 지수는 PSEiPCOMP 인덱스이며, 필리핀 주식거래소의 최상위 30개 종목을 시가총액 비중대로 담고 있다.

그렇다면 필리핀 주식시장의 대표 지수인 PSEi 인덱스의 투자 성과는 어떠할까?

8-8 | 필리핀 PSEi 인덱스와 한국 코스피 비교(현지 통화 기준)

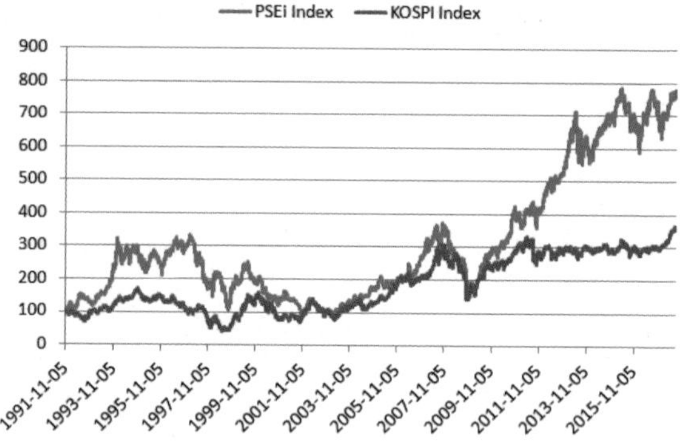

출처 : Bloomberg(1991.11.5~2017.8.6), 1991.11.5 값을 100으로 재설정

8-9 | 필리핀 PSEi 인덱스와 한국 코스피 비교(USD 기준)

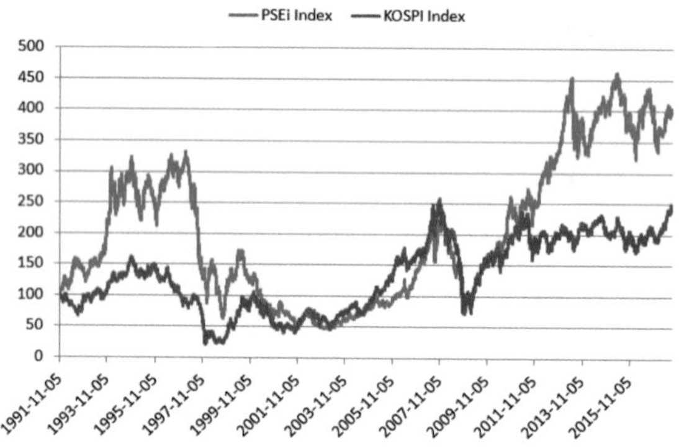

출처 : Bloomberg(1991.11.5~2017.8.6), 1991.11.5 값을 100으로 재설정

블룸버그에서 구할 수 있는 가장 긴 장기 차트로 가격 변동을 알아보자. 알기 쉽게 한국 대표 지수인 코스피와 비교하면 〈8-8〉과 같다. 1991

8-10 | 필리핀 페소 환율(달러 대비)

출처 : Bloomberg(1991.11.5~2017.8.6), 1991.11.5 값을 100으로 재설정

8-11 | 필리핀 물가, GDP성장률, 경상수지

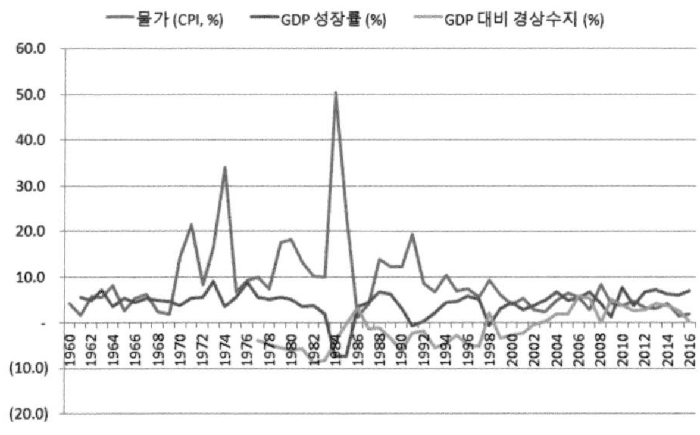

출처 : World Bank(1960~2016)

년부터 16여 년 동안 코스피는 3.6배 상승했으나, PSEi 인덱스는 7.7배 상승했다. 코스피 대비 2배에 달하는 좋은 성과인 셈이다.

그러나 현지 통화가 아닌 달러 기준으로 다시 수익률을 계산하면 〈8-9〉와 같다.

동일 기간 동안 미국 달러 기준으로 코스피는 2.4배 상승했으나, PSEi 인덱스는 4배 상승했다. 즉 앞의 현지 통화 기준 대비 달러 기준으로 코스피의 상승률은 소폭 하락하는데 그쳤으나, PSEi 인덱스는 수익률이 큰 폭으로 하락했다. 필리핀 지수의 현지 통화 기준으로 7.7배의 수익률이, 실제 USD 기준으로는 4배에 그쳤다는 의미다. 이것은 그만큼 필리핀 페소 환율이 약세로 갔다는 것을 말한다.

이처럼 환율 변동이 장기 주식투자 수익률에 있어서 큰 영향을 미친다. 〈8-10〉을 보면 예상대로 페소 환율은 1991.11.5일 기준으로 달러당 26.25 페소이던 것이, 2017년 6월 15일 기준으로 49.7 페소에 거래되고 있다.

환율이 약세를 보인 것은 맞으나 급격한 약세는 1997년의 아시아 금융위기 시절부터 3년 정도 기간에 국한되어 있다. 그 이후에는 40~50 페소대의 안정적인 환율 관리가 이루어지고 있다.

〈8-11〉의 물가, GDP성장률, 경상수지 차트에서 보는 바와 같이 필리핀은 마르코스, 아키노, 라모스, 에스트라다 대통령으로 이어지는 1970년대부터 2001년까지 '잃어버린 30년'으로 볼 수 있는 경제 혼란기를 보냈다. 물가상승률이 연간 심할 경우에는 50%에 달했고, 경상수지도 만성 적자국이었다.

그러던 필리핀이 2천 년대로 진입하면서 환골탈태했다. 2000년 이후, 필리핀의 GDP성장률은 5% 이상이다. 물가는 안정적으로 관리되고 있

8-12 | 필리핀 PSEi 인덱스와 PER 및 Forward PER

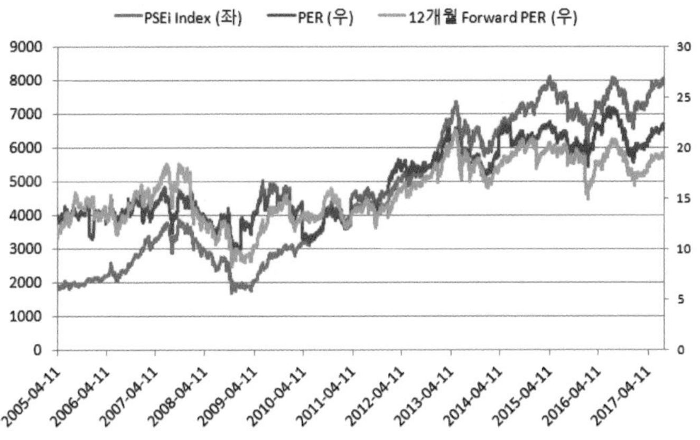

출처 : Bloomberg(2005.4.11~2017.8.6)

고, 경상수지 흑자국으로 정착되면서 환율이 안정화되는 선순환 과정에 돌입했다.

매크로 지표로만 보면 필리핀은 아세안에서 가장 우수하다고 할 만큼 놀라운 개선 속도를 보이고 있다. 해외 근로자 송금과 아웃소싱 비즈니스 이외에 인프라 개발을 통해 제조업까지 성장시킨다면, 필리핀 주식시장은 신규 상장이 늘어나면서 새로운 봄을 맞이하게 될 것이다.

이제 필리핀 PSEi 인덱스의 2005년 이후, 주가 차트와 주가 밸류를 알 수 있는 현재 PER 및 12개월 뒤의 Forward PER를 <8-12>로 살펴보자.

PSEi 인덱스는 글로벌 금융위기 시기인 2008년 급락과 2009년 급등을 겪은 후에 지속적으로 상승하는 흐름을 유지하고 있다. 다만 2014년부터는 8천 지수를 뚫지 못하고 박스권에 갇혀 있는 모습을 보이고 있다. 기업들의 PER는 2013년까지 지속적으로 상승한 뒤, 19~23배 수준에서 횡보하고 있다. 12개월 Forward PER는 17~21배 수준에서 최근 수년간 횡보하고 있다.

그렇다고 PER가 낮지도 않은 상황이어서 필리핀 지수에 대한 투자는 확신을 갖기가 어렵다. 해외 근로자 송금과 아웃소싱 비즈니스 이외에 제3의 성장 동력이 필요하고 관련 기업들이 상장되어야, 주가가 추가적인 상승이 가능할 것으로 판단한다.

또한 두테르테 대통령 취임 이후에 마약 사범 대규모 처형, 무슬림·공산당 반군과의 내란, 막말 파문, 남중국해 이슈 등과 같은 외국인 투자자의 우려를 불러일으키는 정치 환경이 개선될 필요가 있다.

결론적으로 필리핀 주식시장은 일단 매크로 환경이 매우 양호한 수준이다. 향후 상장기업들의 이익 성장세만 지속적으로 보인다면, 추가적인 상승이 가능한 시장이다. 다만 최근 수년간 주가지수도, PER도 보합권에 머물고 있고 정치적 변동성이 커지는 점이 우려스럽다.

기존에 공개된 호재 이외에 인프라 개발 확대, 두테르테 대통령의 공약 사항이기도 한 1987년 헌법의 외국인 지분율 40% 제한 조항 폐지 등 외국인 투자 유치를 위한 혁신적인 조치가 취해지면 주가는 추가적인 대세 상승장이 가능할 것으로 판단한다.

아세안에서 가장 젊은 나라, 1억 명의 인구를 보유한 인구 대국, 전 국민이 영어로 의사소통이 가능한 관광 대국 필리핀 주식시장의 성장은 이제 시작하는 시점으로 판단한다.

⁝ 필리핀 주식, 주요 종목 소개 ⁝

필리핀 주식시장은 상장종목이 200개가 넘는다. 하지만 말레이시아, 인도네시아 등 이웃 국가들 대비 상대적으로 시가총액이 적고 상장종목 수도 많지 않다. 반대로 얘기하면 자본시장이 활성화되고 새로운 기업의 상장만 이어진다면, 국내외적인 관심을 많이 받을 수 있는 주식시장이다.

최상위 30개 종목을 시가총액 기준으로 담는 PSEi 인덱스의 전체 시가총액은 209조 원이다. 필리핀은 아시아 개발은행ADB, Asia Development Bank의 본사가 마닐라에 위치해있을 정도로 외국인 친화적인 주식시장이다.

필리핀 주식시장의 특징은 산업재, 부동산, 금융 3개 섹터가 전체 시가총액의 75%를 차지할 정도로 편중된 시장이라는 점이다. 인구가 1억 명에 달함에도 불구하고 이를 기반으로 한 소비재 섹터의 비중이 매우 작은 점이 특이하다. 시가총액 상위 종목을 자세히 보면 필리핀 최고의 재벌 기업들이 시가총액 비중이 매우 높음을 알 수 있다.

시가총액 15위 안에 SM 그룹 2개, 아얄라 그룹 4개, 아보이티즈 그룹 2개의 상장사가 포진해있다. 이 8종목의 시가총액이 전체 지수의 47%를 차지한다. 삼성 그룹 시가총액이 주식시장에서 압도적인 영향력을 발휘하는 한국 증시와 유사한 형태로 보인다.

반대로 얘기하면 이들 기업들의 주식 이외에는 살만한 종목이 많지 않다는 의미로도 해석할 수 있다. 필리핀에 상장된 기업들 중 섹터별로 시가총액이 큰 대표 종목들을 〈8-13〉, 〈8-14〉로 알아보자.

8-13 | 필리핀 PSEi 인덱스 섹터별 비중

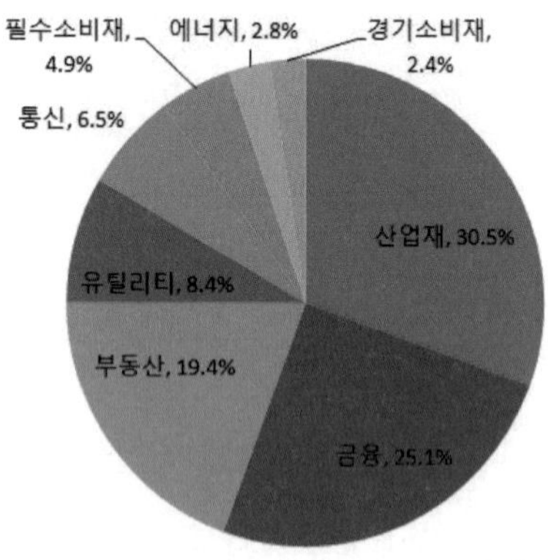

출처 : Bloomberg(2017.8.6 기준)

8-14 | 필리핀 PSEi 인덱스 Top 15 종목 소개

구분	이름	섹터	시가총액 (원화 억)	시가총액 비중	PER	1년 성과	3년 성과
1	SM PRIME HOLDINGS	부동산	213,955	10.3%	39.9	17.8%	134.5%
2	SM INVESTMENTS	산업재	209,983	10.1%	33.1	15.1%	57.1%
3	AYALA LAND	부동산	134,439	6.4%	28.1	6.4%	40.0%
4	BDO UNIBANK	금융	121,342	5.8%	19.8	16.1%	51.6%
5	AYALA CORPORATION	금융	118,979	5.7%	21.1	−1.6%	34.5%
6	JG SUMMIT HOLDINGS	산업재	115,498	5.5%	60.3	−4.7%	51.4%
7	ABOITIZ EQUITY VENTURES	산업재	92,009	4.4%	19.1	−0.7%	45.6%
8	BANK OF THE PHILIPPINE ISLAND	금융	90,238	4.3%	19.7	8.2%	16.6%
9	PLDT	통신	76,738	3.7%	18.9	−19.9%	−37.6%

구분	이름	섹터	시가총액 (원화 억)	시가총액 비중	PER	1년 성과	3년 성과
10	UNIVERSAL ROBINA	필수소비재	73,148	3.5%	24.2	-19.7%	4.1%
11	MANILA ELECTRIC COMPANY	유틸리티	68,767	3.3%	16.2	-7.1%	32.3%
12	ABOITIZ POWER	유틸리티	64,057	3.1%	15.2	-11.5%	18.3%
13	METROPOLITAN BANK & TRUST	금융	59,629	2.9%	14.9	-7.8%	8.0%
14	GLOBE TELECOM	통신	58,445	2.8%	18.2	-1.2%	38.8%
15	SAN MIGUEL	산업재	52,502	2.5%	27.0	26.5%	36.4%

출처 : Bloomberg(2017.8.6 기준)

1) 부동산 섹터 리더 : SM 프라임홀딩스(SM Prime Holdings, 티커 : SMPH PM Equity)

8-15 | SM 프라임홀딩스 주요 지표 요약

2016년 결산 주요 지표		기업 밸류 분석				
구분	금액	항목	2015	2016	2017F	2018F
시가총액	818,726	순수익 성장(%)	8.00	11.60	12.40	11.40
기업가치(EV)	960,202	EPS 성장(%)	21.10	3.00	15.50	13.00
매출	89,816	EV/EBITDA	19.75	22.29	24.62	21.77
EBITDA	43,097	P/E	22.10	34.32	37.89	33.53

출처 : Bloomberg(단위 : 백만 필리핀 페소), 회계 결산 각 연도 말 기준

* EV(Enterprise Value, 기업가치 : 기업의 총 가치로 자기자본과 부채를 더하고 현금성 자산을 차감하여 구함)
* EBITDA(Earnings Before Interest, Taxes, Depreciation and Amortization : 법인세, 이자, 감가상각비 차감 전 영업이익이며 기업 영업활동으로 벌어들이는 현금 창출 능력을 의미)

8-16 | SM 프라임홀딩스 주가 차트

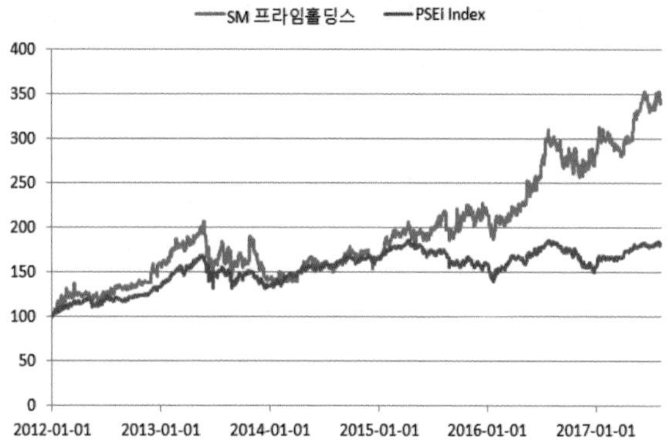

출처 : Bloomberg(2012.1.1~2017.8.6), 2012.1.1일 값을 100으로 변환

SM 그룹은 명실공히 필리핀 주식시장의 간판 스타로 쇼핑몰사업 부문의 모회사인 SM 프라임홀딩스가 시가총액 1위, SM 그룹의 전체 지주사인 SM 인베스트먼트가 시가총액 2위를 차지하고 있다.

SM 그룹은 중국계 화교인 헨리 시가 1958년 마닐라에 창업한 신발가게인 슈마트에서 출발했다. 헨리 시의 신발가게는 큰 성공을 거둬 1970년대에 백화점으로 발전했다. 또한 1985년 최초의 쇼핑몰을 마닐라에 개장하면서 쇼핑몰 업종에 본격적으로 발을 디뎠다. 이후 공격적인 확장을 거듭하여 필리핀 전역에 초대형 쇼핑몰을 건설했다.

2000년대 이후에는 중국 쇼핑몰시장에 진출하고 부동산 개발업, 은행업에 뛰어드는 등 전방위로 사업 영역을 확대하고 있다. 이중 SM 프라임홀딩스는 65개의 필리핀 쇼핑몰, 7개의 중국 쇼핑몰, 아파트 개발 등

▌ 세계 최대 쇼핑몰단지 중 하나인 SM 몰오브아시아 전경
•출처 : SM Investment

SM의 핵심사업 영역을 모아 놓은 모회사다.

필리핀 현지인들뿐만 아니라 마닐라, 세부 등 필리핀을 방문하는 관광객들에게도 필수 관광 코스로 들어가는 SM 슈퍼몰들은 거대한 크기와 편리한 동선, 다양한 제품, 합리적인 가격의 푸드코트 등으로 명성이 높다. 특히 마닐라의 SM 메가몰Megamall, SM 몰오브아시아SM Mall of Asia 등은 거대한 복합 상업 개발단지로 유명하다. 쇼핑몰 면적 기준 전 세계 Top 10 쇼핑몰 중 4개를 SM 프라임홀딩스에서 소유했을 정도다. 필리핀을 넘어 아세안 쇼핑몰시장의 최강자로 자리를 굳히고 있다.

1억 명에 달하는 필리핀인들의 소득 수준 향상과 더운 날씨로 인해 실내 몰링의 수요가 계속 증가하는 환경에서, SM 프라임홀딩스는 매년 매출과 이익이 두 자릿수로 상승하는 필리핀 투자 1순위 기대 종목이다.

2) 금융 섹터 리더 : 아얄라 코퍼레이션(Ayala Corporation, 티커 : AC PM Equity)

8-17 | 아얄라 코퍼레이션 주요 지표 요약

2016년 결산 주요 지표		기업 밸류 분석				
구분	금액	항목	2015	2016	2017F	2018F
시가총액	453,074	순수익 성장(%)	11.30	14.50	17.10	13.10
기업가치(EV)	828,305	EPS 성장(%)	43.90	16.80	5.00	12.50
매출	199,209	EV/EBITDA	15.98	13.22	17.10	15.91
EBITDA	64,298	P/E	22.31	18.32	22.58	20.08

출처 : Bloomberg(단위 : 백만 필리핀 페소), 회계 결산 각 연도 말 기준

8-18 | 아얄라 코퍼레이션 주가 차트

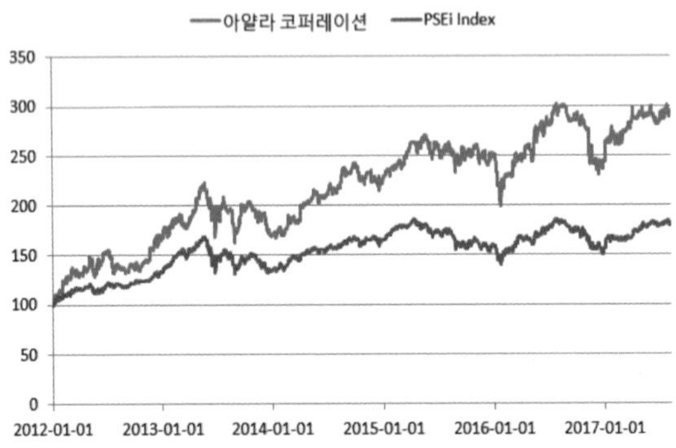

출처 : Bloomberg(2012.1.1~2017.8.6), 2012.1.1일 값을 100으로 변환

아얄라 코퍼레이션은 필리핀에서 가장 오래되었으며 가장 큰 재벌의 하나인 아얄라 그룹의 지주사다. 아얄라 그룹은 1834년 스페인 식민지 시절 스페인인 도밍고 록사스와 안토니오 데 아얄라에 의해 설립되었으며, 183년의 역사를 자랑한다.

창업 이후 2백 년에 가까운 세월 동안 설립자인 아얄라 가문에서 계속 지배하고 있다. 현재 회장도 아얄라 가문 후계자인 Mr.제이미 아구스토 조벨 데 아얄라 2세다.

아얄라 코퍼레이션은 설립 초기에 주류 생산 및 유통에서 시작하여 교량 건설, 은행업, 전차, 보험, 부동산, 통신, 전기전자, 수도사업 등 전방위로 사업을 확대하고 있다.

아얄라 그룹의 핵심사업은 부동산업으로 마닐라의 금융센터인 마카티, 보니파시오 글로벌 시티 등 신도시를 개발하여 20세기 후반에 급속도로 사세를 확장했다. 부동산사업 부문은 아얄라랜드Ayala Land, 종목코드 ALI로 별도로 상장되어 있으며, 아얄라 코퍼레이션보다 시가총액이 더 클 정도로 시장에서 가치를 인정받고 있다.

아얄라 코퍼레이션은 필리핀 3대 은행 중 하나인 BPIBank of the Philippine Islands, 종목코드 BPI를 소유하고 있으며, 필리핀 2위 이동통신사업자인 글로브 텔레콤Globe Telecom, 종목코드 GLO의 지분 34%싱가포르 싱텔은 글로브 텔레콤 지분 47% 보유도 보유하고 있다. 시가총액 기준으로 필리핀 상장사 Top 15 중 4개가 아얄라 그룹 계열사다.

이외에 마닐라 수도, 전자부품업 등 다양한 우량 자회사를 보유하고 있다. 최근에는 자동차 부품, 발전, 인프라, 헬스케어, 핀테크 등 사업 영

▌ 아얄라 그룹의 선대 회장 제이미 조벨(가운데), 현 회장 제이미 아구스토(우), 사장 페르난도(좌)
•출처 : Philstar

역을 지속적으로 확대하고 있다.

아얄라 그룹은 필리핀 경제의 호조로 인한 부동산 경기 상승 및 은행 산업 성장의 수혜를 그대로 받고 있어, 매출 및 이익의 꾸준한 상승이 예상된다. 밸류도 높지 않은 수준이어서 지속적인 관심을 가져도 될 종목이다.

3) 산업재 섹터 리더 : 아보이티즈 에퀴티 벤처스(Aboitiz Equity Ventures, 티커 : AEV PM Equity)

아보이티즈 에퀴티 벤처스이하 AEV는 스페인계 필리핀 가문인 아보이티즈 가문이 소유하고 있는 아보이티즈 그룹의 지주사다. 아보이티즈 그룹은 세부 등 비사야 제도를 중심으로 19세기 후반 마닐라삼Abaca 무역에서 출발해 운송업, 냉동창고, 내장배송 등으로 사업을 확대했다. 2차 세계대전 이후에는 조선, 해운, 발전 등 중후장대산업 및 금융업에 진

8-19 | 아보이티즈 에퀴티 벤처스 주요 지표 요약

2016년 결산 주요 지표		기업 밸류 분석				
구분	금액	항목	2015	2016	2017F	2018F
시가총액	398,873	순수익 성장(%)	1.40	4.60	29.00	10.50
기업가치(EV)	623,967	EPS 성장(%)	-2.10	25.70	5.00	15.90
매출	114,561	EV/EBITDA	13.84	17.45	14.68	12.89
EBITDA	35,750	P/E	18.20	17.63	16.99	14.66

출처 : Bloomberg(단위 : 백만 필리핀 페소), 회계 결산 각 연도 말 기준

8-20 | 아보이티즈 에퀴티 벤처스 주가 차트

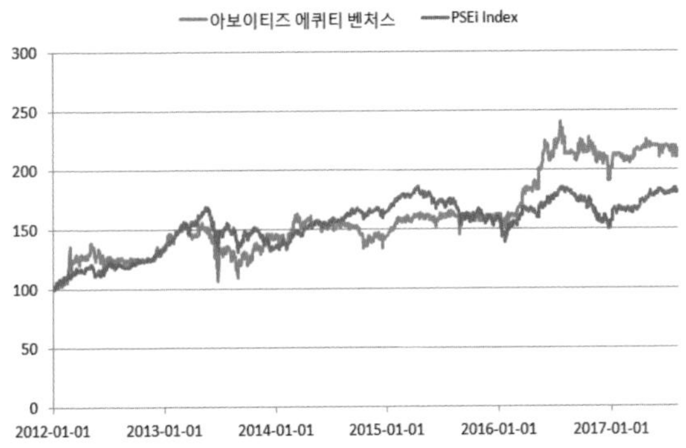

출처 : Bloomberg(2012.1.1~2017.8.6), 2012.1.1일 값을 100으로 변환

출했다.

AEV는 아보이티즈 그룹의 지주회사로 핵심 계열사인 아보이티즈 파워Aboitiz Power, 종목코드 AP는 별도로 상장되어 있다. 필리핀 상장사 중 Top

▌ 아보이티즈 경영진(왼쪽에서 네 번째가 회장인 Mr.존 라몬)
• 출처 : Aboitiz

15에 속하는 초대형 전력회사다. 그 이외에 AEV는 유니온뱅크UnionBank, 시티 세이빙스뱅크City Savings Bank 등 금융계열사와 필미코 푸즈Pilmico Foods, 아보이티즈 인프라캐피털Aboitiz InfraCapital, 아보이티즈랜드Aboitiz Land 등 다양한 하위 계열사를 두고 있다.

아보이티즈 가문은 현재 4세대 후계자들이 회사를 경영하고 있으며, 회장은 Mr.존 라몬 아보이티즈다. Mr.존 라몬 이외에 17명의 아보이티즈 가족들이 그룹에서 주요 보직을 맡고 있어 가족 기업의 성격이 짙다.

AEV는 발전, 금융, 식음료 등 다양한 산업에 분산되어 있어 리스크가 적다. 또한 여전히 개발도상국인 필리핀의 전력, 은행 등 주요 사업 분야의 전망이 밝아 지속적으로 관심을 가져도 좋을 기업이다.

특히 블루칩 종목치고 밸류가 저렴한 편이어서 좀 더 편안하게 투자해도 좋을 종목이다.

4) 경기소비재 섹터 리더 : 졸리비 푸드(Jollibee Foods, 티커 : JFC PM Equity)

8-21 | 졸리비 푸드 주요 지표 요약

2016년 결산 주요 지표		기업 밸류 분석				
구분	금액	항목	2015	2016	2017F	2018F
시가총액	208,916	순수익 성장(%)	11.10	13.00	13.30	13.30
기업가치(EV)	204,292	EPS 성장(%)	-7.90	27.60	10.30	14.70
매출	113,908	EV/EBITDA	26.58	19.53	22.61	19.40
EBITDA	10,739	P/E	47.32	33.76	40.57	35.38

출처 : Bloomberg(단위 : 백만 필리핀 페소), 회계 결산 각 연도 말 기준

8-22 | 졸리비 푸드 주가 차트

출처 : Bloomberg(2012.1.1~2017.8.6), 2012.1.1일 값을 100으로 변환

졸리비는 중국 푸젠성 출신의 화교인 토니 탄이 1978년에 설립한 필리핀 패스트푸드 레스토랑 체인이다. 토니 탄은 1975년 아이스크림 가게로 사업을 시작했으나 곧 치킨, 스파게티, 쌀밥 등 필리핀 현지인들의 니즈를 파악하여 1978년 꿀벌 마스코트의 졸리비 레스토랑을 오픈했다. 졸리비는 'Jolly Bee', 즉 '행복한 꿀벌'이라는 뜻이다.

졸리비는 필리핀 현지 입맛에 맞는 햄버거, 프라이드 치킨, 라이스, 스파게티 메뉴를 맥도널드 등 글로벌 패스트푸드 대비 저렴한 가격에 제공하여 필리핀 현지인들의 큰 사랑을 받고 있다. 필리핀 현지의 외식 프랜차이즈시장에서 점유율 40%를 넘어 압도적인 1위를 차지하고 있다. 2017년 현재 1천 개 점포를 돌파했다.

필리핀 시장을 장악한 졸리비는 해외 시장 개척에도 적극 나서 미국, 베트남, 홍콩, 사우디아라비아, 카타르 등 해외 필리핀인들이 많이 사는 미주, 동남아시아, 중동 지역에 공격적으로 매장을 확대하고 있다. 졸리비는 자사의 간판 브랜드인 졸리비 레스토랑뿐만 아니라 중식 프랜차이즈 초우킹Chowking, 피자레스토랑 그린위치 피자Greenwich Pizza 등 별도의 레스토랑 체인을 발전시켜가고 있다.

1인당GDP 3천 달러 수준의 저개발도상국인 필리핀 패스트푸드 수요에 대응하여 탁월한 입지에서 저렴한 가격의 식사 메뉴를 제공하는 졸리비는 매출과 이익이 두 자릿수로 매년 성장하는 필리핀 경기소비재의 블루칩이다. 다만 밸류가 높은 편이어서 향후 매출 증가나 매장 확장 전략이 시장의 기대에 제대로 부응하지 못할 경우, 주가의 변동성은 높아질 것이다.

▌ 졸리비 마스코트 및 매장 전경
•출처 : Jollibee 홈페이지

5) 필수소비재 섹터 리더 : 퓨어골드 프라이스 클럽(Puregold Price Club : PGOLD PM Equity)

퓨어골드 프라이스 클럽이하 퓨어골드은 필리핀의 슈퍼마켓 체인으로 중국계 필리핀인 루씨오 L.코가 1998년 창업했다. 창업주인 Mr.루씨오

8-23 | 퓨어골드 프라이스 클럽 주요 지표 요약

2016년 결산 주요 지표		기업 밸류 분석				
구분	금액	항목	2015	2016	2017F	2018F
시가총액	107,850	순수익 성장(%)	14.70	15.90	11.20	11.30
기업가치(EV)	108,934	EPS 성장(%)	10.30	11.00	11.20	12.00
매출	112,589	EV/EBITDA	11.36	11.46	12.96	11.57
EBITDA	9,506	P/E	19.17	19.50	21.70	19.37

출처 : Bloomberg(단위 : 백만 필리핀 페소), 회계 결산 각 연도 말 기준

8-24 | 퓨어골드 프라이스 클럽 주가 차트

출처 : Bloomberg(2012. 1. 1~2017. 8. 6), 2012. 1. 1일 값을 100으로 변환

는 애당초 원유 및 광물 채굴회사에서 시작하여, 금융위기가 한창이던 1998년 리테일시장으로 방향을 전환했다. 그후 공격적인 하이퍼마켓 점포 확대 전략으로 필리핀의 최대 슈퍼마켓 체인 중 한 개를 발전시켰다.

1998년 첫 점포를 개설한 퓨어골드는 이후, 공격적인 확대 전략과 회원제 창고형 할인매장 인수를 통해 점포 수를 늘려 가고 있다. 2017년 필리핀 전역에 147개의 하이퍼마켓, 100개의 슈퍼마켓을 오픈했다. 2014년에는 일본의 로손Lawson과 조인트벤처를 설립하여 필리핀 전역에 편의점을 확대할 계획을 추진하고 있다.

퓨어골드의 창업자인 Mr.루씨오는 퓨어골드의 대주주이자 부동산 개발, 주류 수입 및 유통 등 다양한 소비재 관련 사업을 영위하는 그룹 지주회사인 코스코 캐피털Cosco Capital의 회장이기도 하다. 퓨어골드에는

▌ 퓨어골드 매장 전경
•출처 : philippine Retailers Association

루씨오의 부인인 Mrs.수잔 P.코가 부회장을 맡고 있어 부부가 공동으로 경영하는 특이한 경영 방식을 취하고 있다.

퓨어골드는 인구가 1억 명에 달하는 필리핀의 도시화 및 내수 확대에 발맞춰, 연간 매출과 이익이 두 자릿수로 상승하는 필수소비재의 우량 종목이다.

도움주신 분들 및 참고 도서

이 책은 각국의 정부 지도자 및 아시아 각지의 증권사와 운용사의 펀드 매니저, 애널리스트, 이코노미스트, 상장기업 대표들과의 교류를 통한 아이디어가 결집되어 탄생했다.

도움을 주신 분들의 이름을 대표적으로 아래와 같이 표기한다.

인도 시장 분석 관련하여 인도 도로교통부 장관인 Rohit Kumar Singh, 인도 재무부 특별 자문관인 Siddharth Jhawar, 인도 NSE 거래소의 이사장이신 Ashishikumar Chauhan, Reliance Nippon Life AM의 CEO Sundeep Sikka, Sunil Singhania, Samir Rachh, Salloni Kummar, ICICI Prudential의 Shamit Chokshi, UBS의 Monil Bhala, Alok Bathija, Edward Teather, Sanjena Dadawala, Anand Agarwal, Gautam Chhaochharia, Diviya Nagarajan, Maruti Suzuki의 Nikhil Vyas, Lakshya Sharma, Sun Pharma의 Nimishi L. Desai, Tata Consultancy Services의 Kedar Shirali, HDFC Bank의 Sashidhar jagdishan, World Bank의 Frederico Gil Sander, IIFL의 Bhaskar Chakraborty, Dr.Abhishek Sharma, Ashutosh Datar, Sandeep Muthangi, Goldman Sachs India의 Ajay Jain, Nupur Gupta, Vishal Vaibhaw, Gaurav Jaitly, Pooja Kapur 이외에 많은 분들이 도움을 주셨다. 특히 삼성자산운용 홍콩 현지법인의 Amit Kumar Jain의 조언이 큰 도움이 되었다.

아세안 시장 분석 관련하여 태국 중앙은행의 Wijitleka Marome, Bovonvich Jindarak, Acharawat Srisongkram, 말레이시아 투자청의 Mohamad Reduan Mohd Zabri, Awangku Fiarulnazri, CP Foods의 Kobboon Srichai, JP Morgan Thailand의 Anne Jirajariyavech, Kae Pornpunnarath, Sumedh Samant, JP Morgan Singapore의 Aditya Srinath, Ranjan Sharma, Harsh Wardhan, Ken Arieff Wong, JP Morgan Indonesia의 Felicia Tandiyono, Siam Cement의 Wachirachai Koonamwattana, Wachiara Iamsakun, Bangkok Bank의 Kullawee Mingkwansuk, CP All의 Bonkot Sittikornprasart, Jiraphan Thontan, AIS의 Varaporn Osatanon Minor International의 Supitcha Fooanant, 미래에셋대우증권 인도네시아 현지법인 심태용 이사님, Citi증권 Indonesia Salman Ali, Helmi Arman, Sharon Poerwanto, Vivi Handoyo Lie, Maybank Kim Eng Securies의 CEO Wilianto Le, Juniman, Anup Kumar, Rahmi Marina, Janni Asman, Pandu Anugrah, Fordyanto Widjaja, Isnaputra Iskandar, NH투자증권 인도네시아 현지법인 김종관 지사장님, VCSC증권의 Tuan Nahn, Michel Tosto, Digvijay Singh, Barry David Weisblatt, Rong Viet증권의 Marc Djandji, VN Direct증권의 Anirban Lahiri, HSC증권의 Ed Gordon, Fiachra Aodh de Suipeal Mac Cana, Dragon Capital의 Executive Chairman인 Dominic Scriven, Bill Stoops, Beat Schuerch, Gavin Patterson, Le Anh Tuan, Kenji Hamada, PXP Vietnam AM의 CEO인 Kevin Snowball, 미래에셋대우 베트남 법인 신동민 소장님, 피데스자산운용 송상종 대표이사님, 김지환 부사장님, 김광혁 호치민 사무소장님, VFM의 Steven Mantle 등의 수많은 분들의 조언과 도움을 받았다. 특히 삼성자산운용 홍콩현지법인의 Alan Richardson과

Joe Lam의 조언이 큰 도움이 되었다.

집필에는 다양한 신문 및 인터넷 자료를 참고했다. 인도는 Economic Times, Indian Express, Financial Times 등을 참고했다. 아세안 지역은 The Straits Times, Bangkok Post, Jakarta Post, Nikkei Asian Review 등을 참고했다. 전체적인 국가별 자료 구성에는 Wikipedia, Smart Glex 등 웹사이트를 참고했다. 책에 나오는 대부분의 차트는 World Bank 및 Bloomberg를 활용했다.

참고한 도서 및 보고서는 아래와 같다.

- The ABC of AEC : To 2015 and beyond, Deloitte
- Advancing the ASEAN Economic Community, Deloitte
- Singapore Unlikely Power, John Curtis Perry
- How Asia works, Joe Studwell
- A history of Thailand, Baker & Phogpaichit
- Indonesia, Etc. : Exploring the Improbable Nation, Elizabeth Pisani
- 아시아에서의 정치 비즈니스, 파숙 퐁파이칫, 크리스 베이커 지음, 정호재 옮김
- 리콴유가 말하다, Graham Allison, Robert D.Blackwill 지음, 석동연 번역 및 감수
- 걸어온 일류 국가의 길, 리콴유 지음, 류지호 옮김
- 마하티르와의 대화, 플레이트 지음, 박세연 옮김
- 유라시아 견문록, 이병한 지음
- 무릎 꿇지 않는 베트남-중국 천년 전쟁, 오정환 지음

- 인도네시아 주식투자로 인생에 한 번은 돈 걱정 없이 살아라, 김재욱 지음
- 동남아시아 현대사와 세계 열강의 자본주의 팽창, 이마가와 에이치 지음, 이홍배 옮김
- 근대 태국의 형성, 조흥국 지음
- 아세안 영웅들, 문수인 지음
- 아세안에서 답을 찾다, 최근환 지음
- 필립 코틀러의 아세안 마케팅, 허마원 카타자야, 후이 덴 후안, 필립 코틀러 지음, 홍윤주 옮김

"인도 & 동남아로 해외여행을 갈 때,
여행뿐만 아니라,
'해외 주식투자 현장답사'도
이 책으로 함께하세요!

이제부터는
인도·아세안 지역을 여행하게 되면
경제가 살아 숨쉬는
각 국가들의 수도 및 주요 도시를 방문하고,
각 지역의 교민들이
어떻게 살고 있는지에 관심을 갖고,
떠오르는 산업이 무엇인지 관찰하세요.

현지 대형 쇼핑몰 및 할인점을 방문하여
어떤 상품이 잘 팔리고,
물가가 어떠한지,
관찰하는 것도 좋은 방법입니다.

내일의 삼성전자, 현대자동차, 농심 등이
지금도 인도·아세안에서 꾸준히 탄생하고 있습니다!

함께 읽으면
좋은 책!

지구촌을 지배하는
'GDP의 경제학!'

GDP라는 타임머신은
한 사회의 어제와 오늘
그리고 내일을 비추는 거울이다!

김영찬 지음 | 신국판 | 228쪽 | 값 13,400원

이 책에는 저소득 국가에서 고소득 국가로 발전해가는 과정에서의 수많은 사례를 담았다. 그 사례들을 들여다보면서 대한민국의 현주소와 미래의 모습까지 함께 예측한다. 특히 GDP 변화를 13개의 테마로 꼼꼼하게 되짚어 보여준다.

소득수준이라는 간단명료한 내비게이션으로 세상을 들여다보면, 세상의 흐름을 적나라하게 볼 수 있다. 또한 한 개인의 인생에서 수많은 문제와 부딪쳤을 때도, 소득수준의 관점으로 보면 쉽게 명쾌한 해답을 얻을 수 있다. 특히 자영업, 재테크, 트렌드, 교육, 여가 등 우리의 실생활과 밀접한 현실적인 문제와 부딪치는 상황에서 바로미터의 역할을 해준다.

이 책을 통해 소득이라는 키워드로 과거와 현재를 읽고, 더불어 미래를 설계할 수 있는 절호의 기회를 얻기 바란다!